Die Entlastung von Mitgliedern geschäftsführender Organe im Recht der Kapitalgesellschaften

Saarbrücker Studien
zum Privat- und Wirtschaftsrecht

Herausgegeben von Johann Paul Bauer,
Michael Martinek (geschäftsführender Herausgeber)
und Helmut Rüßmann

Band 39

PETER LANG
Frankfurt am Main · Berlin · Bern · Bruxelles · New York · Oxford · Wien

Christian Schmeling

Die Entlastung von Mitgliedern geschäftsführender Organe im Recht der Kapitalgesellschaften

Eine rechtsvergleichende Studie zum deutschen, schweizerischen und französischen Recht

PETER LANG
Europäischer Verlag der Wissenschaften

Bibliografische Information Der Deutschen Bibliothek
Die Deutsche Bibliothek verzeichnet diese Publikation in der Deutschen Nationalbibliografie; detaillierte bibliografische Daten sind im Internet über <http://dnb.ddb.de> abrufbar.

Zugl.: Saarbrücken, Univ., Diss., 2003

D 291
ISSN 1433-8866
ISBN 3-631-51727-0

www.peterlang.de

Vorwort

Die vorliegende Arbeit wurde im Wintersemester 2002/2003 von der rechts- und wirtschaftswissenschaftlichen Fakultät der Universität des Saarlandes als Dissertation angenommen. Rechtsprechung und Literatur sind bis Juli 2002 berücksichtigt.

Für die Betreuung und zügige Förderung meines Vorhabens danke ich Herrn Prof. Dr. Dr. Dr. h.c. Michael Martinek. Daneben gilt mein Dank Herrn Prof. Dr. Filippo Ranieri für die Erstellung des Zweitgutachtens.

Ein ganz besonders herzliches Dankeschön meiner Frau Claudia. Sie hat mich während der gesamten Arbeit mit unermüdlicher Geduld und großem Verständnis begleitet. Danken möchte ich auch meinen Eltern, die meine Ausbildung stets gefördert und unterstützt haben und mir beim Korrekturlesen des Manuskriptes hilfreich zur Seite standen.

Düsseldorf, im Juli 2003 Christian Schmeling

Inhaltsverzeichnis

Kapitel I Einleitung

Auf den alljährlich stattfindenden ordentlichen Versammlungen deutscher Kapitalgesellschaften ist regelmäßig der Tagesordnungspunkt „Entlastung der Mitglieder der Geschäftsführung“ bzw. „des Vorstandes“ sowie gegebenenfalls „Entlastung der Mitglieder des Aufsichtsrates“ zu finden. Bekannt ist die Entlastung jedoch nicht nur hier, sondern auch in der Schweiz, wo dem Verwaltungsrat der Aktiengesellschaft bzw. der Geschäftsführung der GmbH die Décharge erteilt wird. In Frankreich sprechen die Anteilseigner auf der assemblée générale die als quitus bezeichnete Entlastung gegenüber dem Geschäftsführer (gérant) der GmbH, der Société à responsabilité limitée (S.A.R.L.) aus; in der Aktiengesellschaft, der Société Anonyme (S.A.) wird dem directeur oder dem conseil d'administration Entlastung erteilt.[1]

Meist handelt es sich bei der Entlastung eher um einen unscheinbaren Beschluß, der ohne größere Diskussionen verläuft und weder die Anteilseigner noch die die Gesellschaft beobachtende Öffentlichkeit besonders zu interessieren scheint. Dementsprechend werden Entlastungsbeschlüsse oft einstimmig oder mit wenigen Gegenstimmen gefaßt. Die gegen die Entlastung Votierenden werden vor allem dann gern als unbelehrbare Querulanten bezeichnet, wenn sie zu diesem Punkt der Tagesordnung Ausführungen machen oder Auskünfte beanspruchen. Eine andere Situation kann sich ergeben, wenn es vor dem Entlastungsbeschluß zu Gewinneinbrüchen kommt, eine Krise oder gar die Insolvenz droht und die Entscheidung, ob die Geschäftsführung zu entlasten ist entweder bis zur Klärung einzelner Vorfälle verschoben[2] oder Entlastung verweigert wird. In diesen Fällen sind es nicht nur einzelne „Querulanten“, die sich für den Beschluß interessieren, sondern auch die übrigen Gesellschafter und insbesondere bei größeren Unternehmen, die Öffentlichkeit. Lediglich beispielhaft seien hierzu einige Vorfälle genannt. Ein Ereignis, das die Medien 2001 beschäftigte, waren die wirtschaftlichen Schwierigkeiten und der spätere Zusammenbruch der schweizerischen Fluggesellschaft Swissair. Zunächst äußerte lediglich der Bund, der 3% der Gesellschaftsanteile hielt, er wolle dem Verwaltungsrat als Folge der Ereignisse die Décharge verweigern.[3] Nachdem das Unternehmen 2001 das schlechteste Ergebnis seiner 70-jährigen Firmengeschichte präsentieren mußte und ein Aktionärsantrag auf Sonderprüfung angenommen wurde, verweigerte die Generalversammlung den Mitgliedern des Verwaltungsrates bis auf eine Ausnahme die Décharge.[4] Diskussionen um die Entlastung wegen schlechter Unternehmensergebnisse gab es auch bei der deutschen Telekom, wo dem Vorstand wegen des erheblichen Kursverlustes der Telekom-Aktie die Entlastung verweigert werden sollte.[5] Dem Verwaltungsrat der schweizerischen Roche Holding AG wollte ein Aktionär die Entlastung wegen verfehlter Forschungs- und Marketingstrategie verweigern. Er konnte sich aufgrund seiner 16%-igen Minderheitsbeteiligung jedoch nicht durchsetzen.[6]

Eine rechtsvergleichende Untersuchung bietet sich aber nicht nur aufgrund der Tatsache an, daß die Entlastung auch in Frankreich und in der Schweiz bekannt ist, sondern auch deswegen, weil diese Länder insbesondere in Bezug auf die seit jeher in Rechtsprechung und Literatur strittige Frage, worin der Inhalt und die Rechtsfolgen der Entlastung liegen, einige

---

[1] Im folgenden ist einheitlich vom „Geschäftsführer“ die Rede, soweit sich für die untersuchten Rechtsordnungen und Gesellschaftsformen keine Unterschiede ergeben.

[2] So im Fall Mannesmann, vgl. Financial Times Deutschland v. 23.08.2001.

[3] http://www.nzz.ch/dossiers/2001/swissair/2011.04.17-wi-article7C574.html.

[4] http://www.weltwoche.ch/ressort_bericht.

[5] Bericht der F.A.Z. v. 29.05.2001, S.33.

[6] F.A.Z. v. 04.04.2001, S.28.

Lösungswege aufzeigen, die auch für die deutsche Entlastungsdiskussion nutzbar gemacht werden können. Andererseits weisen das deutsche, das französische und das schweizerische Recht auch einige Gemeinsamkeiten auf, aufgrund derer insbesondere auf eine länderübergreifende Entlastungsfunktion geschlossen werden kann. Gesetzgebung, Rechtsprechung und Literatur lassen im Recht der Kapitalgesellschaften einen deutlichen Schwerpunkt in Bezug auf die Entlastung von Mitgliedern geschäftsführender Organe erkennen, woraus sich der Gegenstand dieser Untersuchung ergibt.

Generell ist die Entlastung in den zu untersuchenden Rechtsordnungen in allen Geschäftsbesorgungsverhältnissen, d.h. in allen Rechtsverhältnissen zu finden, in denen eine Person, der Geschäftsführer, dauerhaft die Besorgung von Geschäften für einen anderen, den Geschäftsherrn, übernimmt.[7] Entlastet wird daher in sämtlichen Gesellschafts- und Verbandsformen sowie außerhalb des Gesellschaftsrechts. Zu finden ist die Entlastung im Auftragsrecht, im Vormundschaftsrecht,[8] beim Testamentsvollstrecker sowie beim Insolvenzverwalter[9] und schließlich im deutschem Recht beim Verwalter gemeinschaftlichen Wohnungseigentums.[10]

Unternimmt man auf dieser breiten Basis eine erste Annähung an die Entlastung, fallen folgende Gemeinsamkeiten in sämtlichen „Entlastungsverhältnissen" auf. Der Geschäftsherr entscheidet regelmäßig erst dann über die Entlastung des Geschäftsführers, nachdem dieser umfassend Rechenschaft über die Gesamtheit der von ihm erledigten Geschäfte abgelegt hat.[11] Nach der Besorgung eines einzelnen Geschäftes ist eine Entlastungsentscheidung zwar denkbar, der gängigen Praxis entspricht eine solche Handhabung jedoch nicht. Entlastet wird vielmehr in periodisch wiederkehrenden Abständen[12] oder wenn der Geschäftsführer sämtliche ihm aufgetragene Angelegenheiten erledigt hat.[13] Die Entlastung ist demnach eine Handlung des Geschäftsherrn, die eine Vielzahl von Handlungen des Geschäftsführers zum Gegenstand hat. Daher gehört die Entlastung in Kapitalgesellschaften regelmäßig, neben der Entgegennahme des festgestellten Jahresabschlusses oder der Feststellung desselben sowie dem Beschluß über die Gewinnverwendung, zum Tagesordnungspunkt alljährlich stattfindender ordentlicher Gesellschafterversammlungen.

Diese erste Beschreibung weist auf einen nicht einzelfallbezogenen, sondern gesamthaften Charakter des Entlastungsbeschlusses hin.[14] Sie ergibt ferner, daß ausschließlich Geschäftsführer und Geschäftsherr am Entlastungsverfahren beteiligt sind. Nach dem gesetzgeberischen Willen sind im schweizerischen sowie im deutschen Aktienrecht die Aktionäre insoweit Herren der Geschäfte und daher im Rahmen der Haupt- bzw. der Generalversammlung für die Entlastungserteilung an den Vorstand bzw. den Verwaltungsrat zuständig (§ 119 Abs. I Nr.3 AktG, Art.698 Abs. I Nr.5 OR). Nichts anderes gilt in diesen Rechtsordnungen für die

---

[7] *Isele*, Geschäftsbesorgung, S.133; *Picenoni*, Entlastungsbeschluß, S.5f; *Siegert*, Entlastung in der Aktiengesellschaft, S.6f.

[8] *Fossier*, in JCl.-civ., Art.469-475, Fasc.50 Rn.24; Palandt-*Diederichsen*, BGB, § 1892 Rn.4ff; *Siegert*, Entlastung in der Aktiengesellschaft, S.7.

[9] *Knoche*, Verzichtswirkung der Entlastung, S.5; *Siegert*, Entlastung in der Aktiengesellschaft, S.7.

[10] OLG Düsseldorf, NJW-RR 1997, 525.

[11] *Knoche*, Verzichtswirkung der Entlastung, S.14ff; *Siegert*, Entlastung in der Aktiengesellschaft, S.8.

[12] RGZ, 112, 26; Baumbach / Hueck, *Zöllner*, GmbHG, § 46 Rn.27; *Bürgi*, in Zürcher Komm., OR, Art.698 Rn.71f; *van Ommeslaghe*, Régime des sociétés par actions, Rn.325; zur Einzelfallentlastung *Müller / Lipp / Plüss*, Verwaltungsrat, S.293ff. Zum Problem der Einzelfallentlastung in der deutschen Aktiengesellschaft, s. S.157ff.

[13] BGHZ 74, 321.

[14] Vgl. auch *Barner*, Entlastung, S.31; *Picenoni*, Entlastungsbeschluß, S.50f.

GmbH, in der die Gesellschafterversammlung die Geschäftsführer entlastet (§ 45 Nr.6 GmbHG, Art.810 Abs. I Nr.5 OR). Für die französische die S.A. sowie für die S.A.R.L. fehlen zwar gesetzliche Zuständigkeitsregelungen, die Entlastungskompetenz der Aktionärs- bzw. der Gesellschafterversammlung ist dort jedoch allgemein anerkannt.[15]

Versucht man sich der Entlastung anhand gesetzlicher Regelungen weiter zu nähern, muß man feststellen: Die Gesetzgeber haben ihr bislang keine besondere Aufmerksamkeit gewidmet. In der S.A. und der S.A.R.L. fehlen jegliche Vorschriften, während in der deutschen GmbH lediglich Verfahrensfragen wie die bereits genannte Zuständigkeit der Gesellschafterversammlung sowie der Stimmrechtsausschluß des zu Entlastenden geregelt sind (§ 47 Abs. IV S.1 GmbHG). Lediglich der schweizerische Gesetzgeber sowie das deutsche Aktienrecht gehen hierüber hinaus, bieten aber im Hinblick auf mögliche Rechtsfolgen der Entlastung gänzlich konträre Lösungen. Während das deutsche Aktiengesetz ausdrücklich in § 120 Abs. II S.2 erklärt, daß die Entlastung keinen Verzicht auf Ersatzansprüche beinhaltet, geht das schweizerische Obligationenrecht in dem das Aktienrecht betreffenden Art.758 OR grundsätzlich von einem Anspruchserlöschen aus. Zum Inhalt der Entlastung ist eine Regelung ausschließlich in § 120 Abs. II S.1 AktG zu finden, ohne daß dadurch der Bezug zu einem konkreten Rechtsgeschäft deutlich wird: *„Durch die Entlastung billigt die Hauptversammlung die Verwaltung der Gesellschaft durch die Mitglieder des Vorstands und des Aufsichtsrats."*

Es ist daher auch nicht überraschend, daß über die schon angedeutete grundsätzliche Frage, „Was bedeutet Entlastung?", über ihre Rechtsnatur und -folgen keine Klarheit besteht. Häufig kranken die bisherigen Erklärungsversuche daran, daß man bestimmte Entlastungsfolgen ohne nähere Erläuterung unterstellt und davon ausgehend auf ihren Rechtsgehalt schließt. Unberücksichtigt bleibt dabei vor allem die Erörterung der Frage, welche Funktion die Entlastung erfüllt und wie sich infolgedessen ihr Rechtsgehalt darstellt.

Was den Gang der Untersuchung anbetrifft, wurde grundsätzlich auf die Einteilung in Länderberichte zu Gunsten einer funktionalen Betrachtungsweise anhand der einzelnen Entlastungsaspekte verzichtet. Diese Vorgehensweise bot sich an, weil die Probleme in den einzelnen Ländern zum Teil identisch sind und ferner, weil sich in Bezug auf die Entlastungsfunktion einige Gemeinsamkeiten feststellen lassen. Diese Frage muß zunächst im Vordergrund der Erörterung stehen, denn besteht hierüber keine Klarheit, ist die Untersuchung von Verfahrensfragen, den Entlastungsformalien sowie die Frage nach Rechtsnatur und den Rechtsfolgen nicht sinnvoll. Damit ergibt sich die Gliederung in Kapitel II.: Entlastungsfunktion, Kapitel III: Entlastungsformalien, Kapitel IV: Rechtsnatur der Entlastung sowie Kapitel V: Rechtsfolgen der Entlastung. Wurde Entlastung erteilt, handelt es sich bei der abweichend abstimmenden Minderheit jedenfalls dann nicht um unbelehrbare Querulanten, wenn der Beschluß rechtswidrig ist. Unter welchen Voraussetzungen das der Fall ist, wird Kapitel VI näher erörtern. Zur Frage, wie auf eine Entlastungsverweigerung zu reagieren ist, soll schließlich in Kapitel VII Stellung genommen werden. Die Schlußbetrachtung wird neben der Zusammenfassung der Ergebnisse einen Ausblick auf die mögliche künftige Entwicklung der Entlastung geben.

---

[15] *Hémard / Terré / Mabilat*, Soc.Com., Bd.1, Rn.521; *Nocquet*, in JCl.-soc., Fasc. 139 2A Rn.6; *Ripert / Roblot / Germain*, Dr.Com. Rn.1220; *Rousseau*, S.A.R.L., Rn.193; *Thaller*, Dr.Com., Rn.672.

Kapitel II Die Funktion der Entlastung

Ein Anhaltspunkt für die in der Entlastung liegende Funktion kann wie bei jeder Auslegung eines Begriffes anhand des Wortlautes festgestellt werden.[1] Im Zuge der Untersuchung wird sich zeigen, daß sich das scheinbar offensichtliche Ergebnis nicht für sämtliche der behandelten Rechtsordnungen halten läßt. Es ist daher im Anschluß an die Wortlautinterpretation zu fragen, welche Gründe dazu geführt haben, daß die Entlastung nur teilweise im Sinne ihrer Wortbedeutung interpretiert werden kann und wie sich, bedingt durch den Wandel in Gesetzgebung, Rechtsprechung und Lehre das heutige Entlastungsverständnis in Deutschland, Frankreich und der Schweiz darstellt. Die Funktion der Entlastung erklärt sich jedoch nicht allein anhand des Wortlautes und der Entstehungsgeschichte. Vielmehr ist es erforderlich, sich mit dem systematischen Zusammenhang auseinanderzusetzen, in dem die Entlastung steht und anhand der Begleitumstände des Beschlusses Rückschlüsse auf die Entlastungsfunktion zu ziehen, um festzustellen, ob und inwieweit die untersuchten Rechtsordnungen hierzu eine gemeinsame Grundaussage erkennen lassen.

A. Die Begriffe „Entlastung", „quitus" und „Décharge" – Inhalt und Schranken der Wortlautinterpretation

Wendet man sich der Wortbedeutung der Entlastung zu, scheint sich eine hinter diesem Begriff stehende anspruchsvernichtende Funktion zunächst zu bestätigen. Nach dem Begriffswortlaut ist unter Entlasten „jemandem eine Last von seinen Schultern nehmen" bzw. „ihn von etwas befreien" zu verstehen.[2] Tatsächlich haben Rechtsprechung und Lehre im deutschen, schweizerischen und französischen Recht die Funktion der Entlastung ursprünglich auch im Sinne einer Verbindlichkeitsbefreiung, d.h. in einem rein rechtlichen Sinn verstanden. Prinzipiell ist gegen eine solche Interpretation nichts einzuwenden, da sich trotz des in § 133 BGB enthaltenen Verbotes der „Buchstabeninterpretation" jede Auslegung zunächst am Wortlaut des zu interpretierenden Begriffs zu orientieren hat.[3] Die gleiche Interpretation ist für den aus der französischen Sprache stammenden, im schweizerischen Recht verwendeten Terminus „Décharge" im Sinne von décharger also entlasten möglich. Der im französischen Recht gebräuchliche, der Entlastung entsprechende Rechtsbegriff „quitus" leitet sich aus dem lateinischen Verb quiescere, d.h. ruhen bzw. untätig sein ab.

Kann man aufgrund der Wortbedeutung ohne weiteres zu dem Schluß gelangen, bei der Entlastung gehe es in erster Linie um die Befreiung von den sich aus der Geschäftsführung ergebenden Lasten, scheint auch die weitere Folgerung nicht fernzuliegen, Entlastung bedeute im allgemeinen eine Befreiung des Geschäftsführers von möglichen Ansprüchen der Gesellschaft gegen ihn. Wie erwähnt wurde in den untersuchten Rechtsordnungen ursprünglich hierin auch der eigentliche Zweck des Beschlusses gesehen. Wie sich dieses Verständnis in den jeweiligen Ländern entwickelt hat und ob die streng am Wortlaut orientierte Interpretation auch heute noch durchgängig aufrechterhalten werden kann, soll der nachfolgende, geschichtliche Überblick zeigen.

---

[1] *Larenz / Canaris*, Methodenlehre, S.141f.

[2] *Brox*, BB 1960, 1226; *Schuricht*, Klage des GmbH-Geschäftsführers auf Entlastung, S.7.

[3] RGZ 89, 187; BGHZ 121, 16; ders., NJW 1994, 189; 1995, 1212; *Larenz / Canaris*, Methodenlehre, S.141; MüKo.-*Busche*, BGB, § 133 Rn.51f; Palandt-*Heinrichs*, BGB, § 133 Rn.14.

B. Zur Entwicklung des Entlastungsverständnisses im deutschen, französischen und schweizerischen Recht

I. Deutsches Recht

1. Aktiengesellschaft: Vom preußischen Allgemeinen Landrecht zur Aktienrechtsreform des Jahres 1965

Die Entlastung des Privatrechts hat ihren Ursprung wie bereits erörtert in dauerhaften Geschäftsbesorgungsverhältnissen. Schon das allgemeine preußische Landrecht kannte in seinem ersten Teil mit den §§ 109ff eine allgemeine Regelung von der Verwaltung fremder Sachen und Güter und in diesem Zusammenhang die Pflicht zur Rechnungslegung des Verwalters sowie die Pflicht zur Quittierung der Rechnung durch den Geschäftsherrn (§§ 133ff, 145 preuß. ALR Teil I.). Für die einmal erteilte Quittung sah § 146 preuß. ALR I im Hinblick auf den Verwalter vor: *„Doch wird derselbe durch dergleichen Quittung von der Vertretung unredlicher Handlungen oder später entdeckter Rechnungsfehler, wenn gleich derselben in der Quittung ausdrücklich entsagt worden, nicht befreyt."* Man mag in dieser Quittung eine Entlastung sehen,[4] ein Verzicht des Geschäftsherrn auf Ansprüche gegen den Geschäftsführer war mit ihr jedenfalls nicht verbunden.[5] Einen Verzicht dagegen enthielt die Quittung, die der Pflegebefohlene dem Vormund gemäß § 885 preuß. ALR II bei Beendigung seines Amtes nach gelegter Schlußrechnung zu erteilen hatte. § 886 S.1 preuß. ALR II sah zu dieser Quittung vor: *„Der Ertheilung dieser Verzicht kann der Pflegebefohlene sich nicht weigern, wenn auch noch ein anderer Punkt aus der geführten Administration einer nähern, oder gar gerichtlichen Erörterung bedarf."*

Entsprechende Regelungen wurden jedoch nicht in das ADHGB aufgenommen. Zur Entlastung erklärte Art. 239a Abs. III ADHGB in der Fassung der Aktienrechtsnovelle vom 18.7.1884, die Entlastung des Vorstandes in Bezug auf die nicht bemängelten Bilanzansätze gelte als erteilt, wenn auf Verlangen einer 10%-igen Minderheit wegen der Bemängelung bestimmter Ansätze die Verhandlung über die Bilanz vertagt werde. Das Reichsgericht legte sich dennoch, wohl wegen der vormals geltenden Regelungen des preußischen allgemeinen Landrechts von vornherein auf die Bedeutung der Entlastung als Anspruchsverzicht fest.[6] So hieß es in einer der ersten Entscheidungen zur Entlastung, sie beinhalte nicht mehr als die Erklärung, daß die Generalversammlung aus den ihr gemachten Vorlagen keine Veranlassung zur Monitur entnimmt.[7] Rechtlich wurde die Entlastung jedoch nicht mehr als die Quittung, sondern überwiegend als negatives Schuldanerkenntnis i.S.d. § 397 Abs. II BGB verstanden.[8] Man erkannte jedoch, daß das negative Schuldanerkenntnis nicht in jedem Fall weiterhelfen konnte. Gab die Geschäftsführung tatsächlich keinen Anlaß zur Monitur, war sie rechtlich gesehen also einwandfrei, mußte ein Vertrag nach § 397 Abs. II BGB mangels bestehender Forderung ins Leere gehen. Für diese Fälle sah man in der Entlastung, gewissermaßen als Notbehelf, um ihr überhaupt eine Bedeutung zu verleihen, einen allgemeinen Ausspruch der

---

[4] *Knoche*, Verzichtswirkung der Entlastung, S.8.

[5] *Bellardi*, Staatsrechtliche Entlastung, S.20f; *Eccius*, preuß. PrivatR., S.359f.

[6] RGZ 12, 74, 77; 13, 51; 18, 63; 44, 69; JW 1903, 391.

[7] RGZ 12, 74, 77.

[8] RGZ 76, 244; 248; JW 1926, 2904; *Jäßing*, Privatrechtliche Entlastung, S.12ff; *Laband*, Entlastung des Vorstandes, S.6ff.

Zufriedenheit mit der Geschäftsführung.[9] Danach hatte die Entlastung eine rechtlich unterschiedliche Bedeutung, je nachdem ob Pflichtwidrigkeiten vorgekommen waren oder nicht.

Die in der Weimarer Republik eingeleiteten Reformbestrebungen des Aktienrechts brachten hierzu zunächst keine Neuerungen. Da die zahlreichen Unternehmenszusammenbrüche nicht nur auf die Weltwirtschaftskrise, sondern auch auf das Verhalten ihrer leitenden Organe zurückgeführt wurden,[10] warf man die Frage auf, ob der Entlastungsverzicht weiterhin zulässig sein sollte. Eine Beschränkung dieser Wirkung hielt man jedoch nicht für erforderlich, weil auch eine Aktionärsminderheit eine Klage gegen den Vorstand veranlassen konnte, wenn dieser die Gesellschaft durch seine Geschäftsführung schuldhaft geschädigt hatte,[11] so daß der Entwurf eines Gesetzes über Aktiengesellschaften und Kommanditgesellschaften auf Aktien dann auch keine entlastungsbeschränkenden Regelungen enthielt.

Geltendes Recht ist das Reformvorhaben jedoch nicht geworden. Hierzu kam es erst in der folgenden, nationalsozialistischen Herrschaft durch das Gesetz über Aktiengesellschaften und Kommanditgesellschaften auf Aktien vom 30.1.1937. § 84 Abs. IV S.3 des Aktiengesetzes von 1937 sah vor, daß die Gesellschaft erst fünf Jahre nach deren Entstehung auf Ansprüche gegen die Verwaltung verzichten durfte. In den neuerlichen Reformdiskussionen wurde die Entlastung zwar auch als Billigung der Geschäftsführung und als Vertrauensbeweis gegenüber den Vorstandsmitgliedern gesehen,[12] der Grund ihrer Wirkungsbeschränkung lag jedoch nicht hierin, sondern in dem Ziel, dem Führerprinzip auch im Aktienrecht Geltung zu verschaffen und die Aktiengesellschaft so nationalsozialistischen Vorstellungen anzupassen. Man meinte, der Aktionär sei meist nicht in der Lage, die Probleme eines Großunternehmens eigenverantwortlich zu beurteilen, so daß sich die Notwendigkeit eines unabhängigen Führers ergab.[13] Der gesteigerten Macht entsprach eine verschärfte Verantwortlichkeit gegenüber den Aktionären und den Gläubigern der Gesellschaft.[14] Aufgrund dieser Erwägung ergab sich die Regelung des § 84 Abs. IV S.3 AktG a.F.[15]

Die Deutung der Entlastung als negatives Schuldanerkenntnis sowohl für die GmbH als auch für die Aktiengesellschaft konnte damit nicht mehr aufrecht erhalten werden. Das Reichsgericht, dessen Rechtsprechung sich der Bundesgerichtshof anschloß, sah sich infolgedessen veranlaßt, den Sinn der Entlastung nicht mehr im Anspruchsverzicht, sondern in der rechtlich folgenlosen Billigung der Geschäftsführung sowie im Ausspruch des Vertrauens für die Zukunft zu erblicken.[16] Rechtlich gesehen führte der Umstand, daß die Rechtsfolgen der Entlastung in § 104 AktG 1937 im Gegensatz zum aktuellen § 120 Abs. II S.2 AktG nicht geregelt waren, allerdings zu einigen Verwirrungen. So wurde für die Aktiengesellschaft die Verzichtswirkung der Entlastung für den Ausnahmefall weiterhin bejaht, daß sich sämtliche Aktionäre für ihre Erteilung aussprächen. Entscheidendes Argument hierfür war die Annahme, der Gesetzgeber habe mit § 84 Abs. IV S.3 AktG a.F. verhindern wollen, daß die Mehrheit der Aktionäre gegen die Interessen der Minderheit über die Entlastung beschließen kön-

---

[9] Vgl. *Breit*, JW 1917, 657; *Jäßing*, Privatrechtliche Entlastung, S.12.

[10] Prot. Arbeitsausschuß vorl. Reichswirtschaftsrat, 2.Sitzung v. 22.9.1932, bei *Schubert / Hommelhoff*, S.191f.

[11] Prot. Arbeitsausschuß vorl. Reichswirtschaftsrat, 2.Sitzung v. 22.9.1932, bei *Schubert / Hommelhoff*, S.193f.

[12] *Schubert*, Protokolle, S.315f.: Bericht über die Sitzung des Ausschusses für Aktienrecht v. 30.11.1934, S.25f; s. auch *Boesebeck*, JW 1935, 922, *ders.*, ZAkDR 1935, 675, 676.

[13] Begr. z. AktG v. 30.1.1937, Reichsanz. v. 4.2.1937 Nr.28, S.1.

[14] Begr. z. AktG v. 30.1.1937, Reichsanz. v. 4.2.1937 Nr.28, S.1.

[15] Begr. z. AktG v. 30.1.1937, Reichsanz. v. 4.2.1937 Nr.28, S.4, nunmehr geregelt in § 93 Abs. IV S.3 AktG.

[16] RGZ 167, 151, 166; BGHZ 24, 47; JR 1959, 298; zust. *Schuler*, NJW 1960, 601; *Wagner*, Rechtsnatur der Entlastung im Gesellschaftsrecht, S.34.

ne.[17] Entschlössen sich aber sämtliche stimmberechtigte Aktionäre für die Entlastung, wäre eine schützenswerte Minderheit nicht vorhanden, so daß deswegen ein Verzicht bejaht werden könne.[18] Nicht ganz so weit ging Schippert, der eine Umkehr der in § 84 Abs. II AktG a.F. angeordneten Beweislastverteilung als Konsequenz der Entlastungserteilung erwog.[19] Der Vorstand hätte danach nicht mehr beweisen müssen, daß er die Sorgfalt eines ordentlichen Geschäftsmanns beachtet habe, falls er nach seiner Entlastung in Anspruch genommen würde. Die Gegenansicht wandte dagegen ein, man würde durch die Umkehr der Beweislast bzw. durch die Verzichtsannahme im Fall der einstimmig beschlossenen Entlastung die zwingende Regelung des § 84 Abs. IV S.3 AktG a.F. unterlaufen.[20] Eine Einigung in diesem Meinungsstreit konnte nicht erzielt werden, zumal sich der Gesetzgeber des Jahres 1937 nicht zur Frage des Minderheitenschutzes äußerte, sondern das Verzichtsverbot, wie erwähnt, lediglich mit der gesteigerten Verantwortung des Vorstandes begründete. Anläßlich der Aktienrechtsreform des Jahres 1965 sah sich der Gesetzgeber daher genötigt, die Wirkungen der Entlastung klarzustellen.[21] So entstand der bis heute geltende § 120 Abs. II S.2 AktG, wonach die Entlastung keinen Verzicht auf Ansprüche gegen die Geschäftsführung enthält. Die Ansicht, daß die einstimmig erteilte Entlastung Rechtswirkungen in Bezug auf Schadenersatzansprüche entfalten könne, konnte hiernach, angesichts des eindeutigen Wortlauts der gesetzlichen Regelung, nicht mehr vertreten werden.[22] Entlastende Wirkung kann ein Beschluß der Hauptversammlung auch dann nicht mehr entfalten, wenn das pflichtwidrige Geschäft ausdrücklich von ihr gebilligt wird.[23] Nach ganz herrschender Ansicht erschöpft sich der aktienrechtliche Entlastungsgehalt in der in § 120 Abs. II S.1 AktG genannten Billigung der Geschäftsführung ohne unmittelbare rechtliche Auswirkungen. Die Entlastung hat nur noch symbolischen Charakter bzw. eine rein psychologische Wirkung.[24] Neben der vergangenheitsbezogenen Billigung soll Entlastung auch Vertrauenskundgabe für die Zukunft bedeuten.[25] Schließlich weist die Literatur darauf hin, daß dem Entlastungsvorgang bei größeren Unternehmen, vor allem, wenn die Entlastungsverweigerung im Raum steht, nicht nur gesellschaftsinterne Wirkung zukommt, sondern die geführten Diskussionen um das Für und Wider der Entlastung auch in der Öffentlichkeit erhebliche Beachtung finden, so daß der gesamte Vorgang erhebliche Signalwirkung auf die Reputation des betroffenen Verwaltungsmitglieds sowie auf die Gesellschaft selbst zu entfalten vermag.[26]

---

[17] *Neflin*, NJW 1959, 1666; *Schmidt / Meyer-Landrut*, in Großkomm., AktG, 2.Aufl., § 104 Anm.2a.

[18] BGHZ 29, 385, 390.

[19] *Schippert*, BB 1958, 1191, 1192.

[20] *Brox*, BB 1960, 1226, 1227f; *Schuler*, NJW 1960, 601; i.E. ebs. bereits *Wagner*, Rechtsnatur der Entlastung im Gesellschaftsrecht, S.41f.

[21] *Kropff*, Begr. RegE. zu § 120 AktG.

[22] OLG Düsseldorf, DB 89, 315f; *Werner*, AG 1968, 181, 183.

[23] OLG Stuttgart, ZIP 1995, 378, 380.

[24] *Brox*, BB 1960, 1226, 1228; *Eckardt*, in Geßler / Hefermehl, AktG, § 120 Anm.35, 43; *Mülbert*, in Großkomm., AktG, § 120 Rn.11, 22ff; *Raiser*, Kap.gften. § 16 Rn.5; *Schönle*, ZHR 126 (1964), 199, 220; *Zöllner*, in Kölner Komm., AktG, § 120 Anm.21, 24; unklar *Hüffer*, AktG, § 120 Rn.12f, der einerseits in der Entlastung die Billigung der Geschäftsführung als im großen und ganzen satzungsgemäß sieht, andererseits aber auf den fehlenden Verzicht auf Ersatzansprüche hinweist.

[25] *Hüffer*, AktG, § 120 Rn.2; *Mülbert*, in Großkomm., AktG, § 120 Rn.23; *Nitschke / Bartsch*, AG 1969, 95, 96; *Obermüller / Werner / Winden*, HV, S.331; *Schuricht*, Klage des GmbH-Geschäftsführers auf Entlastung, S.22.

[26] OLG Düsseldorf, ZIP 1996, 503, 505; *Barner*, Entlastung, S.102f; *Borsche*, Entlastung im Recht der Personengesellschaften, S.11; *Schuler*, AG 1960, 1, 3; *Zöllner*, in Kölner Komm., AktG, § 120 Anm.25.

2. GmbH

Seit Schaffung der GmbH im Jahre 1892 sind zwar einige Reformgesetze ergangen, die Entlastung wurde jedoch zu keiner Zeit von diesen berührt. Eine dem § 120 Abs. II AktG entsprechende Regelung ist im GmbHG nicht vorhanden. Geregelt sind lediglich Beschlußformalien, d.h. die grundsätzliche Entlastungszuständigkeit der Gesellschafterversammlung gemäß § 46 Nr. 5 GmbHG sowie der Stimmrechtsausschluß des zu entlastenden Gesellschafters nach § 47 Abs. III S.1 GmbHG. Es ist deswegen nicht erstaunlich, wenn über die Funktion der Entlastung sowie über ihre Rechtsnatur nach wie vor keine Klarheit herrscht. Nicht selten kommt es vor, daß sich die Stellungnahmen nicht mit der Entlastungsfunktion befassen, sondern sich in der bloßen Feststellung erschöpfen, die Entlastung wirke wie ein Verzicht oder habe das Erlöschen von Ansprüchen zur Folge.[27] Ein Teil der Literatur leitet die Funktion nach wie vor von der Wortbedeutung „Entlastung" ab, d.h. die von den Schultern des Betroffenen zu nehmende Last, die befreiende Wirkung bzw. der Ausdruck es bestünden keine Forderungen gegen die Geschäftsführung, sollen den eigentlichen Sinn bzw. den Kern des Entlastungsbeschlusses der Gesellschafterversammlung darstellen.[28] Andere wiederum weisen auf den regelmäßig zeitnahen Zusammenhang zwischen Rechnungslegung und Entlastung hin und sehen ihre Funktion im Bekenntnis über die Ordnungsmäßigkeit der Rechnungslegung.[29] Gegenläufige Auffassungen wollen den Sinn und Zweck eher im außerrechtlichen Bereich ansiedeln. Sie nähern sich daher, meist ohne ein Wort der Begründung an die beschriebene aktienrechtliche Situation an, wonach in der Entlastung die Billigung der Geschäftsführung und die Kundgabe des Vertrauens zum Ausdruck kommt.[30] Die Rechtsprechung, die diese Ansicht seit der Aktienrechtsreform auch für die GmbH vertritt,[31] hat die Bedeutung der Entlastung – allerdings ebenfalls ohne ein Wort der Begründung – dahingehend weiter präzisiert, daß der Beschluß auch darüber urteile, ob der Geschäftsführer bei der Führung des Unternehmens eine „glückliche Hand" hatte, seine Entscheidungen also in unternehmerisch richtiger Weise getroffen habe.[32] Die geschilderten Unterschiede in Bezug auf die Entlastungsfunktion sind nicht nur in der GmbH, sondern in allen anderen Verbandsformen sowie außerhalb des Gesellschaftsrechts anzutreffen.[33] Die Unsicherheiten bei der Ermittlung der Entlastungsfunktion setzen sich bei der mit der Funktion zusammenhängenden rechtsdogmatischen Einordnung der Entlastung fort: Die Bandbreite der Auffassungen reicht mitt-

---

[27] *Fleck*, GmbHR 1974, 224, 228f; *Heuer*, GmbHR 1951, 151; *Marsch-Barner / Diekmann*, in Münch.HdB. GftsR., Bd.3, § 46 Rn.38.

[28] *Brox*, BB 1960, 1226; *Buchner*, GmbHR 1988, 9, 12; *Flume*, Bürgerl.R I/2., § 10 I 4; Hachenburg / *Hüffer*, GmbHG, § 46 Rn.58; *Hueck*, GmbHR 1959, 189, 190.

[29] *Hoeniger*, DJZ 1922, 143, 145.

[30] Baumbach / Hueck, *Zöllner*, GmbHG, § 46 Rn.26; *Fichtelmann*, in Heidelberger Komm., GmbHG, § 46 Rn.43; *Lutter / Hommelhoff*, GmbHG, § 46 Rn.14; *Nägele / Nestel*, BB 2000, 1253; Scholz / *Schmidt*, GmbHG, § 46 Anm.89; *Schmidt*, GftsR., § 36 II 4 d, aa; *ders.*, ZGR 1978, 425, 426; *Sigle*, DStR 1992, 469. *Immenga / Werner*, GmbHR 1976, 53, 56 und Rowedder / *Koppensteiner*, GmbHG, § 46 Rn.22 weisen sowohl auf einen Anspruchsverzicht als auch auf einen Vertrauensbeweis gegenüber den Geschäftsführern hin; für das Genossenschaftsrecht *von Carolsfeld*, ZfG 1957, 218, 223; dagegen *Barner*, Entlastung, S.70, 105; *Knoche*, Verzichtswirkung der Entlastung, S.36ff.

[31] RG, DR 1941, 506, 508; BGH, DStR 1991, 1355; WM 1977, 361f.

[32] BGHZ 94, 324, 326f; OLG München, GmbHR 1997, 1103, OLG Hamm, GmbHR 1992, 802, 803; ebs. *Tellis*, Rechtsnatur der gesellschaftsrechtlichen Entlastung, S.14ff, der die Entlastung rechtsformunabhängig als Ausdruck einer Zweckmäßigkeitskontrolle ansieht; für die AG nunmehr auch KG, DB 2000, 1755.

[33] Dazu *Borsche*, Entlastung im Recht der Personengesellschaften, S.12ff; *Knoche*, Verzichtswirkung der Entlastung, S.31ff.

lerweile, um nur einige Beispiele zu nennen, von der Annahme eines einseitigen Verzichts bzw. einer rechtserheblichen, dem Gesellschaftsrecht eigentümlichen Erklärung, die wie ein Verzicht wirke,[34] einer formalisierten Anerkennung pflichtgemäßer Geschäftsführung bzw. einer Genehmigung[35] über den Erlaßvertrag oder das negative Schuldanerkenntnis,[36] die aus dem Verbot des Selbstwiderspruchs herzuleitende Anspruchspräklusion,[37] bis hin zur grundsätzlichen Ablehnung rechtlicher Entlastungswirkungen.[38]

Auch der Gesetzgeber hat sich bereits in den siebziger Jahren des 20. Jahrhunderts Gedanken über eine Regelung des Entlastungsinhaltes im GmbHG gemacht.[39] Sie zeigen, daß man die GmbH-rechtliche Situation jedenfalls in Bezug auf die Entlastungswirkungen gerade nicht der aktienrechtlichen Lage, d.h. der Regelung des § 120 Abs. II S.2 AktG anpassen wollte.[40] Ausgangspunkt der Reformüberlegungen war der Umstand, daß die Gesellschafter bzw. die Gesellschafterversammlung der GmbH in größerem Umfang als die Aktionäre bzw. die Hauptversammlung der Aktiengesellschaft das Recht haben, Einfluß auf die Geschäftsführung zu nehmen[41] und die Entlastung daher die Wirkung eines Anspruchsverzichts behalten solle.[42] Dieser Gedanke wurde jedoch wieder verworfen, weil sich diese Entlastungsfolgen aus dem Reformentwurf selbst ergaben. So sah z.B. § 75 Abs. V dieses Entwurfs vor, daß die Gesellschaft auf Ersatzansprüche nur verzichten oder sich darüber vergleichen kann, wenn die Gesellschafter dies beschließen.[43] Der Reformentwurf ist jedoch nicht Gesetz geworden, so daß es im Recht der GmbH bis heute an einer gesetzlichen Regelung der Voraussetzungen und Folgen der Entlastung fehlt.

II. Französisches Recht

1. Die Société Anonyme

Die Bedeutung des quitus wurde im französischen Recht ursprünglich im Verzicht auf Klagen der Gesellschaft (action sociale) gegen die Mitglieder des Verwaltungsrates gesehen. Dies beruhte zum einen auf der Tatsache, daß das Gesetz vom 24.7.1867 zur Frage der Entlastung schwieg,[44] zum anderen auf der früher ganz herrschenden Ansicht, wonach allein die Gesellschaft darüber zu entscheiden hatte, ob Ansprüche gegen die Mitglieder der Verwaltung erhoben werden konnten oder nicht.[45] Neben Satzungsbestimmungen, welche die Klageerhe-

---

[34] RG, DR 1941, 506, 508; BGH, GmbHR 1959, 69; BB 1986, 1252, 1253; LG Essen, GmbHR 1983, 221; 223; *Flume*, Bürgerl.R. I/2, § 10 I 4.

[35] *Boesebeck*, ZAkDR 1935, 676f; *Brox*, BB 1960, 1226, 1227; *Buchner*, GmbHR 1988, 9, 11ff.

[36] Erman / *H. – P. Westermann*, BGB, § 397 Rn.4; *Schifferer*, Entlastung der Organe einer Aktiengesellschaft, S.24; *Schönle*, ZHR 126 (1964), 199, 203.

[37] *Knoche*, Verzichtswirkung der Entlastung, S.71ff; *Tellis*, Rechtsnatur der gesellschaftsrechtlichen Entlastung, S.88ff; unklar dagegen OLG Hamm, GmbHR 1992, 802, 803f; OLG Nürnberg, GmbHR 1993, 594; *Schmidt*, ZGR 78, 425, 433f, wo nur von Präklusion die Rede ist.

[38] *Barner*, Entlastung, S.85ff.

[39] BR-Drucks. 595 / 71, S.127.

[40] Vgl. §§ 75 V, 77 II Nr. 1 RegE; BR-Drucks. 404/77.

[41] BR-Drucks. 595/71, S.126, Begr. zu § 76 Abs. V, VI RegE.

[42] BR-Drucks. 595/71, S.127f.

[43] Vgl. auch §§ 110, 125, 220 Abs. II S.1 RegE.; BR-Drucks. 595 / 71, S.128.

[44] Bis heute existieren im französischen Gesellschaftsrecht keine gesetzlichen Regelungen, die sich ausdrücklich mit der Entlastung befassen.

[45] Vgl. nur *Houpin / Bosvieux*, Bd. 2, Rn.1080 m.w.N.

bung von der vorherigen Genehmigung der Generalversammlung abhängig machen konnten,[46] kam der Entlastungserteilung eine erhebliche Bedeutung zu, weil die Generalversammlung hierdurch grundsätzlich in der Lage war, Klagen gegen Mitglieder der Verwaltung zu blockieren.[47] Der quitus führte allerdings im Gegensatz zum deutschen Recht nicht erst zur Unbegründetheit, sondern als sog. fin de non-recevoir schon zur Unzulässigkeit einer Klage.[48] Art.122 NCPC zählt nicht abschließend diejenigen Umstände auf, aus denen sich eine fin de non-recevoir ergeben kann.[49] Dazu gehören auch solche Einwendungen, die nach deutschem Recht materieller Natur sind wie die Verjährung und das Verbot, eine Klage zu erheben, die mit dem vorherigen Verhalten des Klägers zum Nachteil des Beklagten in Widerspruch steht.[50] Es liegt an sich nahe, die Entlastung unter den letztgenannten Aspekt der fin de non-recevoir zu subsumieren, weil die Generalversammlung den Betroffenen nicht einerseits von seiner Verantwortlichkeit gegenüber der Gesellschaft befreien und andererseits eine Verantwortlichkeitsklage gegen ihn erheben kann. Gleichwohl wurde in Rechtsprechung und Literatur hierzu nicht näher Stellung genommen. Man sah das Ziel des quitus ohne nähere Begründung im Verzicht auf eine möglich Verantwortlichkeitsklage.[51]

Da der Entlastungsvorgang aus den nachfolgend geschilderten Gründen nicht selten zu Mißbräuchen führte, sah sich der Gesetzgeber schließlich veranlaßt, in die klagehindernde Entlastungsbefugnis der Gesellschaft einzugreifen. Im französischen Recht war und ist seit jeher die Ansicht herrschend, daß die Mitglieder der Verwaltung bei der eigenen Entlastung mitstimmen können.[52] Dadurch war es für sie ein Leichtes, ihre eigene Entlastung durchzusetzen, wenn sie selbst die Mehrheit der Stimmen besaßen.[53] Sie konnten infolge des Selbstentlastungsrechts auch ohne weiteres als Stellvertreter der Aktionäre über den quitus abstimmen. Infolge allgemeinen Desinteresses an den Vorgängen der Generalversammlung und aufgrund fehlender Zeit kam es oft genug dazu, daß man dem Verwaltungsrat Blankovollmachten für die Stimmabgabe erteilte.[54] Der zu Entlastende konnte daher regelmäßig mit den Stimmen der Mehrheit der Gesellschaft die eigene Entlastungserteilung durchsetzen. In vielen Fällen kam es dadurch zu Mißbräuchen zu Lasten der Minderheitsaktionäre.[55] Darüber hinaus wurde der quitus mangels ausreichender Informationen oft ohne Kenntnis der tatsächlichen Sachlage erteilt,[56] was zum Teil an fehlenden gesetzlichen Regelungen, zum Teil aber auch an der Verwaltung selbst lag, die versuchte, mittels gefälschter Bilanzen den Eindruck eines florierenden Unternehmens zu vermitteln.[57] Aus diesen Gründen wurde die folgende gesetzliche

---

[46] *Solus*, Reforme du Droit des Sociétés, S.165f.

[47] Statt aller *Escarra / Rault*, Bd.4, Rn.1585, 1589 m.w.N.

[48] *Escarra / Rault*, Bd.4, Rn.1585; *Hémard / Terré / Mabilat*, Soc.Com. Bd.2, Rn.1211; *Thaller*, Dr.Com., Rn.672.

[49] *Vincent / Guinchard*, Proc.Civ., Rn.145.

[50] Vgl. *Vincent / Guinchard*, Proc.Civ., Rn.145. Die Formulierung deutet aus deutscher Sicht auf eine Anwendung des Grundsatzes venire contra factum proprium hin. Der Begriff ist dem französischen Recht jedoch nicht bekannt; vgl. *Hübner / Constantinesco*, Einf. frz. R., § 22, 2a.

[51] *Copper Royer*, Bd. I, Rn.154, S.807f; *Houpin / Bosvieux*, Bd. 2, Rn.1084; *Solus*, Reforme du Droit des Sociétés, S.165f; *Stoufflet / Betant*, in JCl.-soc., Fasc. 150 Rn.74ff.

[52] Lyon J.Soc. 1925, 240; Cass.civ. 1932, D.P. 1933 I, 153; *Guyon*, Bd.1, Rn.307, S.312.

[53] *Solus*, Reforme du Droit des Sociétés, 168; *Tchernoff*, D.H. 1938 chron. 5, 8.

[54] *Armborst*, Organisation, S.36ff; *Solus*, Reforme du Droit des Sociétés, S.168; *Tchernoff*, D.H. chron. 1938, 5, 8; *Tunc*, Responsabilité, S.26, 40.

[55] *Escarra / Rault*, Bd. IV, Rn.1585, 1590; *Tchernoff*, D.H. chron. 1938, 5, 8.

[56] *Merle*, Dr.com., Rn.412; *Ripert / Roblot / Germain*, Dr.Com., Rn.1377.

[57] Paris, J.Soc. 1892, 289ff; J.Soc.1912, 445ff; Lyon, J.Soc. 1915, 274ff.

Reform als der richtige Schritt angesehen.[58] Art. 17 des Gesetzes vom 24.7.1867 wurde durch Art. 4 des décret-loi vom 31. August 1937 betreffend die zivilrechtliche Haftung der Leitungsorgane einer Aktiengesellschaft um einen dritten Absatz wie folgt ergänzt: *„Est nulle et réputée non écrite toute clause des statuts ayant pour effet de subordonner l'exercice de cette action à l'avis préalable ou à l'autorisation de l'assemblée générale ou qui comporte par avance renonciation à l'exercice de ladite action.“* Absatz 3: *„Aucune décision de l'assemblée ne peut avoir pour effet d'éteindre une action en responsabilité contre les gérants ou contre les membres du conseil de surveillance pour faute commise dans l'accomplissement de leur mandat.“* Der Entlastung wurden durch das Reformgesetz die vorher von der allgemeinen Ansicht vertretenen Rechtswirkungen auf die Verantwortlichkeitsklage genommen. Neben dem Ziel, durch die Wirkungslosigkeit der Entlastung die Geltendmachung von Ansprüchen gegen die Verwaltung zu erleichtern,[59] ging es dem Gesetzgeber auch um eine Vereinheitlichung der zum Teil erheblich voneinander abweichenden Verjährungsfristen. Deliktsansprüche gegen die Verwaltung verjährten in drei Jahren, für die zivilrechtliche Haftung außerhalb des Deliktsrechts galt hingegen die allgemeine 30-jährige Verjährungsfrist.[60] Um diesen von vielen als unbefriedigend empfunden Zustand zu beenden,[61] wurden die Fristen zu einer dreijährigen Verjährungsfrist vereinheitlicht, die bis heute gilt (Art.225-254 C.Com.). Mit der Verkürzung der Verjährungsfristen wurde die Wirkungslosigkeit der Entlastung gewissermaßen kompensiert.[62] Die folgende Reform vom 24.7.1966 durch das Loi No. 66-537 hat inhaltlich an den genannten Regelungen nichts mehr geändert. Sie wurden zur Bestätigung der bestehenden Rechtslage, abgesehen von sprachlichen Korrekturen, unverändert in Art.246 Abs. II des Gesetzes von 1966 übernommen[63] und gelten bis heute in Art. 225-253 C.Com. sowohl für die S.A. klassischen als auch für die S.A. modernen Typs[64] weiter.

Was die Wirkungen der Entlastung betrifft, vertritt ein Teil der Literatur die Ansicht, letztlich sei es dem Gesetzgeber bei der Reform des Entlastungsrechts nur um den Schutz der Aktionärsminderheit gegangen, der quitus müsse daher wie ursprünglich angenommen zur Unzulässigkeit einer action sociale führen, wenn er von sämtlichen stimmberechtigten Aktionären befürwortet werde.[65] Dem ist die ganz herrschende Meinung aufgrund des eindeutigen Wortlautes des Art.246 Abs. II des Gesetzes von 1966 jedoch entgegengetreten. *„Aucune décision de l'assemblée générale ne peut avoir effet d'éteindre une action en responsabilité contre les administrateurs“* bedeutet, keine Entscheidung kann eine Verantwortlichkeitsklage zum Erlöschen bringen, also auch nicht diejenige, in der die Entlastung einstimmig beschlossen wurde.[66] Guyon / de Leiris schließen sich zwar der herrschenden Auffassung an, meinen

---

58 *Guyon / de Leiris.*, JCl.-soc., 1990, Fasc. 132 Rn.109; *Ripert / Roblot / Germain*, Dr.Com., Rn.1377; *Tunc*, Responsabilité, S.26, 40.

59 *Guyon / de Leiris*, in JCl.-soc., 1990, Fasc. 132 Rn.135; *Solus*, Reforme du Droit des Sociétés, S.161.

60 *Solus*, Reforme du Droit des Sociétés, S.169.

61 *Solus*, Reforme du Droit des Sociétés, S.169f; *Tunc*, Responsabilité, S.26, 41f.

62 *Escarra*, Dr.Com., Rn.808; *Solus*, Reforme du Droit des Sociétés, S.161, 169f.

63 Vgl. *Hamiaut*, Bd. 2, S.230.

64 Vgl. Art.225-256 Abs. I C.Com.

65 *Escarra / Rault*, Bd. IV, Rn.1590, 1596; *Piédelièvre*, Situation juridique et responsabilité des dirigeants, S.87, Rn.182; *Stoufflet / Betant*, in JCl.-soc., Fasc. 150 Rn.21.

66 *Bulle*, Statut du dirigeant, Rn.836; *Gibirila*, Dirigeant de société, S.463f; *Guyon*, Bd.1, Rn.462; *Merle*, Dr.com., Rn.412; *Ripert / Roblot / Germain*, Dr.Com., Rn.1377; *Storck*, in JCl.-soc., Fasc. 74-2 Rn.85; *Hémard / Terré / Mabilat*, Soc.Com., Bd. 2, Rn. 1213f mit der praktischen Erwägung, daß für die ordnungsgemäße Durchführung der Generalversammlung lediglich ein Viertel aller stimmberechtigten Aktionäre anwesend sein müssen, so daß eine einstimmige Entlastung nur selten zu erreichen sein wird.

aber die Entlastung, die der einzelne Aktionär der Verwaltung erteilt, führe zur Unzulässigkeit der action individuelle bzw. der action sociale ut singuli.[67]

Klarstellend sei an dieser Stelle bemerkt, daß es sich bei der action sociale um eine Klage handelt, mit der die Gesellschaft, die ihr durch die Geschäftsführung zugefügten Schäden geltend macht, während es sich bei der action individuelle um die Klage des einzelnen Aktionärs handelt, der den ihm selbst und nicht der Gesellschaft entstandenen Schaden geltend macht.[68] Das französische Recht sieht in Art.223-22 Abs. III zur S.A.R.L. bzw. in Art. 225-252 C.Com. i.V.m. Art.225-120 C.Com. zur S.A. im Rahmen der action sociale die Möglichkeit vor, daß auch der einzelne Aktionär oder eine Aktionärsminderheit Klage auf Ersatz des der Gesellschaft entstandenen Schadens erheben kann. In diesem Fall wird action sociale als action sociale exercée ut singuli bezeichnet.[69] Der Aktionär kann auch auf die Geltendmachung seines individuell erlittenen Schadens durch eine individuelle Entlastung verzichten,[70] doch darum geht es bei dem quitus, den die Generalversammlung erteilt nicht. Gegenstand des Beschlusses ist nur der Schaden, der der Gesellschaft entstanden ist.[71] Über diesen kann der einzelne Aktionär nicht disponieren. Verzichtet er auf sein Klagerecht, wirkt sich dies auf das der übrigen Aktionäre nicht aus.[72] Geht man einen Schritt weiter und folgt der von Guyon / de Leiris vorgeschlagenen Lösung, der einzelne Aktionär könne durch die Entlastung zumindest auf die action ut singuli verzichten, würde man im Prinzip ein Ergebnis billigen, das gerade durch die gesetzlichen Regelungen verhindert werden sollte, nämlich das Verbot, über die der Gesellschaft zustehende action sociale zu disponieren.[73]

Die Rechtsprechung hat zu diesem Problemfeld bis auf die genannte Entscheidung der Cour d'Appel Paris noch nicht Stellung genommen. Sie geht jedoch mit der allgemeinen Ansicht davon aus, daß die Entlastung im Hinblick auf Verantwortlichkeitsklagen wirkungslos ist.[74] Nach Ansicht der Gerichte soll dies auch dann gelten, wenn sich die Aktionäre zu ihrem früheren Verhalten klar und eindeutig in Widerspruch setzen.[75] In einem von der Cour de Cassation entschiedenen Fall hatte der président-directeur général der Muttergesellschaft trotz kritischer finanzieller Lage der Tochtergesellschaft Vorschüsse an die Tochter geleistet, ohne die notwendige Zustimmung des Verwaltungsrates eingeholt zu haben. Die Generalversammlung wurde vom président-directeur général hierüber in Kenntnis gesetzt. Sie billigte ausdrücklich dessen Handlungen und erklärte sich auch mit der Summe der geleisteten Zahlungen einverstanden. Im Anschluß hieran wurde dem président-directeur général Entlastung erteilt. Die Cour de Cassation entschied in Übereinstimmung mit der Vorinstanz, daß auch eine unter diesen Umständen erteilte Entlastung nicht zur Unzulässigkeit der später erhobenen Verantwortlichkeitsklage führen könne.

---

[67] *Guyon / de Leiris,* in JCl.-soc., Fasc. 132 Rn.186f.

[68] *Hamel / Lagarde / Jauffret,* Dr.Com., Bd. 2, Rn.663.

[69] Vgl. vorherige Fundstelle.

[70] *Guyon / de Leiris,* in JCl.-soc., 1996, Fasc. 132 Rn.193; *Le Cannu,* Bull. Joly 1988, 925, 927; Lefebvre, Soc.Com. Rn.1411.

[71] *Bernard,* Ansprüche, S.48f.

[72] Paris, Bull.rap.dr.aff. 1982, Nr.7, S.11.

[73] *Le Cannu,* Bull. Joly 1988, 925, 927; vgl. auch *Hémard / Terré / Mabilat,* Soc.Com., Bd. 2, Rn.1214, die die These von *Guyon* und *de Leiris* mit der praktischen Erwägung ablehnen, daß die Entlastung, die durch jeden Aktionär individuell erteilt werde, voraussetze, daß sämtliche Aktionäre mit Namen und Anschrift bekannt sein müßten, was aber, wenn überhaupt, nur in kleineren Aktiengesellschaften möglich erscheine.

[74] Cass.com., D.S. 1988, I.R. S.23f.

[75] Cass.com., J.C.P. 1975 II No.18129.

2. Die Société à responsabilité limitée

Art.25 des Gesetzes vom 25.3.1925 sah bei einem Verstoß gegen das Gesetz oder gegen die Satzung der Gesellschaft die individuelle oder gesamtschuldnerische Haftung der Geschäftsführung vor. Eine dem die Aktiengesellschaften betreffenden décret-loi vom 31.8.1937 entsprechende Vorschrift über die Rechtswirkungen der Entlastung existierte bis 1966 nicht. Die herrschende Ansicht ging daher wie auch in der Société Anonyme bis 1937 davon aus, daß die erteilte Entlastung zur Unzulässigkeit der action sociale führe.[76] Da das décret-loi von 1937 wie gesagt nur für Aktiengesellschaften und Kommanditaktiengesellschaften galt,[77] blieb es zunächst bei dieser Rechtslage. Mit dem genannten Reformgesetz des Jahres 1966 änderte sich dies jedoch erheblich, da nunmehr die aktienrechtlichen Regelungen in die S.A.R.L. übernommen wurden. Der durch dieses Gesetz geschaffene Art.52 Abs. V sah wie auch in der Aktiengesellschaft vor: „*Aucune décision de l'assemblée ne peut avoir pour effet d'éteindre une action en responsabilité contre les gérants pour faute commise dans l'accomplissement de leur mandat.*" Vordringliches Ziel war es dabei, für die S.A. und die S.A.R.L. eine einheitliche Rechtslage zu schaffen,[78] wenngleich auch der Schutz der Minderheitsgesellschafter zur Begründung angeführt wurde.[79] Durch das neue Gesetz stand auch für die S.A.R.L. fest, daß die Entlastung ihre Rechtwirkungen in Bezug auf die Verantwortlichkeit der Geschäftsführung verloren hatte.[80] Wie genau man es mit der fehlenden Rechtswirkung der Entlastung nahm, zeigt der Fall, der zur S.A.R.L. ähnlich wie in der S.A. von der Cour d'Appel Rouen entschieden wurde.[81] Der Geschäftsführer einer S.A.R.L. hatte eine Konkurrenzfirma gegründet und die Kundschaft der S.A.R.L. dorthin gezogen. Obwohl die Angelegenheit in der Gesellschafterversammlung zur Sprache gebracht und dem Geschäftsführer im Anschluß hieran Entlastung erteilt wurde, konnte eine anspruchsbefreiende Wirkung nach Ansicht des Gerichts aufgrund des eindeutigen Wortlautes des Art.52 Abs. V des Gesetzes von 1966 nicht eintreten. Offen ist die Frage, ob man mit der für die S.A. vertretenen Mindermeinung auch für die S.A.R.L. annehmen darf, daß jedenfalls die einstimmig beschlossene Entlastung zur Unzulässigkeit der Verantwortlichkeitsklage führt; Rechtsprechung und Lehre hierzu noch nicht Stellung genommen.

3. Auswirkungen des Reformgesetzes vom 6. Januar 1988 auf die übrigen Gesellschaften des Privatrechts

Gesellschaften, die nicht die Rechtsform einer S.A.R.L. oder einer S.A. tragen, sind an sich nicht Gegenstand dieser Arbeit. Es ist jedoch für das französische Gesamtverständnis in Bezug auf die gesellschaftsrechtliche Entlastung durchaus aufschlußreich, auch kurz auf die

---

[76] Cass.com., J.C.P. 1952 II 6872; *Hémard / Terré / Mabilat*, Soc.Com., Bd. 1, Rn.479; *Tunc*, Responsabilité, S.26, 40.

[77] *Hémard*, in Dalloz, Rép.Soc., S.A.R.L. Rn.536; *Solus*, Reforme du Droit des Sociétés, S.162 Rn.190.

[78] *Bastian*, J.C.P. éd. G. 1967, No.2121, Rn.303; *Hémard / Terré / Mabilat*, Soc.Com., Bd. 1, Rn.479.

[79] Observations de la commission des lois – Assemblée nationale, sénateur rapporteur M. Marcel Molle, zit. in *Hamiaut*, Bd. I, S.68: „*C'est toujours la même idée qui est poursuivie, c'est-à-dire d'empêcher que, par le jeu de la majorité, on puisse faire échapper un gérant malhonnête ou maladroit à ses responsabilités.*" S. auch *Guyon*, Bd. 1, Rn.497.

[80] Reims, Rev.soc. 1976, 307, 311ff., obs. *J.G*; *Hémard*, in Dalloz, Rép.Soc., S.A.R.L. Rn.538; *Hémard / Terré / Mabilat*, Soc.Com., Bd. 1, Rn.479; *Storck*, in JCl.-soc., Fasc.74-2 Rn.85.

[81] Rouen, 12.1.1973, D. 1973 somm. 28; s. auch *Merle / Chevalier-Merle*, Application jurisprudentielle, S.139.

übrigen Gesellschaftsformen einzugehen. Zunächst führte die Entlastung hier, wie ursprünglich auch bei der S.A.R.L. und der S.A., zur Unzulässigkeit einer Verantwortlichkeitsklage gegen die Geschäftsführung.[82] Diese Sichtweise kann seit dem Reformgesetz vom 5. Januar 1988 (Loi No.88-11.) nicht mehr vertreten werden. Die Aussage des durch dieses Gesetz eingeführten Art.1843-5 Abs. III C.Civ. entspricht inhaltlich den Regelungen zur S.A.R.L. und zur S.A.: *„Aucune décision de l'assemblée des associés ne peut avoir effet d'éteindre une action en responsabilité contre les gérants pour la faute commise dans l'accomplissement de leur mandat."* Da die Regelungen der Art.1832 – 1844-17 C.Civ. eine Art allgemeinen Teil des französischen Gesellschaftsrecht bilden, der grundsätzlich für sämtliche Gesellschaften des Privatrechts gilt,[83] bedeutet das, im französischen Gesellschaftsrecht kann die Entlastung keine Auswirkungen mehr auf Ansprüche der Gesellschaft gegen die Verwaltung entfalten, für die die action sociale die zutreffende Klageart ist. Der Gesetzgeber sah den Grund seines Eingreifens allerdings nicht darin, Mißständen in der Entlastungspraxis entgegenzuwirken. Ziel war es vielmehr, die bestehende Inkohärenz zwischen der Société Commerciale und den übrigen Gesellschaften zu beseitigen, um so eine einheitliche Rechtslage für sämtliche Gesellschaftsformen zu schaffen.[84]

Manche Unternehmen sind, möglicherweise motiviert durch die im Gegensatz zu § 120 AktG fehlende Entlastungsregelung sowie aufgrund der gesetzlichen Verzichtsverbote, dazu übergegangen, auf die Entlastungsentscheidung vollkommen zu verzichten.[85] In der Literatur wurde aus den Reformregelungen geschlossen, der quitus habe, weil er die action sociale nicht mehr zum Erlöschen bringen könne,[86] jegliche juristische Funktion verloren,[87] seine Erteilung sei eine reine Formalie geworden, deren Berechtigung allein darin liege, daß die Gesellschaften aufgrund jahrelanger Gewohnheit einen entsprechenden Beschluß fassen.[88] Andere wiederum weisen infolge der fehlenden unmittelbaren Rechtswirkungen nunmehr vergleichbar mit dem deutschen Aktienrecht erstmalig auf den moralischen und psychologischen Gehalt der Entlastung hin und sehen in ihr eine Art Vertrauensvotum[89] bzw. die Bestätigung einer zufriedenstellend erbrachten Verwaltungsleistung ohne den Charakter einer Verzichtserklärung.[90] Bezeichnend ist auch die Auffassung der Commission des Opérations de Bourse, die auf Anfrage einer S.A. zum quitus folgende Stellungnahme abgab: *„La commission a rappelé à ce propos qui si le quitus voté par l'assemblée a eu, dans le passé, une grande importance, car il éteignait toute action en responsabilité contre les administrateurs, il est aujourd'hui devenu inutile. Aujourd'hui, bien que le quitus soit devenu inutile, l'habitude de le voter a été conservée, mais il n'a plus qu'une valeur morale."*[91]

---

[82] Paris, Gaz.Pal. 1964 jur. 102; *Alfandari / Jeantin*, RTD.com. 1988, 77, 79f. m.w.N.

[83] *Merle*, Dr.Com., Rn.18.

[84] *Alfandari / Jeantin*, RTD.com., 1988, 245, 246.

[85] Vgl. z.B. die Generalversammlung – assemblée générale mixte – der Alcatel v. Mai 2000, wo der quitus als Tagesordnungspunkt nicht mehr erscheint.

[86] *Hémard*, in Dalloz, Rép.Soc., S.A.R.L. Rn.538; *Ripert / Roblot / Germain*, Dr.Com., Rn.1377; *Storck*, in JCl.-soc., Fasc. 74-2, Rn.85.

[87] *Hémard / Terré / Mabilat*, Soc.Com., Bd. 2, Rn.1213.

[88] *Ripert*, Dr.Com., Rn.1210; *Vuillermet*, Soc.Com., S.409.

[89] *Bulle*, Statut du dirigeant, Rn.836; *Gibirila*, Dirigeant de société, Rn.575; *Nocquet*, in JCl.-soc., Fasc.139-2A Rn.56.

[90] *Guyon / de Leiris*, in JCl.-soc., 1990, Fasc.132 Rn.186; Lamy, Soc.Com., Rn.2727: *„La bonne exécution des obligations des gérants est sanctionnée par le quitus."*

[91] Bulletin mensuel d'information de la commission des opérations de bourse, 1980, No. 128, S.4.

III. Schweizerisches Recht

Der schweizerische Gesetzgeber hat der Décharge seit jeher Rechtswirkungen in Bezug auf Ansprüche gegen die Mitglieder der Gesellschaftsverwaltung durch entsprechende Vorschriften zugebilligt. In Art.675 Abs. I des seit dem 30.3.1911 geltenden Obligationenrechts kam dieses Ansinnen zunächst nur allgemein zum Ausdruck. Die Vorschrift lautete: *„Dem in Art. 671, 672 und 674 einem jeden einzelnen Aktionär eingeräumten Klagerecht steht ein Beschluß der Generalversammlung, welcher die schadenersatzpflichtigen Personen von ihrer Verantwortlichkeit entbindet, nur entgegen, wenn der Aktionär der Beschlußfassung zugestimmt oder nicht binnen 6 Monaten nach erlangter Kenntnis dagegen Einsprache erhoben oder wenn er die Aktien seither in Kenntnis der Schlußnahme erworben hat."* Eindeutig auf die Entlastung zugeschnitten war dagegen die seit dem 1.7.1937 geltende Nachfolgeregelung des Art.757 OR: *„Der Verantwortlichkeitsklage des Aktionärs steht ein Entlastungsbeschluß der Generalversammlung nur entgegen, wenn der Aktionär der Beschlußfassung zugestimmt oder die Aktien seither in Kenntnis der Schlußnahme erworben hat oder wenn er nicht binnen sechs Monaten seit der Schlußnahme Klage erhoben hat."* Wie im französischen und im deutschen Recht bestanden auch im schweizerischen Recht aktienrechtliche Reformbestrebungen, die 1992 zu einer entsprechenden Revision führten.[92] Die Frage der Décharge hat dort jedoch lediglich eine untergeordnete Rolle gespielt.[93] Unter Berücksichtigung einer sich in Rechtsprechung und Literatur mehr und mehr durchsetzenden Formel, wonach die Entlastung nur für bekannt gegebene Tatsachen wirke,[94] entschied sich der Gesetzgeber lediglich, die Entlastungsregelung sprachlich genauer zu fassen.[95] Die Interpretation der Rechtsnatur sollte dagegen weiterhin Rechtsprechung und Lehre vorbehalten bleiben.[96] In dem seit 1992 geltendem Art.758 OR wird dann auch keine inhaltliche Entlastungsregelung getroffen, sondern es werden lediglich die tatsächlichen Grundlagen, aus denen sich Rechtsfolgen ergeben können, klarer beschrieben. Absatz I der Vorschrift besagt, daß die Entlastung nur für bekanntgegebene Tatsachen und nur gegenüber der Gesellschaft sowie gegenüber den Aktionären wirkt, die dem Beschluß zugestimmt haben oder die Aktien seither in Kenntnis des Beschlusses erworben haben. In Absatz II heißt es, das Klagerecht der übrigen Aktionäre erlischt sechs Monate nach dem Entlastungsbeschluß.

Da die GmbH in der Schweiz nicht dieselbe Bedeutung wie die Aktiengesellschaft erlangt hat, existieren in den entsprechenden Bestimmungen der Art.772ff. OR vielfach Verweisungen auf die aktienrechtlichen Regelungen. Für die Verantwortlichkeit der mit der Geschäftsführung der GmbH betrauten Personen verweist Art.827 OR auf die Bestimmungen des Aktienrechts. Da es sich bei den GmbH-rechtlichen Verweisungsregelungen nach überwiegender Ansicht um dynamische Verweisungen handelt, gelten für die GmbH die Vorschriften des 1992 revidierten Obligationenrechts,[97] d.h. die Art.754ff. OR neuer Fassung. Folglich findet nicht die vor 1992 geltende Entlastungsregelung des Art.757 OR, sondern die

---

[92] BG v. 4.11.1991, in Kraft seit dem 1.7.1992, BBl. 1983 II 745.

[93] Vgl. die entsprechenden Gesetzesvorschläge, die ohne weitere Aussprache angenommen wurden, Amtl. Bull. StR 1988, S.525; Amtl. Bull. NR, 1985, S. 1788.

[94] Vgl. nur BGE 65 II 2, 14; 95 II 321, 328.

[95] Botschaft über die Revision des Aktienrechts v. 23. Februar 1983, BBl. 1983 II S.745, 937f.

[96] *Kunz*, Rechtsnatur und Einredenordnung, S.154.

[97] *Böckli*, AktienR., Rn.2037; *Dreifuss / Lebrecht*, in Basler Komm., OR, Art.808 Rn.31ff; *Tanner*, in FS-Forstmoser, S.36, 39, 42; *Widmer*, in Basler Komm., OR, Art.827 Rn.1; a.A. *Guhl / Merz / Kummer / Koller / Druey*, OR, § 67 I 2 a, *Wohlmann*, GmbH-Recht, § 4.

neue Vorschrift des Art.758 OR Anwendung.[98] Das Entlastungsrecht der schweizerischen GmbH ist insoweit mit dem der Aktiengesellschaft identisch.

Die vom Gesetz schon vorgezeichnete anspruchsvernichtende Wirkung der Décharge findet sich auch in der Deutung ihrer Funktion durch Rechtsprechung und Lehre wieder. Herrschend ist sowohl für die Aktiengesellschaft als auch für die GmbH seit jeher die Meinung, daß die Funktion der Entlastung in erster Linie in ihrer Verzichtswirkung liege, die wiederum den Schutz der Verwaltungsmitglieder vor Klagen wegen fehlerhafter und gesellschaftsschädigender Geschäftsführung bedeute.[99] Der Entlastungsbeschluß stelle daher fest, daß keine Forderungen der Gesellschaft gegenüber den Verantwortlichen wegen Haftung aus ihrer Tätigkeit vorliegen.[100] Bürgi weist in diesem Zusammenhang darauf hin, daß die Entlastung vor allem wegen ihrer rechtsgestaltenden Wirkung bedeutungsvoll ist, weil sie periodisch Klarheit über die gegenseitigen Rechtsbeziehungen, insbesondere über Bestehen und Nichtbestehen von Schadenersatzansprüchen schaffe.[101] Da die anspruchsvernichtende Funktion der Entlastung im Vordergrund des schweizerischen Rechts steht, ist es nicht erstaunlich, daß die herrschende Meinung sie rechtstechnisch als eine negative Schuldanerkennung,[102] einen Unterfall des in Art.115 OR geregelten Forderungserlasses oder als einseitigen Anspruchsverzicht ansieht.[103] Die moralische Billigung der Geschäftsführung bzw. den Ausspruch des Vertrauens wollen manche nur in den Fällen bejahen, in denen ein Anspruchsverzicht mangels bestehender Ersatzansprüche ins Leere gehen würde.[104] Die Gegenauffassung sieht indessen, wenn auch erst in zweiter Linie, den Ausspruch des Vertrauens als eigenständigen Bedeutungsgehalt der Entlastung an, dessen Zweck darin bestehe, ein gutes Betriebsklima zwischen Aktionären und Verwaltung herzustellen, der Unternehmensleitung den Rückhalt bei den Aktionären zu sichern, um sie so für ihre zukünftigen Aufgaben zu motivieren.[105] Das Vertrauen kann nach Ansicht des Bundesgerichts beispielsweise darin zum Ausdruck kommen, wenn dem Betroffenen, aufgrund seiner bisherigen Verdienste um die Gesellschaft, trotz erkannter Pflichtwidrigkeiten Entlastung erteilt wird.[106]

Kritisiert wird das bestehende Entlastungsverständnis lediglich von Schmitt sowie von Vischer und Rapp. Letztere haben anläßlich der Reform des Obligationenrechts die Ansicht vertreten, die Rechtswirkungen der Entlastung müßten den Vorschriften des französischen

---

[98] So, in Übereinstimmung mit der vorzitierten h.M., auch *Wohlmann*, GmbH-Recht, § 20 II, trotz seiner Bedenken gegen dynamische Verweisungen in GmbH-rechtlichen Vorschriften des Obligationenrechts.

[99] *Dreifuss / Lebrecht*, in Basler Komm., OR, Art.810 Rn.23; *Forstmoser / Meier-Hayoz / Nobel*, AktienR., § 22 Rn.47; *Kaeslin*, Aktiengesellschaft und Verantwortlichkeit, S.62; *Kunz*, Rechtsnatur und Einredenordnung, S.153; *Meier-Wehrli*, Verantwortlichkeit der Verwaltung, S.115f; *Merz / Sticher*, SAG 38 (1986), 38, 41; *Niggli*, Aufsicht über die Verwaltung der Aktiengesellschaft, S.89; *Sauber*, Aktienrechtliche Verantwortlichkeit, S.134ff; *v. Steiger*, in Zürcher Komm., OR, Art.810 Rn.15.

[100] *Bürgi / Nordmann-Zimmermann*, in Zürcher Komm., OR, Art. 757 Rn.1; *Schucany*, OR, Art.698 Rn.7; *Widmer*, in Basler Komm., OR, Art.758 Rn.1.

[101] *Bürgi*, in Zürcher Komm., OR, Art.698 Rn.85; ebs. *Niggli*, Aufsicht über die Verwaltung der Aktiengesellschaft, S.89.

[102] BGE 95 II 320, 329; *Biggel*, Verantwortlichkeit des Verwaltungsrates, S.72; *Gauch / Schluep*, OR, Bd. II, Rn.3210.

[103] *Bucher*, OR, § 22 I 2a; *Meier-Wehrli*, Verantwortlichkeit der Verwaltung, S.117f; *Schluep*, Wohlerworbene Rechte, S.94.

[104] BGE 67 II 167, 174; *Bürgi*, in Zürcher Komm., OR, Art.698 Rn.84; *Meier-Wehrli*, Verantwortlichkeit der Verwaltung, S.115f.

[105] *Böckli*, Aktienstimmrecht, S.35; *Eigenmann*, SAG 25 (1952/53), 189, 192; *Herrmann*, Funktion, S.111; *Schleiffer*, Stimmrechtsausschluß, S.204.

[106] BGE 95 II 320, 327.

und des deutschen Aktienrechts angeglichen werden, weil die Aktionäre die Fehlerlosigkeit des Handelns der Verwaltung nicht bestätigen, sondern allenfalls erhoffen könnten.[107] In die gleiche Richtung geht die Argumentation von Schmitt, die ausführt, die Aktionäre würden über zuwenig Informationen verfügen, dem Entlastungsbeschluß könne daher ausschließlich die Funktion eines Vertrauensindikators beigemessen werden.[108]

IV. Zusammenfassung

Auf den von Schmitt erwähnten, nicht näher erörterten notwendigen Zusammenhang zwischen Information und Entlastung und die sich daraus ergebenden Schlußfolgerungen für ihre Bedeutung wird an anderer Stelle zurückzukommen sein. Festzustellen ist hier zunächst nur, daß die Wortlautinterpretation in allen drei Rechtsordnungen auf Schranken stößt. Zwar kommen die Vertreter der rein juristischen Entlastungssicht, d.h. einer auf das Erlöschen von Ansprüchen gerichteten Entlastungsfunktion der Wortbedeutung am nächsten, diesbezüglich weisen die untersuchten Rechtsordnungen jedoch nur teilweise Parallelen auf. Durchgängiges, sowohl im deutschen, französischen als auch im schweizerischen Recht anzutreffendes Entlastungselement ist vielmehr - das hat die vorhergehende Untersuchung gezeigt - das im Beschluß zum Ausdruck kommende Vertrauen in die Geschäftsführung sowie die moralische Unterstützung derselben. Ob dieses Element oder, wie der Begriff „Entlastung" nahelegt, das Erlöschen von Ansprüchen tatsächlich im Vordergrund des Beschlusses steht und damit die Funktion der Entlastung wesentlich kennzeichnet, soll die folgende Erörterung zeigen.

C. Der Entlastungsbeschluß in der Unternehmenswirklichkeit

Wendet man sich von der isolierten Wortlautbetrachtung des Entlastungsbegriffes ab und untersucht die tatsächlichen Umstände, aufgrund derer Entlastung in der Aktiengesellschaft und der GmbH erteilt wird, näher, so fällt zunächst auf, daß die Entlastungserteilung in der Regel ohne besondere Begründung erfolgt. Gab es in rechtlicher Hinsicht keinen Grund zur Beanstandung der Geschäftsführung, sind der Gesellschaft also keine Schäden durch pflichtwidriges Tun entstanden, ist es sinnlos, dem Entlastenden einen wie auch immer gearteten rechtsgeschäftlichen Verzichtswillen unterstellen zu wollen.[109] Dies erkennen zum Teil auch diejenigen, die den Sinn und Zweck der Entlastung hauptsächlich in ihrer anspruchsvernichtenden Wirkung sehen.[110]

In der Situation, in welcher der Gesellschaft aufgrund pflichtwidriger Handlungen eines oder mehrerer Geschäftsführer Schäden entstanden sind, scheint die Annahme eines Verzichts nahezuliegen, wenn den Betroffenen trotz erkannter Ansprüche der Gesellschaft Entlastung erteilt wird. Gleichwohl muß der Verzicht, genauer gesagt, das Angebot auf Abschluß eines Erlaßvertrages oder eines negativen Schuldanerkenntnisses nicht Inhalt der Entlastungserklärung sein. Die Umstände, die zu einer Entlastung in dieser Konstellation führen,

---

[107] *Vischer / Rapp*, Neugestaltung des schweizerischen Aktienrechts, S.134.

[108] *Schmitt*, Verhältnis zwischen Generalversammlung und Verwaltung, S.125; ebs. *Steiner*, SAG 15 (1942), 83, 85.

[109] *Barner*, Entlastung, S.58f; *Hoeniger*, DJZ 1922, 143, 144.

[110] *Bürgi*, in Zürcher Komm., OR, Art.698 Rn.84; *Meier-Wehrli*, Verantwortlichkeit der Verwaltung, S.115f; *Jäßing*, Privatrechtliche Entlastung, S.20.

können unterschiedlichster Natur sein, ohne einen Bezug zu Schadenersatzansprüchen aufweisen zu müssen. Möglicherweise werden langjährige Verdienste des Organmitgliedes höher bewertet als einzelne, aus Sicht des Entlastenden demgegenüber nicht ins Gewicht fallende Pflichtwidrigkeiten.[111] Insbesondere bei größeren Gesellschaften kommt es durchaus vor, daß die Entlastungsfrage nicht nur gesellschaftsintern, sondern auch in der Öffentlichkeit diskutiert wird[112] und man sich entschließt, Entlastung zu erteilen, um den Ruf des Unternehmens, der u.U. schon durch die öffentlich geführte Diskussion um das Für und Wider der Entlastung in Frage steht, durch einen negativen Beschluß nicht weiter zu gefährden.[113] Entscheidend ist aber, daß der Bezugspunkt der Entlastung regelmäßig nicht auf ein einzelnes, pflichtwidriges und schadenverursachendes Geschäft reduziert werden kann. Wie einleitend bereits erwähnt, bezieht sich die Entlastung in aller Regel auf eine Vielzahl von Geschäften während eines bestimmten Zeitraums.[114] Im Vordergrund des Beschlusses steht demnach nicht ein einzelner, u.U. schadenbringender Vorgang, sondern die Gesamtheit aller im Rahmen der Entlastungsperiode für die Gesellschaft getätigten Handlungen. § 120 Abs. I S.1 AktG bringt dies deutlich zum Ausdruck. Die Hauptversammlung beschließt nicht punktuell auf ein einzelnes Geschäft bezogen über die Entlastung, sondern alljährlich, d.h. in Bezug auf sämtliche während des Jahres getätigten Geschäfte. Die Annahme eines Verzichtswillens bleibt in diesen Fällen der gesamthaften Geschäftsführungsbetrachtung eine reine Fiktion, weil zumindest nach deutschem Recht Verzichte niemals zu vermuten, sondern anhand der Umstände des Einzelfalles zu ermitteln sind.[115] Eine generell in der Entlastung liegende Verzichtsaussage läßt sich daher nicht feststellen.

Schließlich zeigen auch die Fälle, in denen die Verweigerung bzw. die Anfechtung der Entlastung im Raum steht; es kann zwar um den Vorwurf von Pflichtwidrigkeiten[116] bzw. die Geltendmachung von Ersatzansprüchen gehen, zwingend ist dies jedoch keinesfalls. Es werden auch Umstände wie wirtschaftlicher Mißerfolg, der sich in erheblichen Kursverlusten niederschlägt[117] oder Streitigkeiten um die Richtigkeit der Unternehmenspolitik[118] als Gründe einer angekündigten Entlastungsverweigerung genannt. Daneben wird eine aus Sicht der Anteilseigner unzureichende Informationspolitik der Verwaltung aufgeführt.[119] Schließlich kann

---

[111] Vgl. auch OLG Köln, NZG 1999, 1228, 1229; BGE 95 II 320, 327; *Knoche*, Verzichtswirkung der Entlastung, S.27.

[112] Vgl. die Berichte zu den Hauptversammlungen der Daimler-Chrysler AG, F.A.Z. v. 9.3.2001, S.18, der Baden-Württembergischen Bank AG, F.A.Z. v. 2.5.2001, der Deutschen Telekom, F.A.Z. v. 29.5.2001, S.33, S.28 sowie zur Generalversammlung der schweizerischen Roche Holding AG, F.A.Z. v. 4.4.2001, S.28 und der Swissair, NZZ v. 17.4.2001; s. auch *Mülbert*, in Großkomm., AktG, § 120 Rn.11.

[113] *Barbey*, Décharge, S.28; *Mülbert*, in Großkomm., AktG, § 120 Rn.11; *Tellis*, Rechtsnatur der gesellschaftsrechtlichen Entlastung, S.27.

[114] Vgl. auch BGHZ 97, 382, 388; *Barbey*, Décharge, S.22.

[115] MüKo.-*Schlüter*, BGB, § 397 Rn.3.

[116] BGH, GmbHR 1985, 356, 357; Trib.com. Seine, Rev.soc. 1928, 86f; vgl. auch den Bericht der F.A.Z. v. 21.06.2000 zur Entlastungsverweigerung gegenüber einem ehemaligen Aufsichtsratsmitglied der Depfa Deutsche Pfandbrief AG.

[117] Bericht der F.A.Z. zur Hauptversammlung der Deutschen Telekom v. 29.5.2001, S.33.

[118] Berichte der F.A.Z. zu den Generalversammlungen Roche Holding AG Basel v. 4.4.2001, S.28 sowie der Spielwarenmesse eG Nürnberg v. 22.5.2001, S.27.

[119] Bericht der F.A.Z. v. 2.5.2001, S.28: Der betroffenen Aktiengesellschaft war durch einen Betrugsfall ein Schaden i.H.v. 68 Millionen Euro entstanden, worüber nach Ansicht eines Aktionärs weder der Vorstand noch der Aufsichtsrat hinreichend aufgeklärt hatten; vgl. auch OLG Düsseldorf, WM 1994, 842; OLG Köln, NZG 1998, 553: Anfechtung der Entlastung wegen mangelhafter Information.

auch das private Verhalten des Geschäftsführers, soweit es mit den Belangen der Gesellschaft in Verbindung steht, Auswirkungen auf die Entlastungsfrage haben.[120]

Aus den vorgenannten Erwägungen ergibt sich zwar noch keine exakte Beschreibung der Entlastungsfunktion, klar ist jedoch, daß die Gleichstellung Entlastung und Anspruchserlöschen nur einen Teilbereich der Gesamtaussage abzudecken vermag. Schmidt ist in seiner Kritik also durchaus zuzustimmen, in der er feststellt, daß diejenigen, welche die Entlastungsfunktion ausschließlich auf einen Anspruchsverzicht reduzieren, an sich nur eine mögliche, besonders drastische Folge hervorheben.[121]

D. Die Bedeutung der Entlastung als abschließende Erklärung

Betrachtet man das Zusammenspiel zwischen Entlastung und anderen gesellschaftlichen Vorgängen, fallen zwei Aspekte auf, die für eine nähere Kennzeichnung ihrer Funktion dienlich sein können. Es ist dies zum einen der zeitliche Entlastungsrahmen, zum anderen die Rechnungslegung, die dem Beschluß regelmäßig vorausgeht.

Wie einleitend bereits erwähnt,[122] bildet die Entlastung meist den Abschluß einer bestimmten Geschäftsperiode. Im deutschen Aktienrecht ist dies ausführlich geregelt. § 120 Abs. I S.1 AktG sieht zwingend vor, daß die Hauptversammlung u.a. über die Entlastung der Mitglieder des Vorstandes alljährlich in den ersten acht Monaten des Geschäftsjahres Beschluß zu fassen hat.[123] Des weiteren soll nach § 120 Abs. III S.1 AktG die Verhandlung über die Entlastung mit der Verhandlung über den Bilanzgewinn verbunden werden.[124] Schließlich hat der Vorstand, bevor ein Entlastungsbeschluß in rechtmäßiger Weise ergehen kann, die abgeschlossene Rechnungslegung für das jeweilige Geschäftsjahr in Form des Jahresabschlusses, des Lageberichts und des Berichts des Aufsichtsrates vorzulegen (§ 120 Abs. III S.2 AktG). In den übrigen Gesellschaften sind diese Verfahrensfragen zwar nicht im einzelnen geregelt, es entspricht jedoch einer ständigen Übung, erst nach dem Schluß der jeweiligen Geschäftsperiode und nach einer hierauf bezogenen Rechnungslegung, über die Entlastung Beschluß zu fassen.[125] Schließlich besteht das Recht der Gesellschafter, vor dem Entlastungsbeschluß zur Führung der Geschäfte, umfassend Fragen zu stellen (§ 131 AktG, § 51a GmbHG; Art.691 OR; Art. 223-26 Abs. III C.Com zur S.A.R.L.; Art 225-108 Abs. III C.Com. zur S.A.). Zeitlich gesehen bildet der Beschluß also eine abschließende Erklärung in Bezug auf die Geschäftsführung innerhalb einer bestimmten Periode. Die Führung der Geschäfte nimmt durch die Erteilung der Entlastung insoweit, d.h. bezogen auf die jeweilige Periode, ihren Abschluß. In sämtlichen Rechtsordnungen wurde hieraus die Schlußfolgerung gezogen, die Entlastung habe die Funktion, periodisch Klarheit über die rechtliche Beziehung

---

[120] *Knoche*, Verzichtswirkung der Entlastung, S.17, 41; *Tellis*, Rechtsnatur der gesellschaftsrechtlichen Entlastung, S.27f.

[121] *Schmidt*, ZGR 78, 425ff; *ders.* GftsR., § 14 VI 2 b.

[122] S.o., S.2.

[123] *Zöllner*, in Kölner Komm., AktG, § 120 Anm.4; a.A. *Koch*, AG, 1969, 1ff.

[124] Zwingend ist dies allerdings, wie schon der Wortlaut der Vorschrift klarstellt, nicht, vgl. auch *Zöllner*, in Kölner Komm., AktG, § 120 Anm.8.

[125] *Barner*, Entlastung, S.28; *Guyon*, Bd. 1, Rn.411, 413; *Houpin / Bosvieux*, Bd. 2, Rn.1084; *Knoche*, Verzichtswirkung der Entlastung, S.16, 18; *Ripert / Roblot / Germain*, Dr.Com., Rn.1377; *Schucany*, OR, Art.698 Rn.7; *Siegert*, Entlastung in der Aktiengesellschaft, S.49, 51; *Wieland*, SJZ 38 (1942), 373, 374; ebs. wohl *Barbey*, Décharge, S.79.

Geschäftsführer – Geschäftsherr zu schaffen.[126] Stellvertretend für die genannten Ansichten sei hier die Sichtweise Picenonis zitiert[127]: *„Bis zur Entlastungserteilung besteht ein Schwebezustand, ein Zustand der Unsicherheit. Es bleibt ungewiß, ob die Generalversammlung die Mitglieder des Vorstandes für den schlechten Geschäftsgang, für die erlittenen Verluste haftbar machen will, und ob ihre Handlungsweise überhaupt eine genügende Grundlage zur Begründung von Schadenersatzansprüchen darstellt. Die Entlastung hat die Aufgabe, alle diese Zweifelsfragen abzuschneiden und durch eine formelle Erklärung der Generalversammlung den ganzen Komplex der Geschäftsführungshandlungen einer bestimmten Periode außer Frage zu stellen."* Im Vordergrund dieser Ansicht steht danach eine juristische Entlastungsfunktion.[128] Mit Blick auf den Wortlaut der Erklärung im Sinne eines „Befreiens" kann dieser Ansicht durchaus gefolgt werden.[129] Entlastung kann insoweit allgemein ausgedrückt bedeuten, daß der Geschäftherr nach ihrer Erteilung auf solche Umstände nicht mehr zurückkommen kann, die Gegenstand des Beschlusses gewesen sind.

Dies darf jedoch nicht zu vorschnellen Schlußfolgerungen verleiten. Mit der Feststellung möglicher vermögensrechtlicher Wirkungen ist weder etwas über die Rechtsnatur der Entlastung ausgesagt, geschweige denn wären sämtliche Funktionen ein für allemal festgelegt.

Neben möglichen Rechtswirkungen wird in den untersuchten Rechtsordnungen auch die psychologische bzw. moralische Bedeutung genannt, die die Entlastungserteilung mit sich bringt. Sie ergibt sich allerdings nicht als eine Art Notbehelf, weil die Entlastung so wie im französischen Recht und im deutschen Aktienrecht keine klagehindernde bzw. anspruchsvernichtende Wirkung mehr entfalten kann. Vielmehr weist diese außerrechtliche Funktion einen eigenständigen Bedeutungsgehalt auf. Gerade bei der Entlastungsverweigerung wird regelmäßig offenbar, daß es so wie bisher nicht weitergehen kann. Umstände, die einen negativen Beschluß veranlassen, können auch im neuen Geschäftsjahr noch nicht als erledigt betrachtet, sondern müssen neu überdacht, geändert, äußerstenfalls, soweit dies noch möglich ist, sogar vollkommen rückgängig gemacht werden. Von einer befreiten Arbeitskraft des Geschäftsführers[130] kann hier keine Rede sein. Genau diese aber stellt sich bei Entlastungserteilung ein. Der Geschäftsführer darf sich in seiner bisherigen Arbeit durch den Zuspruch der Gesellschafter bestätigt und für die Zukunft motiviert sehen; er kann sich unbelastet der neuen Geschäftsperiode zuwenden.[131] Dieser Umstand ist auch für die Gesellschaft von Bedeutung, weil ihr wirtschaftlicher Erfolg im wesentlichen von der erfolgreichen und nicht durch Vorkommnisse der Vergangenheit belasteten Tätigkeit der Geschäftsführung abhängt. Schließlich wird sowohl innerbetrieblich als auch in der Öffentlichkeit das Zeichen gesetzt, daß in Bezug auf die Arbeit der Geschäftsführung zwischen den Geschäftsführern selbst und den Anteils-

---

[126] *Borsche*, Entlastung im Recht der Personengesellschaften, S.71f; *Bürgi*, in Zürcher Komm., OR, Art.698 Rn.85; *David*, RDC 1940, 244; *Niggli*, Aufsicht über die Verwaltung der Aktiengesellschaft, S.89; *Picenoni*, Entlastungsbeschluß, S.5f, *Schönle*, ZHR 126 (1964), 199, 206; *Schuricht*, Klage des GmbH-Geschäftsführers auf Entlastung, S.21f. Diese Funktion wird nicht nur für die GmbH und die AG, sondern für sämtliche Rechtsverhältnisse befürwortet, in denen Entlastung erteilt wird, vgl. *Knoche*, Verzichtswirkung der Entlastung, S.22ff.

[127] *Picenoni*, Entlastungsbeschluß, S.16f.

[128] Einschränkend *Knoche*, Verzichtswirkung der Entlastung, S.27f.

[129] S.o., S.4.

[130] So die Formulierung von *Barner*, Entlastung, S.138.

[131] *Böckli*, Aktienstimmrecht, S.35; *Eigenmann*, SAG 25 (1952/53), 189, 192; *Knoche*, Verzichtswirkung der Entlastung, S.28.

eignern Einigkeit besteht.[132] Die Entlastung ist folglich geeignet, eine Basis für die Weiterführung der bisherigen Tätigkeit zu schaffen.[133]

E. Der Zusammenhang zwischen Entlastung und Information

I. Information als Entlastungsvoraussetzung

Um mit der die Geschäftsführungsperiode beendenden Entlastung nicht nur die eben beschriebenen tatsächlichen Wirkungen, sondern ein die Rechtsbeziehung Entlastender – Entlasteter klärendes Urteil zu erreichen, ist es selbstverständlich, daß dem Entlastenden ein Mindestmaß an Informationen zur Verfügung stehen muß.[134] Nichts anderes gilt, wenn man annimmt, es werde nicht nur die rechtliche, sondern auch die tatsächliche Beziehung geklärt, wenn die Entlastung also Stellung zur Frage nimmt, ob die Gesellschaftsleitung ihre Entscheidungen in unternehmerisch vertretbarer Weise getroffen hat, d.h. ob sie das Unternehmen, wie es der Bundesgerichtshof einmal ausführte,[135] mit „glücklicher Hand" geführt hat. Ein vernünftiges Entlastungsurteil ist ohne vorherige Information nicht denkbar. Alles andere würde die Entlastung, wie Tellis zutreffend feststellt,[136] zu einem sinnentleerten Beschluß verkommen lassen, der weder die rechtliche Beziehung zwischen Gesellschaft und Geschäftsführung in „befreiender" Weise klären, noch ein Urteil über den wirtschaftlichen Erfolg der Geschäftsführung beinhalten könnte.

Es fragt sich, wer Initiator dieser Information zu sein hat. In der Aktiengesellschaft und der GmbH sind die Zuständigkeiten u.a. so verteilt, daß die Gesellschafter- bzw. die Haupt- und Generalversammlung, die über die Entlastung entscheidet, weitgehend von der Beteiligung an der Geschäftsführung ausgeschlossen ist.[137] Dementsprechend sind die Gesellschafter auf die Informationen angewiesen, die die zu entlastende Geschäftsführung ihnen liefert. Hinzu kommt folgendes: Den Anteilseignern, die in der jeweiligen Versammlung über die Entlastung beschließen, stehen zwar einige Kontrollbefugnisse in Bezug auf die Geschäftsführer zu, beispielhaft genannt seien hier Informationsrechte (§§ 131 AktG, 51a GmbHG), Weisungsrechte (§ 37 Abs. I GmbHG), die Sonderprüfung (§ 142 AktG, Art.697a OR), das Recht zur Abberufung der Geschäftsführung (§ 45 Nr.6 GmbHG) usw., es handelt sich jedoch stets nur um Rechte, nicht dagegen um Pflichten. Die Pflicht zur Recht- und Zweckmäßigkeitskontrolle kann ein besonderes Überwachungsorgan treffen, nicht aber die Gesellschafter.[138] In der deutschen Aktiengesellschaft sowie der S.A. modernen Typs, die vergleichbar mit dem deutschen Aktienrecht zwischen geschäftsführendem Direktorium und Aufsichtsrat (conseil de surveillance) trennt, übernimmt der Aufsichtsrat die permanente Überwachung der Geschäftsführung (§ 111 AktG, Art. 225-58 Abs. IV, 225-68 C.Com.). Soweit ein spezielles Überwachungsorgan nicht existiert, ist jedes einzelne Mitglied der Geschäftsführung zur Kontrolle der übrigen Mitglieder dieses Organs verpflichtet. Diese Kon-

---

[132] *Herrmann*, Funktion, S.111; *Knoche*, Verzichtswirkung der Entlastung, S.28.

[133] In diese Richtung tendierend auch *Mülbert*, in Großkomm., AktG, § 120 Rn.25.

[134] Vgl. auch *Barner*, Entlastung, S.28; *Eckardt*, in Geßler / Hefermehl, AktG, § 120 Anm.27.

[135] BGHZ 94, 324, 326f.

[136] *Tellis*, Rechtsnatur der gesellschaftsrechtlichen Entlastung, S.21f; vgl. auch *Barner*, Entlastung, S.29f; *Isele*, Geschäftsbesorgung, S.133.

[137] *Barner*, Entlastung, S.24; *Meier-Wehrli*, Verantwortlichkeit der Verwaltung, S.122.

[138] BGH, WM 1988, 531, 535, 537; *Knoche*, Verzichtswirkung der Entlastung, S.19; *Nägele / Nestel*, BB 2000, 1253, 1254; *Schmidt*, ZIP 1988, 1504, 1506.

stellation ist in der schweizerischen Aktiengesellschaft,[139] in der S.A. klassischen Typs[140] sowie in der GmbH[141] bzw. der S.A.R.L.[142] zu beobachten. Aufgrund der fehlenden Überwachungspflicht können die Gesellschafter nicht verpflichtet sein, sich anläßlich der Entlastung mit entsprechenden Information über die Tätigkeit der Geschäftsführung zu versorgen.

Initiatoren der Information müssen infolge fehlender Teilhabe der über die Entlastung beschließenden Versammlung an der Unternehmensleitung sowie infolge fehlender Überwachungspflicht der Gesellschafter in erster Linie die Geschäftsführer sein. Ob die in der Entlastung liegende Aussage ein Urteil über die Recht- und Zweckmäßigkeit der Geschäftsführung beinhaltet, hängt damit vor allem von den Informationen ab, die der Entlastete dem Entlastungsorgan liefert.

II. Die Informationsgrundlagen der Entlastung – Rechnungslegung und -prüfung

Geht es um den Regelfall der Entlastung, d.h. um denjenigen Beschluß, welcher nach Abschluß des Geschäftsjahres ergeht, handelt es sich wie erörtert um eine umfassende Erklärung zur Geschäftsführung des Entlasteten.[143] Dies erfordert eine vorherige, umfassende Information, die aus den eben genannten Gründen vom Entlasteten auszugehen hat. Diese Anforderung wird durch die Rechnungslegung, d.h. den Jahresabschluß sowie gegebenenfalls den Lagebericht erfüllt, den die Geschäftsführung in den untersuchten Rechtsordnungen für jedes Geschäftsjahr aufzustellen (§ 264 Abs. I S.1 HGB, Art.662 OR, Art.123-12 C.Com.) und den über die Entlastung Entscheidenden von sich aus (§ 42a GmbHG, § 120 Abs. III AktG i.V.m. § 175 Abs. II AktG, Art.696 Abs. I OR, Art.223-26 C.Com.) bzw. auf Verlangen vorzulegen hat (Art. 225-115 C.Com. Abs. I.). Der allgemeinen Übung, erst nach Rechnungslegung zu entlasten, kann daher nur zugestimmt werden. Der Zusammenhang, wonach die vom Geschäftsführer gelieferte Information mitbestimmend für die Aussage der Entlastung ist, kann dementsprechend im deutschen, schweizerischen und französischen Recht dahingehend präzisiert werden, daß die Aussage der Rechnungslegung für die Aussage der Entlastung entscheidend ist.[144]

Ein zwingendes Erfordernis vorhergehender Rechnungslegung ist allerdings nur im deutschen Aktienrecht vorgeschrieben. Damit sich die Aktionäre vor der Entscheidung über die Entlastung des Vorstandes schlüssig werden können, ob sie seine Tätigkeit billigen,[145] hat der Vorstand nach § 120 Abs. III S.2 AktG den Jahresabschluß, den Lagebericht sowie den Bericht des Aufsichtsrates vorzulegen und ab dem Zeitpunkt der Einberufung der Hauptversammlung in den Geschäftsräumen der Gesellschaft zur Einsicht der Aktionäre auszulegen (§ 120 Abs. III S. 3 AktG. i.V.m. § 175 Abs. II AktG). Auf Verlangen sind Abschriften zu erteilen (175 Abs. II S. 2 AktG.). Liegen die genannten Unterlagen der Hauptversammlung

---

[139] *Böckli*, AktienR., Rn.1500; *Herrmann*, Funktion, S.59f. m.w.N.

[140] *Guyon*, Bd. 1, Rn.324.

[141] Baumbach / Hueck, *Zöllner*, GmbHG, § 43 Rn.33; Scholz / *Schneider*, GmbHG, § 43 Anm.111; *Wohlmann*, GmbH-Recht, § 18 IV 3.

[142] *Storck*, in JCl.-soc., Fasc.74-2 Rn.70.

[143] S.o., S.2.

[144] BGE 67 II 167, 173ff; RGZ 34, 57, 58; *Bürgi*, in Zürcher Komm., OR, Art.698 Rn. 103; *Copper Royer*, Bd. 4, Rn.625, S.220f; *Siegert*, Entlastung in der Aktiengesellschaft, S.50ff; *Barner*, Entlastung, S.30; *Kleindiek*, ZGR 1998, 466, 471.

[145] *Kropff*, Begr. RegE. zu § 120 AktG; *Eckardt*, in Geßler / Hefermehl, AktG, § 120 Anm.30; *Zöllner*, in Kölner Komm., AktG, § 120 Anm.3; *Obermüller / Werner / Winden*, HV, S.333.

nicht vor, ist der gleichwohl gefaßte Entlastungsbeschluß rechtswidrig und anfechtbar.[146] Dies gilt selbst dann, wenn sich für eine Entlastung besonderes Bedürfnis ergibt, zum Beispiel beim vorzeitigen Ausscheiden eines Vorstandsmitgliedes.[147]

Während man im französischen Recht zur Frage, ob die Entlastung nur dann in rechtmäßiger Weise ergehen kann, wenn die Rechnungslegung erfolgt ist, keine Stellungnahmen findet, ist dies im schweizerischen Recht auch ohne gesetzliche Normierung bislang herrschende Meinung.[148]

Fraglich bleibt, was für die deutsche GmbH zu gelten hat. Gesetzliche Regelungen zu den Voraussetzungen des Entlastungsbeschlusses bestehen nicht. Gleichwohl hat man auch hier die Rechnungslegung zur Voraussetzung eines rechtmäßigen Entlastungsbeschlusses zu machen.[149] Es fragt sich allerdings, ob die von Barner gelieferte Begründung ausreicht, die Gesellschafter könnten einen Vorgang nur beurteilen, wenn sie ihn - wenigstens bis zu einem gewissen Grade – kennen.[150] Man ist geneigt, hiergegen einzuwenden, daß die Gesellschafter auch solche Informationen in den Entlastungsbeschluß einfließen lassen können, die sie nicht vermittelt über die Geschäftsführung, sondern durch die Ausübung von Kontrollrechten (z.B. § 51a GmbHG) oder in beliebiger anderer Weise in Erfahrung gebracht haben.[151] Ob diese Informationen den Inhalt der Entlastungsaussage beeinflussen können, hängt aber von den Umständen des Einzelfalles und damit möglicherweise auch von bloßen Zufälligkeiten ab. Es steht ja, zumal die Gesellschafter nicht zur Überwachung der Geschäftsführung verpflichtet sind, nicht von vornherein fest, ob Informationen beansprucht werden. Möglich wäre beispielsweise, daß die Gesellschafter überhaupt keine Informationen eingeholt haben. Der Inhalt der mit der Entlastung verbundenen Aussage wäre dann aber vollkommen offen. Der Umstand, daß sie eine Geschäftsperiode abschließen soll, ändert hieran nichts, denn ohne Information gibt es nichts, was abzuschließen wäre. Es ist ·auch in praktischer Hinsicht kaum denkbar, daß die Auskunftsrechte oder private Recherchen eine derart umfassende Information liefern könnten wie die Rechnungslegung, d.h. der Jahresabschluß und gegebenenfalls auch der Lagebericht sowie weitere Berichte etwaiger Aufsichtsorgane.[152] Vielmehr werden die Informationen in der Regel nur punktuell sein. Die Entlastung erfordert jedoch eine umfassende Information, wenn sie selbst eine umfassende Aussage beinhalten soll.

Zu beachten ist des weiteren: Die Rechnungslegung ist die einzige Informationsquelle, in welcher der Geschäftsführer von sich aus, also ohne daß erst Informationsrechte geltend gemacht oder private Recherchen betrieben werden müßten, regelmäßig, d.h. alljährlich, um-

---

[146] RGZ, 34, 57f; 44, 66, 67ff; *Eckardt*, in Geßler / Hefermehl, AktG, § 120 Anm.31; *Zöllner*, in Kölner Komm., AktG, § 120 Anm.7.

[147] *A / D / S*, AktG, § 176 Rn.9; *Eckardt*, in Geßler / Hefermehl, AktG, § 120 Anm.31; a.A. wohl *Mülbert*, in Großkomm., AktG, § 120 Rn.96, der von einer mit § 120 Abs. III S.2 AktG „gleichwertigen“ Rechnungslegung spricht, wenn die Entlastungserteilung nicht wie sonst nach Ablauf des Geschäftsjahres, sondern während der noch laufenden Geschäftsperiode erfolgt. Ob ein solches Vorgehen auch im Hinblick auf während der laufenden Geschäftsperiode ausscheidende Vorstände zulässig ist, läßt *Mülbert* allerdings offen.

[148] BGE 67 II 173ff; *Bürgi*, in Zürcher Komm., OR, Art.698 Rn.73, 103f; *Eigenmann*, SAG 25 (1952/53), 189, 192f; *Meier-Wehrli*, Verantwortlichkeit der Verwaltung, S.122; *Wieland*, SJZ 38 (1942), 373, 374; a.A. *Biggel*, Verantwortlichkeit des Verwaltungsrates, S.71.

[149] Ebs. *Barner*, Entlastung, S.30; ohne Begr. Hachenburg / *Hüffer*, GmbHG, § 46 Rn.65; a.A. *Knoche*, Verzichtswirkung der Entlastung, S.16.

[150] *Barner*, Entlastung, S.30, der dieses Argument im übrigen für sämtlichen Verbandsformen verwendet, in denen die Beschlußvoraussetzungen nicht gesetzlich geregelt sind.

[151] So *Knoche*, Verzichtswirkung der Entlastung, S.16f. Auf die Problematik, ob sich die Entlastung auch auf nicht durch den Entlasteten vermittelte Kenntnisse der Gesellschafter erstreckt, wird später einzugehen sein.

[152] Bericht des Aufsichtsrates oder des Beirates.

fassend und abschließend über das gesamte Geschäftjahr an die Gesellschafter zu berichten hat (§ 42a Abs. I GmbHG). Hinzu kommt, daß der Inhalt dessen, worüber er zu berichten hat, im Gegensatz zur Entlastung gesetzlich normiert ist (§§ 264ff HGB, 42, 42a GmbHG), so daß hieraus Rückschlüsse auf die Entlastungsaussage gezogen werden können. Beide Umstände, die Regelmäßigkeit der Rechungslegung sowie ihr gesetzlich fixierter Inhalt führen dazu, daß mit der alljährlichen Entlastung regelmäßig die gleiche inhaltliche Aussage verbunden werden kann. Ihre Ankoppelung an die Rechnungslegung ist damit auch der Rechtssicherheit dienlich und gerade hieran mangelt es aufgrund der genannten Meinungsverschiedenheiten nach wie vor.[153]

Unabhängig davon aber gilt, schon aufgrund des tatsächlichen Zusammenhanges kann die Rechnungslegung Einfluß auf die mit der Entlastung verbundene Aussage nehmen.[154] Es fragt sich, welcher Art dieser Einfluß ist, m.a.W., welche Zielsetzungen verfolgt die Rechnungslegung in der GmbH und Aktiengesellschaft nach deutschem, schweizerischem und französischem Recht, was kommt in ihr zum Ausdruck und welche Schlußfolgerungen sind daraus für die Bedeutung der Entlastung zu ziehen. Man begnügt sich hier oft mit der Feststellung, daß Ansprüche, die aus der Rechnungslegung und den sonstigen Unterlagen und Berichten erkennbar waren, infolge der Entlastungserteilung zum Erlöschen gebracht werden,[155] ohne zu fragen, ob und in welcher Weise die Rechnungslegung selbst bzw. die weiteren Unterlagen entsprechende Informationen liefern.

Allgemein gesagt dient die Rechnungslegung dem Geschäftsherrn dazu, die ihm regelmäßig fehlenden Informationen zu beschaffen, die er braucht, um seine Rechtsstellung beurteilen, Folgerungen für das weitere Vorgehen ziehen und die Arbeit des Geschäftsführers kontrollieren zu können.[156] Dementsprechend können die Informationszwecke auch verschiedener Natur sein. Sie können vorbereitend sein, wenn sie den Geschäftsherr in die Lage versetzen, darüber zu urteilen, ob Ansprüche gegen den Geschäftsführer bestehen, sie können aber auch bloß dazu dienen, die Entscheidung über das weitere Vertrauen zu treffen.[157] Die Rechnungslegung kann also der Vorbereitung von Ansprüchen des Geschäftsherrn dienen, sie muß es aber nicht. Welche Bedeutung der Rechnungslegung, d.h. dem Jahresabschluß, dem Lagebericht und gegebenenfalls dem Bericht des Aufsichtsrates im Hinblick auf die Entlastung zukommt, welche „entlastungsrelevanten" Informationen die Rechnungslegung enthält, und wie sich dementsprechend die Funktion der Entlastung selbst gestaltet, ist im Folgenden näher zu erörtern.

Neben der Rechnungslegung ist zum Teil die Rechnungsprüfung sowie eine entsprechende Berichterstattung vorgeschrieben. Das Ergebnis dieser Prüfung ist der Aktionärs- bzw. der Gesellschafterversammlung von der Geschäftsführung vorzulegen, so daß beide ebenfalls Grundlage des Entlastungsbeschlusses werden können. Aus diesem Grunde soll die Rechnungsprüfung ebenfalls in die nachfolgende Untersuchung einbezogen werden.

---

[153] S.o., S.8f.

[154] *Bürgi*, in Zürcher Komm., OR, Art.698 Rn.100.

[155] BGH, NJW 1959, 192, 194; ders., WM 1976, 736; OLG Hamm, GmbHR 1992, 802, 803; BGE 65 II 2; 78 II 155, 156; *Barbey*, Décharge, S.79ff; Baumbach / Hueck, *Zöllner*, GmbHG, § 46 Rn.26; *Eigenmann*, SAG 25 (1952/53), 189, 192; *Flume*, Bürgerl.R. I/2, § 10 I 4; Hachenburg / *Hüffer*, GmbHG, § 46 Rn.62; *Hueck*, GmbHR 1959, 189, 192; *Raiser*, Kap.gften., § 33 Rn.6ff; Rowedder / *Koppensteiner*, GmbHG, § 46 Rn.22; *Schmidt*, ZGR 1978, 425, 437; *Schucany*, OR, Art.698 Rn.7.

[156] *Druey*, Information, S.227f; MüKo.-*Seiler*, BGB, § 666 Rn.1; Soergel-*Wolf*, BGB, § 259 Rn.2.

[157] *Druey*, Information, S.224.

1. Inhalt und Aufbau der Rechnungslegung

Vom Aufbau her sind die vor Entlastung durchzuführenden und dem Entlastungsorgan zu präsentierenden Rechnungslegungen bei der Aktiengesellschaft und der GmbH in den untersuchten Rechtsordnungen im wesentlichen gleich.[158] Für das deutsche und das französische Recht ergibt sich dies vor allem aufgrund der Umsetzung der IV. Richtlinie des Rates des Europäischen Gemeinschaften mit dem Ziel der einheitlichen Regelung des Jahresabschlusses in den Mitgliedsstaaten[159] durch das deutsche Bilanzrichtliniengesetz vom 19.12.1985[160] und das französische Gesetz vom 30.4.1983[161] sowie das Dekret vom 29.11.1983.[162]

Im deutschen Recht besteht die Rechnungslegung u.a. aus dem Jahresabschluß, der sich nach den §§ 242 Abs. III, 264 Abs. I S.1 HGB aus der Bilanz, der Gewinn- und Verlustrechnung und dem Anhang zusammensetzt.[163] Der in § 264 Abs. I S.1 HGB genannte Lagebericht ist zwar nicht Bestandteil des Jahresabschlusses, jedoch Teil der Rechnungslegung.[164]

In Frankreich sind nach Art.123-12 C.Com. nicht nur die S.A. und die S.A.R.L., sondern sämtliche Kaufleute zur Aufstellung eines Jahresabschlusses verpflichtet. Der als compte annuel bezeichnete Jahresabschluß enthält nach Art. 123-12 Abs. III S.2 C.Com. die Bilanz (bilan), die Gewinn- und Verlustrechnung (compte de résultat.), den Anhang (annexe) und daneben den Lagebericht (rapport de gestion, Art.231 Abs. II C.Com.).[165]

In der Schweiz existiert kein eigenständiges Handelsrecht, das wie im deutschen und französischen Recht Regelungen zur Rechnungslegung beinhaltet. Die entsprechenden Vorschriften sind vielmehr Bestandteil des Obligationenrechts und dort im 32. Titel sowie im 24. – 29. Titel geregelt. Bei der Revision des Obligationenrechts zum Jahre 1992 wurde, was die Vorschriften zur Rechnungslegung anbetrifft, besonderes Augenmerk auf den in der Schweiz zahlenmäßig immer noch vorherrschenden Kapitalgesellschaftstyp der Aktiengesellschaft gerichtet[166] und daher besondere Vorschriften für die Aktiengesellschaft eingeführt. In Bezug auf die einzelnen Bestandteile der Rechnungslegung hat sich der schweizerische Gesetzgeber stark an den Regelungen des deutschen Rechts orientiert.[167] Der gemäß 662 Abs. I OR zu erstellende Geschäftsbericht der Aktiengesellschaft beinhaltet sämtliche Bestandteile, die nach deutschem Recht in der Rechnungslegung einer Kapitalgesellschaft enthalten sein müssen. Er setzt sich aus der Jahresrechnung, dem Jahresbericht, welcher dem Lagebericht entspricht und gegebenenfalls einer Konzernrechnung zusammen (Art.662 Abs. I OR). Die Bestandteile der Jahresrechnung entsprechen denen des Jahresabschlusses der deutschen Kapitalgesellschaft. Die Jahresrechnung beinhaltet die als Erfolgsrechnung bezeichnete Gewinn- und Verlustrechnung, die Bilanz sowie den Anhang (Art.662 Abs. II OR). Für die schweizerische GmbH verweist Art.805 OR umfänglich auf die Vorschriften über die Rechnungslegung in der AG. Wie bereits erwähnt sieht die herrschende Ansicht die Verweisung in Art.805 OR als Verweis

---

[158] Rechungslegungen nach US-GAAP und IAS bleiben hier außer Betracht.
[159] *Ripert / Roblot / Germain*, Dr.Com., Rn.436.
[160] BGBl. I S.2355.
[161] Loi Nr. 83-853.
[162] Décret Nr. 83 – 1020.
[163] *Großfeld*, BilanzR, Rn.504; *Schmidt*, HandelsR., § 15 II 2a.
[164] *A / D / S*, HGB, § 289 Rn.8; *Großfeld*, BilanzR, Rn.520; *Schmidt*, HandelsR., § 15 II 2a.
[165] Der Anhang ist hier Bestandteil des Jahresabschlusses, *Sonnenberger / Dammann*, frz. Handels- u. WirtschaftsR., § 1 III 77.
[166] Vgl. die statistischen Angaben bei *Wohlmann*, GmbH-Recht, § 1 III, § 2 I.
[167] *Schubarth*, Regulierung der Rechnungslegung, S.41ff.

auf das jeweils geltende Recht,[168] so daß die reformierten Bilanzvorschriften der Art.662 – 674 OR Anwendung finden.[169] Speziell für Art.805 führt man an, die Vorschrift bezwecke ein Ungleichgewicht zwischen der AG und GmbH zu vermeiden, um so eine mögliche Flucht von der AG in die GmbH zu verhindern, deren Rechtsform unter Umständen nur gewählt wurde, um den neueren strengeren Bilanzvorschriften der Aktiengesellschaft zu entgehen.[170]

2. Funktionen und Zwecke des Jahresabschlusses

Da die derzeit geltenden Regelungen über die Rechnungslegung wie erwähnt vor allem auf der vierten EG-Richtlinie aufbauen, lassen sich im Hinblick auf die Zwecke des Jahresabschlusses einige Gemeinsamkeiten im deutschen und französischen Recht feststellen, die sich auch auf das schweizerische Recht ausgewirkt haben.

Das HGB enthält zwar keine ausdrücklichen Regelungen zu einzelnen Funktionen und Zwecken des Jahresabschlusses, die vorhandenen Vorschriften lassen jedoch einige Rückschlüsse auf die Funktionen zu, die der Gesetzgeber dem Jahresabschluß zugedacht hat.[171] Im wesentlichen sind dies die Informations-, die Ausschüttungsbemessungsfunktion sowie die Steuerbemessungsfunktion.[172] Der Informationsfunktion wurde im deutschen Recht, wie § 264 Abs. II HGB belegt, ein großes Gewicht beigemessen.[173] Nach dieser für sämtliche Bestandteile des Jahresabschlusses geltenden Regelung[174] ist ein den tatsächlichen Verhältnissen entsprechendes Bild der Vermögens-, Finanz- und Ertragslage der Kapitalgesellschaft zu vermitteln. Nichts anderes gilt aufgrund der Umsetzung der EG-Richtlinie auch in Frankreich.[175] Nach Art.123-14 C.Com. muß der Jahresabschluß ein *„image fidèle du patrimoine, de la situation financière et du résultat de l'entreprise"* geben. Das schweizerische Recht weicht hiervon nur insoweit ab, als daß es klarstellt, der Jahresabschluß könne kein mathematisch exaktes Abbild der tatsächlichen Lage der Gesellschaft vermitteln. Die Formulierung in Art.662a Abs. I S.1 OR lautet: *„Die Jahresrechnung wird nach den Grundsätzen der ordnungsmäßigen Rechnungslegung so aufgestellt, daß die Vermögens- und Ertragslage der Gesellschaft möglichst zuverlässig beurteilt werden kann."* Tatsächlich aber verfolgen auch die obligationenrechtlichen Vorschriften dieselben Ziele wie die zum deutschen Recht genannten.[176]

Adressaten der Informationen des Jahresabschlusses sind u.a. aktuelle Anteilsinhaber der Gesellschaft,[177] d.h. diejenigen, welche über die Entlastung beschließen. Sie will der Jahresabschluß über die Verwendung des der Geschäftsführung anvertrauten Kapitals informie-

---

[168] S.o., S.15f.

[169] *Neuhaus*, in Basler Komm., OR, Art.805 Rn.14.

[170] *Janggen / Becker*, in Berner Komm., OR, Art.805 Rn.2; *Schubarth*, Regulierung der Rechnungslegung, S.35; *Tanner*, in FS-Forstmoser, S.39; zust. *Neuhaus*, in Basler Komm., OR, Art.805 Rn.3ff., 9ff; vgl. auch Amtl. Bull StR (Ständerat) 1931, S.637.

[171] *Hinz*, in Beck'sches HdB. Rechnungslegung, B 100 Rn.4; *Coenenberg*, Jahresabschluß, S. 633ff.

[172] *Hinz*, in Beck'sches HdB. Rechnungslegung, B 100 Rn.5, 9ff., vgl. auch die ähnlichen Systematisierungen bei *Budde / Karig*, in Beck'scher Bilanzkomm., § 264 HGB Rn.35; *Coenenberg*, Jahresabschluß, S.5ff.

[173] *Budde / Karig*, in Beck'scher Bilanzkomm., § 264 HGB Rn.35.

[174] *Budde / Karig*, in Beck'scher Bilanzkomm., § 264 HGB Rn.30, 31.

[175] C.O.B., Rapport 1980, S.43; *Dupouy*, in Dalloz – Com., Rn. 185ff.; *Forszpaniak / Scholtissek*, RIW 1985, Beil. 1, S.7.

[176] *Boemle*, Jahresabschluß, S.56f; *Dellmann*, Jahresrechnung, S.31ff.

[177] *Goré / Dupouy*, Rn.38; *Neuhaus*, in Basler Komm., OR, Art.662 OR Rn.17; *Hinz*, in Beck'sches HdB. Rechnungslegung, B 100 Rn.9ff.

ren.[178] Im Hinblick auf die Beurteilung möglicher Pflichtwidrigkeiten durch die Entlastung nützt der Jahresabschluß denjenigen Anteilseignern, die über sie beschließen sollen allerdings wenig. Es sind eher die wirtschaftlichen Auswirkungen der Geschäftsführung, die aus ihm zu ersehen sind. Die Darstellung der Vermögenslage soll zeigen wie „arm oder reich" die Gesellschaft ist, die der Finanzlage, woher die aufgewendeten Mittel stammen und wie sie verwendet wurden.[179] Das Bild der Ertragslage soll Informationen darüber liefern, warum und in welcher Höhe das Vermögen der Gesellschaft, d.h. das Eigenkapital gestiegen oder gesunken ist.[180] Der Zweck des Jahresabschlusses besteht folglich gerade nicht darin, rechtliche Beziehungen der Gesellschaft zur Geschäftsführung, welche für die Beurteilung möglicher Pflichtwidrigkeiten durch die Entlastung von Bedeutung sein könnten, aufzuzeigen und zu durchleuchten, geschweige denn, über Grund und Höhe möglicher Ansprüche Auskunft zu geben. Vielmehr soll den jeweiligen Adressaten ein Einblick in die wirtschaftliche Situation des Unternehmens vermittelt werden.[181] Dementsprechend sind im Jahresabschluß auch nur ökonomische und nicht rechtliche Belange, die für die Beurteilung der Vermögens-, Finanz- und Ertragslage von Bedeutung sind, zu erfassen, darzustellen und offenzulegen.[182] Fraglich bleibt, welche entlastungsrelevanten Hinweise sich aus den einzelnen Bestandteilen des Jahresabschlusses bzw. des ihn bei bestimmten größeren Kapitalgesellschaften ergänzenden Lageberichtes entnehmen lassen.

3. Die Bilanz

a) Inhalt und Zweck

In der Bilanz wird, bezogen auf einen Stichtag, das als Aktiv- und Passivseite bezeichnete Vermögen und Kapital des Unternehmens gegenübergestellt (§ 266 Abs. I S.1 HGB; Art. 663a OR; Art. 9 Abs. I, 123-19 Abs. I C.Com.). Nach schweizerischem und französischem Recht kann die Bilanz zwar anstatt der im deutschen Recht vorgeschriebenen Kontenform auch in Staffelform aufgebaut werden, in der Aktiva und Passiva nicht neben-, sondern untereinander ausgewiesen werden,[183] die einzelnen auf der Aktiv- bzw. der Passivseite zu bilanzierenden Posten sind jedoch im wesentlichen gleich.[184] Auf der Aktivseite werden Anlage- und Umlaufvermögen sowie die Rechnungsabgrenzungsposten ausgewiesen, auf der Passivseite Eigenkapital, Rückstellungen, Verbindlichkeiten sowie negative Rechnungsabgrenzungsposten (§ 266 Abs. II HGB, Art.663a Abs. I OR, Art.123-15 Abs. II C.Com. i.V.m. Art. 11ff Décr. Nr. 83 - 1020.). In der Schweiz sind die Verbindlichkeiten und die Rückstellungen gemäß Art. 663a Abs. III OR zu dem Posten Fremdkapital zusammengefaßt.

---

[178] *Boemle*, Jahresabschluß, S.56f; *Goré / Dupouy*, Rn.38; *Hinz*, in Beck'sches HdB. Rechnungslegung, B 100, Rn.15.

[179] *Budde / Karig*, in Beck'scher Bilanzkomm., § 264 HGB Rn.37; *Dellmann*, Jahresrechnung, S.64, 66f; *Großfeld*, BilanzR., Rn.66.

[180] *Budde / Karig*, in Beck'scher Bilanzkomm., § 264 HGB Rn.37; *Dellmann*, Jahresrechnung, S.67; *Großfeld*, BilanzR., Rn.66.

[181] *Goré / Dupouy*, Rn.37ff; *Guhl / Merz / Kummer / Koller / Druey*, OR, § 67 I 1 c; *Hinz*, in Beck'sches HdB. Rechnungslegung, B 100 Rn.1f.

[182] *Boemle*, Jahresabschluß, S.56; *Budde / Karig*, in Beck'scher Bilanzkomm., § 264 HGB Rn.39.

[183] Für die Schweiz *Dellmann*, Jahresrechnung, S.78, 79; für Frankreich Art. 123-13 Abs. II S.3 C.Com.

[184] Vgl. *Ripert / Roblot / Germain*, Dr.Com., Rn.1484, 1486; *Schubarth*, Regulierung der Rechnungslegung, S.42ff.

Die Gegenüberstellung der einzelnen Aktiv- und Passivposten soll den Adressaten in die Lage versetzen, zu erkennen aus welchen Quellen das dem Unternehmen zur Verfügung stehende Kapital stammt, hierüber gibt die Passivseite Auskunft, und wie es im Unternehmen verwendet wurde, hierüber gibt die Aktivseite Auskunft.[185] Infolge dieser Gegenüberstellung dient die Bilanz auch der Darstellung der Vermögenslage des Unternehmens.[186] Anhand des Vergleichs mit den Vorjahreszahlen, welche nach § 265 Abs. II S.1 HGB, nach Art.662a Abs. I OR sowie nach Art. 123-15 Abs. I C.Com. aufzustellen sind, kann man des weiteren die Entwicklung der Geschäftslage nachvollziehen.[187] Schließlich soll die Bilanz Aufschluß über die Gewinnerzielung, d.h. den wirtschaftlichen Erfolg oder Mißerfolg und damit über den zukünftigen Nutzen des Unternehmens geben.[188]

b) Konsequenzen für die Funktion der Entlastung

Die Bilanz weist, wie schon erwähnt, eine bestimmte aktive und passive Vermögensstruktur der Gesellschaft aus. Zweifellos ergibt sich diese Struktur aufgrund der Summe einzelner, bilanzierungspflichtiger Maßnahmen der Geschäftsführung. Beispielsweise kann das Eigenkapital durch verlustbringende Geschäfte vollständig aufgebraucht sein oder sogar negativ werden, so daß sich gemäß § 266 Abs. III HGB ein durch Eigenkapital nicht gedeckter Fehlbetrag ergibt.[189] Ferner ist es möglich, durch einen Vergleich mit den Vorjahreszahlen die durch Geschäftshandlungen bedingte wirtschaftliche Entwicklung der Gesellschaft zu ersehen. Der Entlastende erhält also, soweit er aufgrund seiner Fachkenntnisse entsprechende Schlüsse zu ziehen vermag, die Möglichkeit, sich selbst ein Urteil darüber zu bilden, ob er das wirtschaftliche Ergebnis der Geschäftsführung, das sich in der Vermögensstruktur bzw. der Entwicklung der Gesellschaft abzeichnet, durch die Entlastung billigen kann oder nicht. Dabei darf nicht übersehen werden, daß der einzelne Gesellschafter bzw. Aktionär ohne vorherige Übung kaum in der Lage ist, den Jahresabschluß umfassend zu begreifen. Oftmals ist er schon aufgrund fehlender beruflicher Vorbildung nicht imstande, die benötigten Informationen aus dem Zahlenwerk des Jahresabschlusses herzuleiten.[190] Insofern bleibt festzuhalten: Die Bilanz gibt zumindest dem kundigen Leser Anhaltspunkte für die Beurteilung der Frage, ob die Geschäftsleitung bei der Führung der Gesellschaft eine „glückliche Hand" hatte und ob sie deswegen zu entlasten ist. Fraglich bleibt, ob sich anhand der Bilanz auch erkennen läßt, ob die Führung der Gesellschaft auch in Zukunft eine „glückliche Hand" haben wird. Im deutschen Recht ist man, wie erwähnt, nicht bei der vergangenheitsorientierten Entlastung stehen geblieben. Sie soll auch einen Ausspruch des Vertrauens gegenüber der Geschäftsführung für die Zukunft beinhalten.[191] Für einen solchen Wertungsakt enthält die Bilanz allerdings nur sehr unzureichende Anhaltspunkte, denn aufgrund ihres Vergangenheitsbezuges

---

185 *Goré / Dupouy*, Rn.28; *Guhl / Merz / Kummer / Koller / Druey*, OR, § 67 II 1 a; *Schmidt*, HandelsR., § 15 III 3 a.

186 *Boemle*, Jahresabschluß, S.220; *Dupouy*, in Dalloz – Com., Rn.198, *Guhl / Merz / Kummer / Koller / Druey*, OR, §§ 67 II 1 a, 87 III 1; *Hinz*, in Beck' sches HdB. Rechnungslegung, B 100 Rn.54.

187 *Ripert / Roblot / Germain*, Dr.Com., Rn.1484.

188 *Boemle*, Jahresabschluß, S.221; *Dupouy*, in Dalloz – Com., Rn. 199; *Winnefeld*, Bilanz-HdB., Kap. C. Rn.40ff.

189 *Winnefeld*, Bilanz-HdB., Kap. C Rn.200f.

190 Vgl. auch *Escher-Weingart*, NZG 1999, 909, 911; *Guyon*, Bd. 1, Rn.412 a.E.

191 BGHZ 29, 385, 390; WM 76, 204, 205; GmbHR 85, 356f.; *Hüffer*, AktG., § 120 Rn.2; *Tellis*, Rechtsnatur der gesellschaftsrechtlichen Entlastung, S.88f.

kann nicht ohne weiteres davon ausgegangen werden, daß sich die wirtschaftliche Situation der Gesellschaft auch zukünftig so präsentiert, wie in der Bilanz dargestellt.[192] Hinzu kommt, daß sich manche unternehmerischen Aktivitäten, wie z.B. aufwendige Werbefeldzüge oder fehlerhafte Personalentscheidungen, nicht vollständig bilanzieren lassen. Zwar erscheinen die, die Bilanz belastenden Aufwendungen für die genannten Beispiele auf der Passivseite, welche zukünftigen Auswirkungen diese Maßnahmen haben werden, sei es Gewinn oder Verlust, geht aus ihr jedoch nicht hervor.

Zur Frage der Beurteilung möglicher Pflichtwidrigkeiten durch die Entlastung ist die Bilanz kaum hilfreich. Sie dokumentiert nicht die einzelnen Details der Geschäftstätigkeit des vergangenen Geschäftsjahres, sondern weist lediglich das Ergebnis der Geschäftstätigkeit aus, welches sich in der Darstellung der Vermögensstruktur bzw. den einzelnen Aktiv- und Passivposten widerspiegelt. Die Bilanz reagiert zwar auf jeden einzelnen Geschäftsvorfall, aber nicht jeder Geschäftsvorfall wird in der Bilanz vermerkt.[193] Das Entlastungsorgan erhält also nur einen Überblick über die Geschäftsvorfälle in ihrer Gesamtheit, ohne vom konkreten Geschäft selbst Kenntnis nehmen zu können. Die Bilanz gibt demnach weder Aufschluß darüber, welche Entscheidungen den Geschäftsvorfällen zu Grunde gelegen haben, noch auf welches Mitglied der Geschäftsführung der jeweilige Geschäftsvorfall zurückzuführen ist. Ein vertiefter Einblick zu den einzelnen Vorgängen wäre zwar anhand der Unterlagen über die Buchführung möglich, da von den Positionen der Bilanz jeder einzelne Geschäftsvorfall durch Rückverfolgung ersichtlich gemacht werden kann.[194] Jedoch fehlt zu einer genauen Analyse der Buchführungsunterlagen bzw. zur Erörterung sämtlicher Geschäftsvorfälle im Hinblick auf möglicherweise aufgetretene Pflichtwidrigkeiten der über die Entlastung beschließenden Versammlung in den meisten Fällen zum einen die notwendige Zeit, zum anderen sind oft auch die erforderlichen Kenntnisse nicht vorhanden, um sich aus den Zahlen der Buchführung über einzelne Pflichtwidrigkeiten im Klaren zu werden.[195] Darüber hinaus hat man zu bedenken, daß der Gesellschafter bzw. der Aktionär, welcher über die Entlastung zu entscheiden hat, zur Überwachung der Geschäftsführung nicht verpflichtet ist und deswegen auch keine Pflicht besteht, die zur Entlastung vorgelegten Unterlagen auf einzelne Pflichtwidrigkeiten zu überprüfen.[196] Im übrigen wäre aufgrund der Komplexität der Unterlagen und Vorgänge eine ins Detail gehende Prüfung, ohne daß konkrete Anhaltspunkte für Ansprüche gegen die Geschäftsführer bestehen, auch nicht praktikabel.

Mögliche Anhaltspunkte in Bezug auf Ansprüche könnten sich für die deutsche GmbH hingegen aus § 42 Abs. III GmbHG ergeben. Hiernach sind Ausleihungen und Forderungen gegenüber Gesellschaftern in der Regel als solche jeweils gesondert in der Bilanz auszuweisen oder im Anhang anzugeben.[197] Zu Forderungen gehören kurzfristige Darlehen sowie Schadenersatzansprüche oder allgemein alle vertraglichen oder gesetzlichen Ansprüche gegen Gesellschafter.[198] Dennoch ist § 42 Abs. III GmbHG nur bedingt geeignet, Anhaltspunkte über mögliche Ansprüche gegen den zu Entlastenden zu liefern. Zum einen bezieht sich die Vorschrift nur auf Gesellschafter, d.h. die sog. Fremdgeschäftsführer werden von ihr von

---

[192] *Eppenberger*, Information durch Mitteilung oder Auskunft, S.87; *Winnefeld*, Bilanz-HdB., Kap. C Rn.102.
[193] *Schmidt*, HandelsR., § 15 III la.
[194] *Winnefeld*, Bilanz-HdB., Kap. C Rn.185.
[195] S.o., S.28 sowie BGH, NJW 1959, 189, 192; *Nägele / Nestel*, BB 2000, 1253, 1254; *Meier-Wehrli*, Verantwortlichkeit der Verwaltung, S.122; *Picenoni*, Entlastungsbeschluß, S. 40.
[196] BGH, WM 1988, 531, 535; *Nägele / Nestel*, BB 2000, 1253, 1254.
[197] Es besteht ein Wahlrecht zwischen dem Ausweis in der Bilanz oder im Anhang, vgl. *A / D / S*, GmbHG, § 42 Rn.47f.
[198] *A / D / S*, GmbHG, § 42 Rn.30.

vornherein nicht umfaßt. Zum anderen werden Forderungen nicht gesondert nach einzelnem Gesellschafter oder nach ihrem rechtlichen Ursprung aufgegliedert, sondern unter der Sammelbezeichnung „Forderungen gegen Gesellschafter" genannt.[199] Demzufolge kann, wenn überhaupt, nur die Höhe des Betrages einen groben Anhaltspunkt für mögliche Ansprüche gegen den zu Entlastenden liefern und den Gesellschafter zu weiteren Fragen veranlassen. Der Anspruch als solcher, d.h. konkrete Handlung und Schaden sind jedoch infolge der nur summarischen Angaben nicht zu erkennen.

Die Bilanz zeigt schließlich auch nicht, was die Geschäftsführung hätte unternehmen müssen, um pflichtgemäß zu handeln. Sie zeigt lediglich das Ergebnis von dem, was tatsächlich getan wurde. Sie erlaubt z.B. festzustellen, welcher Aktivposten sich verringert hat, welcher Passivposten gestiegen ist und wie sich infolgedessen die Vermögenslage des Unternehmens am Stichtag darstellt. Die Gründe hierfür aber bleiben dem Betrachter verborgen. Allein die Tatsache, daß sich bestimmte Posten in der Bilanz zum Nachteil der Gesellschaft verändert haben, läßt damit noch nicht die Schlußfolgerung zu, diese Änderungen würden auf Pflichtwidrigkeiten der Geschäftsführung beruhen. Die Bilanz erlaubt lediglich, die Qualität der Geschäftsführung insoweit zu beurteilen, als daß der Betrachter die finanzielle Situation der Gesellschaft mit derjenigen der Vorjahres vergleichen und eine positive, negative oder unveränderte wirtschaftliche Entwicklung feststellen kann.[200] Es wäre infolge der summarischen Darstellung auch verfehlt, anzunehmen, mit ungünstigen Bilanzzahlen seien auch gleichzeitig, die diesen Zahlen zu Grunde liegenden Fakten und Geschäfte mitgeteilt.[201] Wenn also die Bilanz schon keine Informationen zur Ordnungsmäßigkeit der Geschäftsführung enthält, kann von einem Aktionär / Gesellschafter ob mit oder ohne Vorkenntnisse des Bilanzrechts schlechterdings nicht erwartet werden, die Bilanz auf mögliche Ansprüche der Gesellschaft gegen die Geschäftsführung zu überprüfen.

4. Die Gewinn- und Verlustrechnung

Dieser Bestandteil des Jahresabschlusses gliedert für die jeweilige Geschäftsperiode die Erträge sowie die Aufwendungen im einzelnen auf, mit denen die Erträge erwirtschaftet wurden. Als Konsequenz aus der Gegenüberstellung sämtlicher Beträge aus den Erträgen und den Aufwendungen ergibt sich das Jahresergebnis als Gewinn oder Verlust (§ 275 Abs. II Nr.20 bzw. Abs. III Nr.19 HGB, Art. 123-13 Abs. II C.Com., Art.663 Abs. IV OR). Der wirtschaftliche Erfolg des abgelaufenen Geschäftsjahres kann sich zwar auch aus der Bilanz ergeben (§ 266 Abs. III A Ziff. IV HGB, Art.663a Abs. III OR, Art.13 Nr.1 Décr. No.83-1020.), jedoch gliedert erst die Gewinn- und Verlustrechnung das Jahresergebnis so auf, daß die einzelnen Quellen des erzielten Gewinns bzw. des erlittenen Verlusts sichtbar werden.[202] In den gesetzlichen Regelungen sind daher die jeweiligen Aufwendungen und Erträge nach Art, Höhe und Herkunft anzugeben. Die Gewinn- und Verlustrechnung soll demzufolge erklären, auf welchen Grundlagen das Jahresergebnis beruht[203] und wie sich infolgedessen die Ertragslage

---

[199] *A / D / S*, GmbHG, § 42 Rn.49f, 51f.
[200] So auch *Barbey*, Décharge, S.82.
[201] *Siegert*, Entlastung in der Aktiengesellschaft, S.57.
[202] *Boemle*, Jahresabschluß, S.171; *Dupouy*, in Dalloz – Com., Rn.338f; *Schmidt*, GftsR., § 29 IV 2e.
[203] *Boemle*, Jahresabschluß, S.171; *Goré / Dupouy*, Rn.35; *Hinz*, in Beck'sches HdB. Rechnungslegung, Rn.55; *Winnefeld*, Bilanz-HdB., Kap. G Rn.21.

darstellt.[204] Die betragsmäßige Ermittlung des erzielten Gewinns oder Verlusts rückt dabei in den Hintergrund.[205] Eine ordnungsgemäße Aufstellung vorausgesetzt, wird beispielsweise erkennbar, ob der Erfolg des Unternehmens aus betrieblichen oder betriebsfremden Erträgen herrührt. Man kann ersehen, ob es sich um Erträge aus dem regulären Geschäftsbetrieb handelt oder ob sie nur besonderen Ereignissen zu verdanken sind wie z.B. dem Verkauf von Produktionsgegenständen[206] und sie deswegen als außerordentliche Erträge aufgeführt werden müssen (§ 275 HGB; Art.663 OR; Art.15 Décret Nr. 83-1020.). Insoweit ist die Gewinn- und Verlustrechnung geeignet, Rückschlüsse auf die Qualität der Geschäftsführung zuzulassen.[207] Um auf die im deutschen Recht oft verwendete Formulierung der Entlastungsfunktion zurückzukommen, kann sich anhand der Gewinn- und Verlustrechnung durchaus beurteilen lassen, ob die Geschäftsleitung bei der Führung der Gesellschaft eine „glückliche Hand" hatte oder nicht.[208] Der Anteilsinhaber kann aufgrund der vorgelegten Gewinn- und Verlustrechnung beispielsweise gegen die Entlastungserteilung stimmen, weil der ausgewiesene Gewinn seiner Meinung nach zu niedrig, der Verlust aufgrund von Personalaufwendungen zu hoch war oder umgekehrt gleichwohl Entlastung erteilen, weil seiner Meinung nach aufgrund der gesamtwirtschaftlichen Lage auch eine gute Geschäftsführung keinen höheren Gewinn hätte erzielen können. Im Hinblick auf einen durch die Entlastung zu beurteilenden wirtschaftlichen Geschäftsführungserfolg liefert die Gewinn- und Verlustrechnung also einige aufschlußreiche Hinweise. Dennoch muß man sich darüber im Klaren sein, daß sie wie auch die Bilanz die Handlungen der Geschäftsführung im vergangenen Geschäftsjahr nicht in allen Einzelheiten dokumentiert, sondern lediglich ihren wirtschaftlichen Erfolg und die Effizienz der Geschäftstätigkeit ausweist. Demzufolge kann sie auch keinen Aufschluß über die Rechtmäßigkeit der Geschäftsführung geben.

5. Der Anhang zum Jahresabschluß

Der sowohl in der AG als auch in der GmbH aufzustellende Anhang[209] (§ 264 Abs. I S.1 HGB, Art.663b OR bzw. Art.805 OR i.V.m. Art.663b OR, Art. 123-12 Abs. III C.Com.) hat die Funktion, die durch Bilanz und Gewinn- und Verlustrechnung vermittelten Informationen über die Vermögens- Finanz- und Ertragslage zu ergänzen und zusätzliche Erkenntnisse und Zusammenhänge offenzulegen, die weder in der Bilanz noch in der Gewinn- und Verlustrechnung enthalten sind.[210] Nach § 284 Abs. I HGB sind daher die im HGB, AktG und im GmbHG vorgeschriebenen Zusätze zur Bilanz sowie zur Gewinn- und Verlustrechnung anzugeben und schließlich die in Ausübung eines Wahlrechtes nicht in der Bilanz sowie in der Gewinn- und Verlustrechnung erwähnten Angaben aufzuführen. Art.123-13 Abs. IV C.Com. sagt allgemein: „*L'annexe complète et commente l'information donnée par le bilan et le compte de résultat.*" Im Obligationenrecht fehlt zwar eine vergleichbare Vorschrift, der An-

---

[204] *Boemle*, Jahresabschluß, S.171; *Goré / Dupouy*, Rn.32; *Hinz*, in Beck'sches HdB. Rechnungslegung, B 100 Rn.55; *Winnefeld*, Bilanz-HdB., Kap. G Rn.1.

[205] *Guhl / Merz / Kummer / Koller / Druey*, OR, § 67 III 1b.

[206] Vgl. das Beispiel bei *Forstmoser / Meier-Hayoz / Nobel*, AktienR., § 51 Rn.92.

[207] Ebs. *Barbey*, Décharge, S.83.

[208] Ähnlich zum schweizerischen Recht: *Barbey*, Décharge, S.83f.

[209] In der französischen Terminologie als annexe bezeichnet.

[210] *Böckli*, AktienR., Rn.939; *Dupouy*, in Dalloz – Com., Rn. 431; *Hinz*, in Beck'sches HdB. Rechnungslegung, B 100 Rn.57, 58; *Ripert / Roblot / Germain*, Dr.Com., Rn.438; *Sonnenberger / Dammann*, frz. Handels- u. WirtschaftsR., § 1 III 76.

hang hat jedoch auch hier die Funktion zusätzlicher Information und Erläuterung der Bilanz und der Erfolgsrechnung.[211] Da der Anhang Teil des Jahresabschlusses ist, entspricht seine Informationsfunktion derjenigen des Jahresabschlusses,[212] d.h. es geht wiederum „nur" um einen die Bilanz und Gewinn- und Verlustrechnung ergänzenden Einblick in die Vermögens- Finanz- und Ertragslage[213] und nicht um Ansprüche gegen die Geschäftsführung.

Immerhin könnten sich diesbezüglich aber im deutschen Recht gewisse Anhaltspunkte ergeben. Gemäß § 285 Nr.9a – c) HGB – im Obligationenrecht fehlt eine entsprechende Regelung[214] – ist den Gesellschaftern bzw. den Aktionären ein Überblick über die Leistungen der Gesellschaft an die Geschäftsführung für das jeweilige Geschäftsjahr zu geben.[215] Bei großen und mittleren Kapitalsgesellschaften sind die Gesamtbezüge sämtlicher aktiver Mitglieder des Geschäftsführungsorgans aufzuführen (§ 285 Nr. 9a HGB). Nach § 285 Nr.9c HGB, welchen § 288 HGB nicht erwähnt, der folglich auch für kleine Kapitalgesellschaften gilt, sind den Mitgliedern der Geschäftsführung gewährte Vorschüsse, also sämtliche Zurverfügungstellungen von Mitteln auf Zeit,[216] Kredite, d.h. Vorauszahlungen der Gesellschaft an Organmitglieder auf ihnen zustehende aber noch nicht fällige Ansprüche[217] nebst der wesentlichen, d.h. der grundlegenden Bedingungen und gegebenenfalls der zurückgezahlten Beträge[218] sowie die zu Gunsten der Organmitglieder eingegangenen Haftungsverhältnisse (Bürgschaften und andere Sicherheiten)[219] anzugeben.

Die Auswirkungen dieser Regelungen auf die Entlastung soll folgender Beispielsfall verdeutlichen: Die von den Beschränkungen des § 181 BGB befreiten Geschäftsführer einer GmbH gewähren einem ihrer Geschäftsführer ein Darlehen in Höhe von € 100.000,--, ohne die Zustimmung der Gesellschafterversammlung einzuholen, die nach dem Gesellschaftsvertrag bei Darlehen ab einer Summe von € 50.000,-- erforderlich ist. Der Vertrag selbst wäre wegen Überschreitung der Grenzen der Vollmacht schwebend unwirksam.[220] Zieht man nun die im deutschen Recht zur dogmatischen Einordnung der Entlastung vertretenen Ansichten heran, könnte man zum einen zu dem Ergebnis gelangen, weil die Entlastung eine Genehmigung sämtlicher Maßnahmen der Geschäftsführung beinhalte,[221] sei auch dieses schwebend unwirksame Rechtsgeschäft genehmigt, so daß spätere Rückforderungsansprüche nicht mehr geltend gemacht werden können. Zum anderen könnte man mit einer neueren, auf Schmidt[222] zurückgehenden Ansicht folgern, der Rückforderungsanspruch wäre präkludiert, weil die Entlastung unter Anwendung des § 242 BGB einen Vertrauenstatbestand herbeiführe.[223]

Bei derartigen Schlußfolgerungen ist allerdings Vorsicht angebracht. Fest steht zunächst nur, daß der Betrag des an den Geschäftsführer gewährten Darlehens und die wesentlichen Vertragsbedingungen, welche im Anhang aufgeführt werden, Aufschluß zur Höhe eines Rückforderungsanspruchs sowie Anlaß zur Frage geben, unter welchen näheren, möglicher-

---

[211] *Boemle*, Jahresabschluß, S.330f; *Forstmoser / Meier-Hayoz / Nobel*, AktienR., § 51 Rn.121.

[212] *A / D / S*, HGB, § 284 Rn.6; *Dupouy*, in Dalloz – Com., Rn.434; *Forstmoser / Meier-Hayoz / Nobel*, AktienR., § 51 Rn.122.

[213] *A / D / S*, HGB, § 284 Rn.16; *Dupouy*, in Dalloz – Com., Rn.426.

[214] *Böckli*, AktienR., Rn.965f.

[215] *A / D / S*, HGB, § 285 Rn.159, 196.

[216] *A / D / S*, HGB, § 285 Rn.200.

[217] *A / D / S*, HGB, § 285 Rn.199.

[218] *A / D / S*, HGB, § 285 Rn.202.

[219] WP-HdB., Bd. I, Kap. F Rn.722.

[220] Baumbach / Hueck, *Zöllner*, GmbHG, § 35 Rn.73, 74a; Palandt-*Heinrichs*, BGB, § 181 Rn.15.

[221] *Boesebeck*, JW 1935, 921, 922; *Brox*, BB 1960, 1226.

[222] *Schmidt*, ZGR 78, 425ff.

[223] Rowedder / *Koppensteiner*, GmbHG, § 46 Rn.24; *Schmidt*, ZGR 1978, 425, 435; ders. GftsR., § 14 VI 2b.

weise pflichtwidrigen Umständen – hier Fehlen der erforderlichen Zustimmung der Gesellschafter – der Kredit gewährt wurde. Daß die Entlastung erteilenden Gesellschafter tatsächlich entsprechende Informationen begehren, kann nicht zwingend bejaht werden, da sie, wie erwähnt, nicht zur Überwachung der Geschäftsführung verpflichtet sind.[224] Man kann lediglich sagen, es besteht aufgrund der Angabepflicht im Anhang zumindest ein Anhaltspunkt, um weitergehende Informationen zu beanspruchen.

Für die im Anhang anzugebenden Haftungsverhältnisse, die die Gesellschaft zu Gunsten der Geschäftsführer eingegangen ist, ist im übrigen zu bedenken, daß hier weder der Betrag, den die Sicherheit betrifft, noch die wesentlichen Vertragsbedingungen aufgeführt werden müssen.[225] Der Entlastende erhält diesbezüglich also noch weniger Informationen über mögliche Ansprüche gegen die Geschäftsführung. Er mag die Entlastung beispielsweise schon wegen der Gewährung einer Bürgschaft verweigern, weil er diese Leistung an das Geschäftsführungsmitglied für unangemessen hält, aus rechtlichen Gründen jedoch ist die Verweigerung, mangels näherer Angaben über Zustandekommen und Inhalt der rechtlichen Vereinbarungen, nicht möglich.

Ähnliches gilt für die in § 285 Nr.9 a HGB genannten Bezüge, die aufgrund des § 288 S.1 HGB nur bei großen und mittleren Kapitalgesellschaften genannt werden müssen. Der Begriff Bezüge ist, wie die Klammerdefinition des § 285 Nr.9a HGB bereits andeutet, weit auszulegen.[226] Hierunter fallen nicht nur Bezüge im Sinne von Gehältern, sondern auch Gewinnbeteiligungen, Bezugsrechte, Aufwandsentschädigungen, Versicherungsentgelte, Provisionen sowie Nebenleistungen jeder Art. Die Leistungen müssen nicht im einzelnen genannt werden, da das Gesetz lediglich die Angabe der Gesamtbezüge verlangt.[227] Sie sind auch nicht für jedes einzelne Mitglied der Geschäftsführung anzugeben, gerade dies will § 286 Abs. IV HGB verhindern, sondern nur für sämtliche Mitglieder des Organs Geschäftsführung. Besteht die Geschäftsführung nur aus einer Person, brauchen ihre Bezüge nicht im Anhang angegeben werden.[228]

Im französischen Recht sind ebenfalls Angaben über Vorschüsse, Kredite sowie über Bezüge der Geschäftsführungsmitglieder zu machen (Art.24 Nr.17, 18 Décr. 83-1020.). Von praktischer Relevanz werden allerdings nur die Auskünfte zu den Bezügen sein,[229] da Bürgschaften sowie die Bestellung anderer Sicherheiten zu Gunsten der Geschäftsführer nach den Art. 225-43, 225-91 C.Com. in der S.A. bzw. nach Art.223-21 C.Com. in der S.A.R.L. weitgehend verboten sind.[230] Andere Verträge zwischen der Gesellschaft und ihrer Verwaltung sind zwar grundsätzlich erlaubt, es bestehen jedoch gegenüber dem deutschen und dem schweizerischen Recht bestimmte Besonderheiten, auf deren Folgen im Zusammenhang mit den Rechtswirkungen des Entlastungsbeschlusses in Kapitel V näher einzugehen sein wird. Nur soviel sei an dieser Stelle genannt: Soweit es sich nicht um Verträge i.S.d. Art.223-20, 225-39, 225-87 C.Com. handelt, d.h. um solche, die normalerweise in dem jeweiligen Geschäftszweig des Unternehmens geschlossen werden,[231] sind die Gesellschafter hierüber in einem besonderen, vom Jahresabschluß und Lagebericht sowie vom Prüfungsbericht der

---

[224] S.o., S.21f.
[225] *A / D / S*, HGB, § 285 Rn.203; WP HdB., Bd. I, Rn.722.
[226] *A / D / S*, HGB, § 285 Rn.176; WP HdB., Bd. I, Rn.703.
[227] *A / D / S*, HGB, § 285 Rn.160.
[228] *A / D / S*, HGB, § 286 Rn.53ff.
[229] *Dupouy*, in Dalloz – Com., Rn.477.
[230] Dazu eingehend *Guyon*, Bd. 1, Rn.422.
[231] Cass.com., Rev.soc. 1978, 252; *Guyon*, Bd. 1,. Rn.425, 487.

commissaire aux comptes getrennten Bericht zu informieren.[232] Der Bericht, der entweder von der Geschäftsführung selbst[233] oder, soweit eine Abschlußprüfung stattfindet, nach Art.92 Décr. 67-236 (S.A.) vom commissaire aux comptes zu erstellen ist, hat den Vertragsgegenstand, den Namen des vertragschließenden Geschäftsführungsmitgliedes sowie die wesentlichen Verpflichtungen zu nennen, ferner Kaufpreis oder Mietzins, Preisnachlässe, Zahlungsfristen usw.[234] Nach der Berichterstattung beschließt die General- bzw. Gesellschafterversammlung über die Billigung der Verträge (Art.225-40 Abs. III, 225-87 Abs. III, 223-19 Abs. I S.1 C.Com.). Das am Vertrag beteiligte Geschäftsführungsmitglied ist von der Verhandlung[235] und der Beschlußfassung ausgeschlossen (Art.223-19 Abs. I S.3, 225-40 Abs. IV, 225-88 Abs. IV C.Com.). Dieser Beschluß weist durchaus einige Ähnlichkeiten zum quitus auf. Es geht um Handlungen der Geschäftsführung, die einen Bezug zur Gesellschaft aufweisen und über die, bevor der billigende Beschluß ergehen kann, Rechenschaft abzulegen ist. Dennoch handelt es sich formal gesehen um zwei verschiedene Beschlüsse,[236] zum einen um die generelle Entlastung in Bezug auf die Rechnungslegung, zum anderen um die Billigung bzw. Entlastung in Bezug auf die Verträge zwischen der Gesellschaft und den Mitgliedern ihrer Geschäftsführung.[237]

6. Der Lagebericht

Der Lagebericht ist zwar nicht Bestandteil des Jahresabschlusses, er ist jedoch Bestandteil der Rechnungslegung, welche vor Erteilung der Entlastung erfolgt und insoweit für diese Untersuchung von Interesse. In den deutschen und den französischen Regelungen ist der Lagebericht sowohl für die AG als auch für die GmbH vorgesehen (§§ 264 Abs. I S.1, 289 HGB, Art. 232-1 C.Com. i.V.m. Art.225-100 C.Com., Art.232-1 Abs. I C.Com. i.V.m. Art.223-26 Abs. I, II C.Com.),[238] nach deutschem Recht für kleine Gesellschaften allerdings nicht zwingend (§§ 264 Abs. I S.3, 267 HGB). Er kann hier allerdings ohne weiteres auf freiwilliger Basis erstellt werden.[239] In der Schweiz ist der als Jahresbericht bezeichnete Lagebericht zunächst für die AG vorgeschrieben (Art.662 Abs. I, 663d OR). Da die aktienrechtlichen Regelungen wie erwähnt über Art.805 OR auch für die GmbH gelten, ist hier ebenfalls ein Jahresbericht zu erstellen.[240]

Die Formulierungen der gesetzlichen Vorschriften zum Lage- bzw. Jahresbericht in den einzelnen Ländern, weichen zwar im Wortlaut voneinander ab (§ 289 HGB, Art.663d OR, Art. 232-1 Abs. II C.Com.), nicht jedoch in ihren Zielsetzungen. Zweck des Lageberichtes ist es, unter Berücksichtigung der Einflüsse und Bedingungen, unter denen die Geschäfts-

---

[232] Paris, Rev.soc. 1977, 465; Lefebvre, Soc.Com., Rn.11082; 12894ff.

[233] *Guyon*, Bd. 1, Rn.487; *Hémard*, in Dalloz, Rép. Soc., S.A.R.L. Rn.212.

[234] Es sind konkrete Zahlen zu nennen. Es genügt also nicht, wenn es heißt, der Vertrag sei zu den üblichen Tarifen abgeschlossen worden, vgl. *Guyon*, Bd. 1, Rn.423.

[235] *Guyon*, Bd. 1, Rn.423.

[236] Es bestehen auch begriffliche Unterschiede, da in Bezug auf die Billigung der Verträge der Gesellschaft mit ihrer Verwaltung vom quitus keine Rede ist.

[237] Vgl. auch *Guyon*, in Dalloz, Rép. Soc., Assemblées d'actionnaires Rn.233, 239f.

[238] Der Lagebericht wird in der S.A.R.L als rapport de gestion, in der S.A. je nach Gesellschaftstyp auch als rapport de directoire bzw. als rapport du conseil d'administration bezeichnet, Lefebvre, Soc.Com., Rn.11077, *Hémard*, in Dalloz, Rép.Soc., S.A.R.L. Rn.167.

[239] § 289 HGB muß dann jedoch nicht beachtet werden, *A / D / S*, HGB, § 289 Rn.6.

[240] *Neuhaus*, in Basler Komm., OR, Art.805 Rn.9ff; a.A. *Tanner*, in FS-Forstmoser, S.39: Lagebericht nur für die GmbH mit Kontrollstelle erforderlich.

führung ihre Ergebnisse erzielt hat[241] und losgelöst von den einzelnen Posten des Jahresabschlusses, einen Gesamtüberblick über die wirtschaftliche Lage der Gesellschaft zu vermitteln.[242] Ob diese Lage eher auf äußere oder auf innere Einflüsse zurückzuführen ist, zeigt die Darstellung des Geschäftsverlaufes (§ 289 Abs. I HGB, Art.663d Abs. I OR, Art. 232-1 Abs. III C.Com.).[243] Dementsprechend ist zum Beispiel auf das – äußere – volkswirtschaftliche und branchenspezifische Umfeld sowie auf technische oder soziale Bedingungen einzugehen, soweit diese Umstände positiven oder negativen Einfluß auf das Unternehmen hatten.[244] Innere Einflüsse, die sich auf den Geschäftsverlauf auswirken, sind individuelle Geschehnisse im Unternehmen.[245] Soweit sich z.B. im Bereich Produktion und Leistung die Aufnahme neuer Produkte auf die Lage des Unternehmens ausgewirkt hat, ist dies im Lagebericht anzugeben. Das gleiche gilt für die Frage, wo und warum die Geschäftsleitung schwerpunktmäßig Investitionen für das Unternehmen vorgenommen hat.[246] Angaben zur Rentabilität der Investitionen können im Rahmen freiwilliger Berichterstattung gemacht werden.[247]

Es bleibt aber nicht bei der Darstellung der Vergangenheit, da der Lagebericht auch auf die weitere Entwicklung der Gesellschaft einzugehen hat (§ 289 Abs. II Nr. 2 HGB, Art. 232-1 Abs. II C.Com.). Im deutschen Recht ist seit der Modifizierung des § 289 HGB Abs. I HGB durch das KonTraG auf Risiken, d.h. auf mögliche negative Abweichungen von der erwarteten Entwicklung einzugehen. Neben diesen Pflichtangaben besteht natürlich die Möglichkeit, über künftige Chancen zu berichten.[248] Art.663d OR enthält zu Angaben der zukünftigen Entwicklung keine Regelung, dennoch wird die Ansicht vertreten, daß entsprechende Stellungnahmen erforderlich sind.[249] In jedem Fall aber können Informationen auf freiwilliger Basis erteilt werden.[250] Soweit eine Berichterstattung erfolgt, genügt es, wenn sie über die allgemeine Entwicklung informiert, also nicht konkret geplante Geschäfte, sondern nur allgemeine Tendenzen und Planungen der Geschäftsführung aufzeigt.[251] Zum Beispiel sind für Planungen im Bereich Produktion, Kapazitätsänderungen, Änderungen des Produktionsprogramms, geplante Investitionen sowie Änderungen in der Belegschaft anzugeben.[252] Das erwartete Ergebnis des nächsten Geschäftsjahres soll zumindest tendenziell beschrieben werden, also im Sinne von eher besser oder eher schlechter als das aktuelle Ergebnis.[253]

---

241 Hierüber sagen die Zahlen des Jahresabschlusses gerade nichts aus, *Winnefeld*, Bilanz-HdB., Kap. K Rn.3.

242 Für das schweizerische Recht: *Boemle*, Jahresabschluß, S.447f; für das französische Recht: *Guyon*, Bd. 1, Rn.412, *Forszpaniak / Scholtissek*, RIW 1985, Beil. 1, S.17; für das deutsche Recht: *A / D / S*, HGB, § 289 Rn.17ff; *Müller*, in Beck'sches HdB. Rechnungslegung, B 500 Rn.28, 30.

243 In Art. 232-1 Abs. III C.Com. wird der Geschäftsverlauf wie folgt umschrieben: *„Le rapport de gestion expose la situation de la société durant l'exercice écoulé"*.

244 Für das deutsche Recht: *A / D / S*, HGB, § 289, Rn.68; *Winnefeld*, Bilanz-HdB., Kap. K Rn.41ff.; für das schweizerische Recht: *Boemle*, Jahresabschluß, S.449f; *Neuhaus*, in Basler Komm., OR, Art. 662 Rn.7; für das französische Recht: *Guyon*, Bd. 1, Rn.412; Lefebvre, Soc.Com., Rn.11077ff.

245 *Winnefeld*, Bilanz-HdB., Kap. K Rn.44.

246 *A / D / S*, HGB, § 289 Rn.73; *Boemle*, Jahresabschluß, S.449; *Forstmoser / Meier-Hayoz / Nobel*, AktienR., § 51 Rn.258.

247 *A / D / S*, HGB, § 289 Rn.73.

248 *Remme / Theile*, GmbHR 1998, 909, 910.

249 *Dellmann*, Jahresrechnung, S.175; *Guhl / Merz / Kummer / Koller / Druey*, OR, § 67 I 1 c; einschränkend *Forstmoser / Meier-Hayoz / Nobel*, AktienR., § 51 Rn.258f: Stellungnahme nicht zwingend, sondern nur wünschenswert; a.A. *Böckli*, AktienR., Rn.995.

250 *Böckli*, AktienR., Rn.995.

251 *A / D / S*, HGB, § 289 Rn.105; *Boemle*, Jahresabschluß, S.451; *Guyon*, Bd. 1, Rn.412.

252 *Winnefeld*, Bilanz-HdB., Kap. K Rn.65.

253 *A / D / S*, HGB, § 289 Rn.117f; *Winnefeld*, Bilanz-HdB., Kap. K Rn.66.

Die Mitteilungen selbst brauchen nicht durch Zahlen zu erfolgen; es genügt eine verbale Berichterstattung.[254] Für den über die Entlastung abstimmenden Gesellschafter hat diese Art der Berichterstattung den Vorteil, daß er auch ohne vertiefte Kenntnisse der Rechnungslegung in die Lage versetzt wird, die wirtschaftliche Gesamtsituation zu beurteilen, die die Geschäftsführung für das Unternehmen erreicht hat.[255] Im Hinblick auf die Entlastung könnte sich aufgrund des Lageberichts beispielsweise folgendes Bild ergeben: Erwähnt der Lagebericht äußere Einflüsse, die sich negativ auf die Lage der Gesellschaft ausgewirkt haben, kann dies dennoch zur Erteilung der Entlastung führen, weil die Gesamtsituation des Unternehmens eben nicht auf innere Umstände, mithin auf die Geschäftsleitung, sondern auf die gesamtwirtschaftliche Lage zurückgeführt wird. Es ist aber auch denkbar, daß die Gesellschafter die Entlastung unter diesen Umständen verweigern, weil ihrer Ansicht nach nicht genügend innere, also unternehmensspezifische Gegenmaßnahmen ergriffen und im Lagebericht genannt wurden, um der gesamtwirtschaftlichen Krise zu entgehen. Die globale, an wirtschaftlichen Gesichtspunkten ausgerichtete Berichterstattung hat für den Entlastenden allerdings auch zur Folge, daß er eher in den Stand versetzt wird, die von der Geschäftsführung betriebene Firmenpolitik zu bewerten als Fragen der Rechtmäßigkeit einzelner Handlungen. Etwas anderes ergibt sich auch nicht daraus, daß wichtige Ereignisse, die nach dem Schluß des Geschäftsjahres eingetreten sind[256] oder einzelne wichtige Geschäfte wie z.B. die Beteiligung an anderen Gesellschaften, die Gründung oder Liquidation von Tochterunternehmen[257] zu nennen sind, wenn sie sich auf die Gesamtlage des Unternehmens ausgewirkt haben. Der Lagebericht ist wie eingangs erwähnt nur darauf ausgelegt, einen Überblick über die wirtschaftliche Lage der Gesellschaft zu liefern.[258] Er kann schon aus diesem Grunde weder den gesamten Inhalt eines wenn auch wichtigen Vertrages aufführen noch über dessen rechtliche Konsequenzen berichten. Die Frage, ob die Geschäftsführung diesbezüglich pflichtwidrig gehandelt hat und ob der Gesellschaft infolgedessen ein Schaden entstanden ist, bleibt wie auch bei den übrigen Bestandteilen des Jahresabschlusses offen.

7. Die Abschlußprüfung

a) Prüfungspflichtige Gesellschaften

Das deutsche sowie das französische Recht sehen für Kapitalgesellschaften ab einer bestimmten Größenordnung die Pflicht zur Prüfung des Jahresabschlusses sowie des Lageberichtes durch einen Abschlußprüfer / commissaire aux comptes vor (§§ 267, 316 Abs. I S.1 HGB; Art.223-35 Abs. II C.Com.). Maßgebend für die Verpflichtung zur Abschlußprüfung sind jeweils die Bilanzsumme bzw. der Umsatzerlös sowie die Zahl der Beschäftigten

---

[254] *Remme / Theile*, GmbHR 1998, 909, 910; *Winnefeld*, Bilanz-HdB., Kap., K Rn.21, 66f.; WP-HdB., Bd. I, Teil F Rn.683; ebs. wohl *Boemle*, Jahresabschluß, S.450 Nach französischem Recht sind Zahlen nur in den documents de gestion prévisionnelle mitzuteilen. Die über die Entlastung entscheidenden Aktionäre und Gesellschafter werden über den Inhalt dieser Dokumente nicht informiert, *Sonnenberger / Dammann*, frz. Handels- u. WirtschaftsR., § 1 III 74f.; Lefebvre, Soc.Com, Rn.25056f.

[255] S. auch *Barbey*, Décharge, S. 85.

[256] Vgl. § 289 Abs. II Nr.1 HGB, Art. 232-1 Abs. II C.Com. Im schweizerischen Recht ist die Angabe dieser Ereignisse mangels gesetzlicher Regelung freiwillig, vgl. *Böckli*, AktienR., Rn.995; *Forstmoser / Meier-Hayoz / Nobel*, AktienR., § 51 Rn. 264.

[257] *A / D / S*, HGB, § 289 Rn.79; *Boemle*, Jahresabschluß, S.450; *Winnefeld*, Bilanz-HdB., Kap. K Rn.45.

[258] S.o., S.34f.

(§ 267 HGB, Art.221-9 C.Com.). Im schweizerischen Recht ist die Abschlußprüfung größenunabhängig in den Art. 727ff. OR für sämtliche Aktiengesellschaften durch die Revisionsstelle sowie in Art.819 Abs. II S.2 OR i.V.m. Art.727ff. OR für die GmbH mit Kontrollstelle vorgesehen.[259] Nicht prüfungspflichtige Gesellschaften können eine Abschlußprüfung auf freiwilliger Basis durchführen lassen.[260]

b) Die Bedeutung der Abschlußprüfung als Rechtmäßigkeitsprüfung für den Entlastungsbeschluß

Die Aufgabe des Abschlußprüfers besteht in der Prüfung des Jahresabschlusses (§ 316 Abs. I S.1, Art. 221-11, 225-235 C.Com., Art.728 OR) sowie im deutschen und französischen Recht in der Prüfung des Lageberichts (§ 317 Abs. II HGB, Art.225-235 Abs. III S.2 C.Com.). Im schweizerischen Recht muß der Jahresbericht mangels Erwähnung in Art.728 OR nicht geprüft werden[261]. Prüfung von Jahresabschluß und Lagebericht bedeutet, es ist i.S.d. § 317 Abs. I S.2 HGB, Art.225-235 C.Com., Art.728 Abs. I OR zu untersuchen, ob bei ihrer Erstellung die gesetzlichen Vorschriften und sie ergänzende Bestimmungen des Gesellschaftsvertrages oder der Satzung beachtet wurden. Die Abschlußprüfung ist demzufolge keine allgemeine Geschäftsführungsprüfung;[262] es müssen nicht sämtliche Handlungen, die sie vorgenommen hat auf ihre Rechtmäßigkeit untersucht werden, sondern nur diejenigen, die sich auf die Rechnungslegung beziehen.[263] Tatsächlich können aber auch Pflichtwidrigkeiten der Geschäftsführung zu Tage treten, die sich zwar nicht auf das Gebiet der Rechnungslegung beziehen, aber dennoch Auswirkungen auf die Richtigkeit des Jahresabschlusses bzw. des Lageberichts haben. Es kann sich zum Beispiel ergeben, daß die Geschäftsführung bestimmte Beträge unterschlagen oder Teile des zur Erhaltung des Stammkapitals erforderlichen Vermögens an einen Gesellschafter zurückgezahlt hat. Am Inhalt der Prüfungspflicht – keine allgemeine Geschäftsführungsprüfung – ändert die Aufdeckung solcher Verstöße jedoch nichts. Es kann hierdurch höchstens die Pflicht entstehen, über die entdeckten Pflichtwidrigkeiten im Prüfungsbericht zu informieren.[264] Während sich die Berichtspflicht im französischen Recht nach Art.225-240 Abs. I C.Com. und im Obligationenrecht gemäß Art.729b Abs. I OR auf

---

[259] Vgl. *Pedroja / Watter,* in Basler Komm., OR, Art.819 Rn.8; in den Reformüberlegungen zum Recht der GmbH wird eine Prüfungspflicht für sämtliche Gesellschaften mit beschränkter Haftung vorgeschlagen, *Böckli / Forstmoser / Rapp*, Reform des GmbH-Rechts, S.40, 107f.

[260] *A / D / S*, HGB, § 316 Rn.36; Lefebvre, Soc.Com., Rn.5542.

[261] *Forstmoser / Meier-Hayoz / Nobel*, AktienR., § 51 Rn.265.

[262] *A / D / S*, HGB, § 316 Rn.18; *Böckli*, AktienR., Rn.1806, 1823. Die Neufassung des § 317 Abs. I S.3 HGB durch das KonTraG hat daran nichts geändert, *Dörner*, DB 1998, 1.

[263] Für das deutsche Recht: *A / D / S*, HGB, § 317 Rn. 21, 43, 122; Rowedder / *Wiedmann*, GmbHG, § 42a Rn.37; für das schweizerische Recht: BGE 65 II 20; *Boemle*, Jahresabschluß, S.430; *Forstmoser / Meier-Hayoz / Nobel*, AktienR., § 33 Rn.36; für das französische Recht: *Guyon*, Bd. 1, Rn.358, 383; *Sonnenberger / Dammmann*, frz. Handels- u. WirtschaftsR., § 1 III 80.

[264] *A / D / S*, HGB, § 317 Rn.43, 45, 122, § 321 Rn.83ff; *Forstmoser / Meier-Hayoz / Nobel*, AktienR., § 33 Rn.62; *Guyon*, Bd. 1, Rn.383 m.w.N.; Lefebvre, Soc.Com., Rn.12908ff; der Conseil National des Commissaires aux Comptes – CNCC – führt hierzu aus, der commissaire aux comptes hat nur die Pflicht, den Jahresabschluß zu prüfen und nur über Pflichtwidrigkeiten der Geschäftsführung zu berichten, wenn sie sich im Zusammenhang mit der Abschlußprüfung zeigen, Bull. CNCC 1985, S.300. Die Pflichten des commissaire aux comptes werden also auch durch die Berichtspflicht nicht zur Pflicht im Sinne einer Gesamtrechtmäßigkeitsprüfung hinausgedehnt.

jede Pflichtwidrigkeit erstreckt, die im Zusammenhang mit der Prüfung entdeckt wurde,[265] gilt dies für das deutsche Recht nur eingeschränkt. Eine Pflicht zur Berichterstattung über Pflichtwidrigkeiten, die nicht das Gebiet der Rechnungslegung betreffen, besteht nach § 321 Abs. I S.3 HGB nur bei schwerwiegenden Verstößen gegen das Gesetz, die Satzung oder den Gesellschaftsvertrag.[266] Aber auch in einem solchen Fall, welcher z.B. durch Unterschlagungen oder bei Vornahme von nicht genehmigten aber genehmigungspflichtigen Geschäften vorliegen kann,[267] ist der Abschlußprüfer nicht zum Nachweis sämtlicher Einzelheiten verpflichtet, die den Verstoß bzw. einen hieraus resultierenden Anspruch begründen; dies ist vielmehr Angelegenheit des Aufsichtsrates bzw. der Gesellschafterversammlung.[268]

Hinzu kommt, Adressaten des Berichts der Abschlußprüfer, worin gegebenenfalls auch über Pflichtverstöße Auskunft zu geben ist, die nicht mit der Rechnungslegung in Verbindung stehen, sind nicht unbedingt diejenigen, die über die Entlastung beschließen. Das Entlastungsorgan der deutschen Aktiengesellschaft, die Hauptversammlung, erhält nur Kenntnis vom Bestätigungsvermerk, der lediglich auf eventuelle Verstöße gegen die Vorschriften der Rechnungslegung hinweist,[269] nicht aber vom ausführlicheren Prüfungsbericht nach § 321 HGB,[270] der sonstige schwere Rechtsverstöße der Geschäftsleitung aufzeigen könnte.

Ähnlich verhält es sich im schweizerischen Recht. Über Gesetzesverstöße i.S.v. Art.728 OR, d.h. Verletzungshandlungen, die auf dem Gebiet der Rechnungslegung und der Buchführung begangen wurden,[271] ist nach Art.729 OR im sog. Revisionsbericht, der dem deutschen Bestätigungsvermerk entspricht, der General- bzw. der Gesellschafterversammlung Auskunft zu geben.[272] Über sämtliche anderen Verstöße ist zwar im sog. Erläuterungsbericht nach Art.729a OR zu informieren,[273] ein solcher Bericht muß jedoch nur erstellt werden, wenn die Gesellschaft Anleihenobligationen ausstehen hat, an der Börse notiert ist oder bestimmte Größenmerkmale erreicht (Art.729a OR i.V.m. 727b S.1 Nr.1-3 OR).[274] Da die GmbH diese Anforderungen in aller Regel nicht erfüllt,[275] wird ein Erläuterungsbericht nur bei der Aktiengesellschaft aufzustellen sein. Von Gesetzes- oder Statutenverletzungen, über die in diesem Bericht Auskunft zu geben ist, muß die Revisionsstelle den Verwaltungsrat stets, die zur Décharge berufene Generalversammlung hingegen nur dann in Kenntnis setzen, wenn es sich um wichtige Fälle handelt (Art.729b Abs. I OR).[276] Damit bleiben nur das französische Recht (Art.225-240 C.Com.) sowie die deutsche GmbH übrig, wo den Aktionären bzw. Gesellschaftern über sämtliche Pflichtwidrigkeiten zu berichten ist – in der GmbH nur

---

[265] Vgl. auch *Forstmoser / Meier-Hayoz / Nobel*, AktienR., § 33 Rn.62; *Guyon*, Bd. 1, Rn.382; Lefebvre, Soc.Com., Rn.12896.

[266] *A / D / S*, HGB, § 321 Rn.83ff.

[267] *Budde / Hinz*, in Beck'scher Bilanzkomm., § 321 HGB Rn.98.

[268] *A / D / S*, HGB, § 317 Rn.43ff, § 321 Rn.87.

[269] *A / D / S*, HGB, § 322 Rn.305.

[270] *A / D / S*, HGB, § 321 Rn.23.

[271] *Böckli*, AktienR., Rn.1809; *Forstmoser / Meier-Hayoz / Nobel*, AktienR., § 33 Rn.64.

[272] *Forstmoser / Meier-Hayoz / Nobel, AktienR.*, § 33 Rn.61, 64; *Pedroja / Watter*, in Basler Komm., OR, Art.729 Rn.8.

[273] *Böckli*, AktienR., Rn.1823; *Forstmoser / Meier-Hayoz / Nobel*, AktienR., § 33 Rn.65.

[274] Die Regelungen sind über Art.819 OR entsprechend auf die GmbH anzuwenden, *Pedroja / Watter*, in Basler Komm., OR, Art.819 Rn.8.

[275] *Pedroja / Watter*, in Basler Komm., OR, Art.819 Rn.8.

[276] S. auch *Forstmoser / Meier-Hayoz / Nobel*, AktienR., § 33 Rn.66.

über schwerwiegende Verstöße i.S.d. § 321 Abs. I S.3 HGB –, die sich nicht auf das Gebiet der Rechnungslegung beziehen.[277]

Zusammenfassend ist festzustellen, eine Hilfestellung bei der Beurteilung der Ordnungsmäßigkeit der Geschäftsführung erhält das Entlastungsorgan durch die Feststellungen des Abschlußprüfers nur insoweit, als daß Pflichtwidrigkeiten betroffen sind, die sich auf die Rechnungslegung beziehen. Nur hierauf bezieht sich die Aufgabe des Abschlußprüfers. Weitere Auskünfte kann der Entlastende mangels entsprechender Ausrichtung der Abschlußprüfung grundsätzlich nicht erwarten. Lediglich in den Fällen, in denen weitere Pflichtwidrigkeiten bei der Prüfung zu Tage getreten sind, kann es anhand des ausführlichen Prüfungsberichts möglich sein, mittels Entlastung ein Urteil über die Rechtmäßigkeit abzugeben.

c) Fehlende Wirtschaftlichkeitsprüfung

Bei der Frage, ob der zu Entlastende seine Aufgaben in wirtschaftlich vertretbarer Weise getroffen hat, hilft die Abschlußprüfung dem Entlastungsorgan ebenfalls nicht weiter. In den untersuchten Rechtsordnungen herrscht Einigkeit darüber, daß die Aufgabe der Abschlußprüfer nicht darin besteht, die wirtschaftliche Vertretbarkeit der Geschäftsführungsmaßnahmen zu untersuchen oder hierzu Stellung zu nehmen.[278] Dies gilt sowohl für Fragen, die die allgemeine Führung der Geschäfte betreffen als auch für solche, die den Jahresabschluß und den Lagebericht betreffen. Im französischen Recht hat der Gesetzgeber in Art.225-235 Abs. III S.1 C.Com. im übrigen ausdrücklich klargestellt, daß die Abschlußprüfer ihre Aufgaben *„à l'exclusion de toute immixtion dans la gestion"* zu erfüllen haben.

d) Entlastung und Erwartungslücke

Es ist damit sowohl im Hinblick auf die Zweck- als auch auf die Rechtmäßigkeit verfehlt zu meinen, sich bei der Entlastungsentscheidung uneingeschränkt auf die Aussagen des Abschlußprüfers verlassen zu können. Dennoch besteht zwischen dem, was Abschlußprüfer nach dem Gesetz zu leisten haben und dem, was sie nach Ansicht der Mitglieder der Gesellschaft leisten sollen eine „Erwartungslücke". Nicht nur sie, sondern auch Mitglieder von Aufsichtsräten und die Geschäftsführung selbst sind häufig der Ansicht, der zusammenfassende Bestätigungsvermerk i.S.d. § 322 HGB sei eine Art Gütesiegel für den Bestand des Unternehmens und die Qualität der Geschäftsführung.[279] Man nimmt oft an, die Abschlußprüfung sei nicht nur eine Prüfung der Ordnungsmäßigkeit des Jahresabschlusses, sondern eine integrale Geschäftsführungsprüfung.[280] In einer empirischen Untersuchung vertraten 89% der befragten Mitglieder von Aufsichtsräten und 64% der Kapitalanleger eben diese Auffassung.[281] Im Gegensatz zum Berufsstand der Wirtschaftsprüfer meinte man teilweise sogar, die Abschlußprüfung habe auch die Aufdeckung von Unterschlagungen der Geschäftsführung

---

[277] *A / D / S*, GmbHG, § 42a Rn.7, 9; HGB § 321 Rn.22; Lefebvre, Soc.Com., Rn.12896.

[278] *A / D / S*, HGB, § 316 Rn.38; *Forstmoser / Meier-Hayoz / Nobel*, AktienR., § 33 Rn.34ff; Lefebvre, Soc.Com., Rn.12880; *Sonnenberger / Dammann*, frz. Handels- u. WirtschaftsR., § 1 III Rn.80.

[279] *Escher-Weingart*, NZG 1999, 909, 911; *Ruhnke / Deters*, ZfB 1997, 923, 933ff.

[280] *Escher-Weingart*, NZG 1999, 909, 911; *Ruhnke / Deters*, ZfB 1997, 923, 931ff.

[281] *Ruhnke / Deters*, ZfB 1997, 923, 932.

zum Gegenstand.[282] Es ist offensichtlich, daß sich die geschilderte Haltung auch in der auf die Rechnungslegung und -prüfung nachfolgenden Entlastungsentscheidung niederschlagen kann. Sind die Anteilseigner als Mitglieder des Entlastungsorgans fälschlicherweise der Ansicht, infolge des Positivtestates des Abschlußprüfers sei bestätigt, die Geschäftsführung habe im vergangenen Geschäftsjahr wirtschaftlich richtige und rechtmäßige Entscheidungen getroffen, ist es aus ihrer Sicht nachvollziehbar, wenn sie im falschen Vertrauen auf die Angaben des Abschlußprüfers meinen, es sei tatsächlich alles in Ordnung und deswegen für die Entlastungserteilung stimmen.

III. Weitere Informationsquellen

1. Der Bericht des Aufsichtsrates

Grundlage der Entlastungsentscheidung ist im deutschen Recht schließlich auch der Bericht des Aufsichtsrates. Während seine Vorlage zur Entlastungsentscheidung für die AG in § 120 Abs. III S.2 AktG zwingend vorgesehen ist, fehlt für die GmbH mit fakultativem bzw. obligatorischem Aufsichtsrat eine entsprechende Regelung. Der Bericht ist gleichwohl regelmäßig Grundlage der Entlastungsentscheidung, weil die Feststellung des Jahresabschlusses, zu der der Aufsichtsratsbericht gemäß § 42a Abs. I S.3 GmbHG vorzuliegen hat, sowie der Beschluß über die Ergebnisverwendung regelmäßig mit der Entlastung der Geschäftsführer einhergehen.[283]

Inhaltlich ist der Bericht des Aufsichtsrates eine umfassende Stellungnahme gegenüber der Haupt- bzw. Gesellschafterversammlung über die Erledigung seiner Aufgaben im vergangenen Geschäftsjahr. Aufgabe des Aufsichtsrates ist es gemäß § 111 Abs. I AktG, die Geschäftsführung zu überwachen und dementsprechend zu berichten (§ 171 Abs. II S.1 AktG). Weil hierzu auch die Aufstellung des Jahresabschlusses und gegebenenfalls des Lageberichts gehören,[284] muß der Aufsichtsrat beide selbständig prüfen (§ 171 Abs. I S.1 AktG), in seinem Bericht hierzu Stellung nehmen (§ 171 Abs. II S.1 AktG) und mögliche Einwendungen vorbringen (§ 171 Abs. II S.4 AktG). Stellung zu nehmen ist jedoch nicht nur zu Einwendungen, die sich auf die Rechnungslegung beziehen, sondern, aufgrund der Pflicht zur Recht- und Zweckmäßigkeitsprüfung, zu sämtlichen Einwendungen, die sich in Bezug auf die Geschäftsführung ergeben haben.[285] Gegebenenfalls wird der Aufsichtsrat hierzu auch Ausführungen zur Geltendmachung von Schadenersatzansprüchen machen müssen.[286]

In französischen Aktiengesellschaften moderneren Typs, in denen eine Trennung in Direktorium und Aufsichtsrat vorgesehen ist, trifft den Aufsichtsrat zwar nach den Art.225-68 Abs. VI, 225-100 Abs. I C.Com. ebenfalls die Pflicht, zum Jahresabschluß und Lagebericht gegenüber der Generalversammlung Stellung zu nehmen. Es ist allerdings weder geregelt, welche Bemerkungen der Aufsichtsrat im einzelnen abzugeben hat, noch, ob er zu Fragen der Geschäftsführung Stellung nehmen muß. Demzufolge ist er in seiner Beurteilung frei, wie und zu welchen Punkten im einzelnen Stellung genommen wird.[287] Eine Stellungnahme zu Fragen

---

[282] *Ruhnke / Deters*, ZfB 1997, S.923, 932 m.w.N.; zur richtigen Ansicht, daß die Abschlußprüfung nicht auf diesen Aspekt ausgerichtet ist, vgl. nur *A / D / S*, HGB, § 316 Rn.39 m.w.N.

[283] Rowedder / *Wiedmann*, GmbHG, § 42a Rn.49f.

[284] *A / D / S*, AktG, § 171 Rn.20f; Rowedder / *Wiedmann*, GmbHG, § 42a Rn.50.

[285] *A / D / S*, AktG, § 171 Rn.77.

[286] *A / D / S*, AktG, § 171 Rn. 68, 75.

[287] Lefebvre, Soc.com., Rn.11083.

der Entlastung wird man wegen der zunehmenden Bedeutungslosigkeit des Beschlusses in Frankreich daher zumindest von den gesetzlichen Anforderungen her nicht fordern können.

Da in der schweizerischen Aktiengesellschaft ein mit dem deutschen Aufsichtsrat vergleichbares Überwachungsorgan nicht existiert, übernehmen die nicht geschäftsführenden Mitglieder des Verwaltungsrates neben der Generalversammlung und der Revisionsstelle die Kontrolle der Geschäftsführung.[288] Im Rahmen der Oberaufsicht über die geschäftsführenden Verwaltungsräte nach Art.716a Abs. I Nr.5 OR haben sie zwar auch die Recht- und Zweckmäßigkeit zu überwachen,[289] eine entsprechende Berichtspflicht der geschäftsführenden Verwaltungsräte besteht jedoch nicht gegenüber der Generalversammlung, sondern als Ausfluß der Organisationspflicht i.S.d. Art.716a Abs. I Nr.2 OR lediglich gegenüber den restlichen Mitgliedern des Verwaltungsrates.[290]

2. Privat erlangte Informationen

Wie bereits angedeutet, hängt die in der Entlastung liegende Aussage in erster Linie von den Informationen ab, die die Geschäftsführung dem zuständigen Beschlußorgan liefert.[291] Es ist jedoch mittlerweile sowohl im schweizerischen als auch im deutschen Recht anerkannt, daß auch Informationen, die nicht durch den Entlasteten vermittelt, sondern privat durch die Gesellschafter in Erfahrung gebracht wurden, den Gehalt des Beschlusses beeinflussen können.[292] Dieser Auffassung ist zuzustimmen. Wie bereits dargelegt, hat die Rechnungslegung zwar notwendige Mindestvoraussetzung der Entlastung zu sein, dies bedeutet jedoch nicht, daß entlastungsrelevante Informationen nur durch sie und durch keine andere Quelle herbeigeschafft werden könnten. Gesetzlich ist keine bestimmte Art und Weise der Informationsvermittlung als die allein Zulässige vorgeschrieben.[293]

IV. Zwischenergebnis

1. Die wertende Funktion der Entlastung

Die Rechnungslegung gibt dem Entlastenden eine umfassende Übersicht über das abgelaufene Geschäftsjahr. Je nach den gesetzlichen Anforderungen werden hier die Aktivitäten der Geschäftsführung bzw. die erzielten Resultate entweder in einer nach bestimmten Kriterien geordneten Weise zusammengefaßt oder einzelne Handlungen an bestimmter Stelle besonders hervorgehoben, so. z.B. Unternehmenskäufe oder -verkäufe im Lagebericht. In keinem

---

288 *Herrmann*, Funktion, S.59f; *Meier-Hayoz / Forstmoser*, GftsR., § 16 Rn.410ff.

289 *Böckli*, AktienR., Rn.1567ff.

290 *Böckli*, AktienR., Rn.1503f, 1541ff.

291 S.o., S.21f.

292 RG, JW 1905, 699; BGH, NJW 1959, 192, 194; WM 1976, 736; BGE 95 II 321; *Böckli*, AktienR., Rn.2016; *Forstmoser*, Verantwortlichkeit, Rn.443; *Forstmoser / Meier-Hayoz / Nobel*, AktienR., § 36 Rn.129; *Gross*, Haftpflichtrechtliche Situation des Verwaltungsrates, S.245; *Hueck*, GmbHR 1959, 189, 193; *Kummer*, ZBJV 1971, 217; *Knoche*, Verzichtswirkung der Entlastung, S.16f; *Kunz*, Rechtsnatur und Einredenordnung, S.155; *Müller / Lipp / Plüss*, Verwaltungsrat, S.290; *Tellis*, Rechtsnatur der gesellschaftsrechtlichen Entlastung, S.105; *Widmer*, in Basler Komm, OR, Art.758 Rn.3. Im französischen Recht finden sich keine entsprechenden Stellungnahmen.

293 Vgl. auch *Forstmoser*, Verantwortlichkeit, Rn.443; *Zöllner*, in Kölner Komm., AktG, § 120 Anm.38.

Fall jedoch bezweckt die Rechnungslegung in den untersuchten Rechtsordnungen, Fragen der Rechtmäßigkeit der Geschäftsführung zu erörtern oder einzelne Handlungen der Unternehmensleitung allein deswegen besonders hervorzuheben, weil sie mögliche Pflichtverletzungen beinhalten oder Hinweise auf Ansprüche der Gesellschaft gegen die Geschäftsführung geben könnten. Durch die Rechnungslegung wird eine in jeder Hinsicht einwandfreie Geschäftsführung also gerade nicht nachgewiesen. Die Gesellschafter mögen zwar einzelne Angaben zum Anlaß weitergehender Auskünfte nehmen, um Pflichtverletzungen der verantwortlichen Personen aufzudecken und zu erörtern, bevor sie sich für die Erteilung oder Versagung der Entlastung entschließen. Von ihren Zielsetzungen her jedoch kann und will die Rechnungslegung ihnen dabei keine Hilfestellung leisten. Im Vordergrund stehen vielmehr wirtschaftliche Aspekte, so daß anhand der einzelnen Angaben lediglich beurteilt werden kann, ob die Geschäftsführung in Anbetracht der sich darstellenden tatsächlichen Lage der Gesellschaft in unternehmerisch vertretbarer Weise gehandelt, m.a.W., ob sie die Gesellschaft mit „glücklicher Hand" geführt hat oder nicht bzw. ob man mit den erzielten wirtschaftlichen Ergebnissen zufrieden ist. Die Entlastung ist damit eine Bewertung der Zweckmäßigkeit der Geschäftsführung. Vom Umfang her erstreckt sie sich auf sämtliche Handlungen der Geschäftsführung, die in der Rechnungslegung zusammengefaßt dargestellt wurden. Da der Jahresabschluß aber nicht jede Handlung gesondert darstellt, die Darstellung vielmehr nur summarisch nach bestimmten Gesichtspunkten geordnet erfolgt, kann sich die Entlastung nicht auf jedes von der Geschäftsführung veranlaßte individuelle Geschehnis gesondert von den übrigen beziehen, sondern nur auf die Gesamtheit der Geschehnisse.[294]

Ob die Zielsetzungen der Abschlußprüfung sowie des Berichts des Aufsichtsrates hieran etwas ändern, ist fraglich. Wie bereits dargestellt, handelt es sich bei ersterer um keine Geschäftsführungs-, sondern lediglich um eine Rechnungslegungsprüfung. Dementsprechend ist eine umfassend entlastende Aussage über die Pflichtmäßigkeit der Geschäftsführung nicht möglich. Etwas anderes hingegen könnte infolge der Berichterstattung des Aufsichtsrates anzunehmen sein, weil er wie erwähnt nicht nur die Zweckmäßigkeit, sondern auch die Rechtmäßigkeit der Handlungen des Vorstandes zu prüfen und über das Ergebnis an das Entlastungsorgan zu berichten hat. Erkenntnisse über mögliche Pflichtverletzungen erhält der Entlastende aufgrund der Prüfungs- bzw. Aufsichtsratsberichte allerdings nur, wenn Abschlußprüfung und Aufsichtsrat zwingend vorgeschrieben sind oder auf freiwilliger Basis durchgeführt bzw. eingerichtet werden. Aber auch in diesen Fällen beinhaltet die Entlastung keine Erklärung, die ausschließlich zum Vorhandensein oder Nichtvorhandensein möglicher Pflichtverletzungen oder Ansprüche Stellung nimmt. Zum einen hat der Aufsichtsrat nicht nur über die Rechtmäßigkeit der Geschäftsführung, sondern auch über die Zweckmäßigkeit zu berichten, so daß die Entlastenden auch hierzu Stellung nehmen können, zum anderen können auch die aufgrund der Rechnungslegung erlangten wirtschaftlichen Informationen in die Entlastungsaussage einfließen.

Die Rechtmäßigkeit der Geschäftsführung kann danach zwar einen Teil der mit der Entlastung verbundenen Aussage darstellen, in keinem Fall aber wird man sagen können, daß sie den eigentlichen Inhalt des Entlastungsbeschlusses ausmacht; zum einen, weil Aufsichtsrat und Abschlußprüfung nicht in jeder der untersuchten Kapitalgesellschaften vorgesehen sind, zum anderen, weil neben den die Rechtmäßigkeit des Verhaltens der Geschäftsführer betreffenden Informationen stets die an wirtschaftlichen Gesichtspunkten orientierten Aussagen der Rechnungslegung in die Entlastungserklärung mit einfließen. Schließlich können auch Umstände, von denen die Gesellschafter privat Kenntnis erlangt haben, die also nicht durch die

---

[294] Auf die Entlastung bezüglich einzelner Vorgänge ist später einzugehen, s. nachfolgend, Kapitel V, S.157ff.

Geschäftsführung vermittelt wurden, den Inhalt der Entlastungsbeschlusses gestalten. Diese Informationen müssen nicht unbedingt die Pflichtmäßigkeit der Geschäftsführung betreffen, sondern sie können sich auch auf ihr tatsächliches Verhältnis zur Gesellschaft beziehen[295] und beispielsweise dazu führen, daß man dem Geschäftsführer trotz zufriedenstellender Zahlen das Vertrauen entzieht, weil sein außerdienstliches Verhalten dem Ruf der Gesellschaft abträglich erscheint. Sind aber Fragen der Rechtmäßigkeit mit solchen der Zweckmäßigkeit in einem einzigen Entlastungsbeschluß vermengt, können des weiteren auch Umstände den Entlastungsbeschluß beeinflussen, die sich nicht einmal auf die Führung der Geschäfte der Gesellschaft, sondern auf das außerdienstliche Verhalten des Betreffenden beziehen, ist es durchaus möglich, daß die Gesellschafter Ansprüche oder Pflichtverletzungen eben aus Gründen der Zweckmäßigkeit, nicht in den Vordergrund des Beschlusses stellen, z.B. weil trotz bestehender Ansprüche die Gewinnerwartungen erheblich übertroffen wurden oder weil man aus Gründen der Rücksichtnahme von einer Klage gegen den Geschäftsführer absieht.[296]

Würde man im Gegensatz zu dieser Auffassung den Beschluß ausschließlich als Anerkennung pflichtgemäßer Leistung ansehen, müßte die Entlastung wenigstens in den Fällen zwingend verweigert werden, in denen die Entlastenden das Bestehen eines Anspruchs gegen den Geschäftsführer erkannt haben. Wenngleich die Verweigerung in der Praxis in diesen Konstellationen oft vorkommen mag,[297] bleibt es denkbar, daß trotz erkannter Pflichtwidrigkeiten oder Ansprüche entlastet wird. Umgekehrt kann auch eine pflichtgemäße, aber aus Sicht der Entlastenden verlustbringende Geschäftsführung Grund der Entlastungsverweigerung sein. In beiden Fällen ist die Entlastung kein Urteil über die Rechtmäßigkeit der Geschäftsführung. Vielmehr bringt die Entlastung hier zum Ausdruck, daß man mit der Art und Weise der Geschäftsführung sowie den durch sie erzielten Ergebnissen trotz der erkannten Mängel zufrieden ist bzw. sie unabhängig von Pflichtwidrigkeiten nicht billigt.[298]

Die Entlastung ist nach dem Gesagten ein Werturteil über die Tätigkeit des Entlasteten als Geschäftsführer der Gesellschaft. Die in der Entlastung liegende Billigung der Geschäftsführung bedeutet also die positive Bewertung ihrer Arbeit. In dieser Weise ist auch das von der herrschenden Meinung im deutschen Recht genannte Vertrauen in die Geschäftsführung zu verstehen,[299] das neben der genannten Billigung einen eigenständigen Entlastungsinhalt darstellen soll. Vertrauen zum Entlasteten besteht, weil man seine Arbeit billigt bzw. besteht nicht, weil das Werturteil gegen den Betroffenen ausfällt. Vertrauen ist also kein eigenständiger Beschlußgehalt, sondern nur Folge der positiven Bewertung der Geschäftsführung.

2. Die Kontrollfunktion der Entlastung

Systematisch ist die Entlastung entgegen der von Knoche vertretenen Ansicht[300] im übrigen auch als ein Mittel der Kontrolle einzuordnen. Knoche meint, der eigentliche Sinn der Entlastung bestehe darin, eine bestimmte Geschäftsperiode einem Abschluß zuzuführen.[301]

---

[295] *Knoche*, Verzichtswirkung der Entlastung, S.17; *Tellis*, Rechtsnatur der gesellschaftsrechtlichen Entlastung, S.27f.

[296] Dazu BGE 95 II 320.

[297] Hachenburg / *Hüffer*, GmbHG, § 46 Rn.58; Scholz / *Schmidt*, GmbHG, § 46 Anm.91.

[298] Vgl. auch *Mülbert*, in Großkomm., AktG, § 120 Rn.25; *Eckardt*, in Geßler / Hefermehl, AktG, § 120 Anm.38.

[299] Statt aller *Mülbert*, in Großkomm., AktG, § 120 Rn.23ff.

[300] *Knoche*, Verzichtswirkung der Entlastung, S.29.

[301] Vgl. vorherige Fundstelle.

Daß dieses Argument an sich zutreffend ist, wurde an anderer Stelle bereits dargelegt.[302] Mit der Bejahung der Abschlußfunktion läßt sich jedoch das Bestehen einer in der Entlastung liegenden Kontrollaussage nicht verneinen.[303] Die Frage, ob eine bestimmte Geschäftsperiode mittels Entlastung einem definitiven Abschluß zugeführt werden soll oder nicht, ist letztlich nichts anderes als eine Kontrollentscheidung. Wird Entlastung erteilt, bringt das zuständige Organ hierdurch zum Ausdruck, daß die Geschäftsführung im Sinne eines positiven Werturteils abschließend gebilligt wird. Wird Entlastung verweigert, liegt hierin eine – ebenfalls abschließende – Mißbilligung der Geschäftsführung. Der Verweigerung der Entlastung kommt also ebenfalls eine inhaltliche Aussage zu. Etwas anderes gilt nur dann, wenn überhaupt kein Beschluß gefaßt wurde. Dies übersieht Knoche, der offenbar meint, die Entlastung sei im Fall ihrer Verweigerung funktionslos.[304] Der Ausdruck der Kontrolle liegt darin, daß die Geschäftsführung im Fall der Entlastungserteilung abschließend als positiv bzw. im Fall der Verweigerung als negativ bewertet wird. Dies ist die unmittelbare Konsequenz, die der Entlastende aus der vorherigen Information des Entlasteten zieht.

Welche Folgerungen sich aufgrund der hier getroffenen Feststellungen für das Beschlußverfahren sowie für die dogmatische Einordnung der Entlastung ergeben bzw. welche Ansichten in den untersuchten Rechtsordnungen hierzu bisher vertreten wurden, soll in den beiden folgenden Kapiteln erörtert werden.

3. Bilanzgenehmigung und Entlastung

Abschließend sei noch auf die geschilderte enge Verbindung zwischen Entlastung und Bilanzgenehmigung einzugehen. Dieser Zusammenhang führte einige Autoren in den untersuchten Rechtsordnungen zur Annahme, die vorbehaltlose Billigung des Jahresabschlusses durch dessen Feststellung oder Genehmigung[305] beinhalte eine stillschweigende Entlastungserklärung.[306] Man kann dieser Ansicht zwar entgegnen, Entlastung könne erteilt, die Feststellung des Jahresabschlusses dagegen verweigert werden.[307] Dies erklärt jedoch nicht, warum es sich um zwei verschiedene Beschlüsse handelt. Gegen eine entlastende Wirkung des festgestellten Jahresabschlusses spricht zunächst die deutliche Trennung, die zumindest der schweizerische und der deutsche Gesetzgeber zwischen der Regelung der Entlastung einerseits und der Feststellung des Jahresabschlusses andererseits vollzogen haben.[308] Daher ist zumindest in diesen Rechtsordnungen anzunehmen, daß die Feststellung des Jahresabschlusses die Entlastung nicht impliziert.[309] Für das französische Recht mag etwas anderes gelten,

---

[302] S.o., S.19ff.

[303] So aber *Knoche*, Verzichtswirkung der Entlastung, S.29.

[304] *Knoche*, Verzichtswirkung der Entlastung, S.24.

[305] So die schweizerische Terminologie, vgl. Art.698 Abs. II Nr.3, 4 OR.

[306] BGE, SAG 17 (1944/45), 198 „décharge tacite"; BGE 65 II 13; Paris, Rev.soc. 1929, 64; *Copper Royer*, Bd. 4, Rn.625; *Heuer*, GmbHR 1951, 151, 152; *Kaeslin*, Aktiengesellschaft und Verantwortlichkeit, S. 53; *Nocquet*, in JCl.-soc., Fasc. 139 – 2A Rn.6; *van Ommeslaghe*, Régime des sociétés par actions, S.516f; *Picenoni*, Entlastungsbeschluß, S.31; zust. wohl auch Baumbach / Hueck, *Zöllner*, GmbHG, § 51a Rn.26; nur in Ausnahmefällen bejahend *Forstmoser*, Verantwortlichkeit, Rn.412.

[307] BGE 78 II 156; *Barner*, Entlastung, S.51; *Eckardt*, in Geßler / Hefermehl, AktG, § 120 Anm.28; *Hueck*, GmbHR 1959, 189, 192; *Gross*, Haftpflichtrechtliche Situation des Verwaltungsrates, S.247; *Wieland*, SJZ 38 (1941/42), 373, 374.

[308] Vgl. §§ 119 Abs. I Nr.3, 120 AktG einerseits sowie die §§ 173f. AktG andererseits, ferner die Art.698 Abs. II Nr.5, 758 OR einerseits und die Art. 698 Abs. II Nr.4, 729ff OR andererseits.

[309] Vgl. auch *Siegert*, Entlastung in der Aktiengesellschaft, S.47f.

da der quitus dort keine von der Feststellung des Jahresabschlusses getrennte gesetzliche Regelung erfahren hat.[310] Im übrigen fallen Feststellungs- und Entlastungszuständigkeit teilweise auseinander. In der deutschen Aktiengesellschaft liegt die Feststellungskompetenz grundsätzlich beim Aufsichtsrat (§§ 172 S.1, 1.Alt.; 170 I AktG).[311] Würde man in dem entsprechenden Feststellungsbeschluß eine konkludente Entlastungserklärung sehen, widerspräche dies wegen der zwingenden Entlastungszuständigkeit der Hauptversammlung nach § 119 Abs. I Nr.3 AktG[312] dem Gesetz.

Entscheidend gegen die Gleichsetzung der Feststellung des Jahresabschlusses mit der Entlastung spricht jedoch der inhaltliche Unterschied zwischen beiden Beschlüssen. Feststellung bzw. Genehmigung des Jahresabschlusses bedeutet die Erklärung der zuständigen Personen, daß der aufgestellte Abschluß als der vom Gesetz verlangte gelten soll.[313] Dagegen bedeutet Entlastung nach dem Ergebnis dieser Untersuchung die umfassende Beurteilung der Geschäftsführung, nicht hingegen die Feststellung ihrer Rechtmäßigkeit also auch nicht die Feststellung der Rechtmäßigkeit des von der Geschäftsführung aufgestellten Jahresabschlusses. Entlastung kann zwar verweigert werden, weil der Jahresabschluß dem Gesetz nicht entspricht, zwingend ist dies infolge der in ihr liegenden wertenden Entscheidung jedoch nicht.

---

[310] *Nocquet*, in JCl.-soc., Fasc. 139-2A Rn.54.

[311] Zu den Ausnahmen vgl. §§ 173 Abs. I S.1, 2.Alt., 172 S.1, 2.Alt.; 170 I; 234 Abs. II; 270 Abs. II AktG.

[312] *Hüffer*, AktG, § 120 Rn.5; *Mülbert*, in Großkomm., AktG, § 120 Rn.124.

[313] *Boemle*, Jahresabschluß, S.439f; *Castan*, in Beck'sches HdB. Rechnungslegung, B 101, Rn.49; Rowedder / *Koppensteiner*, GmbHG, § 42a Rn.52.

Kapitel III Entlastungsformalien

Die im Folgenden zu behandelnden Entlastungsformalien, d.h. die Entlastungszuständigkeit sowie die Stimmverbote bei der Beschlußfassung scheinen auf den ersten Blick keine besonderen Probleme aufzuwerfen. Die Gesellschafter sind für die Entlastung zuständig, Empfänger der Erklärung, d.h. Entlasteter ist der Geschäftsführer. Was die Zulässigkeit der Teilnahme des Geschäftsführers am Beschluß in seiner möglichen Eigenschaft als Gesellschafter anbetrifft, könnte unter Berücksichtigung der im vorherigen Kapitel herausgestellten wertenden Funktion der Entlastung ein Stimmverbot zu bejahen sein, da eine Selbstbewertung durch den Geschäftsführer zumindest nicht sinnvoll erscheint.

Zuständigkeitsprobleme ergeben sich jedoch bei Vorfragen zur Entlastung. Stellt sich anläßlich der Gesellschafterversammlung die Frage, ob mehrere Geschäftsführer einzeln zu entlasten sind oder ob eine Gesamtentlastung stattfinden soll, ist zu klären, wer neben den Gesellschaftern die entsprechende Anordnung veranlassen kann. Auch hier stellt sich insoweit wieder Frage, ob nicht bereits die Anordnung einer bestimmten Verfahrensweise in Bezug auf die Entlastung eine Selbstbewertung beinhaltet. Sind die für die Entlastung zuständigen Personen identisch, z.B. in einer Einmanngesellschaft, ist zu überlegen, ob es aufgrund der gefundenen wertenden Entlastungsfunktion noch Sinn macht, diesen Beschluß zu fassen.

In Bezug auf die Stimmverbote ist zunächst zu klären, wie die erwähnte Ausgangsfrage – Stimmverbot bei der eigenen Entlastung grundsätzlich Ja oder Nein – in den einzelnen Ländern beantwortet wird. Im Anschluß daran werden die verschiedenen Konstellationen dargestellt, in denen sich Rechtsprobleme in Verbindung mit dem Stimmverbot ergeben.

A. Entlastungszuständigkeit

Die Entlastung betrifft wie bereits erwähnt das Innenverhältnis Geschäftsführer – Geschäftsherr,[1] so daß nur sie Beteiligte des Beschlusses sein können. Entlasteter ist derjenige, der die Angelegenheiten der Gesellschaft wahrgenommen hat. Angelegenheiten der Gesellschaft müssen nicht unbedingt Fragen der Geschäftsführung sein, es kann sich auch um die Ausführung von Kontrollaufgaben handeln. Dementsprechend wird auch der Aufsichtsrat der Aktiengesellschaft bzw. der GmbH entlastet. Auf seiten des Geschäftsherrn ist grundsätzlich derjenige zuständig, in dessen Interesse die Geschäfte geführt wurden oder derjenige, auf den die Entlastungszuständigkeit übertragen wurde. In Bezug auf die Kapitalgesellschaft sind demnach die für die Gesellschaft handelnden Anteilseigner grundsätzlich zum Beschluß über die Entlastung berufen. Da die Entlastung, wie soeben festgestellt, selbst Ausdruck wertender Kontrolle gegenüber der Geschäftsführung ist, läßt sich die Zuständigkeit der Gesellschafter- bzw. der Aktionärsversammlung auch aus einer etwaigen Kontrollkompetenz dieses Organs herleiten.

---

[1] S.o. S.2.

I. Entlastender

1. Deutschland und Schweiz

In der deutschen AG ist die Entlastungszuständigkeit der Anteilseigner in der Hauptversammlung in § 119 Abs. I Nr.3 AktG vorgesehen. Kontroll- und Überwachungsorgan ist jedoch nicht sie, sondern nach § 111 AktG der Aufsichtsrat. Dennoch kann die Entlastungszuständigkeit nicht auf den Aufsichtsrat verlagert werden, weil es sich aufgrund des § 23 Abs. V AktG bei der Hauptversammlungszuständigkeit um zwingendes Recht handelt.[2] Dieses Auseinanderfallen von Kontroll- und Entlastungsorgan hat in der Praxis zur Folge, daß die Hauptversammlung zwar über die Entlastung entscheidet, die entsprechenden Vorschläge jedoch regelmäßig vom Aufsichtsrat ausgehen.[3] Nicht anders ist es in der GmbH mit fakultativem (§ 52 Abs. I GmbHG) oder obligatorischem Aufsichtsrat (§§ 77 Abs. I BetrVG, 25 Abs. I Nr.1 MitbestG).

Im schweizerischen Aktienrecht ist die Zuständigkeit der Generalversammlung nach Art.698 Abs. II Nr.5 OR wie auch in § 120 Abs. I S.1 AktG ausschließlich. Der Grund hierfür wird allerdings nicht nur darin gesehen, daß die sich in der Generalversammlung zusammenfindenden Anteilseigner letztlich die Herren der Geschäfte sind, sondern auch in dem Umstand, daß die Décharge Ansprüche der Gesellschaft gegen Mitglieder des Verwaltungsrates zum Erlöschen bringt und der für sie handelnden Generalversammlung deswegen die alleinige Bestimmung zukommen soll.[4] Da im schweizerischen Recht ein dem Aufsichtsrat vergleichbares Kontrollorgan fehlt, wird der Verwaltungsrat in größeren Gesellschaften oft in einen geschäftsführenden und einen nicht geschäftsführenden, überwachenden Teil getrennt, der ähnliche Aufgaben wie der deutsche Aufsichtsrat übernimmt.[5] Dennoch kann den kontrollierenden Mitgliedern des Verwaltungsrates die Entlastungskompetenz nicht übertragen werden, da es sich nach dem Wortlaut des Art.698 Abs. II Nr.5 OR um eine *„unübertragbare"* Zuständigkeit handelt.[6]

In der deutschen und der schweizerischen GmbH sind die Anteilseigner, die auch die Kontrolle über die Geschäftsführung ausüben, in der Gesellschafterversammlung für die Entlastung zuständig (§ 46 Nr.5 GmbHG, Art. 808 Abs. I Nr.5 OR.). Soweit nach dem Gesetz oder der Satzung weitere Organe zu schaffen sind, kann die Entlastungszuständigkeit im deutschem GmbH-Recht ohne weiteres auf sie übertragen werden,[7] denn § 45 Abs. II GmbHG sieht die Zuständigkeit der Gesellschafterversammlung nur in Ermangelung besonderer Bestimmungen des Gesellschaftsvertrages vor.[8] In den Diskussionen um die Reform der GmbH Anfang der siebziger Jahre wurde von der Bundesregierung die Ansicht vertreten, bestimmte Zuständigkeiten wie die Geltendmachung von Ansprüchen gegen die Geschäftsführer sowie der Verzicht auf dieselben müsse zwingend der Gesellschafterversammlung vorbehalten bleiben, so daß – da man die Entlastung als einen Verzicht auf Ansprüche ansah – auch die Entla-

---

[2] Vgl. auch *Hüffer*, AktG, § 120 Rn.5; *Mülbert*, in Großkomm., AktG, § 120 Rn.53.

[3] *Steiner*, HV, § 14 Rn.1.

[4] *von Büren*, ZBJV 1995, 57, 67; *Forstmoser*, Verantwortlichkeit, Rn.410f.

[5] *Forstmoser / Meier-Hayoz*, Einf. AktienR., § 16 Rn. 410f.

[6] *Back*, Entlastungsbeschluß, S.81; *Meier-Wehrli*, Verantwortlichkeit der Verwaltung, S.121.

[7] Hachenburg / *Hüffer*, GmbHG, § 46 Rn.76; Scholz / *Schmidt*, GmbHG, § 46 Anm.88; *Vogel*, Gesellschafterbeschlüsse, B. III. 3.b).

[8] Baumbach / Hueck, *Zöllner*, GmbHG, § 46 Rn.30; Hachenburg / *Hüffer*, GmbHG, § 46 Rn.73, 76.

stungskompetenz zwingend bei den Gesellschaftern liegen müsse.[9] Der Vorschlag ist jedoch nicht Gesetz geworden.

Im schweizerischen Recht ist die Zuständigkeit der Gesellschafterversammlung zwingend. Art.810 Abs. I Nr.5 OR bestimmt, daß der Gesellschafterversammlung die Entlastung als unübertragbare Befugnis zusteht. Eine Übertragung der Entlastungskompetenz auf einen Aufsichtsrat oder Beirat kommt daher nicht in Betracht. Nach den Entwurfsvorschlägen von Böckli / Forstmoser / Rapp zur Reform des GmbH-Rechts soll sich hieran auch zukünftig nichts ändern.[10]

2. Frankreich

Im französischen Recht existieren zwar keine gesetzlichen Regelungen zur Entlastungszuständigkeit, jedoch geht man davon aus, daß die General- bzw. die Gesellschafterversammlung aufgrund ihrer Kontrollfunktion auch für die Erteilung der Entlastung zuständig ist.[11] Darüber hinaus wurde die Entlastungszuständigkeit vor den Reformgesetzen mit der Befugnis der General- bzw. der Gesellschafterversammlung begründet, über Ansprüche gegen die Verwaltung disponieren zu können.[12] Da der quitus nach damalig ganz herrschender Ansicht eine Disposition im Sinne eines Klageverzichts darstellte, war die Generalversammlung auch für die Entlastungserteilung zuständig.[13]

In den aktienrechtlichen Vorschriften des Code de Commerce besteht nach wie vor die Besonderheit, daß die Art.225-96, 225-98 C.Com. zwingend zwischen der Zuständigkeit der ordentlichen und derjenigen der außerordentlichen Generalversammlung trennen. Die Kompetenz der außerordentlichen Generalversammlung ist gemäß der Art. Art.225-96 Abs. I, 225-97 C.Com. auf Fragen der Statutenänderung sowie auf die Änderung der Nationalität der Gesellschaft beschränkt. Für die Entlastungszuständigkeit folgerte die früher ganz herrschende Ansicht daraus: Die ordentliche Generalversammlung kann nur über die Entlastung entscheiden, wenn hierdurch keine Statutenänderung notwendig würde, andernfalls sei die außerordentliche Generalversammlung zuständig.[14] Die Zuständigkeit der ordentlichen Generalversammlung schied danach z.B. aus, wenn die Geschäfte, auf die sich der quitus bezog, den Rahmen der satzungsmäßig festgelegten Verwaltungskompetenz überschritten hatten, weil hierfür zunächst die Befugnisse der Verwaltung durch eine Satzungsänderung neu festgelegt werden mußten.[15] Auch nach heutigem Recht gilt nichts anderes.[16] Nur werden Fragen der Zuständigkeit in diesem Zusammenhang mangels Rechtswirkungen der Entlastung nicht mehr problematisiert.

---

[9] BR-Drucks. 595 / 71, S.127f.

[10] *Böckli / Forstmoser / Rapp*, Reform des GmbH-Rechts, S.33, Art.808 Abs. I Nr.6 des Entwurfsvorschlages.

[11] *Hémard / Terré / Mabilat*, Soc.Com., Bd.1, Rn.521; *Nocquet*, in JCl.-soc., Fasc. 139 2A Rn.6; *Ripert / Roblot / Germain*, Dr.Com., Rn.1220; *Rousseau*, S.A.R.L., Rn.193; *Thaller*, Dr.Com., Rn.672.

[12] *Copper Royer*, Bd. 1, Rn.154.

[13] *Copper Royer*, Bd. 1, Rn.154.

[14] Cass.civ., D.P. 1881 I 465; Cass.com., Rev.soc. 1971, 177; *Copper Royer*, Bd. 4, Rn.625, S.223f.; *Escarra / Rault*, Bd. IV., Rn. 1589; *Houpin / Bosvieux*, Bd. II, Rn. 1369, S. 624.

[15] *Lyon / Caen / Renault*, Bd. II / 2, Sociétés, S.249.

[16] *Nocquet*, in JCl.-soc., Fasc. 139-2A Rn.4f.

II. Entlasteter

Empfänger der Entlastungserklärung ist derjenige, der die Geschäfte geführt hat, d.h. der Geschäftsführer, das Vorstands- oder Verwaltungsratsmitglied und, soweit vorhanden, das Mitglied des Aufsichtsorgans. Da den Geschäftsführungs- und Aufsichtsorganen unterschiedliche Aufgaben obliegen, können sie jedenfalls nach deutschem Recht auch nur getrennt entlastet werden. Eine gemeinsame Entlastung z.B. von Vorstand und Aufsichtsrat der Aktiengesellschaft kommt daher – darauf weist auch schon die deutliche Trennung in § 120 Abs. I S.1 AktG hin – nicht in Betracht.[17] Vor der Reform des Aktienrechts im Jahre 1966 bzw. der Revision des Obligationenrechts war die Frage umstritten, ob dem Organ Geschäftsführung als solchem oder seinen einzelnen Mitgliedern Entlastung erteilt wird.[18] So sprachen § 104 AktG a.F. bzw. Art.698 Abs. II Nr.4 OR a.F. noch von der Entlastung des Vorstandes, des Aufsichtsrates bzw. der Verwaltung. Aus diesen Formulierungen sowie infolge der Annahme, die Verwaltung trete wie eine Art Kollegialbehörde auf, bei der die Beiträge einzelner Mitglieder nicht zu erkennen seien, wurde teilweise der Schluß gezogen, grundsätzlich wäre nur eine Gesamtentlastung möglich.[19]

Im Hinblick auf den eindeutigen Wortlaut des § 120 Abs. I S.1 AktG bzw. des Art.698 Abs. II Nr.5 OR läßt sich diese Meinung für das deutsche und das schweizerische Aktienrecht nicht mehr vertreten. Entlastung wird hiernach den Mitgliedern des Vorstandes bzw. Verwaltungsrates, nicht aber dem Organ als solchem erteilt.[20] Nichts anderes gilt für die GmbH. Art.810 Abs. II Nr.5 OR und § 46 Nr.5 GmbHG sprechen von der Entlastung der Geschäftsführer bzw. von der Entlastung *„derselben"* und nicht von der Entlastung der Geschäftsführung.[21] Im übrigen ist zu bedenken, soll die Entlastung Rechtsfolgen in Bezug auf Ansprüche der Gesellschaft gegen die Geschäftsführer entfalten, muß sie sich mangels Rechtsfähigkeit des Organs auf seine einzelnen Mitglieder beziehen. Entlastung wird demnach jedem Mitglied der Geschäftsführung und nicht dem Organ Geschäftsführung erteilt.

1. Einzel- und Gesamtentlastung

Haefliger und Siegert vertreten die Auffassung, daß grundsätzlich weder die gesonderte Entlastung jedes einzelnen Mitgliedes noch die gesamthafte Abstimmung in Bezug auf sämtliche Mitglieder der Geschäftsführung als „der übliche" Fall anzusehen sei.[22] Soweit ein Versammlungsleiter vorhanden sei, müsse dieser entscheiden, welche der beiden Beschlußformen er anordnen wolle.[23] Die gesetzlichen Regelungen des deutschen und des schweizeri-

---

[17] *Barner*, Entlastung, S.34; *Eckardt*, in Geßler / Hefermehl, AktG, § 120 Anm.17; *Hüffer*, AktG, § 120 Rn.8; *Mülbert*, in Großkomm., AktG, § 120 Rn.8, 97; *Steiner*, HV, § 14 Rn.6; *Zöllner*, in Kölner Komm., § 120 Anm.12; a.A. *Semler*, in Münch.HdB. GftsR., Bd. 4, § 34 Rn.19.

[18] Vgl. dazu *Laband*, Entlastung des Vorstandes, S.14ff; *Siegert*, Entlastung in der Aktiengesellschaft, S.18ff.

[19] RGZ 55, 75, 77; *Biggel*, Verantwortlichkeit des Verwaltungsrates, S.73; *Dietrich*, DR 1941, 510; *Kaeslin*, Aktiengesellschaft und Verantwortlichkeit, S.61; *Thaller*, Dr.Com., Rn. 652.

[20] *Barner*, Entlastung, S.34; *Böckli*, AktienR., Rn.1410d; *Bürgi*, in Zürcher Komm., OR, Art.698 Rn. 91; *Kunz*, Rechtsnatur und Einredenordnung, S.154; *Mülbert*, in Großkomm., AktG, § 120 Rn.98; *Zöllner*, in Kölner Komm., AktG, § 120 Anm.12.

[21] Baumbach / Hueck, *Zöllner*, GmbHG, § 46 Rn.28; *Borsche*, Entlastung im Recht der Personengesellschaften, S.98f; *v. Steiger*, in Berner Komm., OR, Art.810 Rn.14.

[22] *Haefliger*, Generalversammlung, S.106; *Siegert*, Entlastung in der Aktiengesellschaft, S.22f.

[23] *Haefliger*, Generalversammlung, S.106.

schen Rechts hingegen gehen ihrem Wortlaut nach eindeutig davon aus, daß sich die Entlastung auf sämtliche Mitglieder der Geschäftsführung bezieht, sie also grundsätzlich en bloc erfolgt. § 46 Nr. 5 GmbHG spricht von „*Entlastung derselben*", meint also die und nicht den Geschäftsführer. In § 120 Abs. I S.1 AktG ist von der Entlastung der Mitglieder des Vorstandes die Rede. Die Art.698 Nr.5, 810 Abs. I Nr.5 OR sprechen von der Entlastung der Mitglieder des Verwaltungsrates bzw. von der Entlastung der Geschäftsführer.[24] Folglich hat auch der Versammlungsleiter grundsätzlich davon auszugehen, daß die Entlastung in einer einzigen Abstimmung erfolgt. Damit ist festzuhalten; rechtlich bezieht sich die Entlastung auf jedes einzelne Mitglied des Organs, tatsächlich wird aufgrund des Wortlautes der die Entlastungszuständigkeit regelnden Vorschriften in Bezug auf sämtliche Mitglieder des Geschäftsführungsorgans abgestimmt. Die Entlastung aller in einem einzigen Beschluß entspricht – oft auch aus Zeitgründen – der regelmäßigen Praxis.[25]

2. Zur Anordnung der Einzelentlastung

Es kann jedoch Situationen geben, in denen die gesonderte Entlastung Einzelner oder deren Ausnahme von der Entlastung zu einem sachgerechteren Ergebnis führt als die Entlastung sämtlicher Geschäftsführer. Dies wird zum Beispiel der Fall sein, wenn wegen bestimmter Geschäftsvorfälle, die auf ein einzelnes Geschäftsführungsmitglied zurückzuführen sind, noch eine Sonderprüfung durchgeführt werden soll und man zunächst den Ausgang des Verfahrens abwarten will, ehe über die Entlastung des Betroffenen Beschluß gefaßt wird. Eine Begründung für eine solche Einzelentlastung ist nicht erforderlich, weil es sich bei der Entlastung wie festgestellt um einen Wertungsakt handelt, der lediglich Rechnungslegung voraussetzt. Die Anordnung der Einzelentlastung kann, da es sich lediglich um eine verfahrensmäßige Vorfrage dieses Wertungsaktes handelt, keinen strengeren Voraussetzungen unterliegen als der Wertungsakt selbst.[26] Die Grenze findet die Anordnung bzw. der Beschluß, über die Entlastung Einzelner gesondert zu entscheiden, daher nur im Rechtsmißbrauch.

a) Anordnung durch die Gesellschafter

Fraglich ist, wer eine solche Einzelentlastung veranlassen kann. Nach deutschem Aktienrecht wird über die Entlastung einzelner Organmitglieder nur entschieden, wenn ein Antrag von Aktionären vorliegt, deren Anteile mindestens ein Zehntel des Grundkapitals oder den anteiligen Betrag von einer Million Euro erreichen (120 Abs. I S.2 AktG). Soweit gesetzliche Regelungen fehlen, ist ein Beschluß zu fassen, der der Mehrheit der abgegebenen Stimmen bzw. der Mehrheit der Stimmen der gesetzlichen Anteile an der Gesellschaft bedarf (§ 47 Abs. I GmbHG, Art.703, 808 Abs. III OR; 223-29 Abs. I, 225-98 Abs. III C.Com.). Ein einzelner Gesellschafter oder eine Gruppe von Gesellschaftern, die die erforderliche Mehrheit nicht erreicht, hat keinen Anspruch auf Entlastung einzelner Mitglieder der Geschäftsfüh-

---

[24] a.A. zu Unrecht *Groß*, GmbHR 1994, 596, 600, der sich nur mit dem hier nicht einschlägigen § 47 Abs. IV GmbHG auseinandersetzt, den Wortlaut des § 46 Nr.5 GmbHG hingegen übersieht.

[25] *Böckli*, AktienR., Rn.1410d; *Bürgi*, in Zürcher Komm., OR, Art.698 Rn. 91; Hachenburg / *Hüffer*, GmbHG, § 47 Rn.144; *Haefliger*, Generalversammlung, S.106; *Kunz*, Rechtsnatur und Einredenordnung, S.154; *Schucany*, SAG 30 (1957/58), 259, 260; *Copper Royer*, Bd. 4, Rn.154.

[26] i.E. ebs. *Eckardt*, in Geßler / Hefermehl, AktG, § 120 Anm.20, 25.

rung.[27] Etwas anderes ist nur möglich, wenn die Satzung oder der Gesellschaftsvertrag der Gesellschafterminderheit oder dem einzelnen Gesellschafter einen Anspruch auf Einzelentlastung zubilligen, soweit das Gesetz dies zuläßt.[28] Im deutschen Aktienrecht wäre ein solches satzungsmäßig festgeschriebenes Minderheitenrecht außerhalb des durch § 120 Abs. I S.2 AktG vorgegebenen Rahmens unzulässig, weil die Regelung keine ausdrückliche Gestattung einer abweichenden Satzungsvorschrift enthält (§ 23 Abs. V S.1 AktG).[29] Satzungen, die z.B. eine Einzelentlastung auf Verlangen eines einzelnen Aktionärs ermöglichten, wären dementsprechend rechtswidrig.

b) Anordnung durch die zu Entlastenden

Halten die zu entlastenden Geschäftsführer die Mehrheit des Kapitals, erfüllen sie die in § 120 Abs. I S.2 AktG genannten Voraussetzungen oder eröffnet die Satzung dem einzelnen Gesellschafter das Recht, eine Einzelentlastung durchzusetzen, scheint es, als könnten auch Gesellschafter-Geschäftsführer ihre Einzelentlastung – u.U. auch gegen den Willen der übrigen Gesellschafter – veranlassen, wenn sie nur das vom Gesetz oder der Satzung aufgestellte Quorum erreichen. Die Geschäftsführer können hierfür durchaus achtenswerte Motive haben. Möglicherweise wollen sie sich von der Art und Weise der Unternehmensleitung durch die übrigen Geschäftsführer distanzieren, ihren eigenen, abweichenden Standpunkt hierzu darlegen, um so die Erteilung der eigenen und die Verweigerung der Entlastung in Bezug auf die übrigen Geschäftsführer zu erreichen.

Es fragt sich allerdings, ob hier schon ein Interessenkonflikt anzunehmen ist, der durch die Stimmverbotsvorschriften verhindert werden soll. Im französischen Recht, wo Stimmverbotsvorschriften zur Entlastung nicht existieren, erscheint das beschriebene Vorgehen ohne weiteres als rechtmäßig. Auch im deutschen und im schweizerischen Recht scheint die Durchsetzung der Einzelentlastung von seiten der Gesellschafter-Geschäftsführer unproblematisch zu sein, weil die Regelungen zum Stimmverbot ihrem Wortlaut nach nur die Entlastungsbeschlußfassung selbst betreffen, nicht aber die zu ihrer Vorbereitung dienenden Beschlüsse (§§ 47 Abs. IV S.1, 136 Abs. I S.1 AktG, Art. 695 Abs. I, 808 Abs. V OR).[30]

Im schweizerischen Recht wird der Anwendungsbereich der Art.695, 808 Abs. V OR eng ausgelegt, d.h. eine Anwendung der Stimmverbotsregelungen über ihren Wortlaut hinaus wird von der herrschenden Meinung abgelehnt.[31] Dem Wortlaut nach erfassen die Vorschriften zum Stimmverbot nur das Ruhen des Stimmrechts für eigene Aktien (Art.692 Abs. II S.2 OR) und den Entlastungsbeschluß als solchen, nicht hingegen die zur Entlastungsvorbereitung dienenden Beschlüsse. Dementsprechend wird ein Stimmverbot auch nur in diesen beiden Fällen bejaht und im übrigen verneint.[32] Danach kann auch ein Mitglied des Verwaltungsrates bzw. ein Geschäftsführer die Entlastungsentscheidung getrennt nach Personen herbeiführen.

---

[27] *Barner*, Entlastung, S.35; *Haefliger*, Generalversammlung, S.106.
[28] *Haefliger*, Generalversammlung, S.106.
[29] Vgl. auch *Zöllner*, in Kölner-Komm., AktG, § 120 Anm.16.
[30] Vgl. auch OLG München, AG 1995, 381, 382.
[31] *Böckli*, AktienR., Rn.1267; 1410c, 1410r ff.; *Forstmoser / Meier-Hayoz / Nobel*, AktienR., § 24 Rn.78; *Dreifuss / Lebrecht*, in Basler Komm., OR, Art.808 Rn.28; a.A. *Schucany*, SAG 30 (1957/58), 259, 261; differenzierend, allerdings ohne Bezugnahme auf die Einzelentlastung *Schleiffer*, Stimmrechtsausschluß, S.235ff.
[32] *Böckli*, AktienR., Rn.1410c, 1410r ff.

Seine Schranken findet ein solches Verfahren nach dem schweizerischen Recht nur im Stimmrechtsmißbrauch.[33]

Nach anderer Ansicht, die sowohl im deutschen als auch im schweizerischen Recht vertreten wird, ist eine Ausdehnung des Stimmverbotes auf die Beschlußfassung über die gesonderte Entlastung einzelner Geschäftsführer zu bejahen, weil der Beschluß zur Einzelabstimmung zur Entlastung selbst gehöre und er, da die Regel die Gesamtabstimmung sei, das Gesamtorgan und damit auch die Entlastung des einzelnen Organmitgliedes selbst betreffe.[34]

Diese Ansicht ist abzulehnen. Sie übersieht, daß die Gesetzgeber sich sowohl im schweizerischen als auch im deutschen Recht bewußt nicht auf ein generelles Verbot des Richtens in eigener Sache festgelegt, sondern nur bestimmte Fallgestaltungen dieses Verbots geregelt haben.[35] Hierzu gehört nach dem Wortlaut der Vorschriften aber nur die Entlastung selbst und nicht die Vorfrage der Einzelentlastung. An diesem Befund ändert sich auch dann nichts, wenn man mit der von Schleiffer zum schweizerischen Recht vertretenen Ansicht meint, es könnten auch solche Interessenkollisionen unter das Stimmverbot fallen, die qualitativ mit der Entlastungsfrage zu vergleichen sind.[36] Eine das Stimmverbot bedingende Interessenkollision im Sinne eines Richtens in eigener Sache existiert im Vorfeld der Entlastung noch nicht.[37] Die Beschlußfassung über die Einzelentlastung betrifft nur die Frage des „Wie“ nicht aber die des „Ob“ der Entlastung, d.h. sie enthält selbst noch keine inhaltliche Bewertung der Geschäftsführung, m.a.W., es wird noch nicht gerichtet, sondern nur über eine Verfahrensfrage entschieden. Es bleibt den Gesellschaftern trotz des Umstandes, daß über die Entlastung der Geschäftsführer in gesonderten Beschlüssen entschieden wird, nach wie vor überlassen, Entlastung zu erteilen oder zu verweigern. Folglich können sich die Geschäftsführer an dem Beschluß über die Einzelentlastung beteiligen und einen solchen Beschluß auch initiieren. Wie auch im schweizerischen Recht findet die Beteiligung der Geschäftsführer ihre Grenze lediglich im Stimmrechtsmißbrauch.

c) Anordnung durch den Versammlungsleiter

Im Zusammenhang mit der Anordnung der Einzelentlastung taucht im deutschen sowie im schweizerischen Recht schließlich die Frage nach den Befugnissen des Versammlungsleiters auf. Grundsätzlich ist der Versammlungsleiter für die reibungslose und ordnungsmäßige Durchführung der Versammlung zuständig.[38] Er hat für Abhandlung sämtlicher Tagesordnungspunkte zu sorgen, einzelnen Teilnehmern das Wort zu erteilen und es, wenn keine milderen Mittel zur Verfügung stehen, auch wieder zu entziehen.[39] Konkret stellt sich hier die Frage, ob der Versammlungsleiter selbständig, also ohne vorherige Befragung der stimmberechtigten Versammlungsteilnehmer, nach pflichtgemäßem Ermessen eine Einzelentlastung anordnen kann.

---

[33] Vgl. dazu *Forstmoser / Meier-Hayoz / Nobel*, AktienR., § 24 Rn.77, § 39 Rn.103ff.

[34] *Barz*, in Großkomm., 3.Aufl., AktG, § 136 Anm.6; *Schucany*, SAG 30 (1957/58), 259, 261; unentschieden *Groß*, GmbHR 1994, 596, 601.

[35] OLG München, AG 1995, 381, 382; *Böckli*, AktienR., Rn.1267; 1410r ff; *Hüffer*, AktG, § 136 Rn.18; *Mülbert*, in Großkomm., AktG, § 120 Rn.100.

[36] *Schleiffer*, Stimmrechtsausschluß, S.236f; vgl. auch *Zöllner*, in Kölner-Komm., AktG, § 136 Anm.18.

[37] OLG München, AG 1995, 381, 382; s. auch *Obermüller / Werner / Winden*, HV, S.339.

[38] *Forstmoser / Meier-Hayoz / Nobel*, AktienR., § 23 Rn.100f; *Haefliger*, Generalversammlung, S.60; *Steiner*, HV, § 6 Rn.7; *Vogel*, Gesellschafterbeschlüsse, F II. 18. a).

[39] *Haefliger*, Generalversammlung, S.60ff; *Raiser*, Kap.gften., § 16 Rn.33.

Dies wird betreffend die Aktiengesellschaft sowohl im schweizerischen als auch im deutschen Recht bejaht.[40] Für das schweizerische Recht führt Schett zur Begründung an, da weder die Gesamt- noch die Einzelentlastung als die allgemein übliche Form der Entlastung anerkannt werden könne, müsse der Versammlungsleiter entscheiden, welche der beiden Alternativen er wähle.[41] Im deutschen Recht verweist man darauf, daß § 120 Abs. I S.2 AktG lediglich ein Gebot, aber kein Verbot enthält, eine Einzelentlastung durchzuführen, so daß der Versammlungsleiter von sich aus, d.h. ohne Beschluß der Hauptversammlung eine Einzelentlastung vornehmen lassen könne.[42]

Beide Begründungen können nicht überzeugen. Wie bereits festgestellt, geht das Obligationenrecht in Art.698 Abs. I Nr.5 von der Entlastung der *„Mitglieder des Verwaltungsrates"*, also von einer Gesamtentlastung aus. Diese gesetzgeberische Entscheidung hat auch der Versammlungsleiter zu respektieren. Aus der ungeschriebenen Kompetenz des Verwaltungsrates zur Leitung der Generalversammlung können sich zwar einzelne, ausschließlich dem Versammlungsleiter zukommende Befugnisse ergeben,[43] ob sich hieraus auch eine Befugnis zur Anordnung der Einzelentlastung herleiten läßt, wird im schweizerischen Recht allerdings nicht erörtert.

Aus der Tatsache, daß der deutsche Gesetzgeber den Versammlungsleiter in § 130 Abs. II AktG im Gegensatz zum GmbHG als gegeben vorausgesetzt hat, ist zwar zu folgern, daß er originäre, also nicht von der Hauptversammlung abgeleitete Kompetenzen besitzt.[44] Der Gesetzgeber hat sich durch die Regelung des § 120 Abs. I AktG jedoch für die alleinige Zuständigkeit der Hauptversammlung und nicht für die des Versammlungsleiters entschieden.[45] Eine stillschweigende Miteinbeziehung seiner Person in den Anwendungsbereich der Norm verbietet sich schon wegen § 23 Abs. V S.1 AktG.[46] Hiernach kann von aktiengesetzlichen Vorschriften nur abgewichen werden, wenn sie dies ausdrücklich zulassen. In § 120 Abs. I S.2 AktG fehlt jedoch eine solche Regelung. Es handelt sich folglich um eine abschließende Vorschrift, die keinen Raum für ergänzende Zuständigkeiten des Versammlungsleiters läßt. Stellt also kein stimmberechtigter Aktionär einen Antrag, die Mitglieder des Vorstandes in getrennten Abstimmungen zu entlasten, bleibt dem Versammlungsleiter nur die Möglichkeit eine Umfrage mit dem Ziel durchzuführen, ob sich die erforderliche Stimmenzahl für eine Einzelentlastung findet und, wenn das der Fall ist, eine solche durchzuführen. Da der Versammlungsleiter neben den genannten Pflichten auch für die Wahrung der Minderheitsaktionärsrechte zu sorgen hat,[47] ist er verpflichtet, eine entsprechende Umfrage vorzunehmen, soweit Diskussionen über die Notwendigkeit getrennter Entlastungen aufkommen, um dadurch ein Minderheitsverlangen i.S.d. § 120 Abs. I S.2 AktG zu ermöglichen. Findet sich die notwendige Stimmenzahl nicht, ist dieser Wille der Hauptversammlung zu respektieren; eine

---

[40] *Barner*, Entlastung, S.35; *Haefliger*, Generalversammlung, S.106; *Hüffer*, AktG, § 136 Rn.10; *Mülbert*, in Großkomm., AktG, § 120 Rn.106; *Obermüller / Werner / Winden*, HV, S.339; *Steiner*, HV, § 14 Rn.8; *Zöllner*, in Kölner Komm., AktG, § 120 Anm.17.

[41] *Schett*, Verwaltung einer Aktiengesellschaft, S.106f.

[42] *Hüffer*, AktG, § 120 Rn.10; *Steiner*, HV, § 14 Rn.8.

[43] *Böckli*, AktienR. Rn.1315ff; *Dreifuss / Lebrecht*, in Basler Komm., OR, Art.702 Rn.24, 25; *Forstmoser / Meier-Hayoz / Nobel*, AktienR, § 23 Rn.82.

[44] BGHZ 44, 245, 248; *Steiner*, HV § 6 Rn.9; *Stützle / Walgenbach*, ZHR 155, 516, 520.

[45] *Stützle / Walgenbach*, ZHR 155, 516, 534f.

[46] *Mertens*, in Kölner Komm., AktG, Vorb. § 76 Anm.11; *Stützle / Walgenbach*, ZHR 155, 516, 519, 534.

[47] *Steiner*, HV, § 14 Rn.8; *Stützle / Walgenbach*, ZHR 155, 516, 521f.; *Zöllner*, in Kölner-Komm., AktG, § 120 Anm.14, a.A. ohne Begründung *Eckardt*, in Geßler / Hefermehl, AktG, § 120 Anm.23.

Einzelentlastung aufgrund einer Anordnung des Versammlungsleiters kommt hier nicht mehr in Betracht.[48]

Abzulehnen ist schließlich die Ansicht von Hüffer,[49] wonach eine Einzelentlastung per Anordnung des Versammlungsleiters möglich sein soll, wenn die Gesamtentlastung gescheitert ist. Scheitert die Gesamtentlastung, weil die Versammlung mehrheitlich gegen die Entlastungserteilung stimmt, kann sich der Versammlungsleiter nicht an die Stelle der Mehrheit setzen und von sich aus eine Einzelentlastung anordnen. Hüffer übersieht, daß Entlastung nach § 120 Abs. I S.1 AktG auch dann jedem einzelnen Vorstandsmitglied erteilt wird, wenn sie en bloc erfolgt.[50] Das bedeutet, durch das Scheitern der Entlastung aller ist auch die Entlastung des einzelnen gescheitert. Ein Minderheitsverlangen gemäß § 120 Abs. I S.2 AktG ist nicht mehr möglich, weil sich der Tagesordnungspunkt „Entlastung" mit ihrer Verweigerung bzw. Erteilung insgesamt erledigt hat.

Eine Befugnis zur Anordnung der Einzelentlastung kommt dem Versammlungsleiter auch in der deutschen und der schweizerischen GmbH nicht zu. In beiden ist die Gesellschafterversammlung das oberste Organ der Gesellschaft,[51] was Art.808 Abs. I OR für das schweizerische Recht auch ausdrücklich feststellt. Deswegen hat die Gesellschafterversammlung grundsätzlich über sämtliche Angelegenheiten der Gesellschaft zu beschließen, also auch über die hier interessierende Entlastungsvorfrage. Die Person des Versammlungsleiters ist weder in den GmbH-rechtlichen Regelungen des Obligationenrechts noch in denen des GmbHG erwähnt, so daß von einer originären Zuständigkeit und damit auch von einer Zuständigkeit zur Anordnung der Einzelentlastung nicht die Rede sein kann. Vielmehr ist es Sache der Gesellschafterversammlung, die Kompetenzen des Versammlungsleiters festzulegen. Seine Zuständigkeit zur Anordnung der Einzelentlastung kann deswegen nur bejaht werden, wenn die Satzung entsprechende Regelungen trifft.

3. Sinn der Entlastung bei Kongruenz von Entlastendem und Entlastetem

Die behandelten Konstellationen gingen von der Prämisse aus, daß Entlastender und Entlasteter nicht personenidentisch sind. Es kann jedoch zu personellen Überlagerungen bis zu dem Maße kommen, daß beide vollkommen identisch sind. Dieser Fall tritt vor allem in der Einmann-Gesellschaft aber auch dann auf, wenn sämtliche Gesellschafter Geschäftsführer sind. Es fragt sich, welchen Sinn die Entlastungsentscheidung haben kann, wenn derjenige, der die wertende Entlastungsaussage trifft und derjenige, der bewertet wird, kongruent sind.

a) Einmann-Gesellschaft

An sich dürfte es nach schweizerischem und nach deutschem Recht in der Einmanngesellschaft mbH und der Einmann-AG schon deswegen keine rechtmäßigen Entlastungsbeschlüsse geben, weil die §§ 136 Abs. I AktG, 47 Abs. IV GmbHG bzw. die Art.695 Abs. I, 808 Abs. V OR die Teilnahme an der Beschlußfassung über die eigene Entlastung verbieten. Der Einmanngesellschafter könnte demnach keinen Entlastungsbeschluß fassen, solange er

---

[48] *Stützle / Walgenbach*, ZHR 155, 516, 534.
[49] *Hüffer*, AktG, § 120 Rn.10.
[50] S.o., S.49.
[51] *Schmidt*, GftsR., § 36 I 2a; *Wohlmann*, GmbH-Recht, § 17 I 1.

auch die Funktion des Geschäftsführers innehat. Stellungnahmen aus dem französischen Recht dagegen bejahen – wohl wegen der dort fehlenden Stimmverbotsregelungen[52] - die Zulässigkeit der Entlastung auch in der Einmanngesellschaft.[53]

Im deutschen Recht finden die §§ 136 Abs. I AktG, 47 Abs. IV GmbHG nach allgemeiner Ansicht keine Anwendung, wenn auf sämtliche Aktionäre bzw. Gesellschafter derselbe gesetzliche Stimmverbotstatbestand zutrifft.[54] Die Vorschriften sollen nur die materielle Richtigkeit der Mehrheitsentscheidung garantieren, nicht aber zur Handlungsunfähigkeit der Versammlung führen.[55] Für die Entlastung in der Einmanngesellschaft bedeutet das nach herrschender Ansicht: Eigentlich treffen die Stimmverbote auf den einzigen stimmberechtigten Gesellschafter zu, was wiederum zur Beschlußunfähigkeit der Einmannversammlung führen würde. Um dies zu verhindern und die Entlastung zu ermöglichen, werden die §§ 136 Abs. I AktG, 47 Abs. IV GmbHG nicht angewandt.[56] Für das Aktienrecht könnte ferner angeführt werden, daß Entlastungsbeschlüsse schon wegen der zwingenden Vorschrift des § 120 Abs. I S.1 AktG – also unabhängig vom Eingreifen der Stimmverbote – auch in der Einmann-AG gefaßt werden müßten.[57]

Eine Mindermeinung im deutschen Recht lehnt die Entlastung in der Einmanngesellschaft mit zwei Argumenten ab. Griebel und Zöllner sehen in ihr keinen Sinn, weil der Einmann, soweit er auch Geschäftsführer ist, sich in dieser Funktion gegenüber der Gesellschaft nicht schadenersatzpflichtig machen könne, es sei denn, durch einen Verstoß gegen Gläubigerschutzvorschriften.[58] Eckardt und Hüffer halten den Entlastungsbeschluß wegen des Eingreifens der Stimmverbote für rechtswidrig.[59]

Für die ganz herrschende Ansicht im schweizerischen Recht kommt die oben beschriebene teleologische Reduktion des deutschen Rechts nicht in Frage. Vielmehr ist man sich vom Ergebnis her einig, daß es eine Entlastung in der Einmanngesellschaft nicht geben kann. Eine Ansicht begründet dies mit dem Eingreifen der in den Art.695 Abs. I, 808 Abs. V OR geregelten Stimmverbote bei der eigenen Entlastung.[60] Die herrschende Ansicht nimmt an, daß die Entlastung in der Einmanngesellschaft unabhängig vom Bestehen des Stimmverbotes keinen Sinn hat,[61] da eine wirksame Kontrolle durch die Entlastungsentscheidung wegen der Identität von Kontrollierendem und Kontrolliertem nicht möglich ist[62] und das allei-

---

[52] Dazu später, S.60ff.

[53] *Houpin / Bosvieux*, Bd. II, Rn.333; *Escarra / Rault*, Bd. IV, Rn.1461.

[54] BGHZ 105, 324, 333; *Barz*, in Großkomm., AktG, 3.Aufl. § 136 Anm.10; *Hüffer*, AktG, § 136 Rn.5; Hachenburg / *Hüffer*, GmbHG, § 47 Rn.125; *Mülbert*, in Großkomm., AktG, § 120 Rn.114; *Obermüller / Werner / Winden*, HV, S.228; Rowedder / *Koppensteiner*, GmbHG, § 46 Rn.23, § 47 Rn.48; Scholz / *Schmidt*, GmbHG, § 47 Anm.106; *Schütze*, AG 1967, 167.

[55] Baumbach / Hueck, *Zöllner*, GmbHG, § 47 Rn.62; Hachenburg / *Hüffer*, GmbHG, § 47 Rn.123ff; *Lutter / Hommelhoff*, GmbHG, § 47 Rn.13; Rowedder / *Koppensteiner*, GmbHG, § 47 Rn.48; Scholz / *Schmidt*, GmbHG, § 47 Anm.106; *Vogel*, Gesellschafterbeschlüsse, C IX 1. a); *Zöllner*, Schranken, S.181ff.

[56] Hachenburg / *Hüffer*, GmbHG, § 47 Rn.125; *Obermüller / Werner / Winden*, HV, S.228; Scholz / *Schmidt*, GmbHG, § 47 Anm.105; *Schütze*, AG 1967, 167.

[57] *Barz*, in Großkomm., 3.Aufl., AktG, § 136 Anm.10; *Eckardt*, in Geßler / Hefermehl, AktG, § 120 Anm.10; *Zöllner*, in Kölner Komm., AktG, § 120 Anm.32; zust. auch *Mülbert*, in Großkomm., AktG, § 120 Rn.114.

[58] *Zöllner*, Schranken, S.184f.

[59] *Eckardt*, in Geßler / Hefermehl, AktG, § 120 Anm.10; *Hüffer*, AktG, § 120 Rn.5.

[60] *Eigenmann*, SAG 27 (1954/55), 145, 146; *Müller / Lipp / Plüss*, Verwaltungsrat, S.291; *Schönle*, Einmanngesellschaft, S.151f; *Schucany*, OR, Art. 695 Rn.3.

[61] *Bürgi*, in Zürcher Komm., OR, Art.695 Rn.17f, Art.698 Rn.96; *Forstmoser*, Verantwortlichkeit, Rn.426ff; *Guhl / Merz / Kummer / Koller / Druey*, OR, § 71 II 3; *Kistler*, SAG 30 (1957/58), 277, 278; *Meier*, Aktiengesellschaft, Rn.203; *Sauber*, Aktienrechtliche Verantwortlichkeit, S.130; *v. Steiger*, SAG 14 (1941), 168, 171.

[62] *Forstmoser*, Verantwortlichkeit, Rn.429.

nige Mitglied der Gesellschaft sich schlechterdings nicht mit sich selbst zufrieden geben kann.[63] Des weiteren weist man darauf hin, daß der einzige Gesellschafter infolge der Personenidentität sich selbst gegenüber nicht zur Rechenschaft verpflichtet ist, die Entlastung folglich voraussetzungslos wäre.[64] Im Hinblick auf einen in der Décharge liegenden Anspruchsverzicht schließlich wird angeführt, daß sich das alleinige Mitglied der Gesellschaft gegenüber sich selbst als Geschäftsführer nicht schadenersatzpflichtig machen könne und der objektive Entlastungszweck, Ansprüche gegen die Geschäftsführer zum Erliegen zu bringen, hier hinfällig wäre.[65]

Vom Ergebnis und zum Teil auch von der Begründung her bietet die Lösung der herrschenden Meinung im schweizerischen Recht hier das bessere Recht. Nimmt man mit der herrschenden Ansicht des deutschen Rechts eine teleologische Reduktion der Stimmverbote vor, erreicht man insoweit zwar die formale Rechtmäßigkeit des Entlastungsbeschlusses, beantwortet aber nicht die Frage nach seinem Sinn. Das gleiche gilt für das Argument, daß es sich bei § 120 Abs. I S.1 AktG um zwingendes Recht handele und deswegen auch der einzige Aktionär über seine Entlastung zu beschließen habe. Für die GmbH kann dieses Argument schon deswegen nicht überzeugen, weil es hier im Gegensatz zum Aktiengesetz an einer zwingenden Entlastungsregelung fehlt. Was den Sinn des Entlastungsbeschlusses betrifft, mag man zwar mit den vorzitierten Auffassungen das Fehlen eines Anspruchsverzichts als Grund für die Sinnlosigkeit der gleichwohl erteilten Entlastung in der Einmanngesellschaft anführen, weil der Wille des Geschäftsführers immer mit dem des einzigen Gesellschafters konform geht, eine Schadenersatzpflicht gegenüber der Gesellschaft demnach ausgeschlossen ist. Die Untersuchung zur Funktion der Entlastung hat jedoch gezeigt, daß nicht ein Anspruchsverzicht im Vordergrund des Beschlusses steht, sondern die Bewertung der Geschäftsführung des Entlasteten. Diese Funktion kann die Entlastung nicht erfüllen, wenn Wertender und Bewerteter identisch sind. Es ist – theoretisch – zwar denkbar, daß ein kritischer Gesellschafter nach Abwägung aller Umstände zur negativen Bewertung seiner Geschäftsführungstätigkeit und damit zum Ergebnis „Entlastungsverweigerung" gelangen könnte, praktisch ist dieser Fall jedoch auszuschließen.[66] Die Entlastung hat folglich mangels Objektivität des Abwägungsvorganges keinen Sinn, mag sie in der Aktiengesellschaft auch durch § 120 Abs. I S.1 AktG zwingend angeordnet sein. Abhilfe kann nur insoweit geschaffen werden, indem man die Entlastungszuständigkeit in Gesellschaften, in denen sie nicht zwingend den Gesellschaftern vorbehalten ist, auf ein vom Entlasteten personenverschiedenes Aufsichtsorgan verlagert.

Es fragt sich, wie der gleichwohl gefaßte Einmannbeschluß rechtlich zu behandeln ist. Die einzige Stellungnahme hierzu, welche meint, die Entlastung in der Einmanngesellschaft sei unzulässig,[67] hilft nicht weiter, da mit dieser Formulierung nicht klar wird, welche Rechtsfolgen sich ergeben sollen, wenn der Einmanngesellschafter dennoch einen Entlastungsbeschluß faßt. Im deutschen Recht unterscheidet man zwischen anfechtbaren, nichtigen, unwirksamen Beschlüssen.[68] Nichtig ist ein Beschluß u.a. dann, wenn er keine sinnvolle Rechtsfolge

---

[63] *Schucany*, OR, Art.695 Rn.3; *Schleiffer*, Stimmrechtsausschluß, S.215.

[64] *Guhl / Merz / Kummer / Koller / Druey*, OR, § 71 II 3; *Kistler*, SAG 30 (1957/58), 277, 278; *Schett*, Verwaltung einer Aktiengesellschaft, S.101; *Schleiffer*, Stimmrechtsausschluß, S.215; *v. Steiger*, SAG 14 (1941), 168, 171. Zur Rechenschaft als Entlastungsvoraussetzung s.o., S.21ff.

[65] *Forstmoser*, Verantwortlichkeit, Rn.431; *Kistler*, SAG 30 (1957/58), 277, 278; *Schett*, Verwaltung einer Aktiengesellschaft, S.101; a.A. *Picenoni*, Entlastungsbeschluß, S.79, 80.

[66] Vgl. auch *Barner*, Entlastung, S.22; *Schleiffer*, Stimmrechtsausschluß, S.215.

[67] *Barner*, Entlastung, S.23f.

[68] Rowedder / *Koppensteiner*, GmbHG, § 47 Rn.73ff; Scholz / *Schmidt*, GmbHG, § 45 Anm.37ff.

entfalten kann oder auf eine objektiv unmögliche Rechtsfolge gerichtet ist.[69] Eine unvoreingenommene Bewertung der Leistung des Geschäftsführers, ist aufgrund der Identität von Entlastendem und Entlastetem sinnlos, die Billigung der Geschäftsführung ist nicht möglich. Rechtsvernichtende Wirkungen kann der Beschluß ebenfalls nicht entfalten, da sämtliche Handlungen des Geschäftsführers mit dem des einzigen Gesellschafters infolge der Personenidentität stets übereinstimmen. Die Haftungsbefreiung ist mangels Pflichtwidrigkeit rechtlich unmöglich.[70] Der Entlastungsbeschluß in der Einmanngesellschaft ist demzufolge nichtig.

b) Identität von Gesellschaftern und Geschäftsführern

(1) Die vertretenen Ansichten

In kleineren Gesellschaften werden häufig sämtliche Gesellschafter zu Geschäftsführern berufen.[71] Geht man von dem Grundfall aus, daß über die Entlastung sämtlicher Geschäftsführer in einem Beschluß abgestimmt wird,[72] dürfte es in diesen Gesellschaften schon wegen des Eingreifens der Stimmverbotsvorschriften keinen rechtmäßigen Entlastungsbeschluß geben. Jeder Gesellschafter würde nicht nur über die fremde, sondern auch über die eigene Entlastung entscheiden, was nach dem Wortlaut der §§ 47 Abs. IV S.1 GmbHG, 136 Abs. I S.1 AktG bzw. der Art.695 Abs. I, 808 Abs. V OR gerade nicht möglich ist. Die Praxis glaubt, sich aus diesem Dilemma dadurch befreien zu können, indem sie die Gesellschafterversammlung Einzelentlastungen jeweils unter Enthaltung des Betroffenen beschließen läßt.[73]

Im deutschen und im französischen Recht hat diese Problematik bisher fast kaum Beachtung gefunden. Während im französischen Recht jegliche Stellungnahmen fehlen, haben einige Vertreter der deutschen Literatur das aus der Einmanngesellschaft bereits bekannte Argument vorgebracht, Stimmverbotsvorschriften hätten nicht die Herbeiführung der Verhandlungsunfähigkeit der Versammlung zum Ziel, so daß sie bei der Entlastung nicht anzuwenden seien, wenn sämtliche Gesellschafter zur Führung der Geschäfte berufen sind, da andernfalls niemand vorhanden sei, der über die Entlastung beschließen könne.[74] Schmidt und Zöllner ziehen hieraus die Konsequenz, es seien alle Gesellschafter zur Abstimmung zugelassen, wenn eine Entlastung en bloc anstehe.[75] Danach könnte sich jeder Gesellschafter an der eigenen Entlastung beteiligen. Bewerteter und Wertender wären dann wie auch in der Einmanngesellschaft gänzlich identisch.

Im schweizerischen Recht wiederum ähneln die Argumente denen aus der Einmanngesellschaft. Kistler hält den Déchargebeschluß für überflüssig, weil er bei Identität von Verwaltung und Entlastung erteilenden Aktionären einem Verzicht auf eine Klageerhebung gegen sich selbst gleichkommt.[76] Die überwiegende Ansicht geht unabhängig davon, ob die Déchar-

---

[69] Scholz / *Schmidt*, GmbHG, § 45 Anm.24, 71; a.A. Hachenburg / *Raiser*, GmbHG, § 47 Rn.27, der im ersten Fall von einem wirkungslosen Beschluß spricht.

[70] Beim Verstoß gegen gläubigerschützende Vorschriften besteht zwar eine Pflichtwidrigkeit, die Haftungsbefreiung ist aber auch hier wegen § 43 Abs. III GmbHG i.V.m. § 9b Abs. I S.1 GmbHG rechtlich nicht möglich.

[71] *Schmidt*, GftsR., § 36 II 1 c.

[72] S.o., S.49f.

[73] Vgl. die Hinweise bei *Forstmoser*, Verantwortlichkeit, Rn.429; *Zöllner*, Schranken, S.205f.

[74] Scholz / *Schmidt*, GmbHG, § 46 Anm.97, *Vogel*, Gesellschafterbeschlüsse, C IX 1. a); *Zöllner*, Schranken, S.205.

[75] Scholz / *Schmidt*, GmbHG, § 46 Anm.97; *Zöllner*, Schranken, S.205.

[76] *Kistler*, SAG 30 (1957/58), 277, 278.

ge en bloc oder bezogen auf einzelne Personen erfolgt, aufgrund des Eingreifens der Stimmverbote von der Rechtswidrigkeit des Beschlusses aus.[77] Nach Art.695 Abs. I OR sind in der Aktiengesellschaft alle Personen, die in irgendeiner Weise an der Geschäftsführung teilgenommen haben, also nicht nur die jeweils von der Abstimmung Betroffenen, vom Stimmrecht ausgeschlossen.[78] Das bedeutet, ein rechtmäßiger Entlastungsbeschluß kann auch dann nicht gefaßt werden, wenn nach Personen abgestimmt wird und der jeweils Betroffene sich der Stimme enthält;[79] die übrigen Mitglieder der Verwaltung sind schon aufgrund ihrer Organzugehörigkeit vom Stimmrecht ausgeschlossen. Gleichwohl kann die unter Verstoß gegen Art.695 Abs. I OR beschlossene Décharge insoweit Bindungswirkungen entfalten, als daß diejenigen, die zunächst in Kenntnis der Sachlage für ihre Erteilung gestimmt haben, sich zu dieser Entscheidung nicht in Widerspruch setzen dürfen, indem sie anschließend Ersatzansprüche gegen die Entlasteten geltend machen.[80] Demzufolge käme für diese Personen auch eine Beschlußanfechtung nach befürworteter Entlastung nicht mehr in Frage.

In der schweizerischen GmbH sind nach der Vorstellung des Gesetzgebers grundsätzlich sämtliche Gesellschafter zur Geschäftsführung berufen (Art.811 Abs. I OR). In dieser Konstellation wird wie auch bei der Aktiengesellschaft die Rechtmäßigkeit des Entlastungsbeschlusses verneint, wenn sich alle Gesellschafter an ihm beteiligen, da für jeden von ihnen das Stimmverbot des Art.808 Abs. V OR eingreift.[81] Eine zweite Ansicht hält die Entlastung aus diesem Grunde ebenfalls für rechtswidrig, meint aber, allerdings ohne ein Wort der Begründung zu verlieren, die – rechtmäßige – Entlastungsentscheidung sei in der vorbehaltlosen Annahme der Bilanz zu erblicken.[82] Die dritte, wohl herrschende Meinung hält den Entlastungsbeschluß für sinnlos, weil die Mitglieder der Gesellschaft, die gleichzeitig der Verwaltung angehören, nur sich selbst, nicht aber einer außerhalb der Verwaltung stehenden Person Rechenschaft schuldig sind, eine Entlastung ohne vorherige Rechnungslegung aber inhaltsleer wäre.[83] Die Frage, was bei der Entlastung nur einzelner Geschäftsführer oder bei Einzelgeschäftsführungsbefugnis - Aufteilung in Ressorts - gelten soll, läßt die Literatur offen.

(2) Stellungnahme

Zu den dargestellten Ansichten ist wie folgt Stellung zu nehmen: Sind alle Gesellschafter nur gemeinsam zur Geschäftsführung berechtigt und wird en bloc entlastet, muß im

---

[77] *Böckli*, Aktienstimmrecht, S.35; *Eigenmann*, SAG 27 (1954/55), 145, 146; *Forstmoser / Meier-Hayoz / Nobel*, AktienR., § 24 Rn.79; *Forstmoser*, Verantwortlichkeit; *Gross*, Haftpflichtrechtliche Situation des Verwaltungsrates, S.245f; *Guhl / Merz / Kummer / Koller / Druey*, OR, § 71 II 3; *Kunz*, Rechtsnatur und Einredenordnung, S.155; *Länzlinger*, in Basler Komm., OR, Art.695 Rn.7; *Müller / Lipp / Plüss*, Verwaltungsrat, S.291, 328; *Sauber*, Aktienrechtliche Verantwortlichkeit, S.130; *Picenoni*, Entlastungsbeschluß, S.75f; *Schucany*, OR, Art.695 Rn.3; *ders.*, SAG 30 (1957/58), 259, 261; *v. Steiger*, SAG 25 (1952/53), 119, 120.

[78] *Barbey*, Décharge, S.41f; *Eigenmann*, SAG 25 (1952/53), 189, 199; *Forstmoser / Meier-Hayoz / Nobel*, AktienR., § 24 Rn.79; *Meier-Wehrli*, Verantwortlichkeit der Verwaltung, S.119.

[79] *Sauber*, Aktienrechtliche Verantwortlichkeit, S.130.

[80] In diesem Sinne *Forstmoser*, Verantwortlichkeit, Rn.430; *Meier-Wehrli*, Verantwortlichkeit der Verwaltung, S.120; *Eigenmann*, SAG 25 (1952/53), 189, 196; *Schucany*, OR, Art.695 Rn.3 a.E.; *Picenoni*, Entlastungsbeschluß, S.80.

[81] *Dreifuss / Lebrecht*, in Basler Komm., OR, Art.810 Rn.21.

[82] *Eigenmann*, SAG 25 (1952/53), 189, 196; *v. Steiger*, in Zürcher Komm., OR, Art.810 Rn.14.

[83] *Bürgi* in Zürcher Komm., OR, Art.695 Rn.17f; *Guhl / Merz / Kummer / Koller / Druey*, OR, § 71 II 3; *Schett*, Verwaltung einer Aktiengesellschaft, S.101; *v. Steiger*, SAG 14 (1941), 168, 170f; *Wohlmann*, GmbH-Recht, S.113. Zur Verbindung Information und Entlastung s.o. S.21ff.

Ergebnis dasselbe gelten wie bei der Einmanngesellschaft: Die Entlastung ist unabhängig vom Eingreifen der Stimmverbote nicht möglich. Können die Geschäfte im Innenverhältnis nur gemeinsam getätigt werden, wäre die in der Entlastung zum Ausdruck kommende Wertentscheidung, d.h. die Billigung der wirtschaftlichen Richtigkeit der getroffenen Entscheidungen des anderen stets auch eine Billigung der eigenen Geschäftsführung. Demnach sind Wertender und Bewerteter auch in dieser Konstellation immer identisch. Haftungsrechtlich käme die Entlastung hier einem Verzicht auf Ansprüche gegen sich selbst gleich. Gemeinsame Geschäftsführung bedeutet gemeinsame Übernahme der Verantwortung für die getätigten Geschäfte gegenüber der Gesellschaft.[84] Dies hat zur Folge, daß jeder Gesellschafter-Geschäftsführer, der durch die Entlastung einen Grund für die Haftungsbefreiung des anderen Gesellschafter-Geschäftsführers setzt, stets auch einen Grund für die eigene Haftungsbefreiung setzen würde.[85]

Natürlich ist es auch möglich, die Geschäftsführung in einzelne Ressorts mit der Folge aufzuteilen, daß jeder Geschäftsführer seine Zuständigkeiten unter Ausschluß der übrigen Geschäftsführer wahrnimmt.[86] So werden z.B. in der schweizerischen Aktiengesellschaft Befugnisse einzelner Verwaltungsratsmitglieder häufig auf reine Überwachungsaufgaben ähnlich einem Aufsichtsrat beschränkt, während die verbleibenden Verwaltungsräte die Vertretung der Gesellschaft im Außenverhältnis übernehmen.[87] Wird hier über die Entlastung aller in einem Beschluß abgestimmt, ergibt sich dasselbe Bild, welches zuvor für den Fall geschildert wurde, in dem sämtliche Gesellschafter nur gemeinsam zur Geschäftsführung befugt sind. Die Entlastung der anderen Person ist stets auch eine Entlastung der eigenen Person.

Werden Einzelentlastungen getrennt nach Personen erteilt, ist folgendes zu beachten. Die einzelnen Verwaltungsmitglieder stehen trotz eigenständiger und eigenverantwortlich wahrzunehmender Kompetenzen nicht vollkommen beziehungslos nebeneinander, zumal eine völlige Zuständigkeitstrennung in praxi oft nicht möglich ist.[88] Zur Wahrung des Wohles der Gesellschaft müssen ihre Aufgaben vielmehr aufeinander bezogen sein, so daß jeder Geschäftsführer trotz der Aufgabentrennung für das rechtmäßige und sachlich angemessene Funktionieren des Gesamtorgans Geschäftsführung verantwortlich bleibt.[89] Jeder Geschäftsführer ist deswegen auch bei getrennter Ressortzuständigkeit zur Aufsicht über die anderen Geschäftsführer verpflichtet.[90] Aufgrund dieses, alle Geschäftsführer umfassenden Pflichtenkreises besteht die Gefahr, daß man bei der durch die Entlastung anzustellenden Bewertung fremder Pflichten versucht, von eigenen Versäumnissen abzulenken. Wenn beispielsweise über die Entlastung des Geschäftsführers A zu beschließen ist und schon im Vorfeld Diskussionen zu möglichen Pflichtverletzungen des A auftreten, muß sich ein anderer Geschäftsführer, der sich in seiner Funktion als Gesellschafter am Entlastungsbeschluß beteiligt, gegebenenfalls vorwerfen lassen, er habe seiner Überwachungspflicht in Bezug auf A nicht genüge getan.[91] Für ihn stellen sich dann folgende Alternativen: Entweder er stimmt für die Entlastung des A und lenkt dadurch von möglichen eigenen Verfehlungen ab oder er stimmt gegen die Entlastung, sieht sich im weiteren Geschehensverlauf dann unter Umständen aber dem Vorwurf ausgesetzt, nicht auf das pflichtwidrige Verhalten des A hingewiesen zu haben. Wie

---

[84] *Borsche*, Entlastung im Recht der Personengesellschaften, S.31.
[85] S. auch *Forstmoser*, Verantwortlichkeit, Rn.429; *Kistler*, SAG 30 (1957/58), 277, 278.
[86] *Mertens*, in Recht des Geschäftsführers, § 35 GmbHG Rn.107ff; *Schmidt*, GftsR., § 28 II 3b.
[87] *Böckli*, AktienR., Rn.1595ff.
[88] *Barner*, Entlastung, S.37.
[89] *Mertens*, in Recht des Geschäftsführers, § 37 GmbHG Rn.16.
[90] *Mertens*, in Recht des Geschäftsführers, § 43 GmbHG Rn.31.
[91] *Zöllner*, Schranken, S.198 zum Parallelproblem Vorstand - Aufsichtsrat.

sich der über die Entlastung des Kollegen Urteilende auch verhalten mag, ein neutrales Urteil ist von ihm aufgrund seiner möglichen Beteiligung nicht zu erwarten. Demzufolge ist ihm auch die Befugnis abzusprechen, über die Entlastung des anderen Geschäftsführers zu entscheiden. Eine Entlastungsentscheidung ist daher weder bei der Einmanngesellschaft noch dann möglich, wenn sämtliche Mitglieder der Gesellschaft gleichzeitig der Geschäftsführung angehören. In Bezug auf die Rechtsfolgen des gleichwohl gefaßten Entlastungsbeschlusses gilt daher das zur Einmanngesellschaft Gesagte.[92]

B. Stimmverbote

I. Zur Notwendigkeit des Stimmverbotes bei der eigenen Entlastung und dem Fehlen entsprechender Vorschriften in Frankreich

Nachdem Funktion und Kompetenzverteilung beim Entlastungsvorgang geklärt wurden, ist nunmehr auf die Frage einzugehen, wer sich im Kreis der betroffenen Organe an dem Entlastungsbeschluß beteiligen darf und wer nicht. Berücksichtigt man, daß die Entlastung eine umfassende Bewertung der Geschäftsführung zum Ziel hat und sich als eine denkbare Folge die Haftungsbefreiung des Betroffenen ergeben kann, wird klar, daß der zu Entlastende ein starkes Eigeninteresse an einem positiven Beschlußergebnis hat, welches im Widerspruch zu dem Gesellschaftsinteresse einer unbefangenen Bewertung sowie am Erhalt von Ansprüchen gegen den jeweiligen Geschäftsführer stehen kann. Stimmt das zu entlastende Verwaltungsmitglied als Gesellschafter über den ihn betreffenden Beschluß mit ab, besteht folglich die Gefahr einer Verfälschung des Beschlußergebnisses aufgrund des Einflusses gesellschaftsfremder Eigeninteressen. Besonders deutlich wird dies, wenn der Entlastungsempfänger Mehrheitsgesellschafter ist und er das Beschlußergebnis durch das Überwiegen seiner Stimmen nach seinem Willen zu seinen Gunsten gestalten kann.

Grundsätzlich aber darf jedes Mitglied der Gesellschaft auch dann an einem Beschluß teilnehmen, wenn es eigene Interessen verfolgt. Ein genereller Stimmrechtsausschluß wegen der Kollision eigener Interessen mit denen des Verbandes wird weder im deutschen noch im schweizerischen oder französischen Recht anerkannt.[93] Seine Grenze findet das Stimmrecht also nur, wenn die Ausübung der Eigeninteressen so weit geht, daß sie im konkreten Fall als rechtsmißbräuchlich angesehen werden muß.[94] In einigen Fällen haben es die Gesetzgeber

---

[92] S.o., S.56f.

[93] Für das deutsche Recht: BGHZ 56, 47, 53; 68, 107, 109; 80, 69, 70; 97, 28, 33; *Barz*, in Großkomm., 3.Aufl., AktG, § 136 Anm.9; *Barner*, Entlastung, S.35; Baumbach / Hueck, *Zöllner*, GmbHG, § 47 Rn.44; Hachenburg / *Hüffer*, GmbHG, § 47 Rn.120; *Hüffer*, AktG, § 136 Rn.17f; *Lutter / Hommelhoff*, GmbHG, § 47 Rn.14; Rowedder / *Koppensteiner*, GmbHG, § 47 Rn.47; *Schaaf*, Hauptversammlung, Rn.758; *Schmidt*, GftsR., § 21 II 2a; Scholz / *Schmidt*, GmbHG, § 47 Anm.101; *Zöllner*, Schranken, S.263ff; *ders.*, in Kölner Komm, AktG, § 136 Anm.26; a.A. *Wiedemann*, GftsR., § 8 I 4 b aa; für das schweizerische Recht: BGE 99 II 62, 100 II 389; *Böckli*, AktienR., Rn.1267, 1410r; *Bürgi*, in Zürcher Komm., OR, Art. 695 Rn.15; *Dreifuss / Lebrecht*, in Basler Komm., OR, Art.808 Rn.28; *Forstmoser / Meier-Hayoz / Nobel*, AktienR., § 24 Rn.74ff; *Janggen / Becker*, in Berner Komm., OR, Art.808 Anm. 15f; *Kistler*, SAG 30 (1957/58), 277; *Schleiffer*, Stimmrechtsausschluß, S. 235f.; *Wohlmann*, GmbH-Recht, § 17 V 2 (S.105.); für das französische Recht: *Guyon*, Bd. 1, Rn.307; *ders.*, in Dalloz, Rép.Soc. – Assemblées d'actionnaires Rn.193 – 224; *Hémard /Terré / Mabilat*, Soc.Com., Bd. II, Rn.89; *Mansuy*, in JCl. Soc., Fasc. 139-1 Rn.87ff.

[94] BGHZ 80, 71; OLG Hamm, DB 1992, 2130; *Böckli*, Aktienstimmrecht, S.22; *Forstmoser / Meier-Hayoz / Nobel*, AktienR., § 24 Rn.76f; *Guyon*, Bd. 1, Rn.307, 455; *Rüttimann*, Rechtsmißbrauch, S.86f; *Schmidt*, GftsR., § 21 II 1 a, 3b.

allerdings nicht bei dieser einzelfallbezogenen Mißbrauchskontrolle belassen, sondern das Stimmrecht wegen der generellen Gefahr der Kollision eigener Interessen mit denen der Gesellschaft unabhängig vom tatsächlichen Vorliegen eines Interessenkonfliktes ausgeschlossen.[95]

Im französischen Recht ist dies, was die Entlastung betrifft, allerdings nie der Fall gewesen.[96] Der zu Entlastende darf sich daher prinzipiell an der Beschlußfassung über die eigene Entlastung beteiligen.[97] Es wurde zwar vorgeschlagen, die Selbstentlastung generell wegen Rechtsmißbrauches der Anfechtung zu unterwerfen,[98] die Rechtspraxis hat dieser Auffassung jedoch keine Beachtung geschenkt.[99] Die Literatur hat das Fehlen einer Verbotsvorschrift zwar kritisiert, weil sich das Beschlußergebnis durch die Beteiligung des Betroffenen an der eigenen Entlastung verfälsche,[100] der Gesetzgeber hat es dennoch bewußt unterlassen, in den Reformgesetzen von 1937 zur Société Anonyme und von 1966 zur S.A.R.L. entsprechende Regelungen einzuführen. Vielmehr sah man diese Problematik durch die Reformgesetze als gelöst an, weil es infolge des Verbots anspruchsvernichtender Gesellschafterbeschlüsse dem jeweiligen Geschäftsführer von nun an nicht mehr möglich war, eine bevorstehende, gegen ihn gerichtete Klage durch Selbstentlastung zu verhindern.[101] Die Frage, ob, wie in der deutschen Aktiengesellschaft, eine Beteiligung an der eigenen Entlastung trotz fehlender Verzichtswirkung ausgeschlossen werden soll, wird im französischen Recht aus diesem Grunde auch nicht diskutiert.

II. Stimmverbotsregelungen im deutschen und im schweizerischen Recht

Im Gegensatz zum französischen Recht haben die Gesetzgeber im schweizerischen und im deutschen Recht generell das Bestehen einer Interessenkollision bejaht, wenn sich der zu Entlastende an der Abstimmung über die eigene Entlastung beteiligt. Die Ausübung seines Stimmrechtes ist ihm hier untersagt (Art.695 Abs. I, 808 Abs. V OR, § 136 Abs. I S.1 AktG, § 47 Abs. IV S.1 GmbHG). Der gesetzgeberische Grund für diese Regelungen ist ohne weiteres ersichtlich, denn würde der derjenige, dessen Geschäftsführung mittels Entlastung zu bewerten ist, an der ihn betreffenden Bewertung selbst teilnehmen, wäre die Richtigkeit des folgenden Beschlußergebnisses in Frage gestellt. Das Stimmverbot bei der eigenen Entlastung ist daher Ausdruck des den Stimmverbotsregelungen in Deutschland und der Schweiz zu Grunde liegenden Prinzips, niemand darf Richter in eigener Sache sein.[102] Soweit man der Entlastung rechtsvernichtende Wirkung zu Lasten der Gesellschaft zubilligt, ist das Stimmverbot auch

[95] Vgl. *Forstmoser / Meier-Hayoz / Nobel*, AktienR., § 24 Rn.59ff; Rowedder / *Koppensteiner*, § 47 Rn.103ff; Scholz / *Schmidt*, GmbHG, § 47 Anm.28ff.

[96] *Ripert / Roblot / Germain*, Dr.Com., Rn.1218.

[97] Cass.civ., D.P. 1926, I, 17; 1933, I, 153; *Guyon*, Bd. 1, Rn.307, 413; *Picenoni*, Entlastungsbeschluß, S.69f; *Thaller*, Dr. Com., Rn.672.

[98] *David*, Protection, S.66f.

[99] *Picenoni*, Entlastungsbeschluß, S.135f; unrichtig daher die Ansicht von *Siegert*, Entlastung in der Aktiengesellschaft, S.42f, der behauptet, die Probleme im Zusammenhang mit möglichem Stimmrechtsmißbrauch seien durch die Anwendung der Theorie des abus de droit oder des détournement des pouvoirs gelöst worden.

[100] *Houpin / Bosvieux*, Bd. II, Rn.1211; *Thaller*, Dr. Com., Rn.683.

[101] *Gibirila*, Dirigeant de société, Rn.575.

[102] So die h.M. im deutschen und im schweizerischen Recht: *Barner*, Entlastung, S.35f; *Hüffer*, AktG, § 136 Rn.3; Rowedder / *Koppensteiner*, GmbHG, § 47 Rn.46; *Schett*, Verwaltung einer Aktiengesellschaft, S.99; *Schleiffer*, Stimmrechtsausschluß, S.207f; Scholz / *Schmidt*, GmbHG, § 47 Anm.133; *Schmidt*, GftsR., § 21 II 2b; *Siegert*, Entlastung in der Aktiengesellschaft, S.27.

unter dem Aspekt „Verbot der Stimmrechtsausübung bei Befreiung von einer eigenen Verbindlichkeit“ zu bejahen.[103] Dies muß auch unabhängig davon gelten, ob die rechtsvernichtende Wirkung nun kraft Gesetzes oder kraft Rechtsgeschäftes eintritt. Entscheidend ist vielmehr, daß das Eigeninteresse des Entlasteten an dem - für ihn positiven - Eintritt der rechtsvernichtenden Wirkung regelmäßig nicht mit dem Interesse der Gesellschaft am Erhalt von Rechten übereinstimmt.

Inhaltlich bedeutet Stimmrechtsausschluß nur den Ausschluß von der Abstimmung über die Entlastung, nicht jedoch von Diskussionen und Entscheidungen, die in ihrem Vorfeld stattfinden. Der zu Entlastende kann sich, wie bereits erörtert, grundsätzlich mit seinen Stimmen als Gesellschafter für bzw. gegen seine Einzelentlastung einsetzen, falls hierüber vor der Entlastung selbst Beschluß gefaßt werden soll.[104] Es ist ihm auch unbenommen, sich an etwaigen Diskussionen um das Pro und Contra der Entlastung zu beteiligen, um so z.B. Vorwürfe gegenüber der eigenen Geschäftsführung auszuräumen.[105]

1. Stimmverbote bei der Einzelentlastung

Eine Einzelentlastung, d.h. eine gegenüber der Gesamtentlastung differenziertere Beschlußfassung kann angezeigt sein, wenn innerhalb eines bestimmten Geschäftsbereichs Mißstände aufgetreten sind und deswegen die Entlastungsverweigerung der zuständigen Organmitglieder zu erwarten ist, während die Tätigkeit der übrigen Geschäftsführer voraussichtlich nicht beanstandet werden wird.[106] Denkbar ist ferner, daß die Entlastung aufgrund einer Satzungsbestimmung generell getrennt nach verschiedenen Geschäftsführungsressorts erfolgt.

Findet eine Einzelentlastung statt, ist zunächst der zu Entlastende selbst vom Stimmrecht ausgeschlossen. Das gleiche gilt für sämtliche Mitglieder der Geschäftsführung im Fall der Gesamtentlastung.[107] Hier kann das Eingreifen der Stimmverbote dazu führen, daß die Entlastung von einer Gesellschafterminderheit beschlossen wird.[108] Die Stimmverbote schützen dadurch die nicht geschäftsführende Minderheit, die sich sonst nicht zu Vorfällen der Geschäftsführung artikulieren und auch keinen Einfluß auf sie ausüben kann.[109]

---

[103] BGE 118 II 496, 498; *Wilhelm*, JZ 1976, 674, 676.

[104] S.o., S.51f.

[105] RGZ 49, 128, 130; *Barbey*, Décharge, S.41, 42; *Bürgi*, in Zürcher Komm., Art.695 Rn.3; *Forstmoser*, Verantwortlichkeit, Rn.434; *Meier-Wehrli*, Verantwortlichkeit der Verwaltung, S.118; *Schleiffer*, Stimmrechtsausschluß, S.206; *Vogel*, Gesellschafterbeschlüsse, C IX 1a); *Zöllner*, in Kölner Komm., AktG, § 136 Anm.57.

[106] *Haefliger*, Generalversammlung, S.107; *Vogel*, Gesellschafterbeschlüsse, F II 20 e).

[107] BGHZ 108, 21, 25f.; OLG München, NJW-RR 1993, 1507; *Böckli*, AktienR., Rn.1410d; *Dreifuss / Lebrecht*, in Basler Komm., OR, Art.698 Rn.25; Hachenburg / *Hüffer*, GmbHG, § 47 Rn.144; *Hüffer*, AktG, § 136 Rn.20; *Janggen / Becker*, in Berner Komm., OR, Art.808 Rn.15; Scholz / *Schmidt*, GmbHG, § 46 Anm.97; *Sigle*, DStR 1992, 469; *Vogel*, Gesellschafterbeschlüsse, C IX 1 a); Baumbach / Hueck, *Zöllner*, GmbHG, § 47 Rn.45; *Zöllner*, in Kölner Komm., AktG, § 136 Anm.8. Die lediglich von *Schütze*, AG 1967, 165, 166 vertretene Gegenansicht ist unhaltbar. Er meint, das einzelne Mitglied könne sich bei der Gesamtentlastung an dem Beschluß beteiligen und sei nur bei der Einzelentlastung von seinem Stimmrecht ausgeschlossen (S.166.). Tatsächlich betrifft die Entlastung des Organs Aufsichtsrat aber die Entlastung jedes einzelnen Mitgliedes, s.o., S.48f. Das einzelne Organmitglied kann sich daher nicht an der Entlastung aller Organmitglieder beteiligen.

[108] *Sigle*, DStR 1992, 469.

[109] *Forstmoser / Meier-Hayoz*, Einf. AktienR., § 18 Rn.21; *Schett*, Verwaltung einer Aktiengesellschaft, S.99; *Schleiffer*, Stimmrechtsausschluß, S.208.

Wird über die Entlastung eines einzelnen Geschäftsführers entschieden, stellt sich für seine Kollegen die Frage, ob sie an der Beschlußfassung teilnehmen können oder ob sie aufgrund des Eingreifens der gesetzlichen Stimmverbote hiervon ausgeschlossen sind.

a) Zulässigkeit der Beteiligung aller Geschäftsführer

Vor allem im deutschen, zum Teil auch im schweizerischen Recht sprechen sich einige Autoren ohne Einschränkung für die Zulässigkeit der Beteiligung der nicht betroffenen Geschäftsführungsmitglieder aus.[110] Zur Begründung genügt einigen von ihnen schon die Tatsache, daß die gesetzlichen Regelungen die Einzelentlastung zulassen.[111] Schuler meint, die Beteiligung der nicht betroffenen Geschäftsführer könne durchaus sinnvoll und vorteilhaft sein, wenn die mitstimmenden Geschäftsführer aufgrund ihrer Zusammenarbeit mit dem zu Entlastenden über besondere Kenntnisse verfügen, die ihnen eine sachgerechtere Beurteilung der Entlastungsfrage ermöglichten als den nicht geschäftsführenden Gesellschaftern.[112] Für das deutsche Aktienrecht wird angeführt, es sei wegen der hier fehlenden Verzichtswirkung der Entlastung nicht einzusehen, warum nicht ein Organmitglied dem anderen sein Vertrauen aussprechen könne.[113] Für die deutsche GmbH, in der die Entlastung nach überwiegender Ansicht ihre anspruchsvernichtende Wirkung behalten hat, argumentiert Groß, ein Interessenkonflikt für das mitstimmende Organmitglied sei zu verneinen, wenn eine gesamtschuldnerische Haftung aller Geschäftsführer im Raume stünde; der Abstimmende würde hier eher gegen die Entlastung des Kollegen votieren, weil er in diesem Fall, nachdem er von der Gesellschaft in Anspruch genommen wurde, vom Kollegen internen Ausgleich nach § 426 BGB erlangen könne.[114]

b) Differenzierende Ansichten

Eine zweite, im deutschen Recht vorherrschende Auffassung differenziert. Sie will das Eingreifen der Stimmverbote in Bezug auf die von der Einzelentlastung nicht betroffenen Geschäftsführer weder prinzipiell bejahen noch verneinen, sondern im Einzelfall prüfen, ob eine Interessenkollision vorliegt und damit ein Stimmverbot zu bejahen ist. Unter der Voraussetzung, daß die Geschäftsführer, auf die sich Einzelentlastung nicht bezieht, „irgendwie" an den von der Einzelentlastung betroffenen Vorgängen beteiligt waren[115] oder an dem Vorgang, der dem von der Einzelentlastung Betroffenen als Pflichtverletzung vorgeworfen wird, mitgewirkt haben[116] oder wenn eine gesamtschuldnerische Haftung in Betracht kommt,[117] soll das Stimmverbot zutreffen. Ein Teil dieser Ansicht geht davon aus, daß die Beteiligung der

---

[110] OLG München, WM 1995, 842, 843; *v. Steiger*, in Zürcher Komm., OR, Art.810 Rn.14.; *Vogel*, Gesellschafterbeschlüsse, C IX 1a); für den Aufsichtsrat der Aktiengesellschaft *Schütze*, AG 1967, 165, 166.

[111] *Barz*, in Großkomm., AktG, 3.Aufl., § 120 Anm.19; *Groß*, GmbHR 1994, 596, 600f.

[112] *Schuler*, Assemblée Générale, S.66.

[113] *Barz*, in Großkomm., AktG, 3.Aufl., § 136 Anm.9.

[114] *Groß*, GmbHR 1994, 596, 601.

[115] *Barbey*, Décharge, S.41; Rowedder / *Koppensteiner*, GmbHG, § 46 Rn.23.

[116] Hachenburg / *Hüffer*, GmbHG, § 47 Rn.144; *Hüffer*, AktG, § 136 Rn.20; *Sigle*, DStR 1992, 469, 470.

[117] *Barbey*, Décharge, S.41; *Hueck*, GmbHR 1959, 189, 192; *Immenga / Werner*, GmbHR 1976, 53, 56; *Lutter / Hommelhoff*, GmbHG, § 47 Rn.18; *Priester*, in FS-Rowedder, S.374f; Scholz / *Schmidt*, GmbHG, § 46 Anm.97; *Siegmund*, BB 1981, 1674, 1676.

übrigen Geschäftsführer grundsätzlich zulässig ist.[118] Das Stimmverbot greife nur dann, wenn Tatsachen behauptet würden, aus denen sich, falls richtig, eine Mitwirkung am Vorgang ergäbe, der dem von der Einzelentlastung Betroffenen als Pflichtverletzung vorgeworfen wird.[119] Andere wiederum wollen die übrigen Geschäftsführer grundsätzlich vom Stimmrecht ausschließen und eine Ausnahme nur zulassen, wenn feststehe, daß eine gesamtschuldnerische Haftung aller Geschäftsführer ausgeschlossen werden könne.[120]

c) Stellungnahme

Eine im deutschen Recht bisher nur vereinzelt vertretene Ansicht sowie die ganz herrschende schweizerische Lehre erstrecken das Stimmverbot richtigerweise auch bei der Einzelentlastung ausnahmslos auf sämtliche Mitglieder der Geschäftsführung.[121] Voraussetzung des Stimmverbotes ist nach schweizerischem Aktienrecht, daß das Mitglied des Verwaltungsrates in irgendeiner Weise an der Geschäftsführung mitgewirkt hat (Art.695 Abs. I OR). Die überwiegende Ansicht zieht hieraus den Schluß, daß schon die Mitgliedschaft im Verwaltungsrat ein Mitwirken an der Geschäftsführung bedeutet, das Stimmverbot daher auch für die von der Einzelentlastung nicht betroffenen Verwaltungsräte zu gelten hat.[122] Im Ergebnis hat dies auch für das deutsche Recht zu gelten, auch wenn der Wortlaut der GmbH- bzw. aktienrechtlichen Regelungen keinen Aufschluß zum Stimmverbot der übrigen Geschäftsführer bei der Einzelentlastung eines Kollegen gibt. Die Vorschriften der §§ 136 Abs. I S.1 AktG, 47 Abs. IV S.1 GmbHG knüpfen nicht an ein Mitwirken im Geschäftsführungsorgan an, sondern lediglich an die Stellung als zu entlastender Gesellschafter. Festgelegt ist dort nur, daß der zu Entlastende selbst nicht an der Beschlußfassung teilnehmen darf. Eine Aussage für oder gegen das Bestehen eines Stimmverbotes für die übrigen Mitglieder der Geschäftsführung ist den Vorschriften dagegen nicht zu entnehmen. Ebensowenig hilft der Wortlaut des § 120 Abs. I S.2 AktG hier weiter.[123] Der Umstand, daß die Vorschrift das für die Entlastung Einzelner notwendige Beschlußquorum regelt, läßt lediglich den Schluß zu, daß die Einzelentlastung als solche zulässig ist, nicht aber, welche Verwaltungsmitglieder an ihr teilnehmen können und welche nicht. Die zu a) genannte Ansicht, welche für die Zulässigkeit der von der Einzelentlastung nicht betroffenen Geschäftsführer den Wortlaut des Gesetzes heranzieht, kann schon deswegen nicht überzeugen. Abzulehnen ist auch die unter a) erwähnte, von Groß vertretene

---

[118] Hachenburg / *Hüffer*, GmbHG, § 47 Rn.144; *Hüffer*, AktG, § 136 Rn.20 *Sigle*, DStR 1992, 469, 470.

[119] Vgl. vorherige Fundstelle.

[120] *Barbey*, Décharge, S.41; *Fichtelmann*, in Heidelberger Komm., GmbHG, § 47 Rn.35; *Lutter / Hommelhoff*, GmbHG § 47 Rn.18; zust. wohl auch *Obermüller / Werner / Winden*, HV, S.340, wo von der Beschränkung des Stimmverbots die Rede ist, wenn bei den übrigen Mitgliedern des Organs abweichende Umstände vorliegen, die eine getrennte Beurteilung gestatten.

[121] Für das deutsche Recht: *Barner*, Entlastung, S.37; *Zöllner*, in Kölner Komm., § 136 Anm.9; Baumbach / Hueck, *Zöllner*, GmbHG, § 47 Rn.46; grds. zust. auch *Mülbert*, in Großkomm., AktG, § 120 Rn.112; für das schweizerische Recht: *Böckli*, AktienR., Rn.1410d; *ders.*, Aktienstimmrecht, S.65; *Bürgi*, in Zürcher Komm., OR, Art.695 Rn.9, 10; *Bürgi / Nordmann-Zimmermann*, in Zürcher Komm., OR, Art.698 Rn.93; *Dreifuss / Lebrecht*, in Basler Komm., OR, Art.698 Rn.25; *Forstmoser / Meier-Hayoz / Nobel*, AktienR., § 24 Rn.79; *Länzlinger*, in Basler Komm., OR, Art.695 Rn.5; *Picenoni*, Entlastungsbeschluß, S.75f; *Schleiffer*, Stimmrechtsausschluß, S.212f; *Schucany*, SAG 30 (1957/58), 261.

[122] *Länzlinger*, in Basler Komm., OR, Art.695 Rn.5; *Dreifuss / Lebrecht*, in Basler Komm., OR, Art.698 Rn.25, *Böckli*, AktienR., Rn.1410d; *ders.*, Aktienstimmrecht, S.65; *Forstmoser / Meier-Hayoz / Nobel*, AktienR., § 24 Rn.79.

[123] So noch *Barz*, in Großkomm., AktG, 3.Aufl., § 120 Anm.19.

Auffassung.[124] Wenn der mitstimmende Geschäftsführer, wie dieser Autor meint, wegen der gesamtschuldnerischen Haftung aller Geschäftsführer von vornherein gegen die Entlastung votieren würde, um später über § 426 BGB internen Ausgleich zu erlangen, wäre er schon aus diesem Grunde befangen, da sein Stimmverhalten nie anders lauten könnte als Entlastungsverweigerung.

Die unter b) dargestellte Meinung, die das Eingreifen der Stimmverbote am Einzelfall untersucht, kann ebenfalls nicht überzeugen. Ihr ist zwar zuzugeben, daß die Geschäftsführer, die tatsächlich an dem Vorgang beteiligt waren, auf den sich der Entlastungsbeschluß bezieht, nicht mitstimmen dürfen, weil sie andernfalls in eigener Sache richten würden.[125] Gleichwohl führt das Abstellen auf die Beteiligung eher zu Rechtsunsicherheit als zu vorhersehbaren Ergebnissen, denn in den meisten Fällen werden zum Zeitpunkt der über die Entlastung beschließenden Versammlung Feststellungen über die Beteiligung / Nichtbeteiligung nicht getroffen werden können, da die Teilnehmer der Versammlung oft nicht über die erforderliche Zeit und zum Teil auch nicht über die notwendigen Kenntnisse verfügen, um die Beteiligung abschließend zu klären.[126] Ist die Frage der Beteiligung an einem Vorgang, den die Einzelentlastung betrifft nicht zu klären, kann auch über das Bestehen eines Stimmverbotes keine Aussage getroffen werden. Ganz abgesehen davon stellt sich die Frage, wie der Begriff der Beteiligung zu definieren ist. Die Darstellung zu b) hat gezeigt, daß hierüber alles andere als Einigkeit besteht. Unterstellt man die Existenz einer praktikablen Definition der „Beteiligung", wäre zu fragen, welcher Wahrscheinlichkeitsgrad diesbezüglich vorliegen müßte, um das Bestehen eines Stimmverbotes zu bejahen.

Es besteht die im übrigen Gefahr, daß ein Geschäftsführer wegen angeblicher Beteiligung zunächst vom Stimmrecht ausgeschlossen wird, es sich im Nachhinein jedoch herausstellt, daß der Ausschluß zu Unrecht erfolgte. Genausogut ist der umgekehrte Fall denkbar; der Geschäftsführer beteiligt sich zunächst an der Einzelentlastung des Kollegen, später jedoch ergibt es sich, daß er an dem Vorgang, den die Einzelentlastung betraf, ebenfalls in pflichtwidriger Weise mitgewirkt hatte. In dem einen wie in dem anderen Fall wäre der Beschluß stets mit der Unsicherheit einer möglichen Anfechtung belastet, falls der Versammlungsleiter entweder die abgegebene Stimme trotz des entgegenstehenden Stimmverbotes mitzählt oder den Gesellschafter zu Unrecht von seinem Stimmrecht ausschließt.[127]

Die beschriebenen Unsicherheiten wollen die Stimmverbote aber verhindern. Ihr Zweck besteht gerade darin den Beschluß abstrakt-generell, also unabhängig vom Einzelfall nicht durch Interessenkonflikte zu gefährden.[128] Schon deswegen ist die einzelfallbezogene Betrachtungsweise der zu b) genannten Meinung nicht zu befürworten.[129] Nur die Ansicht, die ein generelles, also einzelfallunabhängiges Stimmverbot fordert, wird dieser Anforderung gerecht. Bei der durch eine Einzelentlastung anzustellenden Beurteilung des Kollegen durch

---

[124] *Groß*, GmbHR 1994, 596, 600.

[125] BGHZ 97, 28, 33f; ders., WM 1989, 1090, 1091.

[126] Vgl. auch *Zöllner*, Schranken, S.204. *Zöllner*, in Kölner Komm., AktG, § 136 Anm.9 weist im übrigen darauf hin, daß für das Nichteingreifen des Stimmverbotes praktisch nur der Fall in Frage kommt, wenn der Betreffende der Verwaltung im fraglichen Zeitraum noch nicht angehört hat.

[127] Vgl. auch *Schleiffer*, Stimmrechtsausschluß, S.295ff; *Zöllner*, in Kölner Komm., AktG, § 136 Anm.58.

[128] *Siegmund*, BB 1981, 1674; Baumbach / Hueck, *Zöllner*, GmbHG, § 47 Rn.44; *Zöllner*, Schranken, S.146ff, 257.

[129] Dies verkennt *Schuler*, Assemblée Générale, S.66, wenn er meint, die sich an der Entlastung des Kollegen beteiligenden Geschäftsführer könnten das Handeln ihres Kollegen eventuell besser beurteilen als außenstehende Gesellschafter oder Aktionäre. Stimmverbote sollen die Objektivität, nicht aber die Qualität der Stimmabgabe sichern.

die Gesellschafter und die übrigen stimmberechtigten Geschäftsführer steht, wie Zöllner zutreffend bemerkt, zwangsläufig die Fortsetzung der Zusammenarbeit des Kollegialorgans auf dem Spiel.[130] Stimmen die Geschäftsführer gegen die Entlastung des Kollegen, geben sie zu erkennen, daß innerhalb der Gesellschaftsverwaltung Uneinigkeit besteht. Dieser Mißstand bezieht sich nicht nur auf den von der Entlastungsverweigerung Betroffenen, sondern auf die gesamte Geschäftsführung, also auch auf diejenigen, die sich an der Entlastung beteiligen. Denkbar ist auch der umgekehrte Fall: Innerhalb der Geschäftsführung bestehen Streitigkeiten, die Geschäftsführer stimmen aber dennoch für die Entlastung des Kollegen, einerseits, um den Ruf des Organs zu wahren, andererseits, um die Fortsetzung der gemeinsamen Zusammenarbeit nicht zu gefährden.[131] Diese, für Außenstehende oft nicht erkennbaren Beziehungen[132] beeinträchtigen die unbefangene Beteiligung an der Beschlußfassung und damit die Richtigkeit des Beschlußergebnisses. Dies übersieht Barz,[133] wenn er meint, es sei nicht einzusehen, warum die Mitglieder der Verwaltung sich nicht gegenseitig das Vertrauen aussprechen können. Der Stimmrechtsausschluß für die von der Einzelentlastung nicht betroffenen Geschäftsführer muß daher wie im schweizerischen Recht schon aufgrund der Zugehörigkeit zum Geschäftsführungsorgan greifen. Es gilt also sowohl für die Gesamt- als auch für die Einzelentlastung: Sämtliche Mitglieder der Geschäftsführung sind vom Beschluß ausgeschlossen. Die Folge dieser Interpretation der Stimmverbote ist, daß der Entlastung eine Art Gewaltenteilungsfunktion zukommt;[134] die nicht geschäftsführenden Gesellschafter sollen die Gewißheit haben, daß sich an der Entlastung kein Vertreter der vollziehenden – geschäftsführenden Gewalt beteiligt.

2. Stimmrechtsvertretung bei der eigenen Entlastung

Ein Aktionär bzw. Gesellschafter kann zwar mangels Rechtsfähigkeit nicht die Geschäftsführung als solche mit der Stimmvertretung beauftragen, in Bezug auf die einzelnen Organmitglieder ist dies jedoch grundsätzlich möglich.[135]

a) Deutsches Recht

Ist das bevollmächtigte Geschäftsführungsmitglied allerdings zu entlasten, darf es sich nach den §§ 47 Abs. IV S.1 GmbHG, 136 Abs. I S.1 AktG weder mit den eigenen Stimmen noch als Stellvertreter mit den Stimmen eines anderen Gesellschafters an der Abstimmung beteiligen und dadurch das Stimmverbot umgehen.[136] Weil es bei dem Entlastungsbeschluß

---

[130] *Zöllner*, Schranken, S.204.

[131] *Zöllner*, Schranken, S. 204; *Schleiffer*, Stimmrechtsausschluß, S. 212f.

[132] *Bürgi*, in Zürcher Komm., OR, Art.695 Rn.9, 10.

[133] *Barz*, in Großkomm., AktG, 3.Aufl., § 136 Anm.9.

[134] *Zöllner*, Schranken, S.204.

[135] Für das schweizerische Recht: *Forstmoser / Meier-Hayoz / Nobel*, AktienR., § 24 Rn.132; *Ruoff*, Stimmrechtsvertretung, S.134f; für das deutsche Recht: *Hüffer*, AktG, § 134 Rn.25; *Mertens*, in Kölner Komm., AktG, 2.Aufl. vor § 76 Anm.4; *Semler*, in Münch.HdB. GftsR., Bd. 4, § 38 Rn.52; *Zöllner*, in Kölner Komm., AktG, § 134 Anm.79; a.A. LG Stuttgart, AG 1974, 260.

[136] BGHZ 56, 47, 53; *Fischer*, NZG 1999, 192, 193f; *Hüffer*, AktG, § 136 Rn.7; *Lutter / Hommelhoff*, GmbHG, § 47 Rn.15; *Raiser*, Kap.gften., § 16 Rn.86, § 33 Rn.63; *Semler*, in Münch.HdB. GftsR., Bd. 4, § 38 Rn.52; *Steiner*, HV, § 14 Rn.11; zu möglichen Ausnahmen sogleich unter c), S.69ff.

um die Leistungsbeurteilung der Geschäftsführer geht, muß das Stimmverbot personenbezogen sein.[137] Es kommt also nicht darauf an, ob Gesellschaftsanteile betroffen sind, sondern darauf, ob die abstimmende Person betroffen ist. Die Frage, ob der zu Entlastende Gesellschafter ist oder nicht spielt folglich keine Rolle. Er darf sich auch dann nicht an der Beschlußfassung als Vertreter beteiligen, wenn ihn als Gesellschafter das Stimmverbot treffen würde. In der Aktiengesellschaft ergibt sich dies bereits aus dem Wortlaut des § 136 Abs. I S.1 AktG, wonach *„niemand"*, also auch der Nichtaktionär als Vertreter eines Aktionärs, das Stimmrecht ausüben darf, wenn es um die eigene Entlastung geht.[138] Für die GmbH gilt nichts anderes. Der Wortlaut des § 47 Abs. IV S.1 GmbHG, der sich nur auf Gesellschafter, nicht aber auf Nichtgesellschafter bezieht, ist hier zu eng.[139] Dementsprechend darf zum Beispiel der Testamentsvollstrecker, der die Geschäftsführung anstelle der Erben wahrnimmt, jedoch nicht Gesellschafter ist, nicht bei der eigenen Entlastung mitstimmen.[140] An seiner Stelle sind die Erben stimmberechtigt.

Wenigstens in Bezug auf das Aktienrecht könnte jedoch infolge der Neufassung des § 134 Abs. III S.3 AktG durch das NaStraG vom 18.1.2001[141] die Frage der Zulässigkeit der Teilnahme eines Vorstandsmitgliedes an der eigenen Entlastung als Aktionärsvertreter neu zu stellen sein.[142] Denn darf die Gesellschaft den Aktionären nach dieser Vorschrift ein Mitglied ihrer Organe als Stimmvertreter vorschlagen, ergibt sich zwangsläufig das Problem, ob sich diese Person in ihrer Vertreterfunktion an der Abstimmung beteiligen darf, wenn bei ihr die Voraussetzungen eines Stimmverbotes erfüllt sind. Im schweizerischen Recht ist dieses Problem weitgehend geklärt. Hierauf soll deswegen zuerst eingegangen werden, um sodann zu untersuchen, ob und inwieweit die Gedanken dieser Rechtsordnung auf das deutsche Recht übertragen werden können.

b) Schweizerisches Recht

(1) Grundsatz: Verbot der Stimmvertretung bei eigener Entlastung

Im Obligationenrecht sind Vertretungsfragen im Zusammenhang mit der eigenen Entlastung nicht normiert. Gleichwohl beurteilt man die Konstellation im Grundsatz so wie im deutschen Recht: Die Richtigkeit des Entlastungsverfahrens ist nicht mehr gewährleistet, wenn der zu Entlastende über den Umweg der Stellvertretung eigene, gesellschaftsfremde Interessen in den Abstimmungsvorgang einfließen lassen kann.[143] Dementsprechend darf der zu Entlastende, unabhängig davon, ob er Gesellschafter ist oder nicht, sich grundsätzlich nicht

---

[137] Vgl. auch Scholz / *Schmidt*, GmbHG, § 47 Anm.155.
[138] Vgl. auch *Obermüller / Werner / Winden*, HV, S.341.
[139] Baumbach / Hueck, *Zöllner*, GmbHG, § 47 Rn.63; Hachenburg / *Hüffer*, GmbHG, § 47 Rn.128; Rowedder / *Koppensteiner*, GmbHG, § 47 Rn.49; Scholz / *Schmidt*, GmbHG, § 47 Anm.155.
[140] BGHZ 108, 21, 25; Baumbach / Hueck, *Zöllner*, GmbHG, § 47 Rn.63; *Groß*, GmbHR 1994, 596, 598.
[141] Gesetz zur Namensaktie und zur Erleichterung der Stimmrechtsausübung, Namensaktiengesetz – NaStraG vom 18.1.2001, BGBl. I 123.
[142] Ob dieses Verfahren mit dem aus dem anglo-amerikanischen Recht stammenden, sehr ausdifferenzierten Begriff „Proxy-Voting" vergleichbar ist, ist fraglich. Auf seine Verwendung wurde deswegen bewußt verzichtet; vgl *Hanloser*, NZG 2001, 355, 356f.
[143] *Schleiffer*, Stimmrechtsausschluß, S.210.

als Vertreter eines Dritten an der Abstimmung über die eigene Entlastung beteiligen.[144] Im schweizerischen Aktienrecht wird hierfür auch auf den Wortlaut des Art.695 Abs. I OR verwiesen, nach dem jeder, unabhängig davon, ob er für sich selbst oder für einen Dritten abstimmt, schon dann vom Déchargebeschluß ausgeschlossen ist, wenn er irgendwie an der Geschäftsführung teilhatte.[145] Eine Ausnahme hiervon hat Böckli für den Fall erwogen, in dem der Abstimmende im Innenverhältnis zum Vertretenen weisungsgebunden ist, da sich der Vertreter dann nach den Weisungen bzw. den Interessen des Vertretenen richten müsse, was zum Fehlen der Interessenkollision führen könnte.[146] Die neuere Literatur läßt diese Ausnahme nicht gelten; es bestehe zum einen die Gefahr, daß der Vertreter trotz Weisungsgebundenheit seinen gesellschaftsfremden Eigeninteressen den Vorzug gebe, zum anderen könne es bei dem auf Rechtsklarheit zugeschnittenen Stimmverbot nicht auf die Frage ankommen, ob der Vertreter im Innenverhältnis, welches den übrigen Gesellschaftern nicht bekannt zu sein braucht, weisungsgebunden sei oder nicht.[147]

(2) Ausnahme: Organvertretung nach Art.689c OR

Eine Ausnahme von dem Verbot, sich an der eigenen Entlastung als Vertreter eines Dritten zu beteiligen, wird dagegen zugelassen, wenn der zu Entlastende gemäß Art. 689c OR als sog. Organvertreter auftritt.[148] Im Gegensatz zur individuellen Stimmrechtsvertretung, bei der sich der Aktionär an eine bestimmte Person wendet und sie mit der Vertretung seiner Stimmen auf der Generalversammlung beauftragt, geht die Initiative beim Organvertreter von der Gesellschaft aus. Diese schlägt ihren Aktionären ein Organmitglied, z.B. ein Verwaltungsratsmitglied, oder eine andere abhängige Person vor, die mit der Stimmrechtsvertretung beauftragt werden kann.[149] Im Gegensatz zur individuellen Stimmrechtsvertretung muß die Person des Organvertreters beim Vorschlag noch nicht namentlich benannt sein.[150] Zu beachten ist jedoch, daß die Gesellschaft gemäß Art.689c OR gleichzeitig mit dem Vorschlag, einen Organvertreter zu beauftragen eine weitere, unabhängige Person namentlich und mit Anschrift zu benennen hat, die der Aktionär mit der Stimmvertretung beauftragen kann. Zweck des Art.689c OR ist es vor allem Kleinaktionären, die nicht persönlich an der Generalversammlung teilnehmen wollen, die Möglichkeit zu eröffnen, sich verstärkt an der Versammlung zu beteiligen, indem sie den Organvertreter mit der Wahrnehmung ihrer Stimmrechte beauftragen.[151]

Tritt ein Mitglied des Verwaltungsrates als Organvertreter auf, darf es sich zwar nicht mit der eigenen, jedoch mit der fremden Stimme am Beschluß über die eigene Entlastung be-

---

[144] *Barbey*, Décharge, S.41f; *Dreifuß / Lebrecht*, in Basler Komm., OR, Art.810 Rn.20; *Eigenmann*, SAG 25 (1952/53), 189, 199; *Forstmoser / Meier-Hayoz / Nobel*, AktienR., § 24 Rn.78ff, 121; *Forstmoser*, Verantwortlichkeit, Rn.425; *Länzlinger*, in Basler Komm., OR, Art.695 Rn.6; *Schleiffer*, Stimmrechtsausschluß, S.210f; *Schluep*, Wohlerworbene Rechte, S.134; *Schucany*, OR, Art.695 Rn.3; *Siegert*, Entlastung in der Aktiengesellschaft, S.25f.

[145] *Barbey*, Décharge, S.43; *Böckli*, Aktienstimmrecht, S.171; *Forstmoser*, Verantwortlichkeit, Rn.425; *Schucany*, OR, Art.695 Rn.3; *Schleiffer*, Stimmrechtsausschluß, S.210; *Schluep*, Wohlerworbene Rechte, S.134f.

[146] *Böckli*, Aktienstimmrecht, S.36, 150, 171; s. auch *von Büren*, ZBJV 1995, 57, 67f.

[147] *Forstmoser / Meier-Hayoz / Nobel*, AktienR., § 24 Rn. 80, 121; *Länzlinger*, in Basler Komm., OR, Art.695 Rn.6; *Ruoff*, Stimmrechtsvertretung, S.158f; *Schleiffer*, Stimmrechtsausschluß, S.210f.

[148] *Böckli*, AktienR., Rn.1360h, 1360i, 1410h; *von Büren*, ZBJV 1995, 57, 67; *Wohlmann*, SJZ 1994, S.116ff.

[149] *Schaad*, in Basler Komm., OR, Art.689c Rn.6ff.

[150] *Schaad*, in Basler Komm., OR, Art.689c Rn.3.

[151] *Böckli*, AktienR., Rn.1375ff; *Schaad*, in Basler Komm., OR, Art.689c Rn.1.

teiligen, es sei denn, der Vertretene wäre selbst vom Stimmverbot des Art.695 Abs. I OR betroffen.[152] Möglicher Kritik, die Interessen des Verwaltungsrates könnten mit denen des Aktionärs kollidieren, hält man entgegen, daß der Organvertreter wie jeder andere Stimmvertreter auch nach Art.689b Abs. I OR die Weisungen des Vertretenen zu befolgen habe,[153] dem Vertretenen im übrigen die Möglichkeit offenstehe, kein Organmitglied, sondern einen unabhängigen Stimmvertreter zu beauftragen.[154] Erteilt der Aktionär eine Weisung, muß das Verwaltungsratsmitglied entsprechend abstimmen, u.U. sogar gegen die eigene Entlastung. Liegt eine Weisung nicht vor, soll mangels gesetzlicher Regelung nach Art.689d Abs. II OR analog im Sinne der Anträge des Verwaltungsrates abzustimmen sein.[155] Von Büren meint sogar, daß sich das Problem der Interessenkollision beim Organvertreter von vornherein nicht stelle, weil dem Aktionär, der diesen Weg wähle, bewußt sei, daß der Organvertreter von der Gesellschaft abhängig ist, er den Anträgen des Verwaltungsrates daher folgen werde.[156] Aktionäre, die sich für die Organvertretung entscheiden, würden schon damit ihre Zustimmung zur Geschäftsführung bekunden. Im Ergebnis sieht von Büren in der weisungslosen Beauftragung also eine zu vermutende, vorgezogene Entlastung, falls der Verwaltungsrat deren Erteilung vorschlägt.[157]

c) Zulässigkeit der Teilnahme an der eigenen Entlastung als Stimmrechtsvertreter infolge der Neuregelung des § 134 Abs. III S.3 AktG

Ob die geschilderte Zulässigkeit der „Selbstentlastung" als Organvertreter nach schweizerischem Recht auch für das deutsche Recht gilt, ist trotz der Neuregelung in § 134 Abs. III S.3 AktG durch das am 25.01.2001 in Kraft getretene Gesetz zur Namensaktie und zur Erleichterung der Stimmrechtsausübung (NaStraG)[158] nach wie vor fraglich.

Zur Erörterung bietet es sich an, diese für sämtliche Aktiengesellschaften geltende Vorschrift mit dem ausschließlich für Aktienbanken geltenden § 135 Abs. I S.2 AktG zu vergleichen. Denn für Hauptversammlungen dieser Banken hat der Gesetzgeber eine differenzierte Regelung zur Stimmrechtsvertretung der Aktionäre getroffen. Schlägt eine Bank ihren Aktionären für die eigene Hauptversammlung einen Vertreter vor, der mit der Wahrnehmung der Stimmrechte beauftragt werden kann, dürfte ein Vorstandsmitglied, welches für die Bank und damit für die Aktionäre abstimmt, sich eigentlich wegen § 136 Abs. I S.1 AktG nicht als Stimmvertreter an der eigenen Entlastung beteiligen. Aufgrund des § 135 Abs. I S.2 AktG ist dies jedoch ausnahmsweise zulässig.[159] Durch die Notwendigkeit der Weisungserteilung zu jedem Tagesordnungspunkt und damit auch zur Vorstandsentlastung ist sichergestellt, daß Vorstandsmitglieder nicht eigenen Interessen gegenüber denen des vertretenen Aktionärs den

---

[152] *Böckli*, AktienR., Rn.1360h; *Wohlmann*, SJZ 1994, 116, 119; s. auch *von Büren*, ZBJV 1995, 57, 67, 68 mit der Bemerkung, daß die Aktionäre schon durch die Beauftragung des Organvertreters ihr Einverständnis mit der Geschäftsführung bekunden und dementsprechend entlasten würden.

[153] *Schaad*, in Basler Komm., OR, Art.689c Rn.10.

[154] *Böckli*, AktienR., Rn.1360i.

[155] *Böckli*, AktienR., Rn.1360i. Für Organvertreter wird in der Regel erklärt, diese würden entsprechend den Anträgen des Verwaltungsrates abstimmen, *Forstmoser / Meier-Hayoz, Nobel*, AktienR., § 24 Rn.135.

[156] *von Büren*, ZBJV 1995, 57, 67, 68.

[157] *von Büren*, ZBJV 1995, 57, 61, der ausführt, der Aktionär, welcher den Organvertreter mit der Stimmrechtsvertretung beauftrage sei vermutungsweise auch mit der Geschäftsführung zufrieden und wolle nicht opponieren.

[158] BGBl. I 123.

[159] *Barz*, in Großkomm., AktG, 3.Aufl., § 136 Anm.5; *Hüffer*, AktG, § 135 Rn.8f, § 136 Rn.25; *Ruoff*, Stimmrechtsvertretung, S.31, 63; *Zöllner*, in Kölner Komm., AktG, § 136 Anm.51.

Vorzug geben.[160] Von der Weisung darf nicht einmal dann abgewichen werden, wenn die Voraussetzungen für ein Abweichen nach § 665 S.1 BGB gegeben sind.[161] Der Bevollmächtigte hat, wenn er i.S.d. § 665 S.1 BGB den Umständen nach annehmen darf, der Auftraggeber würde bei Kenntnis der Sachlage die Abweichung billigen, nur die Möglichkeit, von der Stimmabgabe überhaupt Abstand zu nehmen.[162] Der mögliche Einfluß des Vorstandes auf die Entlastungsentscheidung des Aktionärs ist dadurch ausgeschaltet. § 135 AktG ist daher trotz der Kritik, die am Gesetzgeber geübt wurde,[163] im Hinblick auf Interessenkollisionen bei der Entlastung unbedenklich.

Vergleicht man den neuen, für alle Aktiengesellschaften geltenden § 134 Abs. III S.3 AktG mit der für Aktienbanken geltenden Sonderregelung in § 135 AktG, fällt auf, daß es der Gesetzgeber des NaStraG versäumt hat, eine dem § 135 Abs. I S.2 AktG entsprechende Regelung zu statuieren. Die Erteilung von Weisungen zu den einzelnen Tagesordnungspunkten ist nicht erforderlich, denn § 134 Abs. III S.3 AktG verweist in seinem zweiten Halbsatz zwar auf § 135 Abs. IV S.1 - 3 AktG, nicht aber auf § 135 Abs. I S.2 AktG.

Diese Situation ist mit der des schweizerischen Rechts nicht zu vergleichen. Zum einen fehlt es an der Pflicht zur Benennung eines unabhängigen Dritten i.S.d. Art.689c OR, der statt des Organvertreters mit der Wahrnehmung der Stimmrechte beauftragt werden kann, zum anderen hat der deutsche Gesetzgeber durch die Verweisung in § 134 Abs. III AktG auf § 135 Abs. IV S.1 - 3 AktG klargestellt, daß die nach § 135 Abs. I S.2 AktG erforderliche Weisungserteilung zu jedem Tagesordnungspunkt für § 134 Abs. III AktG nicht gilt. Deswegen kommt auch eine entsprechende Anwendung des § 135 Abs. I S.2 AktG nicht in Betracht.[164]

Ohne die Notwendigkeit der Erteilung von Weisungen insbesondere zum Tagesordnungspunkt Entlastung des Vorstandes entsteht jedoch genau die Interessenkollision, die § 136 Abs. I S.1 AktG zu verhindern sucht.[165] Der Aktionär hat hier gerade keine Gewißheit mehr, daß sich Vertreter der vollziehenden Gewalt nicht an der Entlastung beteiligen;[166] im Gegenteil, ihre Beteiligung ist gerade Folge der Regelung des § 134 Abs. III S.3 AktG. Ob man diesen Bruch mit der Gewaltentrennung[167] zwischen den einzelnen Organen zum Anlaß nimmt, Vorstand und Aufsichtsrat generell als Stimmvertreter i.S.d. § 134 Abs. III S.3 AktG auszuschließen[168] soll hier nicht entschieden werden. Fest steht jedoch, daß die Beteiligung an der eigenen Entlastung als Stimmvertreter mit § 136 Abs. I S.1 AktG nicht zu vereinbaren ist. Daß der zu Entlastende seine Eigenschaft als Organmitglied außer acht läßt und ausschließlich im Sinne des vertretenen Aktionärs handelt, erscheint genauso realitätsfern wie die Unterstellung, der Aktionär werde stets von sich aus ausdrücklich Weisungen zur Entlastungsfrage erteilen.[169] Man könnte zwar erwägen, daß die Beteiligung an der eigenen Entlastung als

---

160 *Hüffer*, AktG, § 136 Rn.8.

161 *Semler*, in Münch.HdB. GftsR., Bd. 4, § 38 Rn.57.

162 *Zöllner*, in Kölner Komm., AktG, § 136 Anm.73.

163 Zur Diskussion vgl. *Baums*, AG 1996, 11ff; *Hüffer*, AktG, § 135 Rn. 3; *Raiser*, Kap.gften., § 16 Rn.101ff; *Schmidt*, GftsR., § 28 IV 4 d; *Semler*, Münch.HdB. GftsR., Bd. 4, § 38 Rn.27; *Zöllner*, in Kölner Komm., AktG, § 136 Anm.50.

164 Ebs. *Kindler*, NJW 2001, 1678, 1687.

165 *Kindler*, NJW 2001, 1678, 1687 hält die Bevollmächtigung von Vorstands- oder Aufsichtsratsmitgliedern zur Stimmabgabe wegen des Vorliegens einer Interessenkollision generell für unzulässig.

166 S.o., S.66.

167 Dazu *Schmidt*, GftsR., § 14 IV 1.

168 Befürwortend *Kindler*, NJW 2001, 1678, 1687; eher ablehnend *Hanloser*, NZG 2001, 355, 356; *Raiser*, Kap.gften., § 16 Rn.95ff.

169 Vgl. *Raiser*, Kap.gften., § 16 Rn.96; *Ruoff*, Stimmrechtsvertretung, S.49.

Aktionärsvertreter jedenfalls dann unschädlich ist, wenn dem vertretenen Aktionär, wie im schweizerischen Recht, wenigstens die Gelegenheit zur ausdrücklichen Weisungserteilung gegeben wurde. Solange aber entsprechende Gesetzesvorschriften nur für Aktienbanken existieren,[170] kann in Bezug auf die übrigen Aktiengesellschaften von der Ausschaltung einer Interessenkollision keine Rede sein. Hier muß es deswegen bei dem Stimmverbot gemäß § 136 Abs. I S.1 AktG bleiben.

3. Stimmverbote Dritter

a) Vertreter und Treuhänder

Für den zu entlastenden Geschäftsführer stellt sich die Frage, ob er, wenn er sich weder mit der eigenen Stimme noch mit den Stimmen Dritter an der eigenen Entlastung beteiligen darf, sein Stimmrecht nicht durch einen Dritten, einen Treuhänder oder einen Vertreter ausüben lassen kann. Im deutschen Recht hält das Gesetz lediglich in § 136 Abs. I S.2 AktG eine Antwort auf diese Frage parat. Für Aktien, aus denen der Aktionär das Stimmrecht nicht selbst ausüben kann, kann das Stimmrecht auch nicht durch einen anderen ausgeübt werden. Treuhänder und Vertreter können daher nicht für den zu Entlastenden am Beschluß teilnehmen.[171] Da eine gesetzliche Regelung im GmbHG nicht existiert,[172] und eine Umgehung des Stimmverbots nach § 47 Abs. IV S.1 GmbHG verhindert werden soll, ist § 136 Abs. I S.2 AktG analog auf den Fall anzuwenden, in dem Dritte anstelle des betroffenen Organmitgliedes über dessen Entlastung abstimmen.[173]

Im schweizerischen Recht ist mit Art.691 Abs. I OR lediglich für die Aktiengesellschaft ein Stimmverbot des Vertreters in dem Fall normiert, in dem die Aktien dem Vertretenen in der Absicht überlassen wurden, Stimmrechtsbeschränkungen, also u.a. das Stimmverbot bei der eigenen Entlastung nach Art.695 Abs. I OR zu umgehen. Die überwiegende Ansicht will Umgehungen jedoch generell ausschließen und verbietet daher ungeachtet der Ausgestaltung des Innenverhältnisses bzw. ungeachtet etwaiger Umgehungsabsichten sowohl Vertretern als auch Treuhändern die Beteiligung an der Décharge des Vertretenen.[174]

---

[170] § 135 Abs. I S.2 ist nicht verallgemeinerungsfähig, vgl. *Hüffer*, AktG, § 136 Rn.25; *Ruoff*, Stimmrechtsvertretung, S.39, 44f, 47ff, 63; *Semler*, in Münch.HdB. GftsR., Bd. 4, § 38 Rn.34; *Zöllner*, in Kölner Komm., AktG, § 136 Anm.50f.

[171] *Boesebeck*, NJW 1955, 1657; *Eckardt*, in Geßler / Hefermehl, AktG, § 136 Anm.25; *Hüffer*, AktG, § 136 Rn.6; *Obermüller / Werner / Winden*, HV, S.341; *Raiser*, Kap.gften, § 16 Rn.86; *Schneider*, ZHR 150 (1986), 609, 620f; *Steiner*, HV, § 14 Rn.11; *Zöllner*, in Kölner Komm., AktG, § 136 Anm.33, 40; *ders.*, Schranken, S.272.

[172] § 47 Abs. IV S.1 GmbHG spricht nur von dem Fall, in dem der zu Entlastende für einen anderen auftritt, nicht aber von dem Fall, daß anstelle des zu Entlastenden ein anderer an der Beschlußfassung teilnimmt.

[173] Hachenburg / *Hüffer*, GmbHG, § 47 Rn. 127; *Raiser*, Kap.gften., § 33 Rn.63; vgl. auch *Barner*, Entlastung, S.36; *Immenga / Werner*, GmbHR 1976, 53, 55; Scholz / *Schmidt*, GmbHG, § 47 Anm.157; Baumbach / Hueck, *Zöllner*, GmbHG § 47 Rn.63.

[174] Zürcher Handelsgericht, ZR 1976 Nr.22, S.78f; *von Büren*, ZBJV 1995, 57, 67; *Bürgi*, in Zürcher Komm., OR, Art.695 Rn.11; *Bürgi / Nordmann- Zimmermann*, in Zürcher Komm., OR, Art.698 Rn.94; *Dreifuß / Lebrecht*, in Basler Komm., OR, Art.810 Rn.20; *Eigenmann*, SAG 25 (1952/53), 189, 199; *Forstmoser / Meier-Hayoz / Nobel*, AktienR., § 24 Rn.80; *Länzlinger*, in Basler Komm., OR, Art.695 Rn.6; *Meier-Wehrli*, Verantwortlichkeit der Verwaltung, S.119; *Schett*, Verwaltung einer Aktiengesellschaft, S.99f; *Schleiffer*, Stimmrechtsausschluß, S.216ff, 221; *Schluep*, Wohlerworbene Rechte, S.134f.

Nun hat jedoch die vorhergehende Diskussion zum Auftreten des zu Entlastenden als Stimmvertreter gezeigt, daß für die Zulässigkeit der Vertretung die Ausgestaltung des Innenverhältnisses zwischen Vertreter und Vertretenem durchaus relevant werden kann. Kann es bei der Stimmvertretung durch den zu Entlastenden darauf ankommen, daß dieser weisungsgebunden ist, um so eine Abstimmung im Interesse des Vertretenen zu gewährleisten, könnte es nun – umgekehrt – darauf ankommen, daß der Vertreter gerade nicht weisungsgebunden ist, damit der Vertretene keinen Einfluß auf das Abstimmungsverhalten des Vertreters nehmen kann.[175]

Unzulässig müssen jedenfalls diejenigen Fallgestaltungen sein, in denen das Vertretungs- bzw. Treuhandverhältnis nur zu dem Zweck begründet wurde, die Stimmverbote bei der eigenen Entlastung zu umgehen. Denn hier wird genau das bezweckt, was die Stimmverbote verhindern wollen: Die Gefahr der Verfälschung des Beschlußergebnisses durch gesellschaftsfremde Eigeninteressen des Entlasteten.[176] Diese Gefahr besteht aber auch dann, wenn es sich um einen weisungsgebundenen Vertreter oder um einen fremdnützigen Treuhänder handelt, denn der vom Stimmrecht Ausgeschlossene könnte ohne weiteres die Weisung erteilen, für seine Entlastung zu stimmen.[177] Es kommt auch nicht darauf an, ob im Einzelfall eine Weisung erteilt wurde oder nicht. Die Stimmverbote sollen abstrakt – generell, also gerade einzelfallunabhängig die Gefahr einer Interessenkollision ausschließen.[178] Würde man auf die Erteilung einer Weisung im Einzelfall abstellen, hätte sich die Gefahr der Interessenkollision bereits verwirklicht. Genau diese Situation soll durch die Stimmverbote verhindert werden.

Ist der Vertreter jedoch nicht von den Weisungen des Vertretenen abhängig, so könnte man wie bereits angedeutet annehmen, eine zum Stimmverbot führende Interessenkollision sei ausgeschlossen, weil der Vertreter sich bei der Abstimmung lediglich am eigenen Interesse, nicht aber an dem des zu Entlastenden orientiert.[179] Folglich müßte man auf die Ausgestaltung des Innenverhältnisses im Einzelfall abstellen. Hierauf kann es aber schon deswegen nicht ankommen, weil ein fremdes Stimmrecht nicht weiter gehen kann als das eigene. Da das Organmitglied bei der eigenen Entlastung aber kein Stimmrecht besitzt, kann es dieses nicht vorhandene Recht auch nicht auf einen Dritten übertragen.[180]

Im übrigen würde sich ein Abstellen auf den Einzelfall nicht mit den der Rechtsklarheit dienenden Stimmverboten vertragen. Es hätte zur Folge, daß der Versammlungsleiter in jedem Fall prüfen müßte, wie das Innenverhältnis ausgestaltet wurde. Dies dürfte aber vor allem bei Publikumsgesellschaften mit größerer Teilnehmerzahl den für die Abhaltung der Versammlung und insbesondere für den Entlastungsbeschluß vorgesehenen Zeitrahmen bei weitem sprengen.[181] Hinzu kommt, daß sich der Vertreter des Gesellschafters für die Teilnahme an Versammlungsbeschlüssen schon durch Vorlage der Vollmachtsurkunde legiti-

---

[175] Bei Weisungsgebundenheit des Vertreters gegenüber dem zu Entlastenden könnte sein Votum kaum anders lauten als Entlastungserteilung.

[176] BGH, NJW 1976, 79; OLG Hamm, GmbHR 1989, 79; *Länzlinger*, in Basler Komm., OR, Art.691 Rn.4f; *Lutter / Hommelhoff*, GmbHG, § 47 Rn.15.

[177] *Böckli*, AktienR., Rn.1410g; *Groß*, GmbHR 1994, 597, 599; *Siegmund*, BB 1981, 1674, 1675, a.A. ohne Begr. *Sudhoff*, Gesellschaftsvertrag, II. K 2c): Stimmverbot nur bei Umgehungsabsicht.

[178] *Schleiffer*, Stimmrechtsausschluß, S.54; Scholz / *Schmidt*, GmbHG, § 47 Anm.101, 148.

[179] *Barz*, in Großkomm., AktG, 3.Aufl., § 136 Anm.5; *Groß*, GmbHR 1994, 596, 599; Rowedder / *Koppensteiner*, GmbHG, § 47 Rn.50; *Schaaf*, Hauptversammlung, Rn.761; *Semler*, in Münch.HdB. GftsR., Bd. 4, § 38 Rn.28.

[180] OLG München, GmbHR 1995, 231; *Gubler*, SAG 23 (1950/51), 68, 71; *Siegert*, Entlastung in der Aktiengesellschaft, S.32.

[181] Vgl. auch LG Köln, NJW-RR 1998, 966, 967.

miert.[182] Nicht erforderlich ist es dagegen, darzulegen, welche Abreden im Innenverhältnis zum Vertretenen getroffen wurden.[183] Dasselbe gilt auch für den Treuhänder,[184] der im Gegensatz zum Vertreter nicht einmal das Treuhandverhältnis als solches offenzulegen hat. Folglich besteht die Gefahr, daß weder weisungsgebundene noch weisungsfreie Vertretungs- bzw. Treuhandverhältnisse offenbar werden,[185] eine Interessenkollision infolge bestehender Weisungsgebundenheit also u.U. unerkannt bleibt. Es mag zwar im Einzelfall der materiellen Gerechtigkeit dienlicher sein, den unabhängigen Vertreter zur Stimmabgabe zuzulassen, die Versammlung jedoch permanent mit Einzelfragen des Innenverhältnisses zu belasten, würde generell zu Unsicherheiten bei der Beteiligung von Vertretern des zu Entlastenden führen und ginge, wie gezeigt, zu Lasten der auf Rechtssicherheit und –klarheit zugeschnittenen Stimmverbote.[186] Vertreter und Treuhänder sind daher genauso vom Stimmverbot umfaßt wie der vom Entlastungsbeschluß Betroffene selbst.

b) Mitglieder von Kontrollorganen

Besteht in der Gesellschaft ein Aufsichtsrat, geht der Vorschlag zur Entlastung der Geschäftsführer meist von diesem Organ aus. Eine solche Vorgehensweise ist schon deswegen sinnvoll, weil dem Aufsichtsrat nach § 111 Abs. I AktG und, soweit er in der GmbH vorgesehen ist, nach den §§ 52 Abs. I GmbHG, 111 Abs. I AktG allgemein die Pflicht zur Überwachung der Geschäftsführung zukommt.

An sich könnte man schon aus diesem Grunde die Beteiligung des Aufsichtsrates an der Entlastung der Geschäftsführung befürworten,[187] weil seine Mitglieder unter Umständen sachgerechter beurteilen können, ob die Entscheidungen rechtmäßig und in unternehmerisch vertretbarer Weise getroffen wurden oder nicht.[188] Hinzu kommt, daß sich die Funktionsbereiche des Vorstandes klar von denen des Aufsichtsrates unterscheiden.[189] Während der eine ausschließlich für die Führung der Geschäfte zuständig ist, beschränkt sich die Aufgabe des anderen auf die Überwachung dieser Tätigkeit. Dieselbe Überlegung könnte auch für einen gesellschaftsvertraglich geschaffenen Beirat gelten, wenn ihm Aufgaben übertragen wurden, die mit denen eines Aufsichtsrates vergleichbar sind.

Tatsächlich bejaht ein Teil der Literatur dann auch uneingeschränkt die Zulässigkeit der Beteiligung der Aufsichtsratsmitglieder an der Entlastung der Geschäftsführung.[190] Die

---

[182] § 134 Abs. III S.1 AktG; Art.689a Abs. I, 689b Abs. II OR; vgl. auch RG, JW 1934, 976, 977; Hachenburg / *Hüffer*, GmbHG, § 47 Rn.98; Scholz / *Schmidt*, GmbHG, § 47 Anm.89; *Steiner*, HV, § 13 Rn.37; *Vogel*, Gesellschafterbeschlüsse, F II. 16.

[183] *Steiner*, HV, § 5 Rn.8.

[184] *Steiner*, HV, § 5 Rn.9.

[185] *von Büren*, ZBJV 1995, 57, 67; *Länzlinger*, in Basler Komm., OR, Art.691 Rn.2.

[186] Vgl. auch Hachenburg / *Hüffer*, GmbHG, § 47 Rn.127.

[187] Bei dem Stimmverbot der Aufsichtsräte handelt es sich um ein speziell deutsches Problem. Dieses Organ existiert im schweizerischen Recht nicht. Bei der Entlastung der geschäftsführenden Verwaltungsräte sind alle übrigen – kontrollierenden – Verwaltungsräte vom Stimmverbot des Art.695 Abs. I OR umfaßt, vgl. Fn.122. Im französischen Recht wird ein Stimmverbot bei der eigenen Entlastung abgelehnt, s.o., S.60f.

[188] Der Parallelgedanke findet sich bei *Schuler*, Assemblée Générale, S.66 in Bezug auf die Beteiligung der Geschäftsführer an der Einzelentlastung des Kollegen.

[189] *Priester*, in FS-Rowedder, S.369, 376, der hieraus die Zulässigkeit der Beteiligung des Aufsichtsrates herleitet.

[190] *Groß*, GmbHR 1994, 596, 601; *Priester*, in FS-Rowedder, S.369, 376.

überwiegende Lehre stimmt dem im Grundsatz zu.[191] Eine Einschränkung soll nur in Betracht kommen, wenn sich anhand der jeweiligen Fallumstände eine mögliche Haftung des Aufsichtsrates ergibt.[192]

Beide Ansichten können indes nicht überzeugen. Zur Ablehnung kann dasselbe Argument angebracht werden, was auch für die Geltung des Stimmverbotes der übrigen Vorstandsmitglieder bei der Einzelentlastung eines Kollegen gilt.[193] Allein die Notwendigkeit, die Aufsichtsratshaftung anhand der Einzelfallumstände untersuchen zu müssen, führt zu Rechtsunsicherheit, mit der das Stimmverbot gerade nicht belastet werden soll.[194] Es besteht des weiteren auch nur scheinbar eine Trennung zwischen den Aufgaben des Aufsichtsrates und denen des Vorstandes. Zum einen kann die Satzung vorsehen, daß bestimmte Geschäfte der Zustimmung des Aufsichtsrates bedürfen (§ 111 Abs. IV S.2 AktG), zum anderen, das ist entscheidend, bezieht sich die Überwachungsaufgabe des Aufsichtsrates ausschließlich auf die Tätigkeit des Vorstandes. Genau dies aber erlaubt ihm keine unvoreingenommene Beurteilung der Geschäftsführung, denn hätten Pflichtwidrigkeiten erkannt und der Haupt- bzw. der Gesellschafterversammlung berichtet werden müssen, ist dies aber nicht geschehen, besteht die Gefahr, daß die Mitglieder des Aufsichtsorgans von eigenen Überwachungsmängeln abzulenken versuchen, indem sie für die Entlastungserteilung stimmen.[195] Für den Aufsichtsrat ergibt sich somit zwar kein persönlicher, jedoch ein sachlicher Interessenkonflikt, der es rechtfertigt, ihn von der Beteiligung an der Entlastung der Geschäftsführung auszuschließen.

Ob dieselben Argumente auch für den Beirat gelten, ist fraglich, denn im Gegensatz zum Aufsichtsrat sind die Aufgaben dieses fakultativen Organs nicht gesetzlich festgelegt. Der Beirat kann als reines Aufsichtsorgan fungieren, denkbar ist es aber auch, daß die Geschäftsführung durch weitreichende Zustimmungsvorbehalte des Beirates weitgehend entmachtet wird.[196] Eine generelle Aussage ist aufgrund der unterschiedlichen Fallgestaltungen nicht möglich. Folgende Leitlinien wird man jedoch aufstellen können. Für die Bejahung oder die Ablehnung des Stimmverbotes kann es aus den o.g. Gründen der Rechtssicherheit nicht darauf ankommen, ob der Beirat im Einzelfall gesamtschuldnerisch mit der Geschäftsführung haftet oder nicht.[197] Entscheidend ist vielmehr die Struktur des Organs. Sind für den Beirat, was oft geschieht, einem Aufsichtsrat vergleichbare Überwachungsaufgaben vorgesehen, wird man ein Stimmverbot für die Beiratsmitglieder aus denselben Gründen bejahen müssen wie beim Aufsichtsrat. Erst recht muß dies gelten, wenn ihm daneben auch noch Aufgaben der Geschäftsführung übertragen wurden,[198] denn wegen der Aufgabenverzahnung zwischen Beirat und Geschäftsführung wird die Entlastung der Geschäftsführer stets auch zur Entlastung der Mitglieder des Beirates.

---

[191] *Barz*, in Großkomm., AktG, 3.Aufl., § 136 Anm.6; *Eckardt*, in Geßler / Hefermehl, AktG, § 136 Anm.14; Hachenburg / *Hüffer*, GmbHG, § 47 Rn.145; *Hüffer*, AktG, § 136 Rn.21; *Priester*, in FS-Rowedder, S.369; 375f; Scholz / *Schmidt*, GmbHG, § 47 Anm.134; zust. wohl auch *Immenga / Werner*, GmbHR 1976, 53, 55.

[192] Hachenburg / *Hüffer*, GmbHG, § 47 Rn.145; *Hüffer*, AktG, § 136 Rn.21; Scholz / *Schmidt*, GmbHG, § 47 Anm.134.

[193] S.o., S.64ff.

[194] S.o., S.65 a.E.

[195] Baumbach / Hueck, *Zöllner*, § 47 Rn.46; *Barner*, Entlastung, S.38; *Mülbert*, in Großkomm., AktG, § 120 Rn.113; i.E. zust. OLG München, NJW-RR 1993, 1507, 1510.

[196] Vgl. auch *Schmidt*, GftsR., § 36 IV 3.

[197] S.o., S.64ff; vgl. auch OLG München, NJW-RR 1993, 1507, 1510.

[198] OLG München, NJW-RR 1993, 1507, 1509.

c) Beteiligungsgesellschaften

Ist der zu Entlastende an einer dritten Gesellschaft beteiligt, darf er diese Gesellschaft bei der eigenen Entlastung nicht vertreten, wenn sie auch Anteile an der Gesellschaft hält, in der die Entlastung beschlossen wird. Der Geschäftsführer kann, wie bereits festgestellt, auch nicht für einen anderen das Stimmrecht ausüben.[199] Davon zu unterscheiden ist die Frage, ob die Gesellschaft selbst, vertreten durch eine andere Person als den zu Entlastenden, an der Beschlußfassung teilnehmen kann. Ist der zu Entlastende Gesellschafter der Beteiligungsgesellschaft, bleibt dies grundsätzlich unschädlich. Die Befangenheit des Gesellschafters wird der Gesellschaft nicht zugerechnet, da das Schicksal ihres Vermögens nicht mit dem ihres Gesellschafters gleichzusetzen ist.[200] Eine Zurechnung erfolgt nur, wenn der zu Entlastende rechtlich in der Lage ist, die Beteiligungsgesellschaft zu beherrschen, weil dann zu befürchten ist, daß sich die Gesellschaft bei der Beschlußfassung vornehmlich von seinen Sonderinteressen leiten läßt.[201] Auf eine rein tatsächliche Beherrschungsmöglichkeit bzw. auf die Frage, ob von ihr im Einzelfall Gebrauch gemacht wurde, kann es schon deswegen nicht ankommen,[202] weil der Stimmrechtsausschluß andernfalls wieder einzelfallbezogen würde, was wiederum, den auf Rechtsklarheit zugeschnittenen Stimmverboten zuwiderlaufen würde.[203] Von einem Teil der Lehre befürchtete praktische Schwierigkeiten in der Grenzziehung zwischen gesicherter und nicht gesicherter Beherrschungsmöglichkeit[204] lassen sich vermeiden, indem man auf die Begriffsbestimmung des herrschenden bzw. abhängigen Unternehmens i.S.d. § 17 AktG abstellt.[205] Danach kann der zu Entlastende das Stimmverhalten der Gesellschaft in rechtlich gesicherter Weise zu seinen Gunsten beeinflussen, wenn er über die Stimmenmehrheit in der Beteiligungsgesellschaft verfügt[206] oder wenn er, soweit gesetzlich zulässig, über satzungsmäßig geschaffene Abhängigkeiten auf das Stimmverhalten der Gesellschaft Einfluß nehmen kann.[207] Ist die Beherrschung auf diese Weise gesichert, kommt es auch nicht darauf an, welche Rechtsform die Drittgesellschaft hat.[208]

---

[199] S.o., S.66ff.

[200] BGHZ 56, 47, 53; Hachenburg / *Hüffer*, GmbHG, § 47 Rn.130f; *Zöllner*, in Kölner Komm., AktG, § 136 Anm.40.

[201] Für das deutsche Recht: RGZ 146, 385, 390; BGHZ 36, 296, 301; *Mülbert*, in Großkomm., AktG, § 120 Rn.115; Hachenburg / *Hüffer*, GmbHG, § 47 Rn.131; *Hüffer*, AktG, § 136 Rn.10; Scholz / *Schmidt*, GmbHG, § 47 Anm.160; *Semler*, in Münch.HdB GftsR., Bd. IV, § 38 Rn.31; für das schweizerische Recht: BGE 118 II 496, 499; Zürcher Handelsgericht, ZR 75 (1976) Nr.22, S.78ff; *Forstmoser / Meier-Hayoz / Nobel*, AktienR., § 24 Rn.81; *Schett*, Verwaltung einer Aktiengesellschaft, S.100; *Schleiffer*, Stimmrechtsausschluß, S.225; *Siegert*, Entlastung in der Aktiengesellschaft, S.35, 37.

[202] BGH LM AktG. § 114 Nr.1; *Böckli*, AktienR., Rn.1410g; *Schleiffer*, Stimmrechtsausschluß, S.222; *Schneider*, ZHR 150 (1986), 609, 619f; Scholz / *Schmidt*, GmbHG, § 47 Anm.160; *Siegert*, Entlastung in der Aktiengesellschaft, S.36.

[203] S.o., S.65f.

[204] *Barbey*, Décharge, S.44; *Bürgi*, in Zürcher Komm., OR, Art.695 Rn.12.

[205] Für das deutsche Recht: Hachenburg / *Hüffer*, GmbHG, § 47 Rn. 130; Rowedder / *Koppensteiner*, GmbHG, § 47 Rn.55; zust. wohl auch *Zöllner*, in Kölner Komm., AktG, § 136 Anm.40, 41; für das schweizerische Recht: *Schleiffer*, Stimmrechtsausschluß, S.220, 150 m.w.N.

[206] *Böckli*, AktienR., Rn.1410g; *Fischer*, NZG 1999, 192; *Forstmoser, Meier-Hayoz / Nobel*, AktienR., § 24 Rn.81; Scholz / *Schmidt*, GmbHG, § 47 Anm.159ff.

[207] OLG Hamm, GmbHR 1992, 802f; *Fischer*, NZG 1999, 192; *Schleiffer*, Stimmrechtsausschluß, S.220, 150ff.

[208] BGHZ 49, 183, 194; *Schneider*, ZHR 150 (1986), 609, 619f; i.E. zust. auch Scholz / *Schmidt*, GmbHG, § 47 Anm.159ff.

d) Stimmverbot der Muttergesellschaft bei Doppelmandaten in Konzernverhältnissen

Probleme bereitet nach wie vor der Stimmrechtsausschluß bei der Entlastung in Konzernverhältnissen. Wird in der Tochtergesellschaft über die Entastung der Geschäftsführer entschieden, darf sich selbstverständlich kein Geschäftsführer der Tochtergesellschaft mit seinen Stimmen an der eigenen Entlastung beteiligen.[209] Ist das Organmitglied gleichzeitig in der Verwaltung der Muttergesellschaft tätig, darf es die Gesellschaft bei dem Entlastungsbeschluß auch nicht vertreten;[210] der zu Entlastende darf hier weder für sich noch für einen anderen handeln.

Fraglich und umstritten ist jedoch, ob und in welcher Weise sich die Muttergesellschaft mit ihren Tochtergeschäftsanteilen an der Entlastung beteiligen darf. Auch hier geht es ähnlich wie in der vorangegangenen Konstellation um die Frage der Zurechnung der Befangenheit. Dieses Mal allerdings stellt sich die Zurechnungsfrage jedoch nicht, weil der zu Entlastende Gesellschafter einer Drittgesellschaft ist und diese deswegen kein Stimmrecht hat, sondern weil der zu Entlastende gleichzeitig Organmitglied der Tochter- und der Muttergesellschaft ist, wenn er also ein sog. Doppelmandat innehat.

Zur Veranschaulichung der Problematik sei eine Entscheidung des LG Köln herangezogen:[211] Die A-Gesellschaft ist die Muttergesellschaft der B-Gesellschaft. Von zehn Vorstandsmitgliedern in der B-Gesellschaft sind sieben gleichzeitig Mitglieder des elfköpfigen Vorstandes der A-Gesellschaft. Darf sich die A-Gesellschaft an der Abstimmung über die Entlastung des Vorstandes in der B-Gesellschaft beteiligen oder ist sie, wie auch der Vorstand selbst, von der Beschlußfassung ausgeschlossen?

(1) Lösung über § 17 Abs. I AktG

Eine Ansicht will die Gesellschaft dem Stimmverbot unterwerfen, falls das zu entlastende Organmitglied i.S.d. § 17 AktG maßgeblichen Einfluß auf die Gesellschaft hat.[212] Folgte man dieser Ansicht, wäre die Frage der Doppelmandate unerheblich. Es käme nur darauf an, ob die Geschäftsführer das Stimmverhalten der A-Gesellschaft beeinflussen könnten, um so die Entscheidung zu ihren Gunsten ausfallen zu lassen.

(2) Stimmverbot bei Bestehen eines einzigen Doppelmandates

Nach einer weiteren Meinung ist die Muttergesellschaft schon bei Bestehen auch nur eines einzigen Doppelmandates vom Stimmrecht ausgeschlossen.[213] Die A-Gesellschaft wäre im genannten Fall demnach ohne weiteres mit einem Stimmverbot zu belegen. Diese Ansicht geht davon aus, daß die herrschende Gesellschaft durch das Doppelmandat direkten Einfluß auf die Verwaltung der Tochtergesellschaft nehmen kann und will, so daß das aus den eige-

---

209 *Barner*, Entlastung, S.39.

210 *Barner*, Entlastung, S.39; *Ebenroth / Müller*, GmbHR 1991, 237; Hachenburg / *Hüffer*, GmbHG, § 47 Rn.137; *Schett*, Verwaltung einer Aktiengesellschaft, S.99; *Schneider*, ZHR 150 (1986), 609, 625; *Schucany*, OR, Art.695 Rn.3; a.A. *Hoffmann-Becking*, ZHR 150, (1986), 571, 581.

211 LG Köln, NZG 1998, 193.

212 *Barz*, in Großkomm., AktG, 3.Aufl., § 136 Anm.3; Hachenburg / *Hüffer*, GmbHG, § 47 Rn.137.

213 *Barner*, Entlastung, S.40f; Baumbach / Hueck, *Zöllner*, GmbHG, § 47 Rn.68; *Schneider*, ZHR 150 (1986), 609, 628; *Zöllner*, in Kölner Komm., AktG, § 136 Anm. 46; *ders.*, Schranken, S.281.

nen Reihen in die Tochtergesellschaft entsandte Verwaltungsmitglied nur die vorformulierte Politik der Muttergesellschaft ausführt.[214] Geht es um die Entlastung eines solchen Verwaltungsmitgliedes, billige die Mutter im Prinzip nur die durch sie selbst veranlaßten Maßnahmen in der Tochter und werde dadurch zum Richter in eigener Sache.[215] Barner sieht des weiteren unüberbrückbare Interessengegensätze darin, daß die Muttergesellschaft in die mißliche Lage versetzt werde, die selbst veranlaßte Geschäftspolitik nun nicht aus eigener Sicht, sondern aus Sicht der Tochter mittels Entlastung bewerten zu müssen.[216] Barner fordert deswegen zwar, auf die Entlastung in der Tochtergesellschaft gänzlich zu verzichten,[217] konsequenterweise aber müßte man noch weiter gehen und sämtliche Entlastungsbeschlüsse wegen des Stimmverbotes, jedenfalls bei hundertprozentigen Tochtergesellschaften, für rechtswidrig halten. In allen anderen Konstellationen dürften dann nur die Minderheitsgesellschafter über die Entlastung beschließen.

In der Schweiz verneint man gleichfalls das Stimmrecht der Muttergesellschaft bei Vorliegen eines einzigen Doppelmandates.[218] Die Zurechnung erfolgt hier allerdings nicht mittelbar über die Befangenheit des Organmitgliedes mit Doppelmandat, sondern unmittelbar. Die Muttergesellschaft kann zwar aufgrund des Art.707 Abs. III OR nicht selbst Mitglied im Verwaltungsrat der beherrschten Gesellschaft werden, sie kann jedoch eine materielle Organeigenschaft erlangen, indem sie gemäß Art.707 Abs. III OR Vertreter in den Verwaltungsrat der Tochter entsendet und dadurch tatsächlichen und unmittelbaren Einfluß auf die Geschäftspolitik der Tochtergesellschaft nimmt.[219]

(3) Stimmverbot nur bei Mehrheit der Doppelmandate

Nach einer dritten Ansicht, der die neuere deutsche Rechtsprechung folgt, ist zu differenzieren:[220] Die Befangenheit des Organs der Tochtergesellschaft soll der Muttergesellschaft nur zuzurechnen sein, wenn die Organmitglieder mit Doppelmandaten in der Tochtergesellschaft in der Mehrheit sind.[221] Dementsprechend wäre im Beispielsfall das Stimmrecht der herrschenden A-Gesellschaft in Bezug auf die Entlastung in der B-Gesellschaft ausgeschlossen, weil sieben von zehn Vorstandsmitgliedern Doppelmandate innehaben. Wären Organmitglieder mit Doppelmandaten hingegen in der Minderheit, müßte das Stimmverbot verneint werden.[222] Ansatzpunkt dieser Auffassung ist der unter c) dargestellte Gedanke,[223] daß die A-Gesellschaft bei einer Beteiligung an B kein Stimmrecht hätte, wenn der in B zu Entlastende

---

[214] *Barner*, Entlastung, S.40; *Schneider*, ZHR 150 (1986), 609, 628.
[215] *Barner*, Entlastung, S.40; *Ebenroth / Müller*, GmbHR 1991, 237, 238.
[216] *Barner*, Entlastung, S.40.
[217] *Barner*; Entlastung, S.41.
[218] BGE 118 II 496, 499; *Schleiffer*, Stimmrechtsausschluß, S.224ff; a.A. ohne Begr. *Länzlinger*, in Basler Komm., OR, Art.691 Rn.7.
[219] *Bürgi*, in Zürcher Komm., OR, Art.691 Rn.12; *Forstmoser*, Verantwortlichkeit, Rn.711ff; *Schleiffer*, Stimmrechtsausschluß, S.224ff.
[220] LG Köln, NZG 1998, 193.
[221] LG Köln, NZG 1998, 193, m. zust. Anm. *Jäger*, NZG 1998, 271; Hachenburg / *Hüffer*, GmbHG, § 47 Rn.137; s. auch *Fischer*, NZG, 1999, 192, 193, der für die Aktiengesellschaft § 136 Abs. I S.1 AktG analog heranzieht.
[222] So LG Wuppertal, AG 1967, 139, 140, bestätigt durch OLG Düsseldorf, AG 1968, 19, 20; hier bestanden bei sieben Vorstandsmitgliedern im beherrschten Unternehmen lediglich zwei Doppelmandate mit der Folge, daß das herrschende Unternehmen nach Ansicht der Gerichte keinem Stimmverbot unterlag.
[223] S.o., S.75.

Mehrheitsgesellschafter der A-Gesellschaft wäre.[224] Die Konstellation, wenn in Mutter- und Tochtergesellschaft Verwaltungsdoppelmandate numerisch in der Mehrheit sind, könne nicht anders beurteilt werden, weil die Verwaltung der Muttergesellschaft in die Lage versetzt würde, die Willensbildung der Tochtergesellschaft maßgeblich zu beeinflussen; die Entlastung in der Tochter sei daher nichts anderes als die (Selbst-)entlastung in der Mutter.[225]

(4) Stellungnahme

Die erste Auffassung geht davon aus, daß die Politik der Geschäftsführung im Konzern allein durch die Gesellschafter der Muttergesellschaft bestimmt werde, da man das Stimmverbot nur dann greifen läßt, wenn der zu entlastende Geschäftsführer gleichzeitig die Tochtergesellschaft beherrscht. Die unter Punkt (3) genannte Ansicht nimmt dagegen an, die Willensbildung der Tochtergesellschaft werde maßgeblich von der Geschäftsführung der Muttergesellschaft bestimmt. Ihre Befangenheit kann sich nämlich nur dann als Folge der Doppelmandate ergeben, wenn die Geschäftsführer, die bei der Entlastung in der Tochter für die Muttergesellschaft handeln, die Geschäftspolitik für die Tochtergesellschaft in der Muttergesellschaft bestimmen und durch die Entlastung an sich nur die eigene, selbst veranlaßte Ausführung dieser Politik bewerten.

Die Auffassung zu Punkt (2) unterscheidet sich insoweit von den beiden vorgenannten Meinungen, als daß sie für die Begründung eines Stimmverbotes für die Muttergesellschaft nicht auf die Frage abstellt, wer hinter der in der Tochtergesellschaft ausgeführten Geschäftspolitik steht, sondern allein auf das Bestehen des Doppelmandates als solchem und einem dadurch bewirkten Interessenkonflikt.

Die dargestellten Meinungen sind, was die Geschäftsführungsentscheidungen in Bezug auf die Tochtergesellschaft betrifft, nur teilweise zutreffend. Ist eine GmbH herrschendes Konzernunternehmen, ist die Wahrnehmung der Beteiligungsrechte bzw. die Konzernleitung zwar Angelegenheit der Geschäftsführer,[226] jedoch sind die Gesellschafter der Mutter-GmbH für die Grundsätze der Konzernpolitik zuständig, also sowohl für das Mutter- wie auch für das Tochterunternehmen.[227] Daneben bedürfen bestimmte wichtige Maßnahmen in der Tochtergesellschaft, wenn sie aus Sicht der Obergesellschaft nachhaltig in der Rechte der Gesellschafter eingreifen, der Zustimmung der Gesellschafter.[228] In der Aktiengesellschaft als herrschendem Unternehmen werden seit dem Holzmüller-Urteil des BGH[229] in Abweichung von § 76 Abs. I AktG zunehmend ungeschriebene Hauptversammlungszuständigkeiten der Muttergesellschaft bei wichtigen Entscheidungen in der Tochtergesellschaft bejaht.[230] Es ist nicht zu verkennen, daß die gesellschaftsinterne Gewaltenteilung infolge der Konzernlage zu einer

---

[224] *Fischer*, NZG 1999, 192.

[225] LG Köln, NZG 1998, 193; *Fischer*, NZG 1999, 192, 193; *Jäger*, Anm. zu LG Köln, NZG 1998, 271; vgl. auch *Schneider*, ZHR 150 (1986), 609, 618, der von einer Beherrschung ausgeht, wenn der zu Entlastende alleiniger Geschäftsführer der sich an der Entlastung beteiligenden Gesellschaft ist.

[226] Scholz / *Emmerich*, GmbHG, Anhang KonzernR., Anm.62.

[227] BGH, NJW 1984, 1461; OLG Frankfurt, AG 1988, 335, *Emmerich / Sonnenschein*, KonzernR., § 4a VI 3; Scholz / *Schneider*, GmbHG, § 37 Anm.65.

[228] *Emmerich / Sonnenschein*, KonzernR., § 4a VI 3; Scholz / *Emmerich*, GmbHG, Anhang KonzernR., Anm.64; Scholz / *Schneider*, GmbHG, § 37 Anm. 65f.

[229] BGHZ 83, 122, 136ff.

[230] OLG Köln, AG 1993, 86, 88; LG Köln, AG 1992, 238; *Emmerich / Sonnenschein*, KonzernR., § 4a V 3, VI 4; *Hüffer*, AktG, § 76 Rn.16; *Krieger*, in Münch.HdB. GftsR., Bd. 4, § 69 Rn.33ff.

gewissen Gewaltenverschränkung führt. Durch die Festlegung der Konzernpolitik sowie infolge der Zustimmungsnotwendigkeit für bestimmte Maßnahmen im Tochterunternehmen partizipieren die Anteilseigner der Muttergesellschaft zumindest mittelbar an der Geschäftsführung in der Tochter. Schon deswegen kann man generell weder feststellen, daß die Geschäftsleitung stets die Willensbildung der Muttergesellschaft bestimmt, noch kann angenommen werden, daß die Gesellschafter des herrschenden Unternehmens allein für die Entscheidungen in der Tochter zuständig seien.

Unterstellt man, daß die Geschäftsführung nicht nur als Vertreter der herrschenden Gesellschaft in Bezug auf die Entlastung in der abhängigen Gesellschaft handelt, sondern auch gesellschaftsintern hierüber zu entscheiden hat,[231] können sich bei Doppelmandaten in der Tat persönliche Interessenkonflikte ergeben. Würde man dem Geschäftsführungsmitglied, welches als Vorstand sowohl im herrschenden als auch im beherrschten Unternehmen fungiert, ein Stimmrecht für das herrschende Unternehmen bei der Entlastung zubilligen, würde es, wenn auch nur vertretungsweise, als Richter in eigener Sache entscheiden.

Eine Lösungsmöglichkeit könnte darin bestehen, indem man die Geschäftsführer mit Doppelmandat von dem Beschluß über die Entlastung ausschließt und diejenigen ohne Doppelmandat zur Abstimmung zuläßt.[232] Im oben genannten Fall, könnten sich dann vier der insgesamt elf Vorstandsmitglieder der herrschenden A-Gesellschaft an der Entlastung des Vorstandes in der B-Gesellschaft beteiligen. Hier stellt sich allerdings das Problem, welches in Bezug auf die Beteiligung der nicht betroffenen Geschäftsführer an der Einzelentlastung eines Geschäftsführers bereits geschildert wurde. Eine unbefangene Entlastungsentscheidung ist vor dem Hintergrund der rechtlichen und tatsächlichen Verflechtungen innerhalb des Geschäftsführungsorgans nicht möglich.[233] Man könnte auch, so die Lösung des LG Köln, die herrschende Gesellschaft insgesamt vom Stimmrecht ausschließen.[234] Bei hundertprozentigen Tochtergesellschaften würde dies allerdings dazu führen, daß dort wegen fehlender Minderheitsgesellschafter überhaupt keine Entlastung stattfinden dürfte.

Ein Ausweg bietet sich an, indem man die Entlastung in der Tochtergesellschaft von der Zustimmung der Gesellschafter- bzw. der Hauptversammlung der Muttergesellschaft abhängig macht. Diese Organe sind hierfür zwar nicht originär zuständig,[235] jedoch könnte für die Aktiengesellschaft eine Zustimmung nach § 119 Abs. II AktG gefordert werden. Für die GmbH kann sich der Zustimmungsvorbehalt aufgrund des § 46 Nr.5 GmbHG sowie aus der Überlegung ergeben, daß die Gesellschafterversammlung oberstes Organ der Gesellschaft ist und sie daher Geschäfte der Geschäftsführer ohne weiteres von ihrer Zustimmung abhängig machen kann. Ein solcher Zustimmungsvorbehalt bietet sich aus folgenden Gründen an. Da in der Entlastung eine Bewertung der Geschäftsführung durch diejenigen Anteilseigner zu sehen ist, die im übrigen von den Aufgaben der Geschäftsführung ausgeschlossen sind,[236] muß die Zuständigkeit der Geschäftsführer der herrschenden Gesellschaft - jedenfalls gesellschaftsintern - schon aufgrund dieses Umstandes verneint werden. Formal mag es zwar um die Wahrnehmung von Beteiligungsrechten gehen, so daß man die Zuständigkeit der Geschäftsführer bejahen könnte, inhaltlich aber geht es wie bei jeder Entlastung um die Bewertung der Ge-

---

[231] *Barner*, Entlastung, S.40; *Fischer*, NZG 1999, 192, 193; *Semler*, in FS Stiefel, 719, 744f.

[232] Vgl. auch *Fischer*, NZG 1999, 192, 194. Die zu (2), S.76f. genannte Auffassung übersieht diese Möglichkeit, da sie das Stimmverbot schon beim Vorliegen eines einzigen Doppelmandates bejaht.

[233] S.o., S.65f.

[234] LG Köln, NZG 1998, 193.

[235] Die Wahrnehmung von Beteiligungsrechten ist jedenfalls gesellschaftsextern Angelegenheit der Geschäftsführer des herrschenden Unternehmens.

[236] S.o., S.65f.

schäftsführung. Eine objektive, unbefangene Beurteilung ist am ehesten durch denjenigen gewährleistet, der prinzipiell nicht an der Gesellschaftsverwaltung beteiligt ist.[237] Dies ist sowohl innerhalb als auch außerhalb von Konzernlagen die Gesellschafter- bzw. die Hauptversammlung, nicht aber die Geschäftsführung, zumal die Anteilseigner der Muttergesellschaft noch mehr als ohne das Bestehen eines Konzernverhältnisses von den Vorgängen der Geschäftsführung entfernt sind und sich ihre Entlastungszuständigkeit daher als Korrektiv der fehlenden Geschäftsführungszuständigkeit anbietet. Ist eine GmbH herrschendes Unternehmen, besteht ein weiterer Grund, der Gesellschafterversammlung die Entlastungszuständigkeit zukommen zu lassen, darin, daß dieses Organ die Konzernpolitik festlegt.[238] Eine sachgerechte Beurteilung der Umsetzung der Konzernpolitik erscheint eher durch denjenigen gewährleistet, der sie veranlaßt hat und nicht durch denjenigen, der sie ausführt;[239] dies sind nicht die Geschäftsführer, sondern die Gesellschafter.[240]

Im übrigen besteht in der herrschenden Gesellschaft weder eine Aufsichtspflicht[241] noch eine sog. Konzernleitungspflicht.[242] Es besteht lediglich ein Weisungsrecht nach § 308 Abs. I AktG, von dem allerdings je nach den Fallumständen auch Gebrauch gemacht werden muß, dessen Unterlassung also durchaus auch zu Schadenersatzansprüchen des herrschenden Unternehmens führen kann.[243] Es besteht also infolge des generell bestehenden Weisungsrechts und der im Einzelfall bestehenden Weisungspflicht eine Vermengung der im herrschenden Unternehmen zu erfüllenden Aufgaben mit denen im beherrschten Unternehmen. Die Folge ist, daß die Mitglieder der Geschäftsführung der herrschenden Gesellschaft an Maßnahmen, die im beherrschten Unternehmen getroffen wurden, nicht unbeteiligt sind. Damit aber besteht die Gefahr, daß sie eine Bewertung der im beherrschten Unternehmen getroffenen Entscheidungen durch die Entlastung nicht unvoreingenommen vornehmen werden. Folglich ist die Haupt- bzw. die Gesellschafterversammlung des herrschenden Unternehmens viel eher imstande, die Geschäftsführung der beherrschten Gesellschaft objektiv zu bewerten.

Daher ist es gerechtfertigt, die Entlastung in der Tochtergesellschaft innerhalb der Muttergesellschaft von der Zustimmung der Gesellschafter bzw. der Aktionäre abhängig zu machen. Im Außenverhältnis handeln für die herrschende Gesellschaft die Geschäftsführer. Die Objektivität ihres Stimmverhaltens ist durch die vorherige Zustimmung der Anteilseigner gesichert. Das Auftreten als Vertreter der herrschenden Gesellschaft ist jedenfalls unschädlich, soweit sie nicht als Vertreter dieser Gesellschaft bei der eigenen Entlastung handeln; dies verbieten die §§ 136 Abs. I S.1 AktG, 47 Abs. IV S.1 GmbHG.

e) Stimmverbot aufgrund der Wahrnehmung von Geschäftsführungsaufgaben

Neben Geschäftsführern und Vorständen werden weitere Personen mit Geschäftsführungsaufgaben betraut. Zu denken ist hier z.B. an stellvertretende Geschäftsführer und Vor-

---

[237] S.o., S.65f.
[238] Vgl. Fn.227.
[239] Andernfalls würden sich die Mitglieder des ausführenden Organs letztlich selbst kontrollieren.
[240] a.A. offenbar *Barner*, Entlastung, S.40.
[241] Hierfür ist der Aufsichtsrat des herrschenden Unternehmens zuständig, vgl. *Emmerich / Sonnenschein*, KonzernR., § 4a VI 4c.
[242] Einer Pflicht stünden schon die Regelungen der §§ 300ff, 304ff AktG entgegen, die eine umfassende Konzernleitungspflicht gerade nicht vorsehen; die h.M. lehnt eine grundsätzliche Konzernleitungspflicht daher zu ab, vgl. nur MüKo.-*Altmeppen*, AktG, § 291 Rn.62f, § 309 Rn.51ff jew. m.w.N.
[243] MüKo.-*Altmeppen*, AktG, § 309 Rn.56.

stände, Handlungsbevollmächtigte, Prokuristen, leitende Angestellte usw. Werden sie von den Gesellschaftern entlastet, ist ihr Stimmrecht genauso wie das der Geschäftsführer ausgeschlossen.[244] Fraglich ist allerdings, ob ihnen das Stimmrecht auch dann zu versagen ist, wenn lediglich über die Entlastung der Geschäftsführer beschlossen wird.

Im schweizerischen Recht bestimmt Art.695 Abs. I OR, daß Personen, die in irgendeiner Weise an der Geschäftsführung teilgenommen haben, bei Beschlüssen über die Entlastung des Verwaltungsrates kein Stimmrecht haben. Es war lange Zeit unklar wer im einzelnen zu diesem Personenkreis gehören soll.[245] Nach mittlerweile herrschender Ansicht gilt das Stimmverbot nur für Personen, die Beklagte einer Verantwortlichkeitsklage nach den Art. 754ff. OR sein könnten, weil durch die Entlastung auf Ansprüche verzichtet wird, die mit dieser Klage verfolgt werden.[246] Grundsätzlich sind dies nur Mitglieder des Verwaltungsrates.[247] Gegen andere Personen kommt eine Verantwortlichkeitsklage nur in Frage, wenn sie eigenverantwortlich dem Leitungsorgan vorbehaltene Entscheidungen treffen oder die Geschäftsführung in bestimmten Geschäftsbereichen besorgen.[248] Insoweit kann sich ein Stimmverbot auch für Prokuristen ergeben, wenn sie die genannten Leitungsbefugnisse ausüben.[249]

Eine mit der beschriebenen Regelung des Art.695 Abs. I OR vergleichbare Vorschrift existiert im deutschen Recht nicht. Es fragt sich, ob es auch hier geboten sein kann, wie in Art.695 Abs. I OR neben Geschäftsführungsmitgliedern bestimmte Gesellschafter mit einem Stimmverbot zu belegen, soweit sie in irgendeiner Form an der Geschäftsführung mitgewirkt haben. Die Beantwortung der Frage hängt davon ab, wie weit die Entlastung in persönlicher Hinsicht reicht. Im schweizerischen Recht hat die Entlastung wie gezeigt zur Folge, daß nicht nur Ansprüche gegenüber dem Verwaltungsrat erlöschen, sondern auch gegenüber anderen Personen, die Geschäftsführungsaufgaben wahrgenommen haben. Im deutschen Recht der GmbH bewirkt die Entlastung dagegen - wenn überhaupt - nur das Erlöschen von Ansprüchen gegenüber der Geschäftsführung, nicht aber gegenüber anderen Personen wie z.B. Prokuristen oder Handlungsbevollmächtigten, soweit nicht mit der Entlastung der Geschäftsführer auch über ihre Entlastung beschlossen wird. Sie trifft daher im Gegensatz zum schweizerischen Recht kein Stimmverbot. Zur Geschäftsführung sind gemäß § 44 GmbHG allerdings nicht nur die Geschäftsführer als solche zu rechnen, sondern auch ihre Stellvertreter.[250] Der Stellvertreter des Vorstandes einer Aktiengesellschaft ist nach § 94 AktG ebenso wie der Stellvertreter der Geschäftsführung GmbH Teil des Vorstandes selbst,[251] so daß er ebenso wie der stellvertretende GmbH-Geschäftsführer vom Stimmrecht ausgeschlossen sein muß. Das aber bedeutet, die Entlastung beinhaltet nicht nur die Entlastung der Mitglieder des Vorstandes bzw. der Geschäftsführung, sondern auch die ihrer Stellvertreter. Daher sind auch sie vom Stimmverbot des § 47 Abs. I S.1 GmbHG bzw. des § 136 Abs. I AktG umfaßt. Des weiteren spricht die mögliche rechtsvernichtende Wirkung der Entlastung in der GmbH gegen ein Stimmrecht

---

[244] Baumbach / Hueck, *Zöllner*, GmbHG, § 47 Rn.45; *Vogel*, Gesellschafterbeschlüsse, C. IX. 1. a).

[245] Vgl. nur *Barbey*, Décharge, S.40; *Böckli*, Aktienstimmrecht, S.37f, *Picenoni*, Entlastungsbeschluß, S.36; *Schucany*, OR, Art.695 Rn.2; *Siegert*, Entlastung in der Aktiengesellschaft, S.26; *v. Steiger*, SAG 25 (1952/53), 119, 120.

[246] *Böckli*, AktienR., Rn. 1410e, 1410f; *Meier-Wehrli*, Verantwortlichkeit der Verwaltung, S.119; zust. wohl auch *Schleiffer*, Stimmrechtsausschluß, S.209f.

[247] BGE 117 II 570, 574.

[248] BGE 112 II 185; 114 V 218; 117 II 571, 573; *Bürgi / Nordmann-Zimmermann*, in Zürcher Komm., OR, Art.753 Rn.119; *Forstmoser*, Verantwortlichkeit, Rn.638ff.

[249] *Böckli*, AktienR., Rn.1410f.

[250] Hachenburg / *Stein*, GmbHG, § 44 Rn.4.

[251] *Hüffer*, AktG, § 94 Rn.2.

der stellvertretenden Geschäftsführer. Nähmen sie, die genauso wie die Geschäftsführung gegenüber der Gesellschaft verantwortlich sind,[252] am Entlastungsbeschluß teil, würden sie möglicherweise über gegen sich selbst gerichtete Ansprüche entscheiden.

f) Rechtliche oder tatsächliche Nähebeziehung zum Entlasteten

Verwandtschaftliche – rechtliche – oder freundschaftliche – tatsächliche – Nähebeziehungen eines Gesellschafters zum Entlasteten mögen in vielen Fällen die Ausdehnung des Stimmverbotes auf diese Personen als wünschenswert erscheinen lassen, weil sie sich möglicherweise schwer tun, eine objektive Entscheidung zu fällen. Der Begriff „Nähebeziehung" ist jedoch für die Ermittlung eines Stimmverbotes zu unbestimmt. Es existiert weder ein Rechtssatz noch ein Erfahrungssatz, der besagt, daß ein Gesellschafter regelmäßig für die Entlastung des Ehepartners, des Verwandten oder des Freundes stimmen wird.[253] Es ist genausogut denkbar, daß zwischen den Ehegatten oder den Bekannten Streit besteht und sie gerade deswegen gegen die Entlastung stimmen.[254] Die ganz herrschende Meinung im deutschen und im schweizerischen Recht lehnt ein Stimmverbot infolge des Bestehens einer rechtlichen oder tatsächlichen Nähebeziehung daher richtigerweise ab.[255]

g) Rechtsnachfolger und ausgeschiedene Geschäftsführer

Der Ausschluß vom Stimmrecht gilt auch für ehemalige Mitglieder der Geschäftsführung, wenn der Betroffene zumindest in dem Zeitraum Mitglied der Geschäftsführung war, den die Entlastung betrifft.[256] In Bezug auf den Rechtsnachfolger ist zwischen Einzel- und Gesamtrechtsnachfolge zu differenzieren. Veräußert der Geschäftsführer seine Gesellschaftsanteile, gehen die gegen seine Person gerichteten Ansprüche, die durch die Entlastung berührt werden können, nicht auf den Erwerber über.[257] Da somit keine Gefahr besteht, daß der Erwerber bei der Beteiligung an der Entlastung über gegen sich selbst gerichtete Ansprüche entscheidet, trifft das Stimmverbot auf ihn nicht zu.[258] Aus den bereits besprochen Gründen[259] gilt etwas anderes nur bei treuhänderischer Übertragung, ferner, wenn der Geschäftsanteil zwecks Umgehung des Stimmverbotes übertragen wurde.[260]

Fraglich bleibt, wie Gesamtrechtsnachfolger des zu Entlastenden, also insbesondere die Erben zu beurteilen sind. Folgende Argumente könnten gegen das Eingreifen des Stimmverbotes sprechen. Die Entlastung ist personenbezogen; beurteilt wird ausschließlich die per-

---

[252] Hachenburg / *Stein*, GmbHG, § 44 Rn.7.

[253] Ebs. *Schleiffer*, Stimmrechtsausschluß, S.227.

[254] Auch *Schneider*, ZHR 150 (1986), 609, 615f kann trotz seiner Kritik an der hier vertretenen Ansicht die Nähebeziehung nicht näher definieren.

[255] BGHZ 80, 69, 71; OLG Hamm, GmbHR 1989, 79; Scholz / *Schmidt*, GmbHG, § 47 Anm.154; *Schleiffer*, Stimmrechtsausschluß, S.228; *Schluep*, Wohlerworbene Rechte, S.135; *Zöllner*, Schranken, S.209.

[256] *Böckli*, AktienR., Rn.1410e.

[257] *Jasper*, in Münch.HdB GftsR., Bd.3, § 24 Rn.222.

[258] *Forstmoser*, Verantwortlichkeit, Rn.423; Scholz / *Schmidt*, GmbHG, § 47 Anm.170.

[259] S.o. S.71ff.

[260] *Forstmoser*, Verantwortlichkeit, Rn.423; *Schleiffer*, Stimmrechtsausschluß, S.235; *Siegert*, Entlastung in der Aktiengesellschaft, S.35; enger Scholz / *Schmidt*, GmbHG, § 47 Anm.170, der das Stimmverbot nur bei Umgehungsabsicht eingreifen lassen will.

sönliche Leistung des Organmitgliedes, nicht aber die des Rechtsnachfolgers. Daher kann der Rechtsnachfolger, wenn er im Entlastungszeitraum keine Geschäftsführungsaufgaben wahrgenommen hat, vom Beschluß zumindest persönlich nicht betroffen sein. Teile der Literatur des schweizerischen und des deutschen Aktienrechts bejahen aus diesem Grunde das Stimmrecht des Rechtsnachfolgers.[261] Das schweizerische Bundesgericht hat sich der anderen Ansicht angeschlossen und das Stimmrecht der Erben eines verstorbenen Mitgliedes des Verwaltungsrates verneint, weil mögliche Ansprüche gegen das Mitglied des Verwaltungsrates auf dessen Erben übergehen, was zur Folge hätte, daß die Erben bei der Entlastung über gegen sich selbst gerichtete Ansprüche entscheiden würden.[262]

Was das deutsche Aktienrecht betrifft, kann der schweizerischen Rechtsprechung nicht gefolgt werden, denn dort hat die Entlastung aufgrund des § 120 Abs. II AktG nur noch die Billigung der Geschäftsführung durch die Vorstandsmitglieder, jedoch keinen Anspruchsverzicht zum Inhalt. Da die Billigung ausschließlich vom Verhalten des Betroffenen abhängt, der Rechtsnachfolger hieran also nicht beteiligt ist, darf er sich an der Beschlußfassung über die Entlastung des Erblassers beteiligen.[263] Die Ansicht Zöllners,[264] wonach bei der Entlastung tatsächlich nicht die Entlastung des Ausgeschiedenen, sondern die des Rechtsnachfolgers anstehe, ist aus diesem Grunde abzulehnen.

Will man im Recht der GmbH dagegen die Verzichtswirkung der Entlastung beibehalten, müssen die Erwägungen des schweizerischen Bundesgerichts auch hier gelten.[265] Besteht beispielsweise ein aus der Geschäftsführungstätigkeit herrührender vertraglicher oder gesetzlicher Anspruch der Gesellschaft gegen den Erblasser, geht er nach § 1967 II BGB auf den Erben über.[266] Die Zulassung der Beteiligung des Erben am Entlastungsbeschluß könnte also zur Folge haben, daß der Erbe über einen gegen sich selbst gerichteten Anspruch entscheiden würde. Er ist demnach, wie zuvor der Erblasser selbst, vom Stimmrecht ausgeschlossen.

C. Zusammenfassung

Entlastungsempfänger sind bei einer Mehrheit von Geschäftsführern grundsätzlich alle Mitglieder dieses Organs. Die Anordnung der Einzelentlastung bedarf eines Beschlusses der Gesellschafter. Die Geschäftsführer können an dem Beschluß nach der zutreffenden herrschenden Ansicht des schweizerischen Rechts auch teilnehmen. Die Stimmverbotsvorschriften des deutschen bzw. des schweizerischen Rechts gelten nur für die Entlastung selbst, nicht aber für den vorbereitenden Beschluß, da eine Selbstbewertung des zu Entlastenden im Sinne eines Richtens in eigener Sache hier noch nicht vorliegt. Der Versammlungsleiter besitzt jedenfalls nach deutschem Recht kein Recht, die Einzelentlastung anzuordnen.

---

[261] Für das deutsche Recht: *Barz*, in Großkomm., 3.Aufl., AktG, § 136 Anm.3; *Eckardt*, in Geßler / Hefermehl, AktG, § 136 Anm.28; *Obermüller / Werner / Winden*, HV, S.340; für das schweizerische Recht: *Böckli*, Aktienstimmrecht, S.37; *Bürgi*, in Zürcher Komm., OR, Art. 695 Rn.11, Art.698 Rn.94; *Eigenmann*, SAG 25 (1952/53), 189, 199; *Meier-Wehrli*, Verantwortlichkeit der Verwaltung, S.119; *Siegert*, Entlastung in der Aktiengesellschaft, S.34f; *Schluep*, Wohlerworbene Rechte, S.135.

[262] BGE 118 II 496; 498; *Böckli*, AktienR., Rn.1410f; *Forstmoser / Meier-Hayoz / Nobel*, AktienR., § 24 Rn.80; *Forstmoser*, Verantwortlichkeit, Rn.423; *Schleiffer*, Stimmrechtsausschluß, S.232.

[263] *Barz*, in Großkomm., 3.Aufl., AktG, § 136 Anm.3.

[264] *Zöllner*, Schranken, S.272.

[265] Vgl. auch Scholz / *Schmidt*, GmbHG, § 47 Anm.169.

[266] Palandt- *Edenhofer*, BGB, § 1967 Rn.2.

In Gesellschaften, in denen sämtliche Gesellschafter zur Geschäftsführung befugt sind, hat der Beschluß über die Entlastung der Geschäftsführer nach der zutreffenden, im schweizerischen Recht herrschenden Ansicht keinen Sinn, da Bewerteter und Bewertender hier personenidentisch sind. Abhilfe wird auch nicht durch die im deutschen Recht befürwortete Außerachtlassung der an sich einschlägigen Stimmverbotsvorschriften geschaffen, da hierdurch eine unvoreingenommene Bewertung der Geschäftsführung gerade nicht ermöglicht wird.

Nimmt man wie im französischen Recht an, daß die Erteilung des quitus auch Angelegenheit der Geschäftsführer selbst ist, diese also kein Stimmverbot trifft, ist es konsequent, mögliche Rechtsfolgen des Beschlusses weitgehend zu unterbinden. Unabhängig von möglichen Rechtsfolgen ist die Entlastung jedoch ein Wertungsakt gegenüber der Geschäftsführung. Schon deswegen ist es erforderlich, ein Richten in eigener Sache über gesetzliche Stimmverbote zu verhindern. Im deutschen Recht ist dies in den §§ 47 Abs. IV S.1 GmbHG, 136 Abs. I AktG geschehen, im schweizerischen Recht in Art.695 Abs. I OR. Diese Regelungen haben zur Folge, daß der Geschäftsführer weder als Gesellschafter an der eigenen Entlastung, der Entlastung einzelner Geschäftsführungskollegen noch als Vertreter Dritter an dem Beschluß teilnehmen darf, in Bezug auf letzteres auch unabhängig davon, wie das Innenverhältnis ausgestaltet ist oder ob zur Entlastung Weisungen erteilt wurden. Trotz der Neuregelung in § 134 Abs. III AktG muß das Stimmverbot im Gegensatz zum schweizerischen Organvertreter nach Art.689c OR auch für den Stimmrechtsvertreter deutscher Aktiengesellschaften gelten.

Ebensowenig dürfen sich Dritte als Vertreter oder Treuhänder für den Geschäftsführer an dessen Entlastung beteiligen; auch hier kommt es nicht auf die Ausgestaltung des Innenverhältnisses oder auf die Erteilung von Weisungen durch den Vertretenen an. Des weiteren sind Aufsichtsratsmitglieder von der Stimmabgabe bei der Entlastung des Geschäftsführers ausgeschlossen. Beteiligungsgesellschaften, die an der Entlastung teilnehmen wollen, werden vom Stimmverbot nur erfaßt, wenn der zu Entlastende die rechtlich gesicherte Möglichkeit der Einflußnahme auf das Stimmverhalten der Beteiligungsgesellschaft besitzt. Bei den Doppelmandaten im Konzernverhältnis sind zur Entlastung der Geschäftsführung in der Tochtergesellschaft nicht die Geschäftsführer der Muttergesellschaft, sondern deren Gesellschafter zuständig, um eine unvoreingenommene Stimmabgabe in der Tochter zu sichern.

Die Entlastungsstimmverbote sind zwar nicht im französischen, jedoch im schweizerischen und im deutschen Recht geeignet, die Gewaltenteilung zwischen Geschäftsführern und Gesellschaftern zu stärken, indem sie die Beteiligung der erstgenannten weitgehend ausschließen und den an der Geschäftsführung nicht teilhabenden Gesellschaftern die Möglichkeit zur Stellungnahme mit der Folge eröffnen, daß ein Machtausgleich zwischen denjenigen stattfindet, welche die Geschäfte führen und denjenigen, die hiervon ausgeschlossen sind.[267] Dadurch können die Stimmverbote auch dem Minderheitenschutz dienen; so zum Beispiel, wenn die Mehrheit der Gesellschafter Geschäftsführungsaufgaben wahrnimmt und die Minderheit sich infolgedessen so gut wie gar nicht zu Fragen der Geschäftsführung äußern kann. Die Befürchtung, die Geschäftsführung würde dadurch vom Wohlwollen der Minderheitsgesellschafter abhängig,[268] kann nicht überzeugen. In Bezug auf die Entlastungsentscheidung mag dies zutreffen, falls nur eine Minderheit aufgrund der Stimmverbote über die Entlastung beschließen kann. Ein Ansatzpunkt für Kritik besteht hierin jedoch nicht. Gerade durch die

---

[267] Vgl. auch *Böckli*, Aktienstimmrecht, S.38.
[268] *Barner*, Entlastung, S.40.

Beteiligung der Minderheit an der Entlastung wird ihr sonst weitgehender Ausschluß von der Geschäftsführung zumindest teilweise wieder ausgeglichen.[269]

Im Hinblick auf die sogleich durchzuführende rechtsdogmatische Einordnung der Entlastung sei noch erwähnt, daß der deutsche Gesetzgeber in § 47 Abs. IV S.1 GmbHG deutlich zwischen dem Stimmverbot bei der Entlastung und dem Stimmverbot bei der Befreiung von einer Verbindlichkeit trennt. Würde man die Entlastung vornehmlich als einen Anspruchsverzicht begreifen, hätte dies an sich zur Folge, daß ihre gesonderte Anführung in § 47 Abs. IV S.1 GmbHG neben der Verbindlichkeitsbefreiung sinnlos wäre. Nichts anderes müßte für das Aktienrecht gelten, denn § 136 Abs. I S.1 AktG trifft dieselbe Unterscheidung zwischen der Befreiung von einer Verbindlichkeit einerseits und der Entlastung andererseits. Im schweizerischen Recht heißt es dagegen in Art.695 Abs. I OR: *„Bei Beschlüssen über die Entlastung des Verwaltungsrates haben Personen, die in irgendeiner Weise an der Geschäftsführung teilgenommen haben, kein Stimmrecht.“* In ähnlicher Weise schreibt Art.808 Abs. V OR für die GmbH vor: *„Ein Gesellschafter darf sein Stimmrecht nicht ausüben, wenn über seine Entlastung abgestimmt wird.“* Die Befreiung von einer Verbindlichkeit ist hier nicht gesondert geregelt, so daß das Gesetz insofern nicht unbedingt für aber auch unbedingt nicht gegen die Einordnung der Décharge als rechtsgeschäftlicher Verzicht spricht. Die Unterscheidung des deutschen Gesetzgebers zwischen Entlastung und Verbindlichkeitsbefreiung jedoch scheint eher gegen die Entlastungsinterpretation als ein- oder zweiseitige Verzichtserklärung hinzudeuten.

---

[269] Vgl. auch *Böckli*, Aktienstimmrecht, S. 38; *Schleiffer*, Stimmrechtsausschluß, S.208f; *Siegert*, Entlastung in der Aktiengesellschaft, S. 45f; *Sigle*, DStR 1992, 469.

Kapitel IV Die rechtsdogmatische Einordnung der Entlastung

Die nun zu stellende Frage nach der Rechtsnatur der Entlastung sowie ihre im folgenden Kapitel V zu untersuchenden Rechtsfolgen gehören insbesondere im deutschen und im schweizerischen Recht nach wie vor zu den eigentlichen Streitpunkten um die Entlastung. Die nachfolgende Erörterung, die sich hier nach einzelnen Ländern aufteilt, wird zeigen, daß die bisherigen Lösungswege nicht nur im deutschen und im schweizerischen Recht, sondern auch im französischen Recht bis zu den Reformgesetzen der Jahre 1937 und 1966 einige Ähnlichkeiten aufweisen. Sie wird aber auch zeigen, daß diese Lösungswege die in Kapitel II herausgestellte wertende Funktion der Entlastung außer acht lassen.

A. Deutschland

Auf der Suche nach einem vertraglichen Entlastungsverständnis oder der Interpretation des Beschlusses als einseitige rechtsgeschäftliche Erklärung des Entlastenden war und ist man im deutschen Recht einerseits bestrebt, möglichst jedem Einzelfall gerecht zu werden, andererseits aber will man einen bestimmten – rechtsgeschäftlichen – Ansatz finden, der die Entlastung einheitlich erklärt. Um Rechtsunsicherheit im Zusammenhang mit Entlastungsinhalt und -folgen zu vermeiden, ist die einheitliche rechtsdogmatische Interpretation von der Zielsetzung her zwar der richtige Weg, es fragt sich jedoch, ob die bisher vertretenen rechtsgeschäftlichen Lösungsansätze sämtliche Entlastungssituationen erfassen können.

I. Das vertragliche Entlastungsverständnis

1. Erlaßvertrag

Sieht man den eigentlichen Sinn der Entlastung darin, Ansprüche gegenüber der Verwaltung zum Erlöschen zu bringen, liegt die Annahme eines Erlaßvertrages i.S.v. § 397 Abs. I BGB bzw. eines negativen Schuldanerkenntnisses i.S.v. § 397 Abs. II BGB an sich nahe.[1] Unter einem Erlaß versteht man einen verfügenden Vertrag zwischen Gläubiger und Schuldner, in dem der Gläubiger mit der Folge auf eine bestimmte Forderung verzichtet, daß ihr Erlöschen unmittelbar herbeigeführt wird. Der Erlaß kommt also nicht durch einseitige Erklärung des Gläubigers, sondern, wie jeder andere Vertrag auch, durch Angebot und Annahme zustande.[2]

Kann die Rechnungslegung der Verwaltung, gegebenenfalls verbunden mit dem Ersuchen um Entlastungserteilung durch die Geschäftsführer, ein Angebot auf Abschluß eines Vertrages gemäß § 397 Abs. I BGB darstellen? Geht man nur vom Wortlaut „Entlastung“ aus, scheint nichts gegen diese Annahme zu sprechen. Der Entlastende als Erklärungsempfänger des „Angebots auf Entlastung“ hat aber wie bei der Auslegung jeder Erklärung gemäß § 133 BGB nicht am buchstäblichen Sinn des Ausdrucks zu haften, sondern den wirklichen Willen zu erforschen. Er hat hierzu sämtliche ihm erkennbaren und für die Erklärung bedeut-

---

[1] So Erman / *H. – P. Westermann*, BGB, § 397 Rn.4, der § 397 Abs. I BGB zumindest als eine mögliche Erklärung der Entlastung ansieht.

[2] Soergel-*Zeiss*, BGB, § 397 Rn.1.

samen Umstände, die auch außerhalb der Erklärung liegen können, heranzuziehen.[3] Die Rechnungslegung ist auf eine Darstellung von Fakten gerichtet, die verschiedenen Zwecken dienen.[4] Sie ist deswegen zwar keine Willenserklärung,[5] jedoch aufgrund des zeitnahen und sachlichen Zusammenhangs zur Entlastung[6] auch in die Ermittlung der Frage des Vorliegens einer Willenserklärung mit einzubeziehen. Die Untersuchung hierzu hat indessen ergeben, daß die einzelnen Bestandteile des Jahresabschlusses sowie der Lagebericht schon von ihrer Zielsetzung her keine Auskünfte zu Fragen der Rechtmäßigkeit der Geschäftsführung geben wollen und können.[7] Das gleiche gilt wie bereits festgestellt für die Rechnungsprüfung.[8] Allenfalls kann ein Bericht des Aufsichtsrates, soweit dieses Organ nach dem Gesetz bzw. nach der Satzung einzurichten ist, oder die Ausübung individueller Informationsrechte nach § 131 AktG bzw. nach § 51a GmbHG zur Aufdeckung von Pflichtwidrigkeiten und bereits entstandenen Schäden führen.[9] Wurden Ansprüche erkannt und wird trotz des offen zu Tage liegenden Anspruchs Entlastung erteilt, läge die Annahme eines Erlaßvertrages sehr nahe. Der Entlastende unterbreitet das Angebot auf Forderungserlaß, indem er deutlich auf bestehende Ansprüche hinweist. Die Anteilseigner nehmen das Angebot durch Erteilung der Entlastung an. Regelmäßig aber wird Entlastung deswegen erteilt, weil der Entlastende davon ausgeht, daß die Geschäftsführer in wirtschaftlicher und rechtlicher Sicht einwandfrei gearbeitet haben und daher gerade keine Forderungen bestehen.[10] Bestehen keine Forderungen und sind sie auch künftig wegen fehlender Pflichtwidrigkeiten des Entlasteten nicht absehbar, ist der Abschluß eines Erlaßvertrages schon deswegen nicht möglich.[11] Der Lösungsweg über § 397 Abs. I BGB führt also nur in Ausnahmefällen zum Ziel.[12] Für eine generelle dogmatische Einordnung der Entlastung ist er hingegen untauglich.

2. Das negative Schuldanerkenntnis

Die Rechtsprechung hat vor allem in früheren Entscheidungen angenommen, die Entlastung sei ein Vertrag i.S.d. § 397 Abs. II BGB.[13] Gleichwohl schienen die Gerichte jedoch von ihren Ergebnissen nicht gänzlich überzeugt gewesen zu sein, denn einerseits hieß es, bei der Entlastung handele es sich um ein negatives Schuldanerkenntnis,[14] andererseits wurde, meist ohne ein Wort der Begründung, lediglich die Formulierung Verzicht gebraucht.[15] Hinzu kamen widersprüchliche Stellungnahmen, in denen man die Entlastung zunächst als negatives

---

[3] *Brox*, BGB-AT, § 6 I 1b; *Larenz / Wolf*, Bürgerl.R.-AT, § 38 II 3a; Soergel-*Hefermehl*, BGB, vor § 116 Rn.18.
[4] *Hinz*, in Beck'sches HdB. Rechnungslegung, B 100 Rn.1.
[5] Vgl. auch *Barner*, Entlastung, S.51; *Knoche*, Verzichtswirkung der Entlastung, S.51ff.
[6] S.o., S.21ff.
[7] S.o., S.41ff.
[8] S.o., S.37ff.
[9] Die Informationen des Gesellschafters einer GmbH dürften hier allerdings weitergehender sein als die eines Aktionärs, da der GmbH Gesellschafter sein Informationsrecht permanent ausüben kann, während der Aktionär auf die Hauptversammlung beschränkt ist. Vgl. auch *Decher*, in Großkomm., AktG, § 131 Rn.7; *Lutter / Hommelhoff*, GmbHG, § 51a Rn.9; *Nitschke / Bartsch*, AG 1969, 95, 99; Rowedder / *Koppensteiner*, GmbHG, § 51a Rn.6.
[10] Ebs. *Barner*, Entlastung, S.58.
[11] BGH, NJW 1993, 1111; Soergel-*Zeiss*, BGB, § 397 Rn.5.
[12] S. auch *Jäßing*, Privatrechtliche Entlastung, S.11.
[13] RG, JW 1926, 2904; JW 1935, 921, 922.
[14] So RG, JW 1926, 2904.
[15] RGZ 106, 258, 262; 115, 246, 250.

Schuldanerkenntnis deutete, dann aber von einer – nicht vertraglichen – Erklärung organschaftlicher Natur sprach.[16] Auch in der Literatur wurde und wird die These eines Vertrages nach § 397 Abs. II BGB ausdrücklich befürwortet oder zumindest als eine richtige Lösung der Rechtsnatur der Entlastung angesehen.[17]

a) Sinn und Zweck des Vertrages nach § 397 Abs. II BGB

Das negative Schuldanerkenntnis kann je nach den Vorstellungen der Parteien eine unterschiedliche Bedeutung haben. Oft geht es darum, Klärung in einen ungewissen Rechtszustand zu bringen. Die Parteien wollen ohne Rücksicht auf die wirkliche Rechtslage einen bestimmten Zustand bindend feststellen.[18] Gingen sie bei Vertragsschluß davon aus, daß keine Forderungen mehr bestehen, bringt das negative Schuldanerkenntnis eine gleichwohl bestehende Forderung zum Erlöschen.[19] Auf den ersten Blick scheinen dieser Vertrag und die Entlastung einiges gemeinsam zu haben. Die Entlastung ist eine umfassende Erklärung zur Geschäftsführung nach dem Abschluß einer bestimmten Geschäftsführungsperiode.[20] Der Zustand, der sich infolge der Geschäftsführungstätigkeit ergeben hat, soll durch den Beschluß für die Beteiligten als Zeichen der bisherigen vertrauensvollen Zusammenarbeit verbindlich festgestellt werden. Im Gegensatz zum Erlaßvertrag spricht gegen die Annahme eines negativen Schuldanerkenntnisses auch nicht das Argument, Entlastung werde in der Regel nur bei einwandfreier Geschäftsführung erteilt. Der Anerkenntnisvertrag kann auch dann geschlossen werden, wenn die Parteien davon ausgingen, es bestünden keine Forderungen, er kann m.a.W. auch bei korrekter Geschäftsführung des Entlasteten geschlossen werden. Dem Einwand, der Gläubiger könne die Entlastung wegen § 812 Abs. II BGB zurückverlangen,[21] wenn sich Forderung nachträglich doch als bestehend erweise, könnte entgegnet werden, die Sachlage sei bei der Entlastung regelmäßig so, daß die Beteiligten die Rechtslage auch für den Fall verbindlich feststellen wollen, falls die tatsächliche Lage eine andere sei, als ursprünglich angenommen, so daß eine Kondiktion nicht in Frage komme.[22] Einem weiteren Einwand, das negative Schuldanerkenntnis ginge jedenfalls dann ins Leere, wenn die Geschäftsführung tatsächlich einwandfrei gearbeitet hat, weil es dann keine Forderung gäbe, auf die sich die Verfügung beziehen könne,[23] kann mit einer allerdings nicht unbestrittenen Ansicht entgegengehalten werden, das Schuldanerkenntnis, könne auch ohne das Bestehen einer Forderung wirksam geschlossen werden.[24]

---

[16] OLG Hamburg, BB 1960, 996.

[17] *Hampel*, Entlastung, S.11; *Heckenberger*, Entlastung, S.98; *Heuer*, GmbHR 1951, 151; *Jäßing*, Privatrechtliche Entlastung, S.15ff; *Bing*, Anm. zu RG JW 1926, 2904; RGRK-*Weber*, BGB, § 397 Rn.36; *Schifferer*, Entlastung der Organe einer Aktiengesellschaft, S.24; *Schönle*, ZHR 126 (1964), 199, 203; grds. in Erwägung ziehend *Brox*, BB 1960, 1226; *Hueck*, GmbHR 1959, 189, 190; MüKo.-*Schlüter*, BGB, § 397 Rn.6; Soergel-*Zeiss*, BGB, § 397 Rn.13.

[18] *Barner*, Entlastung, S.59f; *Breit*, Anm. zu RG JW 1917, 657; Soergel-*Zeiss*, BGB, § 397 Rn.10.

[19] MüKo.-*Schlüter*, BGB, § 397 Rn.14; Soergel-*Zeiss*, BGB, § 397 Rn.10.

[20] S.o., S.2, 19f.

[21] Vgl dazu RGZ 83, 109, 116; MüKo.-*Schlüter*, BGB, § 397 Rn.14.

[22] RG, JW 1926, 2904.

[23] So *Hoeniger*, DJZ 1922, 143, 145; *Tellis*, Rechtsnatur der gesellschaftsrechtlichen Entlastung, S.58.

[24] *Fikentscher*, SchuldR., § 39 IV 3; *Gernhuber*, Erfüllung, § 16 II 1b; *Larenz*, SchuldR-AT, § 19 I a; *Medicus*, SchuldR-AT, § 27 I 1; a.A. MüKo.-*Schlüter*, BGB, § 397 Rn.14.

b) Angebot und Annahme bei Entlastungserteilung

Da das Gesetz aber sowohl für den Erlaß als auch für das negative Schuldanerkenntnis einen Vertrag verlangt, ist auch hier die Frage nach dem Vorliegen von Angebot und Annahme zu stellen. Man könnte sich zur Begründung eines Angebotes durch den zu Entlastenden wiederum auf das Entlastungsersuchen in Verbindung mit der Vorlage der Rechnungslegung stützen.[25] Die für den Erlaßvertrag vorgetragenen Bedenken gelten aber auch hier. Wie soll sich die Versammlung zu Vorgängen erklären, die sich nicht aus den Unterlagen der Rechnungslegung ergeben? Nur beim Vorhandensein eines deutlichen Hinweises auf Pflichtwidrigkeiten, z.B. nach Prüfung einzelner Geschäftsvorfälle, oder bei der Aufdeckung von Versäumnissen durch Auskunftsrechte oder aufgrund eindeutiger Stellungnahmen von Kontrollorganen könnte ein Angebot oder eine Annahme eines „entlastenden" Schuldanerkenntnisvertrages zu bejahen sein. Das hätte aber auch wie bei dem Erlaßvertrag die Rechtsunsicherheit auslösende Folge, daß die Rechtsnatur der Entlastung von den Umständen des Einzelfalles abhinge.[26]

Sieht man ein Angebot in der Entlastungserteilung selbst, könnte sich nach der von Schmidt vertretenen Ansicht das Problem stellen, daß das Entlastungsangebot der Gesellschafterversammlung, um im Verhältnis Gesellschaft – Geschäftsführer wirksam zu werden, noch der Ausführung bedürfte.[27] Zur Ausführung von Beschlüssen,[28] die die innerverbandlichen Rechtsbeziehungen regeln – um nichts anderes handelt es sich bei der Entlastung –, d.h. für die sog. Sozialakte[29] sind nicht die Geschäftsführer, sondern die Gesellschafter zuständig,[30] so daß man in der Mitteilung der erteilten Entlastung die Ausführungshandlung sehen könnte.

Indessen zeigt sich infolge der gesetzlichen Regelungen im Aktiengesetz sowie im GmbHG, daß sich diese These nicht durchgängig halten läßt. In der Aktiengesellschaft ist – neben dem ohnehin schon gegen ein negatives Schuldanerkenntnis sprechenden § 120 Abs. II S.2 AktG[31] – nicht die Hauptversammlung, sondern gemäß § 112 AktG der Aufsichtsrat für den Abschluß von Verträgen zwischen der Gesellschaft und dem Vorstand zuständig. Für die GmbH mit fakultativem Aufsichtsrat gilt nach § 52 Abs. I GmbHG i.V.m. § 112 AktG dasselbe, soweit der Gesellschaftsvertrag nichts anderes vorsieht. Ist der Aufsichtsrat nach den §§ 72 I BetrVG 1952, 3 II MontanMitbestG, 25 I 2 MitbestG obligatorisch, vertritt er und nicht die Gesellschafterversammlung die GmbH gegenüber den Geschäftsführern, so daß die Abschlußzuständigkeit der Gesellschafterversammlung für einen „Entlastungsvertrag" auch hier zu verneinen ist. Nur soweit ein Aufsichtsrat nicht vorhanden ist, können neben den Geschäftsführern selbst ausnahmsweise auch die Gesellschafter Verträge mit der Geschäftsführung schließen.[32] Folglich wäre nur in dieser Konstellation zu überlegen, ob nicht in Anlehnung an § 46 Nr.8 GmbHG eine Abschlußkompetenz der Gesellschafterversammlung anzunehmen sein könnte. Denn wenn die Gesellschafter hiernach über die Geltendmachung von

---

[25] *Jäßing*, Privatrechtliche Entlastung, S.15 und *Heckenberger*, Entlastung, S.98.

[26] Die auf den Einzelfall abstellende Ansicht von *Jäßing*, Privatrechtliche Entlastung, S.20 ist daher abzulehnen.

[27] *Schmidt*, ZGR 1978, 425, 433.

[28] Vgl. dazu *Baltzer*, Beschluß S.175f; *Tellis*, Rechtsnatur der gesellschaftsrechtlichen Entlastung, S.78ff.

[29] Dazu *Himmelsbach*, Anwendbarkeit der rechtsgeschäftlichen Vorschriften, S.51; Scholz / *Schmidt*, GmbHG, § 45 Anm.29.

[30] *Himmelsbach*, Anwendbarkeit der rechtsgeschäftlichen Vorschriften, S.50f; *Schmidt*, GftsR., § 15 I 4.

[31] Die Entlastung kann nach § 120 Abs. II S.2 AktG keinen Verzicht auf Ersatzansprüche beinhalten und daher auch kein negatives Schuldanerkenntnis darstellen.

[32] *Stein*, Recht des Geschäftsführers, § 35 GmbHG, Rn.46.

Ansprüchen gegenüber den Geschäftsführern beschließen dürfen, könnte auch der umgekehrte Fall, die verbindliche „Nichtgeltendmachung" unter § 46 Nr.8 GmbHG fallen.[33] Man müßte sich dann allerdings fragen, warum der Gesetzgeber die Entlastungszuständigkeit nicht in dieser Vorschrift, sondern in § 46 Nr.5 GmbHG ausdrücklich geregelt hat. Offenbar hat man unter Entlastung doch etwas anderes verstanden als die vertragliche „Nichtgeltendmachung" von Ansprüchen. Das Heranziehen von § 46 Nr.8 GmbHG ist damit unzutreffend, und die Bezugnahme auf § 46 Nr.5 GmbHG spricht deutlich gegen ein vertragliches Entlastungsverständnis.

Damit der Vertrag zustande kommt, müßte ein Angebot der Anteilseigner auf Entlastung im übrigen auch angenommen werden. Eine ausdrückliche Annahme wird praktisch aber wohl nie vorkommen.[34] Wie von einigen Autoren zutreffend bemerkt, träfe der entlastete Geschäftsführer eher auf Erstaunen, unter Umständen sogar auf Unverständnis, würde er der Versammlung erklären, das Angebot auf Entlastung, d.h. auf Abschluß eines negativen Anerkenntnisvertrages, anzunehmen.[35] Schönle hat daher erwogen, das Angebot an den anwesenden zu Entlastenden trotz des entgegenstehenden § 147 Abs. I BGB unbefristet zu stellen, weil die Annahme theoretisch auch in einem möglichen, auf die Entlastungserteilung folgenden Schadenersatzprozeß durch Klagebestreiten seitens des Entlasteten erfolgen könne, wenn man zunächst Entlastung erteilt, später aber Schadenersatzklage erhebt.[36] Eine Begründung für die Notwendigkeit des Abweichens von § 147 Abs. I BGB liefert Schönle allerdings nicht. Er läßt ferner offen, wie zu verfahren ist, wenn der Entlastete an der Versammlung nicht teilnimmt. Nimmt er das Angebot nicht innerhalb des durch § 147 Abs. II BGB festgelegten Zeitraums an, müßte erneut Entlastung erteilt werden, damit das Angebot angenommen werden kann.[37] Die Regelung des § 151 BGB hilft ebenfalls nicht weiter. Sie regelt nicht die Entbehrlichkeit der Annahme überhaupt, sondern nur den Verzicht auf den Zugang dieser Erklärung.

Eine weitere Auffassung will schon das Stillschweigen des Entlasteten als Annahmeerklärung genügen lassen.[38] Nach Treu und Glauben kann Schweigen ausnahmsweise als Willenserklärung angesehen werden, wenn im Fall einer Ablehnung eine ausdrückliche Erklärung erwartet werden konnte.[39] Da die Versammlung aber überhaupt keine Erklärung – weder positiver noch negativer Art – erwartet, hat das Schweigen des Entlasteten auf die Entlastungserteilung hin insoweit keine rechtliche Relevanz.[40] Es gibt jedoch Stimmen in der Literatur, die dem Schweigen auf einen Antrag i.S.d. § 397 Abs. II BGB generell rechtliche Bedeutung beimessen. Larenz meint, § 397 BGB verlange zwar einen Vertrag, es werde der Gläubiger aber vom Schuldner regelmäßig keine Antwort erwarten, der Schuldner eine solche für unnötig halten.[41] Es wird ferner erwogen, die Annahme des Schweigenden unter Berück-

---

[33] Ebs. *Barner*, Entlastung, S.53.

[34] *Schönle*, ZHR 126 (1964), 199, 203.

[35] *Barner*, Entlastung, S.52; *Boesebeck*, JW 1935, 921, 922; *Knoche*, Verzichtswirkung der Entlastung, S.53f; *Picenoni*, Entlastungsbeschluß, S.20.

[36] *Schönle*, ZHR 126 (1964), 199, 213, 215.

[37] Zu diesen Bedenken vgl. auch *Hueck*, GmbHR 1959, 189, 190.

[38] RG, JW 1935, 921, 922; *Hueck*, GmbHR 1959, 189, 190.

[39] *Larenz / Wolf*, Bürgerl.R.-AT, § 28 III 2b, bb.

[40] *Barner*, Entlastung, S.52; *Borsche*, Entlastung im Recht der Personengesellschaften, S.41f; *Knoche*, Verzichtswirkung der Entlastung, S.54; *Schönle*, ZHR 126 (1964), 199, 202.

[41] *Larenz*, SchuldR-AT, § 19 I a; s. auch Soergel-*Zeiss*, BGB, § 397 Rn.4, der meint, der Schuldner müsse den Verzicht nicht besonders annehmen, dann allerdings auf § 151 S.1 BGB abstellt, also dennoch eine wenn auch nicht zugangsbedürftige Erklärung des Annahmewillens fordert.

sichtigung von § 516 Abs. II S.2 BGB zu fingieren, wenn der angebotene Vertrag für die Annehmenden rechtlich vorteilhaft ist.[42] Während durch das negative Schuldanerkenntnis Rechte des Gläubigers erlöschen, bringt es dem Schuldner zumindest den Vorteil, sich im Fall einer Inanspruchnahme auf diesen Vertrag berufen zu können, so daß es insoweit rechtlich vorteilhaft wäre.

Dennoch, selbst dann, wenn man das Schweigen des Entlasteten als Annahmeerklärung zu einem negativen Anerkenntnis genügen lassen würde, hätte man mit dessen Bejahung den Inhalt der Entlastung gleichwohl nicht vollständig erfaßt. Entlasten heißt die Arbeit des Geschäftsführers umfassend zu bewerten. Die zuvor besprochenen wirtschaftlichen Aspekte, welche aufgrund der vorhergehenden Rechnungslegung notwendigerweise Ausdruck der Entlastung sind, bleiben bei dieser – ausschließlich auf das Anspruchserlöschen ausgerichteten – Betrachtungsweise gänzlich unbeachtet. Diejenigen, die den Inhalt der Entlastung ausschließlich in ihren Rechtswirkungen sehen und ein negatives Schuldanerkenntnis bejahen, müssen sich fragen lassen, wie sie weitere denkbare Entlastungsfolgen, z.B. den Ausschluß von Abberufungs- und Kündigungsgründen unter das negative Schuldanerkenntnis subsumieren wollen, denn diese Rechte werden durch einen Vertrag gemäß § 397 Abs. II BGB gerade nicht berührt.[43]

3. Vergleich

Die bereits geschilderten Bedenken gegenüber dem vertraglichen Entlastungsverständnis, also das Fehlen von Angebot und Annahme, die fehlende Einbeziehung wirtschaftlicher Aspekte in den Inhalt der Entlastungserklärung, gelten auch für den Vergleich nach § 779 BGB. Setzt man sich hierüber hinweg, zeigt sich, daß Entlastung und Vergleich zwar in einem Zusammenhang stehen können, daß die Entlastung selbst jedoch keinen Vergleich beinhaltet.[44] Ob Streit i.S.d. § 779 Abs. I BGB über die der Entlastung zu Grunde liegenden tatsächlichen Verhältnisse besteht, kann nicht allgemein, sondern nur am jeweiligen Fall beantwortet werden. Es können trotz ordnungsmäßiger Rechnungslegung einzelne Sachverhalte umstritten bleiben und Entlastung erst nach deren Klärung erteilt werden. Umgekehrt ist es genausogut möglich, daß man vom Feststehen der zu Grunde liegenden Verhältnisse ausgeht und ohne weitere Aussprache über die Entlastung beschließt.[45] Schon hier wird klar, daß die Entlastung kein genereller Anwendungsfall des § 779 BGB sein kann. Barner hat angenommen, die Entlastung könne ausnahmsweise einen Vergleich beinhalten, wenn Ansprüche gegen den zu Entlastenden erkannt wurden, er sich zwecks Wiedergutmachung zur Zahlung eines bestimmten Betrages an die Gesellschaft verpflichtet und die Entlastung quasi als Ausgleich hierfür erteilt werde.[46] Entlastung und Vergleich sind aber auch hier nicht deckungsgleich. Vielmehr ist die Entlastung neben der Zahlungsverpflichtung nur ein Bestandteil des Vergleichsvertrages.

---

[42] MüKo.-*Kramer*, BGB, § 151 Rn.5; *Canaris*, in FS-Wilburg, S.77, 78.
[43] *Knoche*, Verzichtswirkung der Entlastung, S.56.
[44] a.A. *Heckenberger*, Entlastung, S.89f.
[45] *Schifferer*, Entlastung der Organe einer Aktiengesellschaft, S.22.
[46] *Barner*, Entlastung, S.56.

II. Die Entlastung als einseitiges Rechtsgeschäft bzw. als geschäftsähnliche Handlung

Die bisherige Erörterung hat gezeigt, daß es sich bei der Entlastung nicht um einen Vertrag zwischen Entlastendem und Entlastetem handelt. Aus diesem Grunde hat ein beachtlicher Teil der Literatur versucht, Inhalt und Entlastungswirkungen mittels einseitiger Rechtsgeschäfte oder unter Bezugnahme auf geschäftsähnliche Handlungen zu erklären.

1. Quittung

Die Annahme, bei der Entlastungserteilung handele es sich um eine Quittung i.S.d. § 368 BGB beruht auf dem Gedanken, daß die Entlastung das Gegenstück der Rechnungslegung sei und daher für eine ordnungsgemäße Rechnungslegung erteilt werden könne.[47] Folge wäre zunächst, daß eine nochmalige Rechnungslegung nicht in Betracht käme.[48] Im Rahmen einer Sonderprüfung kann durchaus eine nochmalige Rechnungslegung über bestimmte Sachverhalte verlangt werden. Die Entlastungserteilung kann folglich nicht von der Pflicht zur Rechnungslegung befreien.[49] Gegen die Quittungslösung spricht ferner, daß Entlastung nicht nur aufgrund ordnungsgemäßer Rechnungslegung erteilt wird. Die Aussage über die Richtigkeit der Rechnungslegung wird, wie erörtert, durch die Feststellung des Jahresabschlusses getroffen.[50] Hierfür ist zumindest in der Aktiengesellschaft grundsätzlich nicht die entlastende Hauptversammlung zuständig,[51] sondern gemäß § 172 AktG der Aufsichtsrat.

Andere Vertreter der Quittungslösung sehen in der Entlastung, pflichtgemäßes Verhalten der Geschäftsführer vorausgesetzt, nicht nur eine Bescheinigung über eine ordnungsgemäße Rechnungslegung, sondern auch über eine angeblich durch die Rechnungslegung nachgewiesene Ordnungsmäßigkeit der Geschäftsführung.[52] Eine Aussage über die Qualität der Leistung in dem Sinne, daß der Gläubiger erklären würde, nunmehr befriedigt zu sein, enthält die Quittung, die nur Auswirkungen auf die Beweislastverteilung hat, allerdings nicht.[53] Der Gläubiger bestätigt dem Schuldner lediglich, die Leistung als solche erhalten zu haben, so daß dieser die Leistung bei Inanspruchnahme bis zum Beweis des Gegenteils verweigern kann.[54]

Daß die Quittung daher weder für den Inhalt noch für mögliche Rechtsfolgen der Entlastung weiterhilft, haben offensichtlich auch diejenigen erkannt, die der Quittungslösung folgen. Um rechtsvernichtende Entlastungswirkungen zu erreichen, will z.B. Picenoni der Entlastungsquittung nicht bloß deklaratorische, sondern konstitutive Bedeutung beimessen,[55] wodurch er sich in Widerspruch zum gesetzgeberischen Anliegen setzt, da die Quittung lediglich Beweiswirkung im Prozeß haben sollte.[56] Es handelt sich demnach nur um eine Wis-

---

[47] *Brox*, BB 1960, 1226, 1228; *Heuer*, GmbHR 1951, 151; *Picenoni*, Entlastungsbeschluß, S.10; in Erwägung ziehend auch *Schönle*, ZHR 126 (1964), 199, 208f.; *Bellardi*, Staatsrechtliche Entlastung, S.9 sieht mit Blick auf die §§ 146-153 des preuß.ALR auch in der privatrechtlichen Entlastung eine Quittungserteilung.

[48] *Schmidt / Meyer-Landrut*, in Großkomm., AktG, 2.Aufl., § 104 Anm.2.

[49] S. auch *Mülbert*, in Großkomm., AktG, § 120 Rn.13.

[50] S.o., S.44f.

[51] Vgl. § 173 Abs. I AktG.

[52] *Hoeniger*, DJZ 1922, 143, 145; *Isele*, Geschäftsbesorgung, S.133

[53] Staud.-*Olzen*, BGB, § 397 Rn.7.

[54] *Medicus*, SchuldR. AT, § 23 V 2; *Staud.*-Olzen, BGB, § 397 Rn.8.

[55] *Picenoni*, Entlastungsbeschluß, S.8, 10.

[56] Mot. II 89; Staud.-*Olzen*, BGB, § 368 Rn.6.

senserklärung, nicht aber um eine Willenserklärung.[57] Das Vorliegen von Willenserklärungen mag man bei der sog. Ausgleichsquittung annehmen, die insbesondere bei der Beendigung von Arbeitsverhältnissen zu dem Zweck erteilt wird, etwaige Forderungen zum Erlöschen zu bringen.[58] Soweit aber diese Rechtsfolge in die übereinstimmenden Erklärungen der Parteien mit aufgenommen wurde, geht die Ausgleichsquittung über die Regelung des § 368 BGB hinaus und führt zum Abschluß eines Vertrages, der je nach Fallgestaltung ein negatives Schuldanerkenntnis, einen Erlaßvertrag oder einen Vergleich beinhalten kann.[59] Daß es sich bei der Entlastung jedoch generell nicht um einen Vertrag handelt, wurde bereits erörtert.

Hoeniger konzentrierte sich ähnlich wie Picenoni auf die Rechtsfolgen der Entlastung. Eine anspruchsvernichtende Wirkung wollte dieser Autor mit einer Kombination aus Quittungserteilung und dem Gedanken der Verwirkung begründen.[60] Eine Verwirkung von Ansprüchen soll in Betracht kommen, wenn Entlastung trotz erkennbarer Ansprüche erteilt wird. Hoeniger geht dabei davon aus, daß der Entlastende verpflichtet sei, die ihm zwecks Entlastung vorgelegten Rechenschaftsunterlagen auf etwaige Geschäftsführungsfehler zu untersuchen und er etwaige Ansprüche verwirke, wenn er die Prüfung unterlasse.[61] Eine Begründung, warum der Entlastende zur Prüfung der Unterlagen verpflichtet sein soll, bleibt allerdings aus. In seiner im Grunde zutreffenden Überlegung, die sich von rechtsgeschäftlichen Ansätzen löst, ist Hoeniger im übrigen auch nicht konsequent, soll doch die in Kenntnis bestehender Ersatzansprüche erteilte Entlastung kein Fall der Verwirkung, sondern der eines Erlaßvertrages sein.[62]

Es ist nicht von der Hand zu weisen, daß zwischen Entlastung und Quittung i.S.d. § 368 BGB eine gewisse Ähnlichkeit besteht, wollen doch beide eine Aussage über eine Leistung treffen. Wie jedoch schon ausgeführt besteht der Zweck der Entlastung nicht zwangsläufig in einer Erklärung über die Rechtmäßigkeit der Leistung, sondern vor allem in der Bewertung der unternehmerischen Vertretbarkeit der Leistung. Dieser Aspekt aber wird durch die Quittungserteilung genausowenig zum Ausdruck gebracht wie durch die bereits diskutierten Vertragstypen.[63] Hinzu kommt, die Rechtsfolge der Beweislaständerung ist zumindest in der Aktiengesellschaft aufgrund der zwingenden Anordnung des § 93 Abs. II S.2 AktG nicht möglich.[64] Die Entlastungserteilung kann also nichts daran ändern, daß der Vorstand das Fehlen seines Verschuldens zu beweisen hat.[65] Die Entlastung hat daher keine Quittung zum Inhalt.

Von einer rechtlichen Beweislastumkehr zu unterscheiden ist allerdings die Frage, wie der Richter die erteilte Entlastung in tatsächlicher Hinsicht zu bewerten hat. Aufgrund des § 93 Abs. II S.2 AktG kann die Entlastung allein zumindest im Aktienrecht niemals zur Ab-

---

[57] Vgl. auch *Tellis*, Rechtsnatur der gesellschaftsrechtlichen Entlastung, S.73f.

[58] Staud.-*Olzen*, BGB, § 368 Rn.19.

[59] Palandt-*Heinrichs*, BGB, § 368 Rn.2, § 397 Rn.10.

[60] *Hoeniger*, DJZ 1922, 143, 147f.

[61] *Hoeniger*, DJZ 1922, 143, 147, der an dieser Stelle die Entlastungssituation mit der eines Waren empfangenden Kaufmanns gleichstellt und damit offensichtlich die Regelung der §§ 377f. HGB meint.

[62] *Hoeniger*, DJZ 1922, 143, 147.

[63] Vgl. auch *Tellis*, Rechtsnatur der gesellschaftsrechtlichen Entlastung, S.70.

[64] Auch wenn es bei seit längerem ausgeschiedenen Vorstandsmitgliedern u.U. wünschenswert wäre, eine Änderung der Beweislastverteilung zu erreichen, um einen Beweisnotstand des Betroffenen infolge des Zeitablaufs zu verhindern, sieht die h.M. die Anordnung des § 93 Abs. II S.2 AktG als zwingend an, vgl. nur *Mülbert*, in Großkomm., AktG, § 120 Rn.14; *Hopt*, in Großkomm., AktG, § 93 Rn.23; *Hüffer*, AktG, § 93 Rn.1; *Hefermehl*, in Geßler / Hefermehl, AktG, § 93 Anm.14; *Mertens*, in Kölner Komm., AktG, § 93 Anm.4; a.A. *Schippert*, BB 1958, 1191, 1192, der sich allerdings nur auf Zweckmäßigkeitserwägungen stützt.

[65] Vgl. auch BGH, DB 1967, 940, 942; OLG Düsseldorf, AG 1996, 273, 274.

weisung einer Schadenersatzklage gegen ein Vorstandsmitglied führen. Dennoch hat die Hauptversammlung durch den positiven Entlastungsbeschluß zum Ausdruck gebracht, daß sie die Verwaltung der Gesellschaft in tatsächlicher als auch in rechtlicher Hinsicht billigt, wobei, dies ist hervorzuheben, die rechtliche Komponente der Entlastung aufgrund der lediglich summarischen Angaben der Rechnungslegung und nicht zuletzt infolge des § 120 Abs. II S.2 AktG nur eine untergeordnete Bedeutung hat. Mehr als eine gewisse Indizwirkung gegen das Bestehen von Ansprüchen kommt der Entlastungserteilung also nicht zu.[66] In jedem Fall sind zur Begründung des Nichtbestehens eines Anspruchs weitere Indizien notwendig, da die Entlastung allein den Vorwurf der Pflichtverletzung nicht beseitigen kann.

2. Zur Zulässigkeit einseitiger Verzichtserklärungen im deutschen Recht und ihrer Anwendung auf die Entlastung

Um die Schwierigkeiten mit der Darstellung eines Entlastungsvertrages zu umgehen, wurde und wird von einem beachtlichen Teil in Rechtsprechung und Literatur versucht, die Entlastung unter Umgehung des § 397 BGB als einseitige Verzichtserklärung zu deuten. Diese Auffassung wurde zwar schon vor der Reform des Aktiengesetzes 1937 vertreten,[67] fand aber erst danach zunehmend Anhänger,[68] da ein vertraglicher Verzicht nunmehr erst fünf Jahre nach Entstehung des Anspruchs möglich war,[69] so daß die Entlastung selbst jedenfalls keinen Vertragsabschluß mehr beinhalten konnte. Um sie wenigstens in Bezug auf die Aktiengesellschaft und GmbH bezüglich Inhalt und Rechtsfolgen gleichlaufen zu lassen, mußte also vom vertraglichen Verständnis, welches der bisher herrschenden Ansicht entsprach, Abkehr genommen werden. Dementsprechend sah das Reichsgericht in einer Entscheidung zur GmbH die Entlastung in ausdrücklicher Abkehr von der bisherigen Rechtsprechung nicht mehr als Vertrag, sondern als eine dem Gesellschaftsrecht eigentümliche Erklärung eigener Art an, die in der Regel eine ähnliche Wirkung wie ein Verzicht auf Ersatzansprüche beinhalte.[70] Der Bundesgerichtshof schloß sich dieser Ansicht nicht nur in Bezug auf die GmbH,[71] sondern auch in Bezug auf die Aktiengesellschaft an und meinte, die Einschränkung der anspruchsvernichtenden Entlastungsfolge nach dem Aktiengesetz könne dann nicht gelten, wenn alle Aktionäre dem Beschluß zustimmen würden, da der Gesetzgeber des § 84 Abs. IV S.3 AktG lediglich die Aktionärsminderheiten schützen wollte.[72]

Seit der Reform des Aktienrechts 1965 durch die klarstellende Regelung in § 120 Abs. II S.2 AktG vertritt die Rechtsprechung diese Ansicht zwar nicht mehr für die Aktiengesellschaft, jedoch weiterhin für die übrigen Gesellschaftsformen.[73] Ein Großteil der Literatur hat

---

[66] *Schmidt / Meyer-Landrut*, in Großkomm., AktG, 2.Aufl. § 104 Anm.4; *Schuler*, AG 1960, 1, 3; weitergehend *Feuth*, NJW 1958, 11ff.

[67] *Laband*, Entlastung des Vorstandes, S.11f.; Verzicht erwähnt in RGZ 106, 258, 262. Die Unsicherheiten um die rechtsdogmatische Einordnung der Entlastung zeigt auch die Formulierung von *Flechtheim*, JW 1920, 700 es sei „Geschmackssache", ob man in der Entlastung einen Vertrag oder eine einseitige Verzichtserklärung sähe!

[68] Zuerst bei *Wagner*, Rechtsnatur der Entlastung im Gesellschaftsrecht, S.32, 39.

[69] Vgl. § 84 Abs. IV S.3 AktG a.F.

[70] RG, DR 1941, 506, 508.

[71] BGH, GmbHR 1959, 69.

[72] BGHZ 29, 385, 390.

[73] BGHZ 97, 382, 388; NJW 1969, 131; GmbHR 1975, 182; WM 1987, 651, 652; OLG Düsseldorf, NJW-RR 1997, 525; OLG Hamm, GmbHR 1992, 802, 803; offengelassen in BAG, ZfG 1957, 218, 220.

sich der Rechtsprechung angeschlossen.[74] Gemein ist den vorgenannten Ansichten, daß zum Teil jegliche Begründung fehlt oder aber Widersprüche in der Begründung auftreten. So bejaht Schönle einerseits ein unbefristetes Vertragsangebot,[75] andererseits aber spricht er von einem Verzicht auf etwaige Ansprüche aus der Geschäftsführung.[76] Flume meint, ohne seine Ansicht näher zu begründen, die Entlastung wirke entgegen der schuldrechtlichen Regelung des § 397 BGB als einseitiger Erlaß bzw. als einseitiges negatives Schuldanerkenntnis und bringe sowohl Ansprüche als auch Kündigungsrechte zum Erlöschen.[77] Seiner Auffassung nach treten die Rechtswirkungen durch den Beschluß als solchen ein, eines Zugangs bedürfe es nicht.[78] Die von Schmidt vorgeschlagene Präklusionslösung[79] verwirft Flume, weil das Erlöschen der Ansprüche nicht eine sondern „die" Rechtsfolge der Entlastung sei, weshalb auch die rechtliche Beurteilung hierauf gerichtet sein müsse.[80] Andere Autoren wollen sich nicht festlegen. Sie meinen, man könne den Rechtsgehalt der Entlastung nicht ein für alle mal feststellen, in der GmbH beinhalte sie zwar einen einseitigen Verzicht, aufgrund fehlender gesetzlicher Regelungen seien aber auch andere Beurteilungen möglich.[81]

Die dargestellten Meinungen sind unhaltbar und werden zu Recht zunehmend kritisiert.[82] Sieht man die Funktion der Entlastung ausschließlich in einer Stellungnahme zur Rechtmäßigkeit der Geschäftsführung, berücksichtigt man des weiteren, daß eine vertragliche Begründung nicht durchgängig möglich ist, kann es zumindest zweckmäßig erscheinen, ausnahmsweise eine einseitige, verfügende Erklärung zuzulassen. Einseitige rechtsaufhebende Verzichte sind vor allem im Sachenrecht vorgesehen.[83] Im Schuldrecht sind einseitige Verzichte auf Einreden oder Gestaltungsrechte möglich, nicht aber auf Forderungen,[84] was sich für letztere ohne weiteres aus dem Wortlaut des § 397 BGB ergibt.

Im übrigen können dieselben Argumente, die bereits gegen das Vorliegen eines Vertrages sprachen, auch hier angeführt werden. Wenn die Verwaltung einwandfrei gearbeitet hat, bedarf es keines Verzichtes, sei er nun einseitiger oder vertraglicher Natur. Eine Antwort auf die Frage, welchen Rechtsgehalt die Entlastung in diesen Fällen haben soll, bleiben die Befürworter des einseitigen Verzichts schuldig.

Ein Verzicht läßt sich auch nicht mit einem Hinweis auf angebliches Gewohnheitsrecht begründen. Gewohnheitsrecht könnte man nur dann annehmen, wenn die entsprechende Praxis auf einer lang anhaltenden, von allgemeiner Überzeugung getragenen Übung beruhen

---

[74] *Fichtelmann*, in Heidelberger Komm., GmbHG, § 46 Rn.44; *Gernhuber*, Erfüllung, § 16 II 3a mit dem zutreffenden Hinweis, daß die Entlastung wegen § 120 Abs. II S.2 AktG kein vertragliches Schuldanerkenntnis darstellt; *Lutter / Hommelhoff*, GmbHG, § 46 Rn.14; Palandt-*Heinrichs*, BGB, § 397 Rn.11; *Zöllner*, Schranken, S.195; unklar *Raiser*, Kap.gften., § 33 Rn.6, 8, der einerseits von Präklusivwirkung, andererseits von einem Verzicht spricht; Scholz / *Schneider*, GmbHG, § 43 Anm.188; einen einseitigen Verzicht in Erwägung ziehend Erman / *H. – P. Westermann*, BGB, § 397 Rn.4.

[75] *Schönle*, ZHR 126 (1964), 199, 213, 215.

[76] *Schönle*, ZHR 126 (1964), 199, 205ff.

[77] *Flume*, Bürgerl.R. I / 2, § 10 I 4.

[78] Vgl. vorherige Fundstelle.

[79] *Schmidt*, ZGR 1978, 425, 430f.

[80] Vgl. Fn.77.

[81] MüKo.- *Schlüter*, BGB, § 397 Rn.16; RGRK-*Weber*, BGB, § 397 Rn.36.

[82] *Barner*, Entlastung, S.61ff; *Knoche*, Verzichtswirkung der Entlastung, S.63ff; Staud.-*Rieble*, BGB, § 397 Rn.10f; *Tellis*, Rechtsnatur der gesellschaftsrechtlichen Entlastung, S.55f.

[83] Vgl. §§ 875, 928, 959, 976, 1064, 1168, 1175, 1255 BGB.

[84] Mot. II 116; Prot. I 376; RGZ 72, 171; *Hoeniger*, DJZ 1922, 143, 144; *Knoche*, Verzichtswirkung der Entlastung, S.57ff; MüKo.-*Schlüter*, BGB, § 397 Rn.1, 19; Staud.-*Rieble*, BGB, § 397 Rn.10; Soergel-*Zeiss*, BGB, § 397 Rn.1.

würde.[85] Von allgemeiner Überzeugung kann jedoch angesichts der geschilderten Unsicherheiten nicht die Rede sein. Ein einseitiger Verzicht wäre im übrigen so auszulegen wie jede andere Erklärung auch, d.h. aus Sicht eines objektiven Erklärungsempfängers unter Hinzuziehung der zur Verfügung stehenden Unterlagen. Also müßte wiederum der Inhalt der Rechnungslegung zur Auslegung herangezogen werden, wo aber zu Fragen der Rechtmäßigkeit, insbesondere zum Bestehen von Ersatzansprüchen in der Regel nicht Stellung genommen wird und auch nicht genommen werden soll. Schließlich würde die Bewertung der Tätigkeit in unternehmerischer Hinsicht, die dem Entlastenden aufgrund der Mitteilungen des Jahresabschlusses - gegebenenfalls ergänzt um den Lagebericht und den Bericht des Aufsichtsrates - ermöglicht wird, in einem einseitigen Verzicht ebenfalls nicht zum Ausdruck kommen.

3. Genehmigung oder formalisierte Abnahme der Geschäftsführung

Im Unterschied zur einseitigen Verzichtserklärung bewegt man sich bei der Interpretation der Entlastung als einer Art Genehmigung oder Abnahme der Geschäftsführung zumindest vom gedanklichen Ansatz her auf dem Boden des Rechts, da im BGB hierzu Regelungen existieren, die man – u.U. im Wege der Analogie – heranziehen könnte. Ein unbestreitbarer Vorzug dieser Vorgehensweise besteht darin, daß die beschriebenen Schwächen der Vertragskonstruktion vermieden werden und auch nicht mit einem gesetzlich nicht vorgesehenen einseitigen Verzicht gearbeitet werden muß. Da Genehmigungserklärungen keinen unmittelbaren Verzicht zum Inhalt haben, sondern sich auf die Vornahme einer bestimmten Handlung beziehen,[86] ergibt sich das Anspruchserlöschen, wenn überhaupt, nur als eine Genehmigungsfolge. Das Augenmerk könnte sich hier also mehr auf die entscheidende wirtschaftliche Bedeutung der Entlastung richten. Boesebeck meinte hierzu: *„Es ist unmöglich, bei der Vertrauensfrage, um die es sich bei der Entlastung handelt, rein materialistisch in Geld zu denken. Das gesunde Empfinden sieht in der Entlastung nichts anderes als eine Erklärung, daß, um etwa an die Ausdrucksweise der alten preußischen Vormundschaftsordnung anzuknüpfen, die Geschäfte „treu und richtig geführt" seien. Die Frage, ob der Gesellschaft Schadenersatzansprüche entstanden sind oder nicht, ist von sekundärer Natur."*[87]

Die Rechtsprechung hatte zwar bereits Gelegenheit sich zur Genehmigung zu äußern, sie ist jedoch, was den Rechtsgehalt der Entlastung betrifft, nicht vom Verzicht abgerückt. In einem vom Reichsgericht entschiedenen Fall trat eine Gesellschaft einer anderen bei.[88] Die dazu erforderlichen Rechtshandlungen nahm der Vorstand für die beitretende Gesellschaft vor. Der Kläger wandte sich gegen diese Rechtshandlungen und erwirkte eine gerichtliche Anordnung, die ihn ermächtigte, zur Beitrittsfrage eine Generalversammlung einzuberufen. Auf dieser Versammlung wurde mit der Mehrheit der Stimmen die Genehmigung des Beitritts zur Gesellschaft beschlossen. Da die Genehmigung die Rechtswirksamkeit des Beitritts im Außenverhältnis nicht mehr beeinflussen konnte, interpretierte das Reichsgericht den Beschluß als konkludente Entlastung des Vorstandes.[89] Den rechtlichen Gehalt der Entlastung

---

[85] BVerfGE 28, 28; RGZ 75, 41; BGHZ 37, 219, 222; vgl. auch Staud.-*Coing*, BGB, Einl. Rn.238ff.
[86] Vgl. §§ 177, 684 S.2 BGB.
[87] *Boesebeck*, ZAkDR 1935, 675, 676.
[88] RGZ 115, 246.
[89] RGZ 115, 246, 250.

sah das Gericht jedoch nicht in der Genehmigung der vom Vorstand vorgenommenen Geschäfte, sondern in einem in der Entscheidung nicht näher erörterten Verzicht.[90]

a) § 177 BGB

Picenoni erwog, den Inhalt der Entlastung mit dem einer Genehmigung i.S.d. § 177 BGB gleichzusetzen,[91] falls die Vertretungsmacht im Außenverhältnis beschränkbar sei.[92] Auf die GmbH und die Aktiengesellschaft trifft dies aufgrund der in den §§ 37 Abs. II GmbHG, 82 Abs. I AktG angeordneten Unbeschränkbarkeit der Vertretungsmacht allerdings nicht zu. Im übrigen weisen die Genehmigung gemäß § 177 BGB und die Entlastung auch verschiedene Zielsetzungen auf. Während sich die Genehmigung auf das Außenverhältnis Geschäftsgegner – Vertretener bezieht und dadurch Rechtsgeschäfte, die der vollmachtlose Vertreter abgeschlossen hat, wirksam werden, geht es bei der Entlastung um das Innenverhältnis Vertretener – Vertreter. Ansprüche nach § 179 BGB, die als Genehmigungsfolge erlöschen, betreffen gleichfalls nur das Außenverhältnis Geschäftsgegner – Vertreter, nicht aber das Innenverhältnis Vertretener – Vertreter.

b) § 684 S.2 BGB

Mehr Anhänger hat die Annahme einer aus der Geschäftsführung ohne Auftrag herrührenden Genehmigung gefunden (§ 684 S.2 BGB).[93] Der Umstand, daß sie sich regelmäßig nur auf das Übernahmeverschulden nach § 678 BGB und nicht auf das Ausführungsverschulden bezieht, wohingegen die Entlastung umfänglich Ansprüche zum Erlöschen bringen soll,[94] spricht nicht so sehr gegen den Rückgriff auf § 684 S.2 BGB. Die Genehmigung ist eine Willenserklärung und daher der Auslegung zugänglich,[95] d.h. der Geschäftsherr kann seine Erklärung durchaus auf sämtliche Handlungen des Geschäftsführers erstrecken,[96] wovon im Zweifel auszugehen ist, wenn es um bereits vollzogene und dem Geschäftsherrn bekannte Handlungen geht.[97] Prinzipiell spricht gegen den Vergleich Entlastung - Geschäftsführung ohne Auftrag vielmehr, daß die §§ 677ff BGB ein Eingreifen in einen fremden Rechtskreis voraussetzen. Die ordnungsgemäß bestellte Geschäftsführung handelt jedoch als vertretungsberechtigtes Organ der Gesellschaft und zwar auch dann, wenn Geschäftsführungsbefugnisse überschritten werden und der Gesellschaft dadurch Schäden entstehen.[98]

---

[90] RGZ 115, 246, 250.
[91] Ansprüche aus § 179 BGB würden dadurch erlöschen.
[92] *Picenoni*, Entlastungsbeschluß, S.11.
[93] *Boesebeck*, Anm. zu RG, JW 1935, 921, 922; *ders.*, ZAkDR 1935, 675, 676; *Brox*, BB 1960, 1226; Staud.-*Rieble*, BGB, § 397 Rn.10.
[94] So die Kritik von *Barner*, Entlastung, S.64f sowie von *Knoche*, Verzichtswirkung der Entlastung, S.59f.
[95] h.M. vgl. nur Staud.-*Wittmann*, BGB, § 684 Rn.5.
[96] Staud.-*Rieble*, BGB, § 397 Rn.10.
[97] Staud.-*Wittmann*, BGB, § 684 Rn.11.
[98] Vgl. auch *Barner*, Entlastung, S.64; *Laband*, Entlastung des Vorstandes, S.6.

c) § 640 Abs. I BGB

Buchner vertritt die Ansicht, die Entlastung sei als formalisierte Anerkennung pflichtgemäßen Handelns zu begreifen, wobei er auch auf die Regelung der werkvertraglichen Abnahme nach § 640 Abs. I BGB hinweist.[99] Gemeinsam ist der Abnahme und der Entlastung, daß in beiden Fällen ein Bedürfnis nach einer klärenden Aussage besteht. Dies gilt vor allem dann, wenn sich das Werk als langwierig und kompliziert darstellt. Je mehr Unsicherheit über die Abnahme der Leistung besteht, um so größer kann die Notwendigkeit der Klärung durch Entlastung sein.[100] Die Abnahme ist wie die Entlastung eher eine globale als eine auf bestimmte Sachverhalte bezogene Aussage, nämlich die Erklärung, das Werk sei im großen und ganzen vertragsgemäß.[101] Nicht der Bezug zu Schadenersatzansprüchen steht im Vordergrund, sondern die Billigung der geleisteten Arbeit. Auch insoweit scheint die Abnahme auf die Entlastung zu passen. Da der Werkbesteller bei Mangelfreiheit des Werkes zur Abnahme verpflichtet ist, wäre auch zu erklären, warum der Geschäftsführer bei einwandfreier Geschäftsführung einen Anspruch auf Entlastung hat. Dennoch lassen sich nicht sämtliche Fragen überzeugend klären. Die Abnahme führt zwar gemäß § 640 Abs. II BGB zum Erlöschen bestimmter Rechte, diese Rechtsfolge gilt jedoch für nur die in § 633 Nr. 1 – 3 BGB genannten verschuldensunabhängigen Mängelrechte und auch nur, wenn der Besteller den jeweiligen Mangel kennt. Ansprüche wegen schuldhaft verursachter Mängel bleiben unberührt, da § 640 Abs. II BGB nicht auf § 634 Nr.4 BGB verweist.[102] Da im Gesellschaftsrecht im Gegensatz zum Werkvertragsrecht aber keine Erfolgs- oder Garantiehaftung des Geschäftsführers, sondern lediglich eine Verschuldenshaftung existiert,[103] könnte die Entlastung keine Rechtsfolgen in Bezug auf Ersatzansprüche entfalten. Die Lösung über § 640 BGB erklärt im übrigen nicht, warum weitere Rechte, wie zum Beispiel das Kündigungsrecht ausgeschlossen sein sollen.

B. Schweiz

Im schweizerischen Recht bestehen wie auch im deutschen Recht geteilte Meinungen über die Rechtsnatur des Entlastungsbeschlusses. Der Streit hat hier jedoch, nicht zu den tiefgehenden Auseinandersetzungen geführt, wie sie im deutschen Recht zu beobachten sind. Die Gründe hierfür sollen im Folgenden aufgezeigt werden.

I. Negative Schuldanerkennung und Vertrauenskundgabe

Im Unterschied zu § 397 BGB ist zwar lediglich der Erlaßvertrag in Art.115 OR, nicht dagegen das negative Anerkenntnis ausdrücklich geregelt. Seine Existenz ist jedoch auch im schweizerischen Recht anerkannt[104] und wird von der ganz herrschenden Ansicht und der ständigen Rechtsprechung des schweizerischen Bundesgerichts zur Begründung des rechtli-

---

[99] *Buchner*, GmbHR 1988, 9, 11ff.
[100] *Buchner*, GmbHR 1988, 9, 12.
[101] BGHZ 48, 257, 262; 61, 42, 45; NJW 1994, 942, 943.
[102] Palandt-*Sprau*, BGB, § 640 Rn.13, § 634 Rn.6; zum früheren Recht vgl. BGHZ 77, 134; 127, 378, 384.
[103] *Schmidt*, GftsR., § 36 II 4a.
[104] Vgl. nur *Bucher*, OR, § 22 I 1 2a; *Aepli*, in Zürcher Komm., OR, Art.115 Rn.22; *Schwenzer*, OR, Rn.79.05.

chen Entlastungsgehaltes sowohl in der Aktiengesellschaft als auch in der GmbH herangezogen.[105] Zweck der Entlastung soll es sein, durch den Schuldverzicht die Unsicherheit über das Bestehen einer Forderung zu beseitigen bzw. das Nichtbestehen der vom Schuldner bestrittenen Forderung anzuerkennen.[106] Eine einheitliche Betrachtung der Entlastung als einseitige oder vertragliche negative Schuldanerkennung hat sich nicht herausgebildet. Teilweise wird angenommen, die Entlastung könne sowohl negatives Schuldanerkenntnis als auch einseitiger Verzicht sein,[107] sie beinhalte ein einseitiges negatives Anerkenntnis[108] oder sei ein bloß einseitiger Verzicht.[109]

Aufgrund dieser unterschiedlichen Sichtweisen würde man eigentlich eine eingehende Erörterung der zum deutschen Recht geschilderten Probleme erwarten. Das Gegenteil ist jedoch der Fall. Bezeichnend hierfür sind folgende Stellungnahmen aus Rechtsprechung und Literatur. Bürgi meint, die Entlastung könne sowohl Verzicht als auch negatives Schuldanerkenntnis sein, ihr Inhalt bestehe jedenfalls darin, daß der Gesellschaft aus der zur Diskussion stehenden Periode keine Ersatzansprüche wegen absichtlicher oder fahrlässig mangelhafter Geschäftsführung zur Verfügung stehen. Besteht ein Schadenersatzanspruch nicht, kann auch von einem Verzicht keine Rede sein. Die praktische Bedeutung der theoretisch interessanten Begründung dürfte aber gering sein.[110] Bürgi / Nordmann-Zimmermann sehen den Gehalt der Entlastung in der Feststellung, daß keine Forderungen der Gesellschaft gegenüber den Verantwortlichen wegen Haftung aus ihrer Tätigkeit bestehen. Ob die Forderung der Gesellschaft berechtigt war und man aus bestimmten Gründen trotzdem auf deren Geltendmachung verzichtet oder ob man den Verantwortlichen eine von ihnen anerkannte Forderung erläßt oder ob kein Verantwortlichkeitsanspruch der Gesellschaft besteht, ist nach Auffassung von Bürgi und Nordmann-Zimmermann unerheblich.[111] Kaeslin führt zur Erklärung der Décharge sowohl Vertrag, als auch Quittung und Genehmigung an. Maßgebend ist nach seiner Meinung immer der jeweilige Tatbestand. Es kommt bloß darauf an, wie die Verhältnisse liegen.[112] In ähnlicher Weise beschreibt Meier-Wehrli den Inhalt der Décharge. Im Normalfall, wo Schadenersatzansprüche nicht bestehen, bedeute sie die Anerkennung der korrekten, pflichtgemäßen Erfüllung des übertragenen Mandats im Sinne einer Kundgabe des Vertrauens, erfülle also entsprechend der konkreten Rechtslage verschiedene Funktionen.[113] Je nachdem, ob Ansprüche bestehen, bedeute Décharge entweder eine einseitige negative Schuldanerkennung oder eine bloße Anerkennung der geleisteten Arbeit, was aber für den Rechtsgehalt der Entla-

---

[105] BGE 51 II 65; 65 II 2, 15; 67 II 167, 174; 90 II 490, 495f; 95 II 320, 327; 118 II 496; 498; *Bucher*, OR, § 22 I 2a; *Bürgi*, in Zürcher Komm., OR, Art.698 Rn.78; *Dreifuss / Lebrecht*, in Basler Komm., OR, Art.810 Rn.17, 23; *Gauch / Schluep*, OR, Bd. II, Rn. 3210; *Gubler*, SAG 23 (1950/51), 68, 69, 70; *Guhl / Merz / Kummer / Koller / Druey*, OR, § 38 I; *Kummer*, ZBJV 107 (1971), 217; *Kunz*, Rechtsnatur und Einredenordnung, S.153; *Picenoni*, Entlastungsbeschluß, S.19; *Schmitt*, Verhältnis zwischen Generalversammlung und Verwaltung, S.125; *v. Steiger*, SAG 15 (1942), 1, 2f.

[106] BGE 65 II 2, 15; 67 II 167, 174.

[107] BGE 95 II 320, 327; 118 II 496, 498; *Forstmoser / Meier-Hayoz / Nobel*, AktienR., § 22 Rn.47; *Gubler*, SAG 23 (1950/51), 68, 69f.

[108] BGE 51 II 65; *Biggel*, Verantwortlichkeit des Verwaltungsrates, S.71f; *Fehr*, Zivilrechtliche Verantwortlichkeit, S.147, 156; *Gross*, Haftpflichtrechtliche Situation des Verwaltungsrates, S.248; *Picenoni*, Entlastungsbeschluß, S.19; *Sauber*, Aktienrechtliche Verantwortlichkeit, S.129; *Schluep*, Wohlerworbene Rechte, S.94.

[109] BGE 117 II 432, 438; *v. Steiger*, in Zürcher Komm., OR, Art.810 Rn.15; *Widmer*, in Basler Komm., OR, Art. 758 Rn.2.

[110] *Bürgi*, in Zürcher Komm., OR, Art.698 Rn.78.

[111] *Bürgi / Nordmann-Zimmermann*, in Zürcher Komm., OR, Art.757, Rn.1.

[112] *Kaeslin*, Aktiengesellschaft und Verantwortlichkeit, S.54f.

[113] *Meier-Wehrli*, Verantwortlichkeit der Verwaltung, S.115f; ebs. *Eigenmann*, SAG 25 (1952/53), 189, 192.

stung bedeutungslos sei.[114] In jedem Fall aber solle das Rechtsverhältnis verbindlich festgestellt werden.[115] Das Vertrauensmoment hat auch Eigenmann angesprochen. Er sieht in der Entlastung zum einen die formelle Entlassung des Verwaltungsrats aus seiner Verantwortlichkeit, zum anderen aber auch eine moralische Billigung der Geschäftsführung, die eine eminent wichtige Rolle spiele, da es für den verantwortungsbewußten Verwaltungsrat und die ihm untergeordnete Geschäftsleitung nicht gleichgültig sein könne, ob sie das Vertrauen der Aktionäre besäßen oder nicht.[116] Die moralische Billigung sei eine Vertrauensbezeugung. Auch die Mitglieder der Verwaltung einer Aktiengesellschaft, so Eigenmann, bräuchten einen moralischen Anreiz, der sie ansporne, die Interessen der Gesellschaft nach bestem Wissen und Gewissen zu wahren und zu fördern.[117]

Aus diesem Umstand sowie aus der Tatsache, daß die Rechnungslegung wie oben festgestellt, i.d.R. nicht mehr als summarische Auskünfte gibt, ziehen manche Autoren den Schluß, der Entlastung komme nur noch die Bedeutung einer Vertrauenserklärung zu.[118]

Die Rechtsprechung sieht in der Entlastung nur dann eine Vertrauenserklärung, wenn die Voraussetzungen einer negativen Schuldanerkennung nicht vorliegen,[119] meint also, die Entlastung könne entweder nur Rechtsgeschäft oder nur Vertrauensbekundung sein, nicht aber beides zusammen. Ein bloßer Vertrauensausspruch soll hiernach auch dann vorliegen, wenn zwar Ansprüche gegen Mitglieder der Verwaltung bestehen, die Aktionäre vor dem Déchargebeschluß hierüber jedoch nicht oder nur unzureichend informiert wurden.[120]

II. Vergleich

Die Ansicht, bei der Entlastung selbst handele es sich um einen Vergleichsvertrag wurde, wie auch im deutschen Recht, in der Schweiz nie ernsthaft vertreten.[121] Man nimmt auch hier an, die Mitglieder des Verwaltungsrates könnten durchaus im Rahmen eines Vergleichs mit der Gesellschaft entlastet werden, wenn die Gesellschaft durch die Geschäftsführung geschädigt wurde und die Schädiger sich verpflichten, gegen Erteilung der Décharge einen bestimmten Geldbetrag an die Gesellschaft zu erbringen.[122] Dabei handelt es sich aber nur um einen Sonderfall und nicht um den generellen Entlastungsgehalt.

III. Einseitige rechtsgeschäftliche und nicht rechtsgeschäftliche Lösungen

In Anbetracht des geschilderten herrschenden Entlastungsverständnisses verwundert es nicht, daß nur wenige in der Entlastung ein einseitiges Rechtsgeschäft außerhalb der negativen Schuldanerkennung sehen bzw. nicht rechtsgeschäftliche Erklärungen befürworten. Für

---

[114] *Meier-Wehrli*, Verantwortlichkeit der Verwaltung, S.116ff.
[115] *Meier-Wehrli*, Verantwortlichkeit der Verwaltung, S.116f.; zust. *Back*, Entlastungsbeschluß, S.8.
[116] *Eigenmann*, SAG 25 (1952/53), 189, 192; zust. *Bürgi*, in Zürcher Komm., OR, Art.698 Rn.84.
[117] *Eigenmann*, SAG 25 (1952/53), 189, 192.
[118] *Schmitt*, Verhältnis zwischen Generalversammlung und Verwaltung, S.125; *Steiner*, SAG 15 (1942/43), 83, 85, der von einem Akt der Höflichkeit spricht.
[119] BGE 67 II 167, 168, 174.
[120] BGE 67 II 167, 174.
[121] S.o. S.91.
[122] *Fehr*, Zivilrechtliche Verantwortlichkeit, S.147, 158; *Kaeslin*, Aktiengesellschaft und Verantwortlichkeit, S.63.

eine nachträgliche Genehmigung der bereits getätigten Geschäfte des Verwaltungsrates haben sich Müller / Lipp ausgesprochen.[123] Sie sehen auch die Möglichkeit einer rechtsverbindlichen, zukunftsbezogenen Entlastung, wenn der Verwaltungsrat um die Genehmigung für ein einzelnes Geschäft nachsucht und die Generalversammlung seinem Ersuchen entspricht. In diesem Fall soll es sich um eine vorgezogene Einzelfalldécharge handeln.[124]

Der auch im deutsche Recht diskutierte Quittungsgehalt wurde ebenfalls für möglich gehalten, jedoch eher im Sinne einer konstitutiven als einer deklaratorischen Quittung verstanden. So meint Wolfers, die Generalversammlung quittiere durch die Entlastung die geleistete Pflichterfüllung und verzichte damit auf Schadenersatzansprüche, die aufgrund der geleisteten Tätigkeit entstanden sind oder noch entstehen können.[125]

Schließlich finden sich Stellungnahmen, die ausschließlich auf die Folgen der Décharge abstellen und sie nicht als Rechtsgeschäft, sondern als relative Einrede[126] oder als eine dem Erlaß ähnliche, rechtsaufhebende Tatsache verstehen,[127] ohne daß eine Auseinandersetzung mit dem Inhalt Entlastung stattfindet. Eingehender hat sich hingegen Barbey mit der Ablehnung der Décharge als Rechtsgeschäft im Sinne eines Forderungsverzichtes auseinandergesetzt.[128] Er spricht zwar von einer renonciation, meint damit aber einen Verzicht auf das Klagebefugnis, der das Bestehen der Forderung unberührt läßt.[129] Ein negatives Schuldanerkenntnis zwischen den Mitgliedern der Verwaltung und der Gesellschaft mit Wirkung für sämtliche Aktionäre kann seiner Meinung nach schon deswegen nicht gegeben sein, weil das Gesetz den gegen die Décharge stimmenden Aktionären die Klagebefugnis belasse;[130] Folge sei also nur das Entstehen einer peremptorischen Einrede gegenüber dem für die Décharge stimmenden Aktionär, der das Klagerecht für die Gesellschaft ausüben wolle.[131] Barbey verweist ferner auf einen Punkt, der auch im deutschen Recht gegen einen Vertrag nach § 397 Abs. II BGB vorgebracht wurde. Bestehen keine Ansprüche, ergibt ein negatives Anerkenntnis keinen Sinn. Barbey wörtlich: *„Cette décharge sera vide.“*[132]

C. Frankreich

I. Zum Entlastungsvertrag

Das negative Schuldanerkenntnis sowie der Erlaßvertrag sind zwei Ansatzpunkte für die rechtsdogmatische Einordnung der Entlastung im deutschen und im schweizerischen Recht, nicht jedoch im französischen Recht. Zwar existiert mit der in Art.1282 C.Civ. geregelten remise de dette ein dem § 397 BGB bzw. dem Art. 115 OR vergleichbarer Vertrag,[133]

---

[123] *Müller / Lipp / Plüss*, Verwaltungsrat, S.293.
[124] *Müller / Lipp / Plüss*, Verwaltungsrat, S.293f.
[125] *Wolfers*, Verwaltungsorgane, S.136.
[126] *Böckli*, AktienR., Rn.2017 unter ausdrücklicher Ablehnung des Erlaßvertrages.
[127] *Forstmoser*, Verantwortlichkeit, Rn.470.
[128] *Barbey*, Décharge, S.54ff.
[129] *Barbey*, Décharge, S.55f.
[130] *Barbey*, Décharge, S.56ff, vgl. auch Art.757 OR a.F. sowie Art.758 Abs. I, II OR n.F.
[131] *Barbey*, Décharge, S.60.
[132] *Barbey*, Décharge, S.57.
[133] Es handelt sich nicht um eine einseitige Willenserklärung, sondern um einen Vertrag, vgl. *Dreifuss-Netter*, in Dalloz, Rép.Civ., Renonciation Rn.19 m.w.N.; *Ferid*, frz. ZivilR., Bd. 1, Kap. 2 D Rn.76; *Malaurie / Aynès*, Dr.Civ – Obligations, Rn.1054ff; *Mazeaud / Chabas*, Dr.Civ., Bd. II / 1, Rn-1194-2, 1195, 1207.

jedoch wurde der quitus hiermit nie eindeutig in Zusammenhang gebracht. Lediglich in älteren Gerichtsentscheidungen finden sich Andeutungen in Richtung vertragliches Entlastungsverständnis, jedoch ohne nähere Begründung.[134] Thaller sah die Bilanzgenehmigung als einen Entlastungsvertrag an und meinte: „*Le vote vaut convention de décharge.*“[135] Als Voraussetzungen führte er das Vorliegen des rapport de gestion der Verwaltung sowie des rapport de commissaire an.[136] Auch hier fehlt wie bei der Rechtsprechung jegliche Begründung, worin Angebot und Annahme zu sehen sind bzw. um was für einen Vertragstypus es sich handeln solle.

Als Vergleichsvertrag, „transaction“, wurde der quitus wie auch im schweizerischen und im deutschen Recht zu keiner Zeit bezeichnet, sondern lediglich mit ihm in Zusammenhang gebracht.[137] Beispielsweise hatte in einem von der Cour de Cassation zu entscheidenden Fall[138] ein Mitglied der Verwaltung einer Aktiengesellschaft anläßlich einer Kapitalerhöhung zahlreiche Aktionäre veranlaßt, Aktien zu zeichnen und Zahlungen an die Gesellschaft zu leisten. Später stellte sich heraus, daß die Angaben, die die Aktionäre zur Zeichnung und zur Zahlung veranlaßten, unrichtig waren. Um den Streit zwischen den Aktionären und der Verwaltung beizulegen, erklärte sich das Verwaltungsmitglied bereit, gegen Erteilung der Entlastung eine bestimmte Summe als Ausgleich an die Gesellschaft zu zahlen. In der folgenden Generalversammlung wurde ein entsprechender Beschluß gefaßt. Die Aktionäre wurden hierbei darauf hingewiesen, daß die Entlastung zum Verzicht ihrer Ansprüche gegen die Geschäftsleitung führe. Einige Aktionäre erhoben wegen der falschen Angaben im Zusammenhang mit der Kapitalerhöhung dennoch Klage auf Schadenersatz gegen die Verwaltung. Das Gericht wies die Klage aufgrund der zuvor erteilten Entlastung als unzulässig ab.

II. Einseitige rechtsgeschäftliche Erklärungen - renonciation / confirmation / ratification

Vor den Reformgesetzen der Jahre 1937 und 1966 wurde der quitus meist als Unterfall der renonciation verstanden. Renonciation ist ein einseitiger Rechts- bzw. Anspruchsverzicht des Gläubigers,[139] der dem Schuldner nicht zugehen muß.[140] Der Begriff der renonciation steht als Sammelbegriff für eine Vielzahl verschiedener Arten von einseitigen Rechtsgeschäften aus den unterschiedlichsten Bereichen des Rechts.[141] Darunter fallen beispielsweise die ratification sowie die confirmation i.S.v. Art.1338 C.Civ.[142]

Die confirmation kann von der Thematik her mit der Bestätigung nichtiger und anfechtbarer Rechtsgeschäfte i.S.d. §§ 141, 144 BGB verglichen werden, auch wenn ihr Zweck und ihre Wirkungen zum Teil von denen der §§ 141 und 144 BGB abweichen. Nach der wohl herrschenden Ansicht geht es bei der confirmation nicht so sehr um die Heilung anfechtbarer

---

[134] Cass., D. 1892 I 324 sowie in Trib.com. Seine, J.Soc. 1890, 99.
[135] *Thaller*, Dr.Com., Rn.672.
[136] Cass.crim., S. 1939 I 49ff; Paris, J.Soc. 1889, 307; J.Soc. 1894, 269; Lyon, J.Soc. 1915, 274, 276; *Guyon / de Leiris*, in JCl.-soc., Fasc. 132 Rn.187; *Rousseau*, S. 1939 I, 49, 50.
[137] Cass.crim., S. 1939 I 49ff.
[138] Vgl. vorherige Fundstelle.
[139] *Dreifuss-Netter*, in Dalloz, Rép.Civ., Renonciation Rn. 8, 9ff m.w.N., die von einem acte unilatéral et abdicatif spricht; *Ferid / Sonnenberger*, frz. ZivilR., Bd. 1/1, Kap. 1 F Rn.930 m.w.N.
[140] *Ferid / Sonnenberger*, frz. ZivilR., Bd.1/1, Kap. 1 F Rn.930.
[141] *Dreifuss-Netter*, in Dalloz, Rép.Civ., Renonciation Rn.7.
[142] *Dreifuss-Netter*, in Dalloz, Rép.Civ., Renonciation Rn.16 m.w.N; *Mazeaud / Chabas*, Dr.Civ., Bd. II/1, Rn.309.

Rechtsgeschäfte, sondern eher um den Verlust des Gläubigerrechts, die Anfechtbarkeit - nullité relative - gegenüber dem Schuldner klageweise geltend zu machen.[143] Voraussetzung einer wirksamen confirmation ist, daß der Gläubiger Kenntnis vom Grund des rechtsgeschäftlichen Mangels hatte.[144] Gibt er eine entsprechende Erklärung ab, was auch konkludent geschehen kann,[145] wird den Parteien lediglich das Recht genommen, sich auf die Ungültigkeit des Geschäftes zu berufen,[146] im Verhältnis zu Dritten jedoch, bleibt das Rechtsgeschäft aufgrund des Art.1338 Abs. III C.Civ. ohne Wirkungen.[147] Einige Ähnlichkeiten zwischen der Entlastung und der confirmation sind also erkennbar. Die Entlastung soll wie die confirmation lediglich das Innenverhältnis zwischen Entlastendem und Entlastetem betreffen. Dem Erklärenden werden durch die confirmation bestimmte Rechte genommen. Dementsprechend sollten nach dem ursprünglichen französischen Verständnis durch den quitus spätere Klagen unzulässig werden.[148] Aus diesen Gründen wurde die Entlastung zum Teil dann auch als eine confirmation angesehen.[149]

Die früher herrschende Ansicht qualifizierte die rechtliche Beziehung zwischen der Gesellschaft und ihrer Verwaltung als Auftragsverhältnis (mandat).[150] Vor diesem Hintergrund erschien es nur konsequent, daß neben der confirmation die Regeln des Mandatsverhältnisses (Art.1984ff. C.Civ.), insbesondere die Genehmigung, d.h. die ratification du mandat nach Art.1998 Abs. II C.Civ. zur Deutung der Entlastung herangezogen wurden.[151] Die Deutung des quitus als ratification ist jedoch nicht ohne Kritik geblieben.[152] Während es bei der ratification du mandat vor allem darum gehe, Rechtsgeschäfte des Beauftragten im Außenverhältnis zu Dritten wirksam „opposable" zu machen,[153] gehe es bei der Entlastung nur darum, ob Schadenersatzansprüche des Geschäftsherrn zum Erlöschen gebracht werden, wenn der Beauftragte sich gegenständlich im Rahmen seines Auftrages gehalten, dabei jedoch schuldhaft einen Schaden verursacht hat.[154] Ferner solle die Entlastung lediglich die gesellschaftsinternen Beziehungen regeln, was aber auf die Genehmigung gerade nicht zutreffe.[155]

III. Auswirkungen der Gesetzesreformen auf den Inhalt des quitus

Nach den Reformen 1937 zu S.A. sowie 1966 zur S.A.R.L. wurden die geschilderten Ansichten nicht mehr vertreten, da der quitus infolge der Gesetzesänderungen jedenfalls in Bezug auf Verantwortlichkeitsklagen gegen die Geschäftsführer keine Rechtswirkungen mehr entfalten konnte. Als Inhalt blieb das bereits genannte Vertrauensmoment übrig.[156] Die bereits vor den Reformen vertretene Ansicht, der quitus habe die Beweislastumkehr hinsichtlich der

---

[143] *Ferid / Sonnenberger*, frz. ZivilR., Bd. 1/1 S.602; *Malaurie / Aynès*, Dr.Civ. – Obligations, Rn.563; *Mazeaud / Chabas*, Dr.Civ., Bd. II/1, Rn.309f.
[144] *Ferid / Sonnenberger*, frz. ZivilR., Bd. 1/1, Kap. 1 F 931; *Mazeaud / Chabas*, Dr.Civ., Bd. II/1, Rn.310.
[145] *Dreifuss-Netter*, in Dalloz Rép.Civ., Renonciation Rn.57ff; *Larroumet*, Dr.Civ., Bd. III, Rn.559.
[146] *Ferid / Sonnenberger*, frz. ZivilR., Bd. 1/1, Kap. 1 F Rn.932; *Larroumet*, Dr.Civ., Bd. III, Rn.561.
[147] *Larroumet*, Dr.Civ., Bd. III, Rn.562.
[148] S.o., S.9f.
[149] Paris Gaz.Pal. 1964 jur. 102, 104; *Copper Royer*, Bd.1, Rn.154; *Escarra / Rault*, Bd. IV, Rn.1589 m.w.N.
[150] *Houpin / Bosvieux*, Bd. II, Rn.1048; *Thaller*, Dr.Com., Rn.528.
[151] Paris Gaz.Pal. 1964 jur. 102; *Copper Royer*, Bd. I, Rn.154, S.808.
[152] Vgl. *David*, RDC 1940, 244, 246; *Rousseau*, S. 1939 I 49, 50.
[153] *Ferid / Sonnenberger*, frz. ZivilR., Bd. 1/1, Kap. 1 F, Rn. 1106; *Rousseau*, S. 1939 I 49, 50.
[154] *Copper Royer*, Bd. IV, Rn.625, S.222, womit die selbst aufgestellte Frage nach der ratification verneint wird.
[155] *David*, RDC 1940, 244, 246f.
[156] S.o., S.14.

Ordnungsmäßigkeit der Rechnungslegung zum Ziel,[157] wurde ebenfalls aufgegeben. Berücksichtigung findet der Beschluß lediglich noch bei der tatrichterlichen Würdigung der Frage, ob ein entlasteter und später in Anspruch genommener Geschäftsführer bei seinen Handlungen die erforderliche Sorgfalt beobachtet hat. Ausschlaggebende Bedeutung kommt dem quitus aber auch hier nicht zu, denn allein seine Erteilung führt nicht zur Ablehnung des Verschuldens. Vielmehr handelt es sich lediglich um ein Element, welches im Zusammenspiel mit anderen Faktoren – nicht jedoch allein – den Ausschlag für oder gegen das Verschulden geben kann.[158]

D. Zusammenfassung und Stellungnahme

I. Einzelfallbezogenheit des Entlastungsgehalts im schweizerischen und im früheren französischen Recht

In der Schweiz zeigt sich trotz des Umstandes, daß man in der Décharge überwiegend ein negatives Schuldanerkenntnis sieht, eine gewisse Indifferenz gegenüber einer dogmatisch in jeder Hinsicht einwandfreien Interpretation. Ein Grund hierfür liegt darin, daß Lehre und Rechtsprechung mehr an den Folgen der Entlastung interessiert sind als an ihrer dogmatisch zutreffenden Einordnung. Stehen sie fest, ist der rechtliche Gehalt des Entlastungsbeschlusses eher zweitrangig. Dies zeigt auch die Wertung des schweizerischen Gesetzgebers, der im Gegensatz zu § 120 Abs. II des deutschen Aktiengesetzes eher daran interessiert ist, die Rechtsfolgen der Décharge festzulegen als ihren Inhalt. Dementsprechend wurden in Art.758 OR zwar ihre Folgen, nicht aber ihr Inhalt geregelt.

Im französischen Recht war man zumindest bis zu den Reformgesetzen 1937 und 1966 trotz der gezeigten Meinungsunterschiede mehr um eine genaue Beschreibung der Entlastungssituation am konkreten Fall bemüht, als um eine in jeglicher Hinsicht dogmatisch einwandfreie Lösung. Daher konnte sich die Rechtsnatur des quitus je nach Fallgestaltung vollkommen unterschiedlich gestalten.[159] Bezeichnend hierfür sind die Ausführungen von Copper Royer: „*Il faut aussi sérier les circonstances de fait qui peuvent se présenter et ne pas vouloir les résoudre par une solution uniforme et insuffisamment précise.*“[160] Daher wurde die Entlastung auch einfach als Verzicht im Sinne des Sammelbegriffes renonciation[161] oder als eigenständiges Rechtsinstitut verstanden.[162] Die Gerichte begnügten sich meist mit der Feststellung, daß der quitus jedenfalls zur Unzulässigkeit ihm folgender Verantwortlichkeitsklagen führe[163] oder eine renonciation beinhalte, ohne den Begriff näher zu präzisieren.[164] Aktuell besitzt der Streit um die Rechtsnatur keine besondere Relevanz mehr. Soweit man der Entlastung auch heute noch Rechtsfolgen zubilligt,[165] werden die tatsächlichen Voraussetzungen sowie die Reichweite der Folgen erörtert, nicht mehr jedoch die Frage nach der Rechtsnatur.

---

[157] *Copper Royer*, Bd. IV., Rn.625, S.219f.
[158] Cass.com., Rev.soc. 1984, jur 360, m. zust. Anm. *Merle*, Rev.soc. 1984, 361, 362.
[159] Vgl. *Copper Royer*, Bd. IV, Rn.625; *Escarra / Rault*, Bd. IV, Rn.1589; *Houpin / Bosvieux*, Bd. II, Rn.1080, 1368f; *Picenoni*, Entlastungsbeschluß, S.18.
[160] *Copper Royer*, Bd. IV, Rn.625.
[161] *David*, RDC 1940, 244, 247f; *Houpin / Bosvieux*, Bd. II, Rn.1080.
[162] *Houpin / Bosvieux*, Bd. II, Rn.1369, S.623.
[163] Cass., S. 1889 I 361; Cass.com., J.C.P. 1952 II 6872; Lyon, S. 1895 II 52; Paris, Rev.soc. 1890, 6, 9.
[164] Cass., Dalloz 1885,.1 S.28; Cass.civ., Gaz.Pal. 1931 I 528.
[165] Hierbei geht es vor allem um den Ausschluß von Abberufungsgründen; dazu unter Kapitel V, S. 159ff.

II. Zur einseitigen negativen Schuldanerkennung nach schweizerischem Recht

Im schweizerischen Recht bereitet die fallweise Einordnung der Entlastung als negative Schuldanerkennung weniger Probleme als im deutschen Recht. Bestehen keine Ansprüche, kann sich die Décharge ohne weiteres in einer bloßen Vertrauenskundgabe erschöpfen. Haben die Geschäftsführer der Gesellschaft hingegen schuldhaft einen Schaden zugefügt, liegt in der Entlastung eine negative Schuldanerkennung. Was ihre Voraussetzungen betrifft, stellt man im Gegensatz zum vertraglichen Erlaß auf den Verzicht des Gläubigers und nicht auf die Zustimmung des Schuldners ab.[166] Die negative Schuldanerkennung wird verstanden als eine Erklärung des Gläubigers, er habe gegen den Schuldner keine Forderung mehr.[167] Der Grund für die Nichtberücksichtigung des schuldnerischen Willens liegt in der Regelung des Art. 6 OR.[168] Im Gegensatz zum deutschen Recht, wo das Schweigen grundsätzlich keine Bedeutung hat, wenn nicht das Gesetz etwas anderes vorsieht, besagt diese für sämtliche Schuldverhältnisse geltende Vorschrift: *„Ist wegen der besonderen Natur des Geschäftes oder nach den Umständen eine ausdrückliche Annahme nicht zu erwarten, so gilt der Vertrag als abgeschlossen, wenn der Antrag nicht binnen angemessener Frist abgelehnt wird."* Bei der negativen Schuldanerkennung ist eine Antwort des Schuldners üblicherweise nicht zu erwarten, so daß der Vertrag auch durch sein Schweigen zustande kommt.[169] Die Frage nach der vertraglichen oder nicht vertraglichen Natur hat daher keine praktischen Auswirkungen. Damit stellt sich im schweizerischen Recht auch nicht das Problem, ob der Entlastete das Angebot auf Abschluß eines Vertrages nach § 397 Abs. II BGB annimmt oder nicht.

III. Berücksichtigung des wirtschaftlich – wertenden Entlastungsgehalts

Die Untersuchung zum deutschen Recht hat gezeigt, daß sich die rechtsgeschäftlichen Lösungsansätze auch dann widerlegen lassen, wenn man mit der noch herrschenden Ansicht annimmt, Entlastung bedeute vor allem eine Aussage über die Rechtmäßigkeit der Geschäftsführung. Schon dann, wenn man GmbH und Aktiengesellschaft gleich behandeln will, läßt sich diese Aussage nicht ohne weiteres aufrechterhalten. Eine Erklärung zur Rechtmäßigkeit des Vorstandshandelns ergibt keinen Sinn, da sie aufgrund der gesetzlichen Anordnung in § 120 Abs. II S.1 AktG rechtlich folgenlos bleibt. Rechtsprechung und Lehre haben dies nicht nur im deutschen, sondern auch im französischen Recht erkannt und nach anderen Lösungen gesucht. Entscheidend ist jedoch, daß die Informationen, die der Entlastung regelmäßig zu Grunde liegen und ihr vorausgehen, nicht gewürdigt werden. Die Informationen, die sich aus der Rechnungslegung ergeben, sind wie bereits festgestellt nicht auf Fragen gerichtet, die die Rechtmäßigkeit der Geschäftsführung betreffen. Nichts anderes war für die Abschlußprüfung zu beobachten, deren Prüfungsauftrag sich nicht auf die gesamte Geschäftsführung, sondern nur auf die Rechnungslegung bezieht.[170] Insofern kann der Geschäftsführer auch kein Urteil über die Rechtmäßigkeit seines Handelns erwarten. Aus dem Fehlen von Informationen zu

---

[166] BGE 69 II 377; *Bucher*, OR, § 23 I 3a; *Schwenzer*, OR, Rn.79.05.

[167] *Guhl / Merz / Kummer / Koller / Druey*, OR, § 38 I; *Aepli*, in Zürcher Komm., OR, Art.115 Rn.22; in diesem Sinne auch *Bucher*, OR, § 22 I 2a.

[168] *Bucher*, OR, § 22 I 3a.

[169] BGE 52 II 215; 64 II 360; 69 II 310; 110 II 345, 346; *Aepli*, in Zürcher Komm., OR, Art.115 Rn.42; *Bucher*, in Basler Komm., OR, Art.6 Rn.12; *Guhl / Merz / Kummer / Koller / Druey*, OR, § 38 I; *Jäggi*, in Zürcher Komm., OR, Art.6 Rn. 14, 16, 28.

[170] S.o., S.41ff.

Ansprüchen gegen die Geschäftsführer auf eine bloße Vertrauenskundgabe zu schließen,[171] sei sie nun vergangenheits- oder zukunftsorientiert, erscheint dabei übereilt und beinhaltet nichts anderes als ein Alles-oder-Nichts Prinzip; entweder erklärt sich die Entlastung zur Rechtmäßigkeit oder sie hat überhaupt keinen Gehalt. In der Rechnungslegung sind jedoch Aussagen zur Wirtschaftlichkeit der Geschäftsführung enthalten, so daß sich die der Rechnungslegung folgende Entlastung auch hierauf bezieht und ihrerseits eine entsprechende Bewertung der unternehmerischen Richtigkeit der getroffenen und beabsichtigten Entscheidungen beinhaltet. Ein entsprechendes Vertrauen in die Geschäftsführung ergibt sich lediglich als Reflex einer positiven Bewertung.[172]

Kritisch könnte man hierzu bemerken, daß der Geschäftsführer zwar nicht die Pflicht, wohl aber die Möglichkeit hat, auf eigene Pflichtwidrigkeiten hinzuweisen, daß die Ausübung von Informationsrechten nach § 131 AktG bzw. nach § 51a GmbHG, unter Umständen auch Berichte des Aufsichtsrates und der Abschlußprüfer zur Aufdeckung von Pflichtwidrigkeiten führen können und sich die Entlastung damit auch hierauf erstrecken kann. Ob dem so ist, hängt jedoch von den Fallumständen ab. Dies ist zu vermeiden, da andernfalls die ohnehin schon um den Entlastungsgehalt bestehenden Unsicherheiten nur fortgesetzt und verstärkt würden. Den auf den Einzelfall abstellenden Lösungen des französischen und des schweizerischen Rechts muß insoweit widersprochen werden. Entscheidend für den Inhalt der Entlastung sind vielmehr diejenigen Informationen, die vor dem Beschluß regelmäßig – und nicht bloß in Ausnahmefällen – geliefert werden. Diese sind aber wie bereits festgestellt wirtschaftlichen Inhalts, geben über die Lage des Unternehmens, den Geschäftserfolg der Berichtsperiode Auskunft usw., nicht aber über Ansprüche gegen die zu Entlastenden. Das bedeutet, wer Entlastung erteilt, spricht von der Billigung der Geschäftsführung im Sinne einer Befürwortung der unternehmerischen Entscheidungen. Der Inhalt der Entlastung ist damit in § 120 Abs. II S.1 AktG durchaus treffend umschrieben.[173] Damit steht auch fest, daß die Entlastung in der GmbH und in der Aktiengesellschaft denselben Erklärungsgehalt besitzt. Mittels der genannten Vertragsarten und einseitigen Willenserklärungen läßt sich die in der Entlastung liegende wertende Aussage jedoch nicht erklären.

IV. Der formell rechtsgeschäftliche Charakter der Entlastung

Es fragt sich, ob und wie man eine solche Wertung in das System rechtsgeschäftlicher Erklärungen einbinden kann. Formulierungen wie Wertungsakt,[174] einseitige körperschaftsrechtliche Erklärung,[175] organisationsrechtlicher Akt eigener Art[176] oder Faktum, vergleichbar einer Wissenserklärung,[177] helfen hier nicht weiter. Sie mögen zwar den Inhalt der Entlastung kennzeichnen, sagen aber zu ihrem formellen Charakter nichts aus. In der GmbH und der Aktiengesellschaft ergeht die Entlastungsentscheidung in Form eines Beschlusses. Eine Willenserklärung ist darin genausowenig zu sehen wie eine unverbindliche Meinungsäußerung.[178] Es handelt sich bei der Entlastung vielmehr um ein mehrseitiges Rechtsgeschäft, welches, beru-

---

[171] So *Schmitt*, Verhältnis zwischen Generalversammlung und Verwaltung, S.125.
[172] S.o., S.43; vgl. auch *Tellis*, Rechtsnatur der gesellschaftsrechtlichen Entlastung, S.81.
[173] So i.E. auch *Schmidt*, GftsR., § 14 VI 2a.
[174] *Barner*, Entlastung, S.70.
[175] Baumbach / Hueck, *Zöllner*, GmbHG, § 46 Rn.26.
[176] *Schmidt*, ZGR 1978, 425, 432f.
[177] *Knoche*, Verzichtswirkung der Entlastung, S.69.
[178] *Baltzer*, Beschluß, S.176; *Schmidt*, GftsR., § 15 I 2a; Scholz / *Schmidt*, GmbHG, § 45 Anm.19, 23.

hend auf den einzelnen Willenserklärungen der Stimmberechtigten, auf die innerverbandliche Willensbildung gerichtet ist.[179] Rechtsfolgen erzeugt der Entlastungsbeschluß als solcher zunächst nur insoweit, als daß er für die Beteiligten Rechtsverbindlichkeit erlangt.[180] Hiervon zu trennen ist die sogleich zu behandelnde Frage, ob und welche Rechtswirkungen der Beschluß entfaltet.

---

[179] BGHZ 65, 93, 97; *Hüffer*, in Geßler / Hefermehl, AktG, § 241 Anm.7; *Schaaf*, Hauptversammlung, Rn.768f; Scholz / *Schmidt*, GmbHG, § 45 Anm.18; Soergel / *Hadding*, BGB, § 32 Rn.21a; *Steiner*, HV, § 13 Rn.1; *Zöllner*, in Kölner Komm., AktG, § 133 Anm.13.

[180] Scholz / *Schmidt*, GmbHG, § 45 Anm.19; *Tellis*, Rechtsnatur der gesellschaftsrechtlichen Entlastung, S.80f.

Kapitel V Die Rechtsfolgen der Entlastung

A. Vorbemerkung

Mögliche Rechtsfolgen der Entlastung können sich wie im vorhergehenden Kapitel erörtert nach der herrschenden Ansicht des schweizerischen bzw. des früheren französischen Rechts bereits durch den entsprechenden Beschluß ergeben. Im deutschen Recht dagegen ist dies wie dargestellt nicht möglich, so daß sich die Frage nach der Rechtsfolgenanordnung kraft Gesetzes stellt. In Betracht kommen dabei die aus dem Grundsatz von Treu und Glauben gemäß § 242 BGB resultierende Verwirkung sowie das Verbot des rechtsmißbräuchlichen Selbstwiderspruchs. Der mit letzterem angesprochene Begriff des venire contra factum proprium ist zwar auch dem schweizerischen Recht als Ausprägung von Treu und Glauben nach Art.2 ZGB bekannt,[1] bisher hat aber lediglich Rüttimann darauf hingewiesen, daß die Décharge ein der Rechtssicherheit dienendes gesetzliches Verbot des venire contra factum proprium nach sich ziehe, der Entlastung erteilende Aktionär sich also von Gesetzes wegen an seinem früheren Verhalten festhalten lassen muß.[2]

Das Prinzip von Treu und Glauben hat im Code Civil ähnlich wie in § 242 BGB in Art.1134 Abs. III C.Civ. eine gesetzliche Regelung erfahren. Dort heißt es, Verträge *„doivent être exécutés de bonne foi."* Gleichwohl ist es nicht möglich, die Ausübung bestimmter Rechte unter Hinweis auf Art.1134 Abs. III C.Civ. zu untersagen. Hierfür wurde die sich auf das gesamte Zivil- und Zivilverfahrensrecht erstreckende[3] Theorie vom abus de droit entwikkelt.[4] Der abus de droit ist damit auch im Gesellschaftsrecht bekannt, so z.B. in Fällen der Benachteiligung von Gesellschafterminderheiten oder der révocation abusive, der mißbräuchlichen Abberufung eines Geschäftsführers.[5] Der quitus spielt zwar wegen fehlender Auswirkungen auf Verantwortlichkeitsklagen nur noch für andere Folgen, wie z.B. für die Abberufung des Geschäftsführers eine Rolle, gleichwohl sucht man nach Ausführungen zur Entlastung bzw. zum venire contra factum proprium unter dem Begriff abus de droit vergebens. Zur Erklärung sei die Stellungnahme von Dreifuss-Netter zitiert: *„D'un point de vue objectif, le comportement retenu au titre de la renonciation doit être en contradiction absolue avec la prérogative abdiquée."*[6] Die Fälle des venire contra factum proprium werden also mit der Annahme einer renonciation gelöst,[7] so auch in den dargestellten Entlastungsfällen.

Die folgende Darstellung behandelt wie angedeutet zuerst die gesetzliche Grundlage möglicher Entlastungsfolgen im deutschen Recht sowie ihre einzelnen Voraussetzungen, aus Gründen der Übersichtlichkeit zunächst in Bezug auf eine mögliche anspruchsvernichtende Wirkung. Im Hinblick auf die Voraussetzungen wird insbesondere zu zeigen sein, daß die vorherige Information der Gesellschafter in Bezug auf die Entlastung entscheidende Bedingung für das Entstehen etwaiger Rechtsfolgen ist. Fraglich ist in diesem Zusammenhang, ob die Information ausschließlich durch die zu entlastenden Geschäftsführer zu erfolgen hat oder ob auch Informationen, die Dritte erlangt haben der Entlastung erteilenden Versammlung zuzurechnen sind. Steht fest, „wer zu informieren hat", kann man sich dem Folgeproblem widmen, ob die Gesellschafter zum einen eine Pflicht trifft, Entlastungsfolgen zu erkennen und

---

[1] BGE 89 II 299; *Merz*, in Berner Komm., ZGB, Art.2 Rn.401ff.
[2] *Rüttimann*, Rechtsmißbrauch, S.156, der seine Auffassung allerdings nicht begründet.
[3] *Cadiet*, in Dalloz, Rép.Civ., Abus de droit Rn.37ff, 167ff.
[4] *Sonnenberger*, in FS-Odersky, S.703, 712f.
[5] *Cadiet*, in Dalloz, Rép.Civ., Abus de droit Rn.83, 167.
[6] *Dreifuss-Netter*, in Dalloz, Rép.Civ., Renonciation Rn.61.
[7] Vgl. auch *Ferid*, frz. ZivilR., Kap. 2 B Rn. 29; *Hübner / Constantinesco*, Einf. frz.R., § 22, 2a.

ob sich zum anderen diesbezüglich ein genereller Sorgfaltsmaßstab aufstellen läßt. Im Gegensatz zum französischen und zum schweizerischen Recht, wo bereits einige Lösungsansätze aufgezeigt wurden, besteht im deutschen Recht hierzu keine Klarheit.

Mit Beantwortung der Frage nach einer anspruchsvernichtenden Wirkung ist noch nichts darüber gesagt, wessen Ansprüche betroffen sind. Daher ist unter der Überschrift „Reichweite der Entlastungsfolgen" der Kreis der Betroffenen festzulegen. Von den Folgen sind in den jeweiligen Ländern funktions- und rechtsformbedingt einige Rechte sowie bestimmte Gesellschaftstypen auszuschließen, wodurch sich Entlastungsschranken ergeben. Schranken können aber auch aufgrund des Schutzes der Gesellschaftsgläubiger oder eines etwaigen Schutzes der Minderheit bestehen, die gegen die Entlastung gestimmt hat. Schranken können sich schließlich auch durch den Willen der Entlastenden in Bezug auf den personellen, zeitlichen oder gegenständlichen Umfang der Entlastung ergeben.

B. Entlastungsfolgen und das Verbot widersprüchlichen Verhaltens nach deutschem Recht

I. Voraussetzungen und Folgen des venire contra factum proprium

Wie im Vorhergehenden erörtert, stellt die Anwendung des § 640 BGB auf den Entlastungsvorgang einen zumindest vom Prinzip her richtigen Lösungsansatz dar, weil man dort nicht auf den Beschluß, sondern auf dessen Konsequenz, die Anspruchspräklusion abstellt.[8] Diese Folge kommt auch im venire contra factum proprium zum Ausdruck. Da nach § 397 BGB für den Verzicht ein Vertrag erforderlich ist, sieht die nach wie vor herrschende Ansicht im venire contra factum proprium keinen einseitigen rechtsgeschäftlichen Verzicht, sondern einen Unterfall des aus Treu und Glauben resultierenden Rechtsmißbrauchsverbots,[9] der zunehmend zur Begründung der Entlastungsfolgen herangezogen wird.[10] Klarstellend sei bemerkt, die Rechtsordnung läßt widersprüchliches Verhalten grundsätzlich zu.[11] Mißbräuchlich wird es erst, wenn weitere, von Rechtsprechung und Literatur entwickelte Merkmale hinzutreten. Ansatzpunkt hierfür ist das Vertrauen in die Beständigkeit vergangenen Verhaltens, welches durch das aktuelle Verhalten enttäuscht wird.[12] Im einzelnen bedeutet das: Zunächst muß der Handelnde einen zurechenbaren Vertrauenstatbestand schaffen, was sowohl durch positives Handeln als auch durch Unterlassen geschehen kann.[13] Die Zurechnung erfolgt nicht nach dem Verschuldensbegriff i.S.v. § 276 BGB, denn es besteht keine Verpflichtung des Handelnden, sein Tun auf die Herbeiführung eines Vertrauenstatbestandes hin zu überprüfen.

---

[8] Vgl. auch *Singer*, Verbot widersprüchlichen Verhaltens, S.59 m.w.N.

[9] *Canaris*, Vertrauenshaftung, S.287ff; *Larenz*, SchuldR-AT, § 10 II b; *Medicus*, SchuldR-AT, § 16 III 2b; MüKo.-*Roth*, BGB, § 242 Rn.430; Soergel-*Teichmann*, BGB, § 242 Rn.274ff, 312ff; *ders.*, JA 1985, 497, 500; krit. zum ganzen *Singer*, Verbot widersprüchlichen Verhaltens, S.42, 43ff; a.A. *Wieling*, AcP 176 (1976), 334, 338ff.

[10] *Knoche*, Verzichtswirkung der Entlastung, S.71ff; *Priester*, in FS-Rowedder, S. 369, 371; Rowedder / *Koppensteiner*, GmbHG, § 46 Rn.24; Scholz / *Schmidt*, GmbHG, § 46 Anm.89; *Tellis*, Rechtsnatur der gesellschaftsrechtlichen Entlastung, S.86ff; unklar *Schmidt*, ZGR 1978, 425, 433f, der zwar auf eine Präklusion hinweist, aber nicht klarstellt, woraus sie sich ergibt; ebs. OLG München, NJW-RR 1993, 1507, 1508; ablehnend *Barner*, Entlastung, S.71ff; Staud.-*Rieble*, BGB, § 397 Rn.11.

[11] Vgl. nur BGH, LM ZPO, § 549 Nr.81; BGHZ 32, 279; 87, 177; Soergel-*Teichmann*, BGB, § 242 Rn.317.

[12] *Canaris*, Vertrauenshaftung, S.287ff; *Larenz*, SchuldR-AT, § 10 II b; Soergel-*Teichmann*, BGB, § 242 Rn.313.

[13] Soergel-*Teichmann*, BGB, § 242 Rn.317.

Vielmehr handelt es sich um eine Obliegenheit, d.h. um eine Verhaltensanforderung, die im eigenen Interesse besteht.[14] Zur Begründung der Zurechnung werden sowohl subjektive als auch objektive Kriterien herangezogen.[15] Das erweckte Vertrauen des anderen muß des weiteren schützenswert sein. Dies ist der Fall,[16] wenn sich aufgrund einer umfassenden Abwägung der Interessen des Vertrauenden und des Handelnden ein Überwiegen der Interessen des Vertrauenden ergibt.[17] Bei der Abwägung zu berücksichtigende Umstände sind insbesondere das Verhältnis des beiderseitigen Verschuldens, fehlende Geschäftskunde und Erfahrenheit des Handelnden und / oder des Vertrauenden bzw. die fehlende Möglichkeit, ein bestimmtes Risiko überblicken zu können.[18] Ein Teil der Literatur fordert darüber hinaus, es müsse im Vertrauen auf die Beständigkeit der geschaffenen Situation eine bestimmte Disposition getätigt worden sein.[19] Eine nochmalige Abwägung im Sinne einer abschließenden Billigkeitskontrolle findet schließlich unter der Bezeichnung sachlicher Angemessenheit statt.[20] Die Rechtsprechung prüft unter diesem Aspekt die Frage, ob dem Vertrauenden die Anpassung der veränderten Verhältnisse an die ursprüngliche Situation noch zugemutet werden kann.[21] Unter anderem sind hier Gesichtspunkte wie höherrangige Schutznormen zu Gunsten eines Beteiligten sowie zwingende öffentliche Interessen zu beachten.[22]

Der Grundsatz von Treu und Glauben wird zwar meist in bestimmte Fallgruppen systematisiert,[23] da § 242 BGB als Auffangnorm jedoch den verschiedensten Konstellationen gerecht werden muß, handelt es sich notwendigerweise um einen offenen oder beweglichen Komplex.[24] Dies gilt auch für die Voraussetzungen des venire contra factum proprium. Sie sind nicht feststehend, sondern untereinander austauschbar und können durch weitere Umstände verstärkt, abgeschwächt oder gar ersetzt werden.[25] Auch die Rechtsfolgen sind nicht als ein für allemal feststehend zu sehen. Allgemein formuliert, ergibt sich aus dem geschaffenen Vertrauenstatbestand zunächst nur, daß sich der Handelnde an seinem früheren Verhalten festhalten lassen muß.[26] Dies kann sich in verschiedenen Folgen äußern. In längerfristigen Rechtsbeziehungen können Kündigungsgründe abgeschnitten werden[27], der Gläubiger kann seinen Anspruch auf Leistung oder auf Schadenersatz verlieren.[28] Ebenso kann der

---

[14] *Wieling*, AcP 176 (1976), 334, 347ff; 352.

[15] BAG, WM 1973, 1308; *Canaris*, Vertrauenshaftung, S.467ff; MüKo-*Roth*, BGB, § 242 Rn.427; Soergel-*Teichmann*, BGB, § 242 Rn.319.

[16] MüKo.-*Roth*, BGB, § 242 Rn.429; Soergel-*Teichmann*, BGB, § 242 Rn.320.

[17] *Teichmann*, JA 1985, 497, 501.

[18] *Canaris*, Vertrauenshaftung, S.338; MüKo.-*Roth*, BGB, § 242 Rn.326; Soergel-*Teichmann*, BGB, § 242 Rn.320, der allerdings zu einseitig nur die nur die Geschäftskunde und die Erfahrenheit des Vertrauenden berücksichtigt. Es sind aber auch die Interessen des Handelnden zu beachten, da andernfalls von einer Interessenabwägung keine Rede sein kann.

[19] *Canaris*, Vertrauenshaftung, S.13f, 338; *Singer*, Verbot widersprüchlichen Verhaltens, S.45f; Soergel-*Teichmann*, BGB, § 242 Rn.321; *Teichmann*, JA 1985, 497, 501; a.A. MüKo.-*Roth*, BGB, § 242 Rn.429; *Wieling*, AcP 176 (1976), 334, 343.

[20] Soergel-*Teichmann*, BGB, § 242 Rn.323.

[21] BGH, WM 1970, 253; 1980, 341.

[22] BGH, NJW 1983, 1619; BAG, NJW 1972, 2114f.

[23] Vgl. nur MüKo.-*Roth*, BGB, § 242 Rn.93ff.

[24] Soergel-*Teichmann*, BGB, § 242 Rn.5ff, 280; *ders.*, JA 1985, 497, 502; vgl. auch MüKo.-*Roth*, BGB, § 242 Rn.1ff.

[25] Soergel-*Teichmann*, BGB, § 242 Rn.316 m.w.N; *ders.*, JA 1985, 497, 500f.

[26] Soergel-*Teichmann*, BGB, § 242 Rn.324; *ders.*, JA 1985, 497, 502.

[27] BVerfG, NJW 1989, 972; LAG Bremen, BB 1984, 473f.

[28] BGH, MDR 1989, 1094.

Schuldner durch sein Verhalten beim Gläubiger Vertrauen mit der Folge erwecken, daß dem Schuldner die Berufung auf Einreden versagt wird.[29]

II. Zur Anwendbarkeit der Entlastung auf das venire contra factum proprium

1. Klarstellungsfunktion und Entlastungsfolgen

Es fragt sich, ob die Entlastungserteilung einen Vertrauenstatbestand bei der Gesellschaftsverwaltung herbeiführen kann, der die Berufung auf Pflichtwidrigkeiten ausschließt. Entsprechend der Auslegung von Willenserklärungen ist auch das Vertrauen begründende Verhalten einer Interpretation zugänglich.[30] Kommt man auf die Wortbedeutung des Begriffs „Entlastung" zurück, liegt die Annahme nahe, der Entlastete werde nicht mehr in Anspruch genommen.[31] Konzentriert man sich dagegen auf die beschriebene wirtschaftliche Entlastungsfunktion, scheint ein Vertrauen begründendes Verhalten nicht möglich zu sein. Wenn der Geschäftsherr ausschließlich zu Fragen der Wirtschaftlichkeit nicht aber zu solchen der Rechtmäßigkeit Stellung nimmt, kann der Geschäftsführer nicht vom Gegenteil ausgehen und meinen, er werde in Bezug auf Pflichtwidrigkeiten nicht mehr belangt. Insofern dürfte man an sich, folgte man der Ansicht von Tellis, der die Funktion der Entlastung ausschließlich in einer Zweckmäßigkeitskontrolle sieht,[32] von vornherein nicht zur Frage des Erlöschen von Ansprüchen gelangen. Indessen vernachlässigt eine solche Betrachtungsweise die eingangs beschriebene Abgrenzungs- und Klarstellungsfunktion der Entlastung.[33] Auch sie ist allerdings nicht ganz ohne Schwächen, denn wenn Klarstellung bedeutet, daß aus der Geschäftsführung keine weiteren Folgen mehr gezogen werden sollen,[34] bewegt man sich trotz aller Vorbehalte wieder in die Richtung eines der Entlastung selbst innewohnenden Anspruchsverzichts. Knoche meint, der eigentliche Vorteil der Entlastung läge darin, daß sich Geschäftsherr und Geschäftsführer unbelastet neuen Aufgaben widmen könnten; es würden Leistungswille und Motivation des Geschäftsführers gesteigert.[35] Dann wiederum spricht er jedoch von rechtlichen gesellschaftsinternen Auswirkungen,[36] die Knoche zuvor nachdrücklich kritisiert hat.[37] Sieht man die alleinigen Folgen der Abschlußfunktion in der psychologischen Komponente, sich unbelastet neuen Aufgaben widmen zu können, erscheint die anschließende Anwendung des venire contra factum proprium widersprüchlich. Worauf soll sich das Vertrauen des Entlasteten, nicht mehr in Anspruch genommen zu werden, gründen, wenn sich die Entlastung in einer psychologischen Wirkung erschöpft? Von umfänglicher Klärung der vergangenen Geschäftsführungsperiode kann keine Rede sein, wenn man die Folgen des Entlastungsvorgangs auf psychologische Auswirkungen beschränkt, wenngleich dieser Aspekt nicht nur für den Entlasteten selbst, sondern auch für das Unternehmen von erheblicher Bedeutung sein kann.[38]

---

[29] Soergel-*Teichmann*, BGB, § 242 Rn.324.
[30] *Canaris*, Vertrauenshaftung, S.494.
[31] S.o., S.4.
[32] *Tellis*, Rechtsnatur der gesellschaftsrechtlichen Entlastung, S.14ff, 33f.
[33] S.o., S.19ff.
[34] Vgl. auch *Knoche*, Verzichtswirkung der Entlastung, S.22.
[35] *Knoche*, Verzichtswirkung der Entlastung, S.28.
[36] Vgl. vorherige Fundstelle.
[37] *Knoche*, Verzichtswirkung der Entlastung, S.27.
[38] S.o., S.1, 17ff.

Umfängliche Klärung als Folge der Entlastung bedeutet Klärung in jeder Hinsicht. Sie beinhaltet daher auch Fragen der Rechtmäßigkeit.

2. Positives Tun als Vertrauen schaffende Handlung – Ablehnung der Verwirkungslösung

Unter welchen Voraussetzungen darf der Entlastete Fragen der Rechtmäßigkeit aber als geklärt betrachten? Da das Entlastungsorgan weder zur Prüfung der Geschäftsführung verpflichtet[39] und i.d.R. auch nicht zur Teilhabe an ihr berechtigt ist,[40] hat der zu Entlastende selbst für die zur Klärung erforderlichen Informationen zu sorgen. Zur Annahme, hiernach nicht mehr wegen Pflichtwidrigkeiten in Anspruch genommen zu werden, ist der Entlastete aber nicht schon aufgrund der Informierens berechtigt. Vielmehr bedarf es eines sich der Information anschließenden Zeichens des Entlastenden, daß er die Arbeit des Entlasteten aufgrund der ihm unterbreiteten Information umfassend gewürdigt und zu einem positiven Ergebnis gelangt ist.[41] Eine zurechenbare Vertrauenshandlung kann daher nur in der Mitteilung des positiven Beschlußergebnisses liegen. Eine ausdrückliche Bezeichnung des Beschlusses als Entlastung ist zwar infolge der Eindeutigkeit des Ausdrucks am ehesten geeignet, Vertrauen zu erwecken,[42] erscheint aber nicht vonnöten, solange der Entlastete ihm die Bedeutung der Billigung seiner Geschäftsführung beimessen kann.[43]

Der Gedanke der Verwirkung trifft auf den Entlastungsvorgang dagegen nicht zu.[44] Die Verwirkung führt den Rechtsverlust aufgrund eines Unterlassens herbei. Dem Inhaber wird die Berufung auf sein Recht versagt, weil er es über einen bestimmten Zeitraum hinweg nicht geltend gemacht und bei der anderen Seite den Eindruck erweckt hat, mit der Beanspruchung des Rechts werde auch künftig nicht mehr zu rechnen sein.[45] Der Entlastungsbeschluß ist aber wie jeder Beschluß dadurch gekennzeichnet, daß er mit seiner Verkündung für die Beteiligten verbindlich wird.[46] Seine Folgen treten also gerade nicht dadurch ein, daß mögliche Ansprüche gegen die Geschäftsführung über einen längeren Zeitraum hinweg nicht geltend gemacht werden, sie treten vielmehr sofort mit der Verkündung des Beschlußergebnisses an den Geschäftsführer oder, im Fall seiner Abwesenheit auf der Versammlung, mit Kenntnisnahme ein. Hoeniger hat vorgeschlagen, die Verwirkung deswegen eintreten zu lassen, wenn der Entlastende ähnlich wie ein Kaufmann, der die Untersuchung bzw. die Rüge mangelhafter Ware unterläßt, die zwecks Entlastung vorgelegten Berichte und gegebenen Auskünfte nicht sorgfältig würdigt.[47] Abgesehen davon, daß den Kaufmann bei Untersuchung der

---

[39] BGH WM, 1988, 531, 535; Scholz / *Schmidt*, GmbHG, § 46 Anm.113; *ders.*, ZIP 1988, 1497, 1506. In der Aktiengesellschaft ist hierfür der Aufsichtsrat zuständig (§ 111 Abs. I AktG); zur Genossenschaft RGZ 12, 74, 77f.

[40] Im Fall der Teilhabe, z.B. bei Erteilung von Weisungen an die Geschäftsführung tritt die „entlastende" Wirkung schon durch das Befolgen der Weisung ein, einer gesonderten, rechtspräkludierenden Entlastung bedarf es hier nicht mehr; vgl. auch BGHZ 122, 336; Baumbach / Hueck, *Zöllner*, GmbHG, § 43 Rn.28.

[41] *Barner*, Entlastung, S.81; *Knoche*, Verzichtswirkung der Entlastung, S.75.

[42] Bereits der Wortlaut deutet auf eine Befreiung hin; s. auch MüKo.-*Roth*, BGB, § 242 Rn.432.

[43] *Fleck*, GmbHR 1974, 224, 228; *Knoche*, Verzichtswirkung der Entlastung, S.74; die Feststellung des Jahresabschlusses allein reicht hierfür allerdings nicht aus, s.o., S.44f.

[44] a.A. *Hoeniger*, DJZ 1922, 143, 147; ebs. Hachenburg / *Hüffer*, GmbHG, § 46 Rn.61f, der von einer Präklusion in verwirkungsähnlicher Weise spricht.

[45] MüKo.-*Roth*, BGB, § 242 Rn.464.

[46] S.o., S.106f.

[47] *Hoeniger*, DJZ 1922, 143, 147.

Ware keine Untersuchungs- und Rügepflicht, sondern nur eine entsprechende Obliegenheit trifft, der er in seinem eigenen Interesse nachzukommen hat, um sich Mängelrechte zu erhalten[48] und der Ansatz Hoenigers schon insofern unzutreffend ist, würde sich auch in diesem Fall das Vertrauen des Entlasteten nur auf das positive Beschlußergebnis und nicht auf das Übersehen von Pflichtwidrigkeiten gründen.

3. Die Schutzwürdigkeit des Entlasteten – das Kriterium der Erkennbarkeit

Die eigentlichen Schwierigkeiten, die die Entlastung im deutschen Recht nach wie vor bereitet, ist die Frage, ob nach ihrer Erteilung bekannte, erkennbare Pflichtwidrigkeiten oder Ansprüche ausgeschlossen sind oder ob man auf diese Folge gänzlich verzichten sollte. Stellt man auf das Verbot widersprüchlichen Verhaltens ab, bestimmt sich dies nach dem Grad der Schutzwürdigkeit der Beteiligten. Je mehr sie zu Gunsten des Entlastenden streitet, um so weniger wird man der Entlastung rechtsvernichtende Wirkungen zugestehen können und umgekehrt, d.h. je eher der Entlastete schutzwürdig ist, um so eher wird eine rechtsvernichtende Wirkung zu bejahen sein. Der Umstand, daß es sich bei den der Schutzwürdigkeit zugrunde liegenden Faktoren nicht um feststehende Tatbestandsmerkmale handelt,[49] führt zwangsläufig zu Unsicherheiten. Man hat dennoch versucht, eine für sämtliche Fälle passende Formel zu finden. Sie lautet: Das Vertrauen des Entlasteten ist schützenswert, wenn dem Entlastenden Ansprüche gegen den Entlasteten bekannt oder bei sorgfältiger Prüfung der vorgelegten Unterlagen zumindest erkennbar waren.[50] Bemerkenswert ist, wie nah sich rechtsgeschäftlicher und nicht rechtsgeschäftlicher Lösungsansatz hier sind, denn die genannte Formel wird nicht nur von denjenigen verwendet, die sich auf eine Präklusion kraft Gesetzes stützen, sondern auch von den Befürwortern eines rechtsgeschäftlichen Lösungsansatzes, insbesondere von der Rechtsprechung.[51] Weitere Ansichten sprechen ohne weitere Begründung von einer Freistellungswirkung, soweit Ersatzansprüche erkennbar waren.[52]

Welche Anforderungen nun an die Erkennbarkeit zu stellen sind, ob man einen generellen Sorgfaltsmaßstab aufstellen kann, ob dem Entlastungsorgan Kenntnisse anderer, d.h. der Abschlußprüfer oder des Aufsichtsrates zuzurechnen, welche tatsächlichen Grundlagen vonnöten sind, muß, da die Faktoren der Schutzwürdigkeit von Fall zu Fall variieren können, in der Regel offen bleiben und führt zu deutlicher Rechtsunsicherheit im Umgang mit den Entlastungsfolgen. Wie das schweizerische und das französische Recht diese Frage lösen bzw. gelöst haben und wie sich demgegenüber das deutsche Recht verhält bzw. verhalten sollte, ist im Folgenden zunächst unter Beschränkung auf eine anspruchsvernichtende Entlastungswirkung zu untersuchen.

---

[48] Vgl. auch *Baumbach / Duden / Hopt*, HGB, § 377 Rn. 4, 19.

[49] S.o., S.110f.

[50] BGH, NJW 1969, 131; BB 1986, 1252, 1254; Baumbach / Hueck, *Zöllner*, GmbHG, § 46 Rn.26; *Borsche*, Entlastung im Recht der Personengesellschaften, S.127ff; *Knoche*, Verzichtswirkung der Entlastung, S.77, 79ff; *Schmidt*, GftsR., § 14 VI 2b; zust. wohl auch OLG Nürnberg, GmbHR 1993, 594 u. OLG Hamm, ZIP 1993, 119, 121, wo es jedoch nur hieß, die Gesellschaft sei mit erkennbaren Ansprüchen „ausgeschlossen"; i.E. auch zust. Hachenburg / *Hüffer*, GmbHG, § 46 Rn.62, der allerdings die Verwirkung als Grundlage heranzieht.

[51] RG, JW 1917, 657; DR 1941, 506, 508; BGH, NJW 1959, 192, 194; 1969, 131; WM 1976, 736, 737; 1986, 790; 1987, 651, 652; ZIP 2002, 213, 215; OLG Nürnberg, GmbHR 1993, 594; OLG Düsseldorf, NJW-RR 1997, 525; *Hueck*, GmbHR 1959, 189, 192; MüKo.-*Schlüter*, BGB, § 397 Rn.16; RGRK-*Weber*, § 397 Rn.36.

[52] *Lutter / Hommelhoff*, GmbHG, § 46 Rn.14; *Marsch-Barner / Diekmann*, in Münch.HdB. GftsR., Bd.3, § 46 Rn.38.

C. Voraussetzungen der anspruchsvernichtenden Entlastungswirkung

Ohne Informationen über die Arbeit des Entlasteten kann die Entlastung keine Rechtswirkungen entfalten.[53] Die Anteilseigner sind mit der Geschäftsführung nicht befaßt und zum Teil nicht einmal zur Erteilung von Weisungen berechtigt. Sie sind demgemäß auch nicht verpflichtet, die Geschäftsführung auf pflichtgemäßes Handeln hin zu überwachen.[54] Dies ist vielmehr die Aufgabe von vertraglich oder gesetzlich vorgesehenen Aufsichtsorganen. Dementsprechend sind die Gesellschafter auch nicht zur Prüfung der zwecks Entlastung vorgelegten Unterlagen verpflichtet. Die Prüfung erfolgt also nur im eigenen Interesse.

I. Schweiz

1. Die zwecks Entlastung bekannt zu gebenden Tatsachen

Um der Décharge die Bedeutung einer negativen Schuldanerkennung beizumessen, muß der Beschluß ausgelegt werden. Willenserklärungen werden nach dem sog. Vertrauensprinzip ausgelegt, d.h. es ist zu fragen, welche Bedeutung der Empfänger der Erklärung vernünftigerweise beimessen durfte.[55] Eine Auslegung kann überhaupt nur dann erfolgen, wenn der Entlastete Kenntnis von dem Beschluß erlangt. Die Entlastung ist somit ein empfangsbedürftiges Rechtsgeschäft.[56] Ausgangspunkt der Auslegung ist daher auch nicht die Sicht der Generalversammlung, sondern die der entlasteten Verwaltungsräte bzw. Geschäftsführer. Damit diese dem Entlastungsbeschluß vernünftigerweise den Inhalt einer negativen Schuldanerkennung beimessen können, müssen sie das Entlastungsorgan zunächst mit den erforderlichen Informationen versorgen, da die Aktionäre bzw. die Gesellschafter hierzu wie festgestellt nicht verpflichtet, zum Teil aber auch nicht in der Lage sind.[57] Welche Qualität die bekannt zu gebenden Informationen besitzen müssen, d.h. ob sie eher allgemeiner Natur sein können oder konkret auf Pflichtwidrigkeiten hinweisen müssen, läßt sich nur bestimmen, indem man fragt, welche Anforderungen an den Entlastenden im Erkennen von Pflichtwidrigkeiten zu stellen sind. Der Inhalt der zu liefernden Information müßte also vom Kenntnisstand und von den Fähigkeiten des jeweiligen Aktionärs abhängen. Je geringer die Sorgfaltsanforderungen an ihn bezüglich des Erkennens von Pflichtwidrigkeiten sind, um so höher sind die Anforderungen an die Informationen, die die Verwaltung zwecks Entlastung bekannt zu geben hat und umgekehrt. Die Konkretisierung beider Kriterien bereitete Rechtsprechung und Lehre lange Zeit erhebliche Schwierigkeiten.

Im schweizerischen Recht wurde die Formel verwendet, die Entlastung wirke nur für bekannt gegebene Tatsachen.[58] Mittlerweile ist diese Wirkung durch Art.758 Abs. I OR gesetzlich festgelegt. Die Formel besticht durch ihre Einfachheit, wirft aber in der praktischen

---

[53] *Bürgi*, in Zürcher Komm., OR, Art.698 Rn.103; *Copper Royer*, Bd. IV, Rn.625; *Siegert*, Entlastung in der Aktiengesellschaft, S.53; vgl. auch die Ausführungen zum Zusammenhang zwischen Entlastung und Information, S.21f.

[54] RGZ 12, 74, 77f; BGH, WM 1988, 531, 535; *Knoche*, Verzichtswirkung der Entlastung, S.74, 80; *Pedroja / Watter*, in Basler Komm., OR, Art.819 Rn.7; Scholz / *Schmidt*, GmbHG, § 46 Anm.113.

[55] Vgl. nur BGE 69 II 322; 92 II 348; 93 II 482; 95 II 321, 328; *Forstmoser*, Verantwortlichkeit, Rn.438.

[56] *Bürgi / Nordmann-Zimmermann*, in Zürcher Komm., OR, Art.757 Rn.5.

[57] *Kummer*, ZBJV 107 (1971), 217.

[58] BGE 14, 705; 34 II 502; *Bürgi*, in Zürcher Komm., OR, Art.698 Rn.100; *Siegert*, Entlastung in der Aktiengesellschaft, S.52, nunmehr gesetzlich geregelt in Art.758 Abs. I OR.

Anwendung einige Schwierigkeiten auf. Es stellt sich die Frage, welche Informationen die Verwaltung konkret bekannt zu geben hat, damit die Entlastung Rechtswirkungen entfalten kann und ob nicht auch die Aktionäre selbst Tatsachen ermitteln können, die die Verwaltung dann nicht mehr bekannt geben muß. Schließlich kann die Frage, was als bekannt gegeben anzusehen ist, wie erwähnt nicht ohne Berücksichtigung dessen, was der Aktionär bzw. der Gesellschafter erkennen kann, beantwortet werden.

Im Hinblick auf die bekannt zu gebenden Tatsachen ist wie im deutschen Aktienrecht nach § 120 Abs. III S.2 AktG Grundvoraussetzung die Vorlage der Bilanz, der Gewinn- und Verlustrechung, des Geschäftsberichts; ferner ist der Bericht der Revisoren vorzulegen.[59] Mit der Begründung, daß Ansprüche gegen die Verwaltung allein aus diesen Unterlagen nicht erkennbar sind, sehen einige Autoren auch den Inhalt der Statuten sowie den allgemeinen Zuständigkeitsbereich der Verwaltung als bekannt gegebene Tatsachen an.[60] Herrschende Meinung und Rechtsprechung vertreten hingegen eine eher fallorientierte Auffassung. Man sieht zwar ein, daß in Anbetracht der einer Generalversammlung für die Décharge zur Verfügung stehenden, wenigen Zeit nicht jedes einzelne Geschäft besonders hervorgehoben werden kann.[61] Soll die Entlastung aber eine negative Schuldanerkennung beinhalten und so Verantwortlichkeitsklagen i.S.d. Art.754ff. OR verhindern, hat die Verwaltung *„d'une façon claire et complète"*[62] Tatsachen, die zur Begründung dieser Klagen dienen, bekannt zu geben und auch auf ihre diesbezügliche Bedeutung hinzuweisen.[63] Die Verwaltung muß demnach gegebenenfalls auch Informationen bekannt geben, die über die Rechnungslegung hinausgehen, da diese aufgrund ihres nur summarischen und zusammenfassenden Inhalts dem Aktionär bei der Ermittlung von Ansprüchen gegen die Verwaltung i.d.R. nicht hilft.[64] Die Literatur spricht insoweit von einer Informations- und Aufklärungspflicht der Geschäftsführung.[65] Offen bleibt aber, ob deswegen eine Pflicht zur Selbstanzeige anzunehmen ist, d.h. ob die Geschäftsführung den Subsumtionsschluß zwischen Handlung, Pflichtwidrigkeit und dem daraus resultierenden Anspruch selbst herstellen und dem Entlastungsorgan mitteilen muß oder ob sie sich darauf verlassen darf, daß der Aktionär dies durch eigene Nachforschungen herausstellt. Die Neufassung des Art.758 Abs. I OR gibt hierauf keine Antwort. In der Vorschrift ist nur von bekannt gegebenen Tatsachen die Rede.

2. Das Kriterium der Erkennbarkeit

Der Umstand, daß Informationen in der soeben beschriebenen Weise bekanntgegeben wurden, führt die Rechtswirkungen der Décharge jedoch noch nicht herbei. Notwendig ist vielmehr die Erkennbarkeit der pflichtwidrigen Handlung sowie des daraus entstehenden

---

[59] BGE 67 II 167, 168; *Bürgi*, in Zürcher Komm., OR, Art.698 Rn.104f; *Eigenmann*, SAG 25 (1952/53), 189, 192; *Meier-Wehrli*, Verantwortlichkeit der Verwaltung, S.122; *Janggen / Becker*, in Berner Komm., OR, Art.827 Rn15.

[60] *Meier-Wehrli*, Verantwortlichkeit der Verwaltung, S.126, *Picenoni*, Entlastungsbeschluß, S.37, *Barbey*, Décharge, S.107.

[61] *Bürgi*, in Zürcher Komm., OR, Art.698 Rn.108; *Kaeslin*, Aktiengesellschaft und Verantwortlichkeit, S.58f; *v. Steiger*, SAG 15 (1942), 1, 5.

[62] BGE 95 II 321, 328.

[63] BGE 65 II 2, 14; 95 II 321, 328; *Bürgi*, in Zürcher Komm., OR, Art.698 Rn.106; *Dreifuss / Lebrecht*, in Basler Komm., OR, Art. 810 Rn.25; *Forstmoser*, Verantwortlichkeit, Rn.441; *Kummer*, ZBJV 107 (1971), 217.

[64] *Dreifuss / Lebrecht*, in Basler Komm., OR, Art. 810 Rn.25.

[65] *Dreifuss / Lebrecht*, in Basler Komm., OR, Art. 810 Rn.25; *Forstmoser*, Verantwortlichkeit, Rn.441.

Schadens. Meier-Wehrli und Kaeslin wollen die Entlastungswirkung schon bei Erkennbarkeit der Pflichtwidrigkeit bejahen; das Risiko sich später einstellender Verluste müsse die Gesellschaft tragen, weil sie zuvor die Handlung durch die Entlastung befürwortet habe.[66] Meier-Wehrli bildet hierzu folgendes Beispiel: Billigt die Generalversammlung eine pflichtwidrige Anlage von Vermögensgütern im Ausland oder die Beteiligung an anderen Unternehmungen, soll die Gesellschaft die verantwortlichen Personen nicht für später daraus resultierende Verluste belangen können.[67] Rechtsprechung und herrschende Auffassung lehnen diese Risikoverlagerung auf den Gesellschafter ab; Erkennbarkeit bedeutet auch Erkennbarkeit des Schadens.[68]

In Bezug auf den Erkennbarkeitsmaßstab haben sich Rechtsprechung und Lehre entschieden, einer generellen Aussage gegenüber der mit Rechtsunsicherheit verbundenen Einzelfallbetrachtung grundsätzlich den Vorzug zu geben. Einen wichtigen Beitrag hierzu lieferte eine Entscheidung des Bundesgerichts aus dem Jahre 1939.[69] Die Volksbank Reiden AG war während der Wirtschaftskrise zu Beginn der 30er Jahre in finanzielle Schwierigkeiten geraten. Der Verwaltungsrat der Gesellschaft sah den Grund hierfür nicht in der gesamtwirtschaftlich schlechten Lage, sondern im Verhalten des leitenden Direktors. In einem an die Öffentlichkeit und die Aktionäre gerichteten Kreisschreiben des Verwaltungsrates der Bank hieß es u.a.: *„...dagegen erleiden wir größere Verluste speziell auf auswärtigen industriellen Engagements, die zum größten Teil vom Verwaltungsrat nicht sanktioniert wurden. Wir haben diesen krankhaften Expansionsdrang der Leitung seit je und je verurteilt, leider ohne den geringsten Erfolg.“* In der folgenden Generalversammlung wurden die Verluste mit 900.000 Franken präzisiert. Die Versammlung erteilte den Verwaltungsräten bis auf den leitenden Direktor in der Annahme Entlastung, die Bankgeschäfte könnten trotz der Verluste fortgeführt werden. Die Unrichtigkeit dieser Annahme konnte jedoch erst nach dem Entlastungsbeschluß und nach abschließender Prüfung herausgestellt werden.[70] Aus diesem Grunde focht eine im Zuge der Liquidation von der Generalversammlung eingesetzte Kommission die Entlastung an und erhob Schadenersatzklage gegen die Mitglieder des Verwaltungsrates i.H.v. 500.000 Franken. Diese beriefen sich zu ihrer Verteidigung unter anderem auf die ihnen erteilte Entlastung.

Nach Auffassung das Bundesgerichtes konnte die Décharge nur eine negative Schuldanerkennung beinhalten, wenn die Generalversammlung zuvor über die Bedeutung der Geschäfte für die Verantwortlichkeit des Verwaltungsrates informiert wurde und auch ein ordentlicher Hausvater bei Kontrollierung seiner Kapitalanlagen die Verantwortlichkeit aufgrund dieser Information erkennen konnte.[71] Auf die Erkennbarkeit für einen ordentlichen Geschäftsmann wollte das Gericht nicht abstellen, weil geschäftliche Erfahrenheit beim Aktionär nicht vorausgesetzt werden könne. Als weitere, die Anforderungen der Erkennbarkeit herabmindernde Faktoren sah das Gericht die folgenden Umstände an: Die Schnelligkeit der Verhandlung der Generalversammlung, das Nichtvorliegen der Geschäftsbücher, die Dürftig-

---

[66] *Meier-Wehrli*, Verantwortlichkeit der Verwaltung, S.114; *Kaeslin*, Aktiengesellschaft und Verantwortlichkeit, S.59f.

[67] *Meier-Wehrli*, Verantwortlichkeit der Verwaltung, S.114.

[68] BGE 14, 704; 65 II 2, 14f; 67 II 167ff; *Biggel*, Verantwortlichkeit des Verwaltungsrates, S.71; *Eigenmann*, SAG 25 (1952/53), 189, 192; *Fehr*, Zivilrechtliche Verantwortlichkeit, S.157; *v. Steiger*, in Zürcher Komm., OR, Art.810 Rn.15; *ders.*, SAG 15 (1942), 1, 4.

[69] BGE 65 II 2.

[70] BGE 65 II 2, 16.

[71] BGE 65 II 2, 14.

keit und die nur summarische Natur der Vorbereitungsvorlagen sowie die meist fehlende Sachkenntnis der Aktionäre über den Geschäftsbetrieb der Gesellschaft.[72]

Der vom Bundesgericht aufgestellte Erkennbarkeitsmaßstab fand in der Lehre und der folgenden Rechtsprechung uneingeschränkt Zustimmung.[73] Meier-Wehrli bemerkt hierzu, daß die Beurteilung der Erkennbarkeit aufgrund der häufig feststellbaren Heterogenität des Entlastungsorgans nur nach objektiven Kriterien erfolgen könne; hierbei müsse auf die Sorgfalt eines ordentlichen Hausvaters bei der Kontrolle seiner Kapitalanlagen und nicht auf diejenige eines ordentlichen Geschäftsmannes abgestellt werden, weil der Aktionär ja als Kapitalgeber und nicht als Geschäftsmann auftrete, diese Sichtweise zudem der Tatsache Rechnung trage, daß der Aktionär nicht an der Geschäftsführung und Verwaltung teilnimmt und es ihn trotz aller Unterlagen erfahrungsgemäß Mühe koste, die Geschäftsvorfälle in allen ihren Zusammenhängen zu verstehen.[74]

Von den genannten Erkennbarkeitsanforderungen soll nach einer bisher nur in der Literatur vertretenen Ansicht zu Lasten der Aktionäre abgewichen werden können, wenn sie sämtlich geschäftserfahren sind; in diesem Fall gilt die Erkennbarkeit eines ordentlichen Geschäftsmannes.[75] Beweispflichtig hierfür ist derjenige, der sich auf die Entlastung beruft, d.h. i.d.R. die Mitglieder des Verwaltungsrates bzw. der Geschäftsführung.[76]

Ob die Erkennbarkeit für den ordentlichen Hausvater auch unter dem 1992 revidierten Obligationenrecht weiterhin gilt oder ob strengere Maßstäbe, wie zum Beispiel tatsächliche Kenntnisnahme anzulegen sind, ist fraglich. Unter der Berufung darauf, daß es sich bei der Neufassung der Entlastungsregelung nicht um inhaltliche, sondern um rein sprachliche Änderungen handele, bejaht ein Teil der Literatur die Fortgeltung der bisherigen Interpretation.[77] Andere wollen die Rechtswirkungen offenbar nur noch eintreten lassen, wenn Ansprüche tatsächlich erkannt wurden, denn sie vertreten - allerdings ohne Begründung - die Auffassung, Erkennbarkeit reiche infolge der Neuregelung nicht mehr aus.[78] Die Rechtsprechung hat hierzu bislang noch nicht Stellung beziehen können.

3. Zurechnung von Kenntnissen der Revisionsstelle sowie von privaten Kenntnissen

Die Revisionsstelle soll zwar die Generalversammlung beraten, hieraus folgt aber noch nicht die Zurechnung ihrer Kenntnisse zur Generalversammlung. Es handelt sich vielmehr um ein selbständiges, von der Gesellschaft unabhängiges Organ.[79] Schon deswegen

---

[72] BGE 65 II 2, 14.

[73] BGE 95 II 321, 328; *Back*, Entlastungsbeschluß, S.90; *Barbey*, Décharge, S.107f; *Bürgi*, in Zürcher Komm., OR, Art.698 Rn.102, 110; *Bürgi / Nordmann-Zimmermann*, in Zürcher Komm., OR, Art.757 Rn.6; *Eigenmann*, SAG 25 (1952/53), 189, 192; *Forstmoser*, Verantwortlichkeit, Rn.446; *Gross*, Haftpflichtrechtliche Situation des Verwaltungsrates, S.244; *Meier-Wehrli*, Verantwortlichkeit der Verwaltung, S.127ff; *Picenoni*, Entlastungsbeschluß, S.104ff; *Schucany*, OR, Art.698 Rn.7; *Siegert*, Entlastung in der Aktiengesellschaft, S.54f.

[74] *Meier-Wehrli*, Verantwortlichkeit der Verwaltung, S.127; s. auch *Siegert*, Entlastung in der Aktiengesellschaft, S.54 mit der Bemerkung, eine Hausfrau wird den vorgelegten Zahlen nicht so viel entnehmen können, wie ein Bankvertreter.

[75] *Barbey*, Décharge, S.108; *Forstmoser*, Verantwortlichkeit, Rn.446; *Gross*, Haftpflichtrechtliche Situation des Verwaltungsrates, S.244; *Picenoni*, Entlastungsbeschluß, S.104ff.

[76] *Forstmoser*, Verantwortlichkeit, Rn.454.

[77] *Böckli*, AktienR., Rn.2015f.; *v. Büren*, ZBJV 131 (1995), 57, 67.

[78] *Forstmoser / Meier-Hayoz / Nobel*, OR, § 36 Rn.129; *Widmer*, in Basler Komm., OR, Art.758 Rn.3.

[79] Dies ergibt sich nunmehr nach Art. 727c OR auch aus dem Gesetz, s. auch *Böckli*, AktienR., Rn.1788ff.

wird im schweizerischen Recht die Kenntnis oder das Kennenmüssen der Revisionsstelle der Generalversammlung nicht zugerechnet.[80]

Zur Frage, ob auch die private Kenntnis eines Aktionärs von einem zum Schadenersatz verpflichtenden Verhalten der Geschäftsführung dem Entlastungsorgan zuzurechnen ist, hat es in Rechtsprechung und Literatur einige Wendungen gegeben. In einem früheren Urteil vertrat das Bundesgericht zunächst die Ansicht, Kenntnis könnten die Aktionäre auch durch andere Quellen als durch die der Generalversammlung vorgelegten Unterlagen erlangen.[81] Relevant war damit weniger das Wissen der Versammlung als das des über die Entlastung urteilenden Aktionärs. In einem späteren Urteil hat das Bundesgericht seinen bisherigen Standpunkt mit der Begründung wieder aufgegeben, es sei schon schwierig genug, festzustellen, wie weit eine Generalversammlung auf Grund ihr unterbreiteter Unterlagen bestimmte Vorgänge oder Verhältnisse erkannt hat oder hätte erkennen müssen.[82] Müßte diese Frage auch noch in Bezug auf das private Wissen der Aktionäre gestellt werden, würden die praktischen Schwierigkeiten ins Ungemessene gesteigert. Maßgeblich könnten daher nur die Tatsachen sein, die der Generalversammlung als solcher bekannt waren, mit der Maßgabe, daß sich der Umfang dieser Kenntnisse ausschließlich aus den vorgelegten Unterlagen und Mitteilungen ergibt.[83]

Die Literatur ist dieser Auffassung bis zur erneuten Rechtsprechungswende gefolgt.[84] Diese ergab sich durch die Entscheidung des schweizerischen Bundesgerichts „*Banque commerciale S.A. contre dame Palthey et consorts*“.[85] Ein neues Mitglied des Verwaltungsrates hatte die Geschäftstätigkeit ehemaliger Mitglieder dieses Organs vom Juli 1955 bis zum Dezember 1956 untersucht und der Generalversammlung hierüber berichtet. Nach dem Bericht konnte den betroffenen Verwaltungsräten bis auf fünf Geschäftsvorfälle, die im einzelnen genannt wurden, für den genannten Zeitraum Entlastung erteilt werden. In der folgenden Generalversammlung stimmten sämtliche Aktionäre dem Vorschlag entsprechend ab. Ihnen lag zwar der Bericht, nicht jedoch die einzelnen Dokumente vor, auf denen er beruhte. Aufgrund eines später gefaßten Generalversammlungsbeschlusses erhob die Gesellschaft Schadenersatzklage gegen ein entlastetes Verwaltungsratsmitglied. Das Bundesgericht entschied, daß das Vorliegen der dem Bericht zu Grunde liegenden Dokumente nicht erforderlich wäre, da der Bericht die Handlung, bezüglich derer die Klage erhoben wurde, ausdrücklich erwähnte. Entscheidend sei allein die Tatsache, daß die Aktionäre infolge des Berichtes Kenntnis von dem Vorfall hatten, es käme nicht auf die Frage an, worauf diese Kenntnis beruhe.[86] Grundsätzlich gründe sich der Entlastungsbeschluß zwar auf die der Generalversammlung vorliegenden Dokumente, wären aber sämtliche Aktionäre – also nicht nur die an der Versammlung Anwesenden – nachweisbar durch andere Quellen, z.B. Zeitungs- oder Parlamentsberichte

---

[80] BGE 65 II 2, 11; *Bürgi*, in Zürcher Komm., OR, Art.698 Rn.110f; *Fehr*, Zivilrechtliche Verantwortlichkeit, S.147, 157f; *Forstmoser*, Verantwortlichkeit, Rn.451f; *Gross*, Haftpflichtrechtliche Situation des Verwaltungsrates, S.245; *Meier-Wehrli*, Verantwortlichkeit der Verwaltung, S.128f; *Schucany*, OR, Art.698 Rn.7; *v. Steiger*, SAG 15 (1942), 1, 6f; *Steiner*, SAG 15 (1942/43), 84.

[81] BGE 18, 608.

[82] BGE 65 II 2, 9ff.

[83] BGE 65 II 2, 10.

[84] *Bürgi*, in Zürcher Komm., OR, Art.698 Rn.109; *Funk*, OR, Art.698 Rn.8; *Siegert*, Entlastung in der Aktiengesellschaft, S.53; differenzierend *Meier-Wehrli*, Verantwortlichkeit der Verwaltung, S.127f.

[85] BGE 95 II 321.

[86] BGE 95 II 321, 330.

über die Bedeutung der Angelegenheit für die Verantwortlichkeit der Verwaltung informiert, genüge auch diese Kenntnis.[87]

Die Literatur folgt dieser Rechtsprechung mit dem Argument, daß das Gesetz keine bestimmte Art und Weise der Informationsvermittlung im Zusammenhang mit der Entlastung vorschreibe.[88] Man könnte infolge der Neuregelung der Entlastung in Art.758 Abs. I OR zwar meinen, die Formulierung „*bekannt gegebene Tatsachen*" beziehe sich nur auch auf Tatsachen, die von der Geschäftsführung bekannt gegeben wurden, nicht aber auf solche, von denen die Aktionäre eher zufällig Kenntnis genommen haben. Die Literatur vertritt jedoch weiterhin die Ansicht, daß die Entlastung auch für solche Tatsachen wirke, von denen sämtliche Aktionäre in sonstiger Weise Kenntnis erlangt haben.[89]

II. Frankreich

Wie bereits besprochen, kann die Entlastung im französischen Recht keine Rechtsfolgen mehr im Hinblick auf Schäden entfalten, die die Verwaltung der Gesellschaft zugefügt hat.[90] Da sich aber vor den Reformgesetzen in Rechtsprechung und Lehre ein relativ klares Bild über die Rechtsfolgen des quitus entwickelt hat und diese auch heute noch in manchen Beziehungen bejaht werden, soll hierauf kurz eingegangen werden.

Das Gesetz unterteilt Geschäftsführungsmängel in drei Kategorien: Verletzung gesetzlicher Vorschriften, Verletzung von Satzungsregelungen sowie sonstige Geschäftsführungsmängel.[91] Die Entlastung konnte nur in Bezug auf Satzungsverstöße und sonstige Geschäftsführungsfehler wirken. Gegenüber Gesetzesverstößen blieb der quitus ohne Wirkung; das Gesetz steht nicht zur Disposition der Aktionäre.[92] Für einen Verstoß gegen Satzungsbestimmungen konnte nur die außerordentliche Generalversammlung Entlastung erteilen, denn dieser hätte eine Satzungsänderung erforderlich gemacht, für die die ordentliche Generalversammlung nicht zuständig war.[93] Der Entlastungsbeschluß dieser Versammlung stellte also nur von Ansprüchen frei, deren Entstehungsgrund weder in einer Statuten- noch in einer Gesetzesverletzung lag, d.h. die Rechtswirkung der Entlastung war auf die sog. fautes de gestion beschränkt.[94] Bis auf die Annahme, die Bilanzgenehmigung könne eine Entlastung beinhalten,[95] mußte die Entlastung ausdrücklich erklärt werden[96] und konnte nicht in anderen Beschlüssen wie z.B. in der Wiederwahl eines Verwaltungsmitgliedes enthalten sein.[97]

Im Hinblick auf die Erkennbarkeit von Ansprüchen stellte man im französischen Recht strengere Anforderungen als im deutschen Recht. Einerseits ging man davon aus, daß quitus und Bilanzgenehmigung gleichzusetzen waren und er dementsprechend sämtliche, der

---

[87] BGE 95 II 321, 329f.

[88] *Forstmoser*, Verantwortlichkeit, Rn.443, *Gross*, Haftpflichtrechtliche Situation des Verwaltungsrates, S.245; *Kummer*, ZBJV 107 (1971), 217.

[89] *Böckli*, AktienR., Rn.2016; *Forstmoser / Meier-Hayoz / Nobel*, AktienR., § 36 Rn.129; *Kunz*, Rechtsnatur und Einredenordnung, S.155; *Müller / Lipp / Plüss*, S.290; *Widmer*, in Basler Komm, OR, Art.758 Rn.3.

[90] S.o., S.10f.

[91] Vgl. Art. L. 223-22 Abs. I C.Com. für die S.A.R.L. sowie Art. L. 225-251 Abs. I C.Com. für die S.A.

[92] Colmar, J.C.P. 1960 II 11833; *Houpin / Bosvieux*, Bd. II, Rn.1369, S.624.

[93] *Escarra / Rault*, Bd. IV, Rn.1589 m.w.N.

[94] *Escarra / Rault*, Bd. IV, Rn.1589; *Houpin / Bosvieux*, Bd. II, Rn.1369, S.624; *Storck*, in JCl.-soc. Fasc. 74-2 Rn.62ff.

[95] *Copper Royer*, Bd. 4, Rn.625, S.216; *Thaller*, Dr.Com., Rn.672.

[96] *Copper Royer*, Bd. 4, Rn.625, S.225.

[97] Paris, Rev.soc., 1924, S.123.

Bilanz zu Grunde liegenden Geschäftsvorfälle erfaßte.[98] Andererseits bedeutete Mitteilung der Bilanz nicht Mitteilung der ihr zu Grunde liegenden Geschäfte.[99] Diese sowie die Kenntnisnahme durch das zuständige Entlastungsorgan aber war notwendig, damit dem quitus die Bedeutung eines Verzichts beigemessen werden konnte. Er mußte „en plein connaissance de cause“ erteilt werden, konnte sich also nicht auf unbekannte oder nur erkennbare Tatsachen beziehen.[100] Unter plein connaissance de cause verstand man nicht nur die Kenntnisnahme von der anspruchsbegründenden Tatsache, sondern vom Anspruch selbst.[101] Copper Royer stellte zu diesen Anforderungen fest, daß der Bericht der Verwaltung im Hinblick auf den Entlastungsverzicht wohl niemals vollständig sein dürfte, weil man fordern müßte, daß die Verwaltung die Aktionäre über sämtliche Details möglicher Pflichtwidrigkeiten informiert hätte: *„L'hypothèse n'est pas invraisemblable, mais elle ne se réalisera forcément que dans des cas très rares.“*[102]

Daß der Gesetzgeber sich dennoch entschied, der Entlastung ihre Rechtswirkungen in Bezug auf die action sociale zu nehmen, lag dann auch nicht daran, daß die Anforderungen an den Verzicht unklar waren. Grund war vielmehr, daß die Aktionäre dem quitus eher wenig Interesse entgegenbrachten, ihre Stimmrechte daher durch die Geschäftsführer ausgeübt wurden, die damit, zumal die Beteiligung an der eigenen Entlastung zulässig war und ist, in der Regel die Mehrheit der Stimmen auf sich vereinigen konnten.[103]

III. Deutschland

1. Der Entlastungsbeschluß als zurechenbare Vertrauenshandlung – Reichweite der Zurechnung

Folgte man den genannten Punkten zur Subsumtion eines bestimmten Verhaltens unter das Verbot des venire contra factum proprium,[104] müßte an sich zunächst eine Erörterung erfolgen, ob und inwieweit die Handlung dem Entlastenden zurechenbar ist. Soweit die Voraussetzungen des venire contra factum proprium überhaupt erörtert werden, begnügt man sich jedoch mit Ausführungen zur Interessenabwägung, d.h. zur Schutzwürdigkeit des Entlastenden bzw. des Entlasteten.[105] Knoche behandelt zwar die Zurechenbarkeit,[106] greift dabei jedoch auf Kriterien zurück, die im Rahmen der Schutzwürdigkeit des Entlasteten von Bedeutung sind. Seiner Ansicht nach liegt eine zurechenbare Vertrauenshandlung vor, wenn Entlastung erteilt wurde, obwohl bekannt oder erkennbar ist, daß Regreßansprüche bestehen.[107] Der Anknüpfungspunkt des Vertrauens liegt in der Entlastungshandlung, genauer gesagt in der

---

[98] *Copper Royer*, Bd. 4, Rn.625 S.216; *Picenoni*, Entlastungsbeschluß, S.49 m.w.N.
[99] *Copper Royer*, Bd. 4, Rn.625, S.221; *Siegert*, Entlastung in der Aktiengesellschaft, S.57 m.w.N.
[100] Bordeaux, D.P. 1887 II 115; Rouen, J.Soc. 1888, 284; Paris, J.Soc. 1892, 289, 290; Lyon, J.Soc. 1912, 181; 1915, 275; 1923, 240, 241f; Paris, Gaz.Pal. 1964 jur. 102, 104; Trib.com. Seine, J.Soc. 1890, 98; Trib.com. Lyon, J.Soc., 1905, 233, 236f; *Copper Royer*, Bd.1, Rn.154, S.809; *Escarra / Rault*, Bd. IV, Rn.1589.
[101] Rouen, J.Soc. 1888, 284; Paris, J.Soc. 1892, 289, 290; Rennes, J.Soc. 1899, 68, 70f; Trib.com. Seine, J.Soc. 1890, 98.
[102] *Copper Royer*, Bd. 4, Rn.625, S.218.
[103] S.o., S.60f.
[104] S.o., S.111ff.
[105] *Barner*, Entlastung, S.71ff; *Borsche*, Entlastung im Recht der Personengesellschaften, S.127ff; *Tellis*, Rechtsnatur der gesellschaftsrechtlichen Entlastung, S.99ff.
[106] *Knoche*, Verzichtswirkung der Entlastung, S.74f.
[107] *Knoche*, Verzichtswirkung der Entlastung, S.74.

Mitteilung des positiven Beschlußergebnisses an den Geschäftsführer, gegebenenfalls in seiner Kenntnisnahme hiervon.[108] Mindestanforderung an die Zurechenbarkeit ist nicht das Kennen oder Kennenmüssen von Ansprüchen, es genügt auch, wenn der Handelnde die zur Vertrauensbildung führenden Tatsachen beherrscht und sie ohne weiteres hätte vermeiden können, wenn also das Entstehen des Vertrauens seiner Risikosphäre entstammt.[109] Zurechenbar ist die Entlastungshandlung den für die Gesellschaft handelnden Gesellschaftern also nur, wenn die dem Beschluß zugrunde liegenden Umstände ihrer Risikosphäre entstammen. Es fragt sich, wie weit diese Sphäre reicht.

a) Grundsätzliche Reichweite der Zurechnung

Die Gesellschafter sind an der Geschäftsführung regelmäßig nicht beteiligt und auch nicht verpflichtet, sie in Bezug auf Rechtmäßigkeit und Wirtschaftlichkeit zu überwachen.[110] Demnach hat der Geschäftsführer - als der zu Entlastende - den Gesellschaftern die zur Beschlußfassung über die Entlastung notwendigen Unterlagen und Informationen zu liefern.[111] Der Umfang der Risikosphäre des Entlastenden bestimmt sich also grundsätzlich nach den Informationen, die ihm der Entlastete zugänglich macht.

b) Privat erlangte Kenntnisse

Wie auch im schweizerischen Recht ist eine bestimmte ausschließlich zulässige Art und Weise der Informationsvermittlung vom Gesetz nicht vorgesehen.[112] Dementsprechend muß es ausnahmsweise möglich sein, daß Informationen, die Gesellschafter durch eigene Recherche in Erfahrung bringen, in ihre Risikosphäre fallen und damit von den Entlastungswirkungen erfaßt werden. Die bloße Erkennbarkeit kann in solchen Fällen allerdings nicht genügen, weil man die Gesellschafter andernfalls zwingen würde, sich vor dem Entlastungsbeschluß aus sämtlichen nur erdenklichen Quellen umfassend über die Tätigkeit der Geschäftsführung zu informieren. Rechtsunsicherheit wäre aufgrund fehlender Bestimmtheit der Informationsquellen zum einen die Folge. Zum anderen würde man die Gesellschafter faktisch zu einer nicht existierenden Geschäftsführungsüberwachung zwingen.[113] Demnach ist hier die Kenntnisnahme vom Anspruch bzw. von der Pflichtwidrigkeit zur Begründung einer zurechenbaren Vertrauenshandlung zu fordern.

Die Rechtsprechung und eine Mindermeinung der Literatur fordern, sämtliche Gesellschafter, also auch die der Versammlung Ferngebliebenen, müßten über diese Kenntnis verfügen.[114] Nach herrschender Literaturansicht ist die Kenntnis dieser Gesellschafter unerheblich, da ihr Verhalten das Abstimmungsergebnis ohnehin nicht beeinflussen kann.[115] Diese

---

[108] S.o., S.112f.

[109] *Canaris*, Vertrauenshaftung, S.468f, 479ff, 482; Soergel-*Teichmann*, BGB, § 242 Rn.319.

[110] Vgl. S.112, Fn.39.

[111] BGH, WM 1976, 736; 1987, 651, 652; 1988, 531, 535; *Hueck*, GmbHR 1959, 189, 192.

[112] Dies übersieht RGZ 70, 132, 133f.

[113] Vgl. auch *Hueck*, GmbHR 1959, 189, 193; *Schönle*, ZHR 126 (1964), 199, 217f; *Tellis*, Rechtsnatur der gesellschaftsrechtlichen Entlastung, S.105.

[114] BGH, NJW 1959, 192, 194; WM 1976, 736; ebs. Baumbach / Hueck, *Zöllner*, GmbHG, § 46 Rn.26.

[115] *Hueck*, GmbHR 1959, 189, 192f; *Knoche*, Verzichtswirkung der Entlastung, S.77; *Sigle*, DStR 1992, 469, 471; *Tellis*, Rechtsnatur der gesellschaftsrechtlichen Entlastung, 106f.

Ansicht kann nicht überzeugen. Sie übersieht, daß der Gesellschafter unter Umständen an der Versammlung teilgenommen und das Beschlußergebnis durch seine Stimmabgabe beeinflußt hätte, wäre er von dem Anspruch in Kenntnis gesetzt worden. Tellis tritt diesem Einwand mit dem Argument entgegen, die Rechenschaftslegung sei vor Abhaltung der Gesellschafterversammlung noch nicht als abgeschlossen anzusehen,[116] so daß sich auch während der Versammlung noch weitere entlastungsrelevante Informationen ergeben könnten. Nehme der Betreffende trotz rechtzeitiger Bekanntgabe der Tagesordnung nicht an der Versammlung teil, könne er sich auf seine Unkenntnis bezüglich etwaiger Ansprüche nicht berufen.[117] Allein durch die Teilnahme an der Versammlung ist die Kenntnisnahme von Tatsachen, von denen die Gesellschafter privat Kenntnis erlangt haben, aber noch nicht gewährleistet. Eine Pflicht zur Mitteilung dieser Information besteht nicht. Private Kenntnisse können auch geheimgehalten werden, ohne daß sich der Betreffende gegenüber der Gesellschaft schadenersatzpflichtig macht. Schlichte Passivität gegenüber rechtswidrigen Maßnahmen der Geschäftsführung bedeutet keine Pflichtwidrigkeit des Gesellschafters.[118] Demnach ist der Ansicht der Rechtsprechung beizupflichten. Zurechenbar ist die Entlastungshandlung bei privat erlangter Kenntnis vom Anspruch also nur dann, wenn sämtliche Gesellschafter über diese Kenntnis verfügen.

Es genügt daher auch nicht die Kenntnis oder das Kennenmüssen von Umständen, die der Mehrheitsgesellschafter in seiner Eigenschaft als Mitgeschäftsführer hat, welche er den übrigen Gesellschaftern jedoch nicht mitteilt.[119] Der Mehrheitsgesellschafter, der gleichzeitig Geschäftsführer ist, darf sich weder an der Beschlußfassung über die eigene Entlastung beteiligen noch an der Einzelentlastung betreffend ein anderes Mitglied der Geschäftsführung teilnehmen.[120] Würde man seine Kenntnisse hier gleichwohl in die Waagschale werfen, liefe dies darauf hinaus, daß sie trotz des Stimmverbotes Einfluß auf das Abstimmungsergebnis nehmen könnten.

c) Zurechnung der Kenntnisse der Abschlußprüfer

Im deutschen Recht stellt sich wie auch im schweizerischen Recht die Frage, ob Kenntnisse der Abschlußprüfer den Gesellschaftern zugerechnet werden können.[121] Das Reichsgericht lehnte dies im Genossenschaftsrecht mit der Begründung ab, die Genossen würden keine Kenntnis von dem ausführlichen Prüfungsbericht erhalten. Bei hierin erwähnten Pflichtwidrigkeiten des Vorstandes handele es sich daher um der Generalversammlung unbekannte Tatsachen, die von der Entlastung nicht erfaßt würden.[122]

Grundlage des Entlastungsbeschlusses ist nach geltendem Recht jedoch auch dieser Bericht, soweit er den Gesellschaftern vorzulegen ist.[123] Fraglich bleibt dagegen, ob Pflichtwidrigkeiten, über die hätte berichtet werden müssen aber nicht berichtet wurde, ebenfalls Grundlage der Entlastung sein können, m.a.W., ob die Kenntnis oder das Kennenmüssen der Abschlußprüfer der über die Entlastung beschließenden Versammlung zuzurechnen ist. Kno-

---

[116] *Tellis*, Rechtsnatur der gesellschaftsrechtlichen Entlastung, S.106f.
[117] *Tellis*, Rechtsnatur der gesellschaftsrechtlichen Entlastung, S.107.
[118] *Schmidt*, ZIP 1988, 1497, 1504, 1506; Scholz / *Schmidt*, GmbHG, § 46 Anm.113.
[119] So aber BGH, MDR 1969, 204; zust. *Nägele / Nestel*, BB 2000, 1253, 1255.
[120] S.o., S.61ff, 66ff, 71ff.
[121] Zum schweizerischen Recht vgl. S.115ff.
[122] RGZ 152, 273, 281f.
[123] In der GmbH ist den Gesellschaftern der Prüfungsbericht gemäß § 42a Abs. I S.2 GmbHG vorzulegen.

che hat erwogen, dem Entlastenden Kenntnisse des Abschlußprüfers gemäß § 166 Abs. I BGB aufgrund einer Wissensvertretung zuzurechnen, dies aber mit der Begründung abgelehnt, der Abschlußprüfer sei für die Entlastung nicht zuständig.[124] Bei der Wissenszurechnung geht es allein um die Frage, ob der Gesellschaft aufgrund wertender Kriterien Kenntnisse eines ihrer Vertreter bzw. Organe zugerechnet werden können.[125] Aus § 319 HGB ergibt sich jedoch schon, daß der Abschlußprüfer ein neutrales, von der Gesellschaft unabhängiges Organ ist, dessen Aufgaben nicht nur im Interesse der Gesellschaft, sondern auch im öffentlichen Interesse bestehen.[126] Eine Wissenszurechnung der dem Abschlußprüfer erkennbaren oder bekannten Tatschen scheidet daher aus. Diese Umstände sind weder Gegenstand der Entlastung noch haben sie Auswirkungen auf Rechtsfolgen des Beschlusses.

d) Zurechnung der Kenntnisse des Aufsichtsrates

Fraglich bleibt, ob dem Entlastungsorgan Kenntnisse des Aufsichtsrates zuzurechnen sind. Man könnte hier wie bei der Abschlußprüfung das Argument der Wissenszurechnung anführen: Wenn sich die Gesellschaft zur Überwachung der Geschäftsführung eines Aufsichtsrates bedient oder infolge gesetzlicher Anordnung bedienen muß, hat sie sich nach einer Literaturansicht unrechtmäßiges Verhalten der Geschäftsführung zurechnen zu lassen, wenn dem Aufsichtsrat dieses Verhalten bekannt oder erkennbar war.[127] Diese Lösung ist nur auf den ersten Blick einleuchtend. Bei der Überwachung der Geschäftsführung handelt der Aufsichtsrat nicht als Vertreter des Entlastungsorgans, sondern unabhängig und in eigener Verantwortung.[128] Ist den Mitgliedern des Aufsichtsrates eine Pflichtwidrigkeit der Geschäftsführung bekannt, wird hierüber jedoch kein Bericht erstattet, befreit die Entlastung weder die Aufsichtsratsmitglieder noch die Geschäftsführer von ihrer Haftung gegenüber der Gesellschaft. In diesen Fällen findet keine Verlagerung des gegen die Geschäftsführung gerichteten Anspruchs auf den Aufsichtsrat statt. Vielmehr ist der Aufsichtsrat dann neben der Geschäftsführung für die Verletzung seiner Überwachungspflicht verantwortlich.[129] Eine Zurechnung der Kenntnisse des Aufsichtsrates zum Entlastung erteilenden Organ hat schon deswegen auszuscheiden. Schließlich wäre auch die Berichtspflicht nach § 171 Abs. II AktG bzw. nach § 52 Abs. I GmbHG i.V.m. § 171 Abs. II AktG insoweit sinnlos. Würden Kenntnisse des Aufsichtsrates dem Entlastungsorgan ohnehin zugerechnet, bräuchte er über sein Wissen auch nicht zu informieren. Der Aufsichtsrat hat aber auch deswegen über seine Prüfungstätigkeit zu berichten, um dem Entlastung Erteilenden Mitteilung über mögliche Ansprüche gegen die Geschäftsführung zu machen.[130]

---

[124] *Knoche*, Verzichtswirkung der Entlastung, S.77.

[125] BGHZ 132, 34ff; *Lutter / Hommelhoff*, GmbHG, § 36 Rn.2; *Schmidt*, GftsR., § 10 V 2.

[126] h.M., vgl. nur *A / D / S*, HGB, § 316 Rn.16, § 319 Rn.11, 13.

[127] So i.E. *Heckenberger*, Entlastung, S.70 sowie *Knoche*, Verzichtswirkung der Entlastung, S.106 für den Fall, daß der Aufsichtsrat über die Entlastung entscheidet.

[128] *Barz*, in Großkomm., AktG, 3.Aufl., § 111 Anm.4; *Wagner*, Rechtsnatur der Entlastung im Gesellschaftsrecht, S.61.

[129] *Mertens*, in Kölner Komm., AktG, § 93 Anm.21.

[130] *A / D / S*, AktG, § 171 Rn.68.

2. Die Schutzwürdigkeit des Entlasteten

a) Die Notwendigkeit der Information des Entlastenden

Beinhaltet der Entlastungsbeschluß unter den besprochenen Voraussetzungen eine dem Entlastenden zuzurechnende Vertrauenshandlung, ist auf seiten des Entlasteten wie erwähnt nach der Schutzwürdigkeit zu fragen, d.h. die Interessen des Entlasteten sind gegen die des Entlastenden abzuwägen. Grundsätzlich ist der Entlastete eher als der Entlastende in der Lage, das in der Entlastung liegende Risiko anspruchsvernichtender Wirkung zu überblicken. Die am Beschluß Teilnehmenden sind aufgrund des Eingreifens der Stimmverbotsvorschriften nicht Mitglieder der Geschäftsführung.[131] Es besteht auch keine Pflicht zur Beaufsichtigung der Geschäftsführer; der Entlastete hat einen besseren Überblick über das eigene Tun als der Entlastende, der hierüber erst noch informiert werden muß. Dementsprechend ist Information auch notwendige Bedingung der Entlastungserteilung.[132] Ohne Information entsteht demnach auch keine rechtsvernichtende Entlastungswirkung, es sei denn, sämtliche Gesellschafter hätten privat Kenntnis erlangt.

b) Abwägung der Interessen des Entlasteten und des Entlastenden – das Maß des beiderseitigen Verschuldens

Nach der Frage, ob der Geschäftsführer die Gesellschafter überhaupt informiert hat, ist zu klären, wie genau die Information zu sein hat. Hier kommt der Aspekt des beiderseitigen Verschuldens, allerdings nicht im Sinne einer Pflicht-, sondern im Sinne einer Obliegenheitsverletzung, d.h. einer Verletzung eigener Interessen, zum Tragen.[133] Im Zusammenhang mit der Entlastung ist von einer Prüfungsobliegenheit die Rede.[134] Es soll den Gesellschaftern im eigenen Interesse obliegen, der Gesellschaft mögliche Ansprüche gegen die Geschäftsführer zu erhalten. Die Gesellschafter hätten daher die zur Entlastung vorgelegten Unterlagen sorgfältig auf Ansprüche zu untersuchen. Beim Unterlassen bzw. bei einer zu oberflächlichen Prüfung trotz erkennbarer Ansprüche soll die Schutzwürdigkeit der entlasteten Geschäftsführer höher einzustufen sein als diejenige der Gesellschaft, so daß dementsprechend erkennbare oder erkannte Ansprüche erlöschen. Aus dieser Überlegung hat sich im deutschen Recht die genannte Formel herausgebildet, die Entlastung stelle von solchen Ansprüchen frei, die bei sorgfältiger Prüfung erkannt wurden oder zumindest erkennbar waren.[135]

(1) Rechtswirkungen auch bei unbekannten Ansprüchen

Heckenberger hingegen vertrat die Ansicht, man müsse die Wirkung der Entlastung auch auf Ansprüche erstrecken, die den Beteiligten unbekannt geblieben sind, weil die Gesellschafter genügend andere Möglichkeiten hätten, sich über das Bestehen von Ansprüchen zu

---

[131] S.o., S.84f.
[132] Vgl. dazu S.21ff; Scholz / *Schmidt*, GmbHG, § 46 Anm.94.
[133] *Wieling*, AcP 176 (1976) S.335, 345.
[134] *Hueck*, GmbHR 1959, 189, 192; *Knoche*, Verzichtswirkung der Entlastung, S.80.
[135] Vgl. S. 113, Fn.50 - 52.

informieren.[136] Diese Auffassung überspannt jedoch die Schutzwürdigkeit der Geschäftsführung schon deswegen einseitig zu Lasten der Gesellschafter, weil sie zur gesetzlich eben nicht vorgesehenen permanenten Überwachungspflicht der Gesellschafter führen würde. Die Auffassung Heckenbergers wurde daher zu Recht nicht weiter verfolgt.[137]

(2) Rechtswirkungen nur bei bekannten Ansprüchen

Einer gänzlich konträren These zur Ansicht von Heckenberger folgt Barner. Er hält die Lösung der Entlastungsfolgen über das Verbot widersprüchlichen Verhaltens vom Ansatz her für verfehlt. Wie die aktienrechtliche Regelung des § 120 Abs. II S.2 AktG schon zeige, stünden Entlastung und Verzichtsverbot nicht in einem unauflösbaren Widerspruch zueinander.[138] Barner hält es für ausgeschlossen, daß in § 120 Abs. II S.2 AktG etwas angeordnet sein könne, was durch § 242 BGB gerade wieder ausgeschlossen werde.[139] Rechtsvernichtende Entlastungswirkungen läßt Barner nur in dem Ausnahmefall zu, in dem die Entlastung bewußt in Ansehung konkreter Pflichtwidrigkeiten erteilt werde.[140] Zur Begründung führt er an, venire contra factum proprium sei ein auf Gegenseitigkeit beruhendes Prinzip; es setze das Aufeinanderbezogensein der Handlungen des Vertrauen Schaffenden und der des Vertrauenden im Sinne eines bewußten Zeichensetzens voraus.[141] Ein solches Aufeinanderbezogensein sieht Barner nur, wenn bewußt in Ansehung konkreter Pflichtwidrigkeiten entlastet werde,[142] nicht dagegen, wenn der Anspruch nur erkennbar war, weil der Entlastende zu Tatsachen, die er nicht kenne, nicht Stellung nehmen und dementsprechend durch die Entlastung auch kein bewußtes Zeichen setzen könne.[143]

Barner hält den Geschäftsführer aufgrund seines Kenntnisvorsprunges gegenüber dem Geschäftherrn generell für weniger schutzwürdig als den Geschäftsherrn.[144] Derjenige, der die Ursache der schadenstiftenden Handlung gesetzt, über deren Hintergründe und Folgen vollständig informiert sei, den anderen (Entlastenden) hierüber aber im Unklaren lasse und es seiner Findigkeit oder dem Zufall überlasse, ob Schäden entdeckt würden oder nicht, sei nicht schutzwürdig.[145] Hinzu käme, daß die Entlastung regelmäßig nicht auf Grundlage konkreter Pflichtwidrigkeiten, sondern aufgrund eines Bündels von zum Teil irrationalen Motiven zu Stande komme, die unter Umständen nicht nur auf das Innenverhältnis, sondern auch auf die Darstellung des Unternehmens nach außen abzielen.[146] Eine höhere Schutzwürdigkeit des Entlastenden gegenüber dem Geschäftsführer werde auch nicht durch das Kriterium der Erkennbarkeit wieder aufgewogen. Barner hält es lediglich für ein Korrektiv, welches im Einzelfall dazu diene, unbillige Lösungen zu verhindern, um so das Unbehagen über die nicht

---

[136] *Heckenberger*, Entlastung, S.77, 79.

[137] So schon RG, DR 1941, 506, 508; vgl. auch BGH, WM 1977, 361, 362; *Borsche*, Entlastung im Recht der Personengesellschaften, S.132.

[138] *Barner*, Entlastung, S.72.

[139] *Barner*, Entlastung, S.72.

[140] *Barner*, Entlastung, S.73; ebs. BAG, ZfG 1957, 218, 220.

[141] *Barner*, Entlastung, S.73, 75.

[142] *Barner*, Entlastung, S.73, der allerdings auch erkennt, daß man sich hiermit schon deutlich in Richtung Erlaßvertrag bewege.

[143] *Barner*, Entlastung, S.73f.

[144] *Barner*, Entlastung, S.75.

[145] *Barner*, Entlastung, S.75.

[146] *Barner*, Entlastung, S.73, 75.

unproblematische Verbindung zwischen allgemeiner Entlastungsaussage und spezieller Entlastungs- Verzichtsfolge zu beseitigen: *„Das Moment der Erkennbarkeit erweist sich dabei als vielfältiges Mittel, im Einzelfall zum „richtigen" Ergebnis zu kommen.* "[147] Barners' Kritik an der bisher herrschenden Ansicht ist nicht ganz unberechtigt. Tatsächlich ist es bis heute nicht gelungen, die Formel der Erkennbarkeit einer sicheren Handhabung zuzuführen.

(3) Zur herrschenden Ansicht: Rechtswirkungen nur bei Erkennbarkeit

Klar ist zunächst also nur, daß die Entlastung in Bezug auf unbekannte, d.h. nicht erkennbare Ansprüche mangels Überwachungspflicht des Entlastenden keine Rechtswirkungen entfaltet. Anders stellt sich die Lage dagegen bei erkannten Ansprüchen dar. Hat der Geschäftsführer über gegen sich gerichtete Ansprüche aufgeklärt, hat der Geschäftsherr diese wahrgenommen, erteilt er gleichwohl Entlastung, darf der Geschäftsführer grundsätzlich darauf vertrauen, wegen dieser Angelegenheit nicht mehr in Anspruch genommen zu werden. Aus seiner Sicht stellt sich die Situation so dar, als käme es dem Geschäftsherrn mehr auf die unternehmerischen Leistungen an als auf die Frage der Rechtmäßigkeit seiner Handlungen. Im übrigen sind hier Vertrauen schaffende Handlung und dadurch entstehendes Vertrauen nicht nur objektiv, sondern bewußt aufeinander bezogen und genügen damit auch den von Barner geforderten strengen Kriterien an die Entstehung eines Vertrauenstatbestandes beim Entlasteten.[148]

Über die verbleibenden Fälle, in denen Ansprüche lediglich erkennbar sind, besteht nach wie vor keine Klarheit. Vom Prinzip her müßte die Erkennbarkeit stets von den Umständen des konkreten Falles abhängen, da sich die Begründungsfaktoren des Vertrauenstatbestandes in einem beweglichen System befinden,[149] so daß von Fall zu Fall neue Faktoren hinzutreten und bestehende wegfallen könnten. Man hätte sich dann im Grunde genommen mit der Feststellung zu begnügen, die Entlastung präkludiere erkennbare Ansprüche, während alles weitere von den Fallumständen abhinge.[150] Dementsprechend hinge es auch von der Fallkonstellation ab, was der Geschäftsführer bekannt zu geben hätte. Je höher der Kenntnisstand und die Fähigkeit des Entlastungsorgans, um so weniger bräuchte der Geschäftsführer zu informieren und umgekehrt.

Einige Autoren scheinen jedoch einen allgemein gültigen Sorgfaltsmaßstab schaffen zu wollen und meinen, es müsse die im Verkehr erforderliche Sorgfalt gelten.[151] Zum Teil treten in den Stellungnahmen auch Widersprüche auf. Knoche fordert einerseits, der Geschäftsführer müsse den Entlastenden so aufklären, daß dieser bei sorgfältiger Prüfung Kenntnis von Pflichtwidrigkeiten nehmen könne, andererseits will er erst grobe Fahrlässigkeit auf seiten des Entlastenden zur Begründung der Präklusion genügen lassen.[152] Von jemandem, der grob fahrlässig handelt, also das außer acht läßt, was jedem anderen hätte einleuch-

---

[147] *Barner*, Entlastung, S.74.

[148] *Barner*, Entlastung, S.73; vgl. auch *Knoche*, Verzichtswirkung der Entlastung, S.77f.

[149] Vgl. S.110f.

[150] In diesem Sinne RG, SeuffA 93, S.252, Erkennbarkeit für einen Handwerker; BGH, WM 1988, 531, 535, Erkennbarkeit für einen Apotheker; i.E. zust. *Knoche*, Verzichtswirkung der Entlastung, S.131, der sich trotz seiner Anmerkungen zu einem generellen Sorgfaltsmaßstab, S.83f, offenbar nicht festlegen will; *Tellis*, Rechtsnatur der gesellschaftsrechtlichen Entlastung, S.103f.

[151] *Borsche*, Entlastung im Recht der Personengesellschaften, S.130.

[152] *Knoche*, Verzichtswirkung der Entlastung, S.84.

ten müssen,[153] kann eine sorgfältige Prüfung der zwecks Entlastung vorgelegten Unterlagen allerdings nicht gefordert werden. Schließlich will Knoche wiederum nur die verkehrserforderliche Sorgfalt gelten lassen,[154] so daß nicht klar wird, ob einfache oder grobe Fahrlässigkeit maßgeblich sein soll.

Andere wiederum sehen in der Entlastung eine kaufmännische Angelegenheit, so daß bei der Prüfung von Ansprüchen die Sorgfalt eines ordentlichen Kaufmannes i.S.d. § 347 HGB anzuwenden sei.[155] Wagner meint hierzu, nicht die Gesellschafter erteilen die Entlastung, sondern die Aktiengesellschaft bzw. die GmbH, welche ohne Rücksicht auf den Gegenstand des Unternehmens Kaufmann ist.[156] Weil es sich bei der Prüfung der Unterlagen für die Entlastung um die Abwicklung bestehender Verbindlichkeiten handele, die zum Geschäftsbetrieb eines Kaufmannes gehören, müsse die Körperschaft bei der Prüfung für die Sorgfalt eines ordentlichen Kaufmannes eintreten, gleichgültig, ob die in der Hauptversammlung anwesenden Mitglieder selbst Kaufleute sind oder nicht.[157]

(4) Erkennbarkeit der Pflichtwidrigkeit oder Erkennbarkeit des Schadens

Ungeklärt ist schließlich, ob sich die Erkennbarkeit lediglich auf die Pflichtwidrigkeit bezieht oder ob der gesamte Anspruch einschließlich des entstandenen Schadens erkennbar sein muß. Zwar liegt ein Schaden nicht erst dann vor, wenn ein effektiver Vermögensverlust bei der Gesellschaft eingetreten ist, sondern es genügt die vorhersehbare Möglichkeit eines Vermögensverlustes,[158] es fragt sich jedoch was geschehen soll, wenn der Vermögensverlust nicht vorhersehbar ist. In der Literatur findet sich häufig die nicht weiterhelfende Aussage, die Entlastung beschränke sich auf die aus den Unterlagen ersichtlichen Tatsachen[159] oder Vorkommnisse[160] bzw. wirke nicht, wenn nachträglich Tatsachen bekannt würden, die vorher nicht erkennbar waren.[161] Andere wiederum sprechen sowohl von erkennbaren Pflichtwidrigkeiten als auch von erkennbaren Ansprüchen.[162] Die wohl überwiegende Meinung sowie die Rechtsprechung hingegen legen sich eher auf die Erkennbarkeit des Anspruchs fest.[163] Die Schutzwürdigkeit des Geschäftsführers würde sich demnach erst durch die Erkennbarkeit der

---

[153] Vgl. nur *Medicus*, SchuldR-AT, § 29 III 2d m.w.N.

[154] *Knoche*, Verzichtswirkung der Entlastung, S.84. Widersprüchlich auch *Borsche*, Entlastung im Recht der Personengesellschaften, S.130, 131, der einerseits meint, es sei auf die jeweiligen persönlichen Fähigkeiten der Gesellschafter abzustellen, andererseits aber der Erkennbarkeitsmaßstab eines Geschäftsmannes anzuwenden, wenn sich ein Mitglied der Versammlung auf fehlende Erkennbarkeit beruft.

[155] *Borsche*, Entlastung im Recht der Personengesellschaften, S.130f; *v. Carolsfeld*, ZfG 1957, 218, 220, 224; *Wagner*, Rechtsnatur der Entlastung im Gesellschaftsrecht, S.63; zust. wohl auch *Hueck*, GmbHR 1959, 189, 192, der von der im Geschäftsleben erforderlichen Sorgfalt spricht.

[156] *Wagner*, Rechtsnatur der Entlastung im Gesellschaftsrecht, S.63.

[157] *Wagner*, Rechtsnatur der Entlastung im Gesellschaftsrecht, S.63.

[158] *Mertens*, in Kölner Komm., AktG, § 93 Anm.56.

[159] Rowedder / *Koppensteiner*, GmbHG, § 46 Rn.22; Scholz / *Schmidt*, GmbHG, § 46 Anm. 94.

[160] *Flume*, Bürgerl.R. I / 2, § 10 I 4.

[161] *Schmidt*, GftsR., § 14 VI 2b.

[162] *Knoche*, Verzichtswirkung der Entlastung, S.79, 81, 83; *Wagner*, Rechtsnatur der Entlastung im Gesellschaftsrecht, S.61.

[163] RG DR 1941, 506; BGHZ 24, 49, 54; BGH, NJW 1959, 192, 194; BGH, WM 1976, 736; OLG Hamburg, BB 1960, 996; OLG Nürnberg, GmbHR 1993, 594; *Borsche*, Entlastung im Recht der Personengesellschaften, S.127ff; Hachenburg / *Hüffer*, GmbHG, § 46 Rn.63; *Heuer*, GmbHR 1951, 151; *Hueck*, GmbHR 1959, 189, 192; *Nägele / Nestel*, BB 2000, 1253, 1254f; *Schuricht*, Klage des GmbH-Geschäftsführers auf Entlastung, S.29f.

zu erwartenden Vermögenseinbuße ergeben. Einen Erklärungsversuch zu dieser Frage hat bisher lediglich Tellis unternommen. Er sieht in der Entlastung nur die Klärung der Ordnungsmäßigkeit der Geschäftsführung, nicht aber die der Haftungsfrage der Verbandsmitglieder mit der Folge, daß sich die Erkennbarkeit nur auf Pflichtwidrigkeiten beziehe.[164]

IV. Stellungnahme

1. Zur Notwendigkeit eines „Verzichtsverbotes" aus Sicht des französischen Rechts

Einige Autoren sprechen sich für eine rechtsformübergreifende,[165] ja sogar für eine das private und das öffentliche Recht erfassende einheitliche Betrachtung der Entlastung aus.[166] Der Blick ins französische Recht zeigt, daß eine solche Lösung zumindest im Gesellschaftsrecht bereits Gesetz geworden ist. Im Gegensatz zur Reform der Société Anonyme bestand das gesetzgeberische Ziel bei der Reformierung der übrigen Gesellschaftsformen nicht darin, bestehende Machtmißbräuche durch Selbstentlastungen zu verhindern, sondern in Bezug auf den Verzicht auf die Verantwortlichkeitsklage gegen Mitglieder der Geschäftsführung eine einheitliche Rechtslage für sämtliche Gesellschaften zu schaffen.[167] Wollte man im deutschen Recht wenigstens für die Aktiengesellschaft und die GmbH eine einheitliche Rechtslage schaffen, müßte entweder die Regelung des § 120 Abs. II S.2 AktG aufgegeben werden oder auch für die GmbH gelten. Letzteres hätte zumindest den Vorteil, daß den beschriebenen Unsicherheiten über die Rechtsfolgen der Entlastung in der GmbH ein Ende bereitet wäre.

Die Gefahr mißbräuchlicher Machtausübung durch Selbstentlastung bzw. durch Blankovollmachten an die Gesellschaftsverwaltung anläßlich ihrer Entlastung besteht im Gegensatz zum französischen Recht im deutschen Recht aufgrund der erörterten Stimmverbotsregelungen jedoch weder in der Aktiengesellschaft noch in der GmbH.[168] Die Überlegungen, die den französischen Gesetzgeber zum Reformgesetz von 1937 bewogen haben, können daher auf das derzeit geltende deutsche Recht nicht übertragen werden. Im übrigen hat die Ansicht des deutschen Gesetzgebers gezeigt, daß es im Recht der GmbH bei der grundsätzlich anspruchsvernichtenden Wirkung der Entlastung bleiben sollte.[169]

2. Strukturunterschiede der GmbH im Vergleich zur Aktiengesellschaft nach deutschem Recht

Vergleicht man die vom Gesetzgeber vorgesehene Struktur der GmbH mit derjenigen der Aktiengesellschaft, zeigt sich, daß die anspruchsvernichtende Wirkung der Entlastung bei der GmbH viel eher gerechtfertigt ist als bei der Aktiengesellschaft. Die GmbH ist anders als die Aktiengesellschaft auf eine längerfristige Zusammenarbeit zwischen Gesellschaftern und Geschäftsführung zugeschnitten. § 15 Abs. I GmbHG sieht zwar die freie Abtretbarkeit der Geschäftsanteile vor, jedoch bedarf es dazu nach § 15 Abs. III GmbHG der notariellen Beur-

---

[164] *Tellis*, Rechtsnatur der gesellschaftsrechtlichen Entlastung, S.101ff.
[165] *Barner*, Entlastung, S.87ff; *Tellis*, Rechtsnatur der gesellschaftsrechtlichen Entlastung, S.6ff.
[166] *Knoche*, Verzichtswirkung der Entlastung, S.10.
[167] S.o., S.13f.
[168] S.o., S.61f, 84ff.
[169] S.o., S.9.

kundung. Der Gesellschaftsvertrag kann weitere Erschwernisse vorsehen, insbesondere die Zustimmung der Gesellschaft zur Abtretung (§ 15 Abs. V GmbHG). Der Aktionär kann zwar aufgrund einer Satzungsregelung bei der Veräußerung einer Namensaktie an die Zustimmung der Gesellschaft gebunden werden (§ 68 Abs. II AktG), grundsätzlich jedoch ist der Gesetzgeber davon ausgegangen, daß die Aktie – im Gegensatz zum GmbH-Anteil – frei veräußert werden kann. Der GmbH-Gesellschafter ist damit aufgrund der gesetzgeberisch gewollten längerfristigen Bindung an die Gesellschaft auch eher in der Lage, die Geschäftsführung zu kontrollieren und im Zuge der Kontrolle entlastungsrelevante Informationen in Erfahrung zu bringen.

Qualitativ und quantitativ sind die Kontrollbefugnisse der GmbH-Gesellschafter auch stärker ausgeprägt als die des Aktionärs. Der Geschäftsführer der GmbH hat nach § 37 Abs. II GmbHG die Beschränkungen zu beachten, die ihm durch Beschlüsse der Gesellschafter auferlegt wurden. Die Gesellschafter können daher allgemeine Weisungen zu Geschäftsführungsfragen oder konkrete Weisungen zu einzelnen Geschäftsführungsentscheidungen erteilen und dadurch in die Geschäftsführung eingreifen.[170] Der Vorstand einer Aktiengesellschaft dagegen leitet die Gesellschaft gemäß § 76 Abs. I AktG in eigener Verantwortung, d.h. weisungsfrei.[171] Über Fragen der Geschäftsführung entscheidet der Aktionär im Rahmen der Hauptversammlung grundsätzlich nur, wenn der Vorstand es verlangt (§ 119 Abs. II AktG).[172]

Bei Ausübung der Kontrolle steht den Gesellschaftern des weiteren mit § 51a GmbHG ein permanentes, unabdingbares Informationsrecht zu, welches sowohl innerhalb als auch außerhalb der Gesellschafterversammlung geltend gemacht werden kann.[173] Der Aktionär dagegen kann zwar ebenfalls entlastungsrelevante Informationen aufgrund seines Auskunftsrechtes gemäß § 131 AktG gegenüber der Gesellschaft[174] erhalten, die Ausübung der Aktionärsrechte ist jedoch nach § 118 AktG auf die Hauptversammlung der Gesellschaft beschränkt, wenn das Gesetz nichts anderes vorsieht. In § 131 AktG ist dies nicht der Fall.[175] Der Gesellschafter der GmbH ist also im Gegensatz zum Aktionär permanent in der Lage, entlastungsrelevante Informationen zu erhalten.

Qualitativ wird das Auskunftsrecht in der GmbH in Bezug auf die Entlastung eher weiter verstanden als in der Aktiengesellschaft. Zwar ist nach dem Wortlaut des § 131 Abs. I AktG lediglich notwendig, daß die Frage zur sachgemäßen Beurteilung des Tagesordnungspunktes erforderlich ist, jedoch beschränkt man die zum Tagesordnungspunkt Entlastung mitzuteilenden Tatsachen grundsätzlich auf wichtige und für die Gesellschaft bedeutsame Geschäfte.[176] In der GmbH dagegen wird das Informationsrecht in § 51a Abs. I GmbHG durch den kaum zu begrenzenden Begriff der Angelegenheiten der Gesellschaft beschrieben, worunter u.a. sämtliche Einzelmaßnahmen der Geschäftsführung unabhängig von ihrer Relevanz für das Unternehmen fallen.[177] Ausgeschlossen sind lediglich persönliche Angelegenheiten der Geschäftsführer.[178]

---

[170] Baumbach / Hueck, *Zöllner*, GmbHG, § 37 Rn.10.
[171] *Hüffer*, AktG, § 76 Rn.10.
[172] *Hüffer*, AktG, § 119 Rn.11.
[173] OLG Köln, WM 1986, 761, 762; Rowedder / *Koppensteiner*, GmbHG, § 51a Rn.10; *Schmidt*, GftsR., § 21 III 1d.
[174] Auskunftsverpflichteter ist die Gesellschaft, nicht der Vorstand. Er handelt nur für die Gesellschaft, *Schmidt*, GftsR., § 28 IV 3a.
[175] *Decher*, in Großkomm., AktG, § 131 Rn.8; *Nitschke / Bartsch*, AG 1969, 95, 99.
[176] BGHZ 32, 159; *Decher*, in Großkomm., AktG, § 131 Rn.188.
[177] *Lutter / Hommelhoff*, GmbHG, § 51a Rn.8f; Scholz / *Schmidt*, GmbHG, § 51a Anm.19.
[178] Rowedder / *Koppensteiner*, GmbHG, § 51a Rn.6.

In der GmbH ist das Recht auf Auskunft, anders als in der Aktiengesellschaft, grundsätzlich unbeschränkt. Dem Recht auf Kontrolle der Geschäftsführung entspricht das uneingeschränkte Recht auf Information.[179] Der GmbH-Gesellschafter ist im Gegensatz zum Aktionär aufgrund seiner Treuepflicht gegenüber der Gesellschaft verpflichtet, die erhaltene Information vertraulich zu behandeln.[180] Im Aktienrecht ist der Gesetzgeber in § 93 Abs. I S.2 AktG von der grundsätzlichen Verschwiegenheitspflicht des Vorstandes ausgegangen.[181] Dem Aktionär kann deswegen gemäß § 131 Abs. III AktG die Auskunft verweigert werden, u.a. nach § 131 Abs. III Nr.1 AktG dann, wenn es sich um Betriebsgeheimnisse handelt, wenn also die Gefahr besteht, daß die Auskunft in die Öffentlichkeit oder zur Kenntnis konkurrierender Unternehmen gelangt.[182] Auf die Strafvorschrift des § 85 GmbHG, wonach die Verletzung der Geheimhaltungspflicht mit einer Freiheitsstrafe von bis zu einem Jahr geahndet wird, kann sich der Auskunftspflichtige zur Begründung der Auskunftsrechtsverweigerung dagegen nicht berufen; die Vorschrift gilt im Anwendungsbereich des § 51a GmbHG nicht.[183] Hinzu kommt, die Auskunftsverweigerung bedarf nach § 51a Abs. II S.2 GmbHG eines Gesellschafterbeschlusses. D.h. die Gesellschafter selbst und nicht die Geschäftsführung entscheiden darüber, ob sie entlastungsrelevante Tatsachen bekannt geben wollen oder nicht. Insofern besteht keine Gefahr, daß der zu entlastende Geschäftsführer Tatsachen verheimlicht. Im Gegensatz dazu entscheidet bei § 131 AktG der Vorstand selbst, ob er die Auskunft verweigert oder nicht.[184]

Die größere Nähe zwischen Geschäftsführung und Entlastung erteilenden Gesellschaftern, die auf längere Dauer angelegte Mitgliedschaft in der GmbH sowie das permanente Informationsrecht der Gesellschafter lassen die Präklusionswirkung der Entlastung also eher zu als in der Aktiengesellschaft.

3. Zum Kriterium der Erkennbarkeit

Ob die Frage, wann Ansprüche erkennbar sind durch eine dem schweizerischen Art.758 OR entsprechende Regelung im GmbHG gelöst wird, darf bezweifelt werden. Diese Vorschrift versetzt sich lediglich in die Sichtweise des Verwaltungsrates und schreibt ihm vor, daß er Tatsachen bekannt zu geben hat, damit die Décharge wirken kann. Die Sichtweise des Entlastenden, d.h. die Frage, wann Ansprüche erkennbar sind, bleibt jedoch unberücksichtigt. Dementsprechend hat man sich im schweizerischen Recht wie dargestellt auch nicht mit der Feststellung begnügt, daß Tatsachen bekannt zu geben sind, sondern gefragt, in welcher Weise dies zu geschehen hat.

Bevor diese Frage für das deutsche Recht zu beantworten ist, ist grundsätzlich zu klären, ob es überhaupt bei der für die GmbH verwendeten Erkennbarkeitsformel bleiben soll oder ob man infolge einer generell höheren Schutzwürdigkeit der Gesellschafter im Vergleich zur Geschäftsführung eine Anspruchspräklusion nur bei erkannten Ansprüchen zuzulassen hat. Vom Grundsatz her, insoweit ist Barner zu widersprechen, kann zurechenbares Verhalten

---

[179] *Lutter / Hommelhoff*, GmbHG, § 51a Rn.7, 9.

[180] Die Pflicht zur vertraulichen Behandlung von Informationen ist das Korrelat des gegenüber der Aktiengesellschaft verstärkten Informationsrechts, *Lutter / Hommelhoff*, GmbHG, § 51a Rn.24; Rowedder / *Koppensteiner*, GmbHG, § 51a Rn.16; Scholz / *Schmidt*, GmbHG, § 51a Anm.6.

[181] Vgl. dazu auch *Hüffer*, AktG, § 93 Rn.6ff.

[182] *Raiser*, Kap.gften., § 16 Rn.50, 55.

[183] OLG Hamm, GmbHR 1988, 218; Baumbach / Hueck, *Zöllner*, GmbHG, § 51a Rn.30.

[184] *Eckardt*, in Geßler / Hefermehl, AktG, § 131 Anm.75; *Hüffer*, AktG, § 131 Rn.23.

einen schutzwürdigen Vertrauenstatbestand schon dann herbeiführen, wenn dem Handelnden erkennbar war, daß der andere auf das Verhalten des Handelnden vertraut.[185] Abzustellen ist auf das objektiv erkennbare Verhalten des Vertrauen Schaffenden, nicht dagegen auf die subjektive Betrachtung der Beteiligten.[186] Die Vertrauen schaffende Handlung, d.h. die Entlastung und das Vertrauendürfen müssen damit zwar aufeinander bezogen sein, dies muß jedoch aus Sicht des Handelnden, also des Vertrauen Schaffenden nicht bewußt geschehen. Es fragt sich zunächst, wer den Bezug zwischen Vertrauen schaffender Handlung und Vertrauen herzustellen hat.

a) Die Entlastung als Gesamtbetrachtung

Regelmäßig erfolgt die Entlastung nach dem Abschluß eines Geschäftsjahres in Bezug auf sämtliche Maßnahmen, die die Geschäftsführung für die Gesellschaft vorgenommen hat. Der Entlastende hat dementsprechend die gesamte Geschäftsführung und nicht einzelne Pflichtwidrigkeiten im Auge. Er beurteilt nicht jeden Geschäftsvorgang isoliert, sondern sämtliche Vorgänge innerhalb des Entlastungszeitraums. Aus Sicht des Entlastenden ist die Entlastung also eine Erklärung zu einem Tatsachenkomplex, den der Gesellschafter mangels Überwachungspflicht nicht näher zu ermitteln verpflichtet ist.[187]

Für den Geschäftsführer hingegen stellt sich die Lage anders dar. Er hat selbst den schadenstiftenden Vorfall gesetzt, von dessen Konsequenzen er nun durch Entlastung befreit werden will.[188] Der Geschäftsführer ist viel eher als die Gesellschafter in der Lage, die eigenen Handlungen zu übersehen. Im übrigen trifft ihn die Pflicht zu rechtmäßigem Handeln sowie zur Überwachung der übrigen Geschäftsführer, so daß er nicht nur tatsächlich, sondern auch rechtlich in der Lage zu sein hat, die Folgen des eigenen und des fremden Handelns zu überblicken.[189] Die Umstände, daß sich der Entlastende infolge der Vielzahl der zu beurteilenden Maßnahmen nicht auf einzelne Pflichtwidrigkeiten fixiert, er des weiteren zur Prüfung von Geschäftsführungsmängeln nicht verpflichtet ist, der Geschäftsführer hingegen das eigene Tun viel besser überblicken kann und muß, sprechen prinzipiell für ein Überwiegen der Schutzwürdigkeit des Entlastenden. Der Schluß, daß die Entlastung daher nur für positiv erkannte Verstöße anspruchsvernichtende Wirkungen erzielen kann, ist allein anhand dieser Konstellation jedoch wie erwähnt nicht zu ziehen. Fest steht lediglich, daß es im Verhältnis Gesellschafter – Geschäftsführer in Ermangelung einer Prüfungspflicht der Gesellschafter dem um Entlastung nachsuchenden Geschäftsführer obliegt, den Blick der Gesellschafter weg vom Komplex der durch die Entlastung zu beurteilenden Handlungen hin zu einzelnen Pflichtwidrigkeiten zu lenken. Die Schutzwürdigkeit des Entlasteten kann dann aus dem Umstand resultieren, daß er die Gesellschafter hinreichend informiert, ihm aber gleichwohl Entlastung erteilt wird.

---

[185] *Teichmann*, JA 1985, 497, 501; *Wieling*, AcP 176 (1976), 334, 348, 352, vgl. auch *Knoche*, Verzichtswirkung der Entlastung, S.79.

[186] *Wieling*, AcP 176 (1976), 334, 352 sieht hierin aus Sicht des objektiven Erklärungsempfängers – des Vertrauenden – einen Rechtsverzicht.

[187] Zur Überwachungspflicht vgl. auch. S. 114.

[188] *Barner*, Entlastung, S.75.

[189] *Mertens*, in Recht des Geschäftsführers, § 43 GmbHG, Rn.24, 31.

b) Die Grundlagen der Erkennbarkeit

Wie bereits erwähnt, ist regelmäßige Informationsgrundlage der Entlastungserteilung der Jahresabschluß, gegebenenfalls nebst Lagebericht, der Bericht des Abschlußprüfers sowie der Bericht des Aufsichtsrates.[190] Daneben können auch privat in Erfahrung gebrachte Kenntnisse in Betracht kommen.[191] Es fragt sich ob diese Informationen geeignet sind, den Blick des Entlastenden weg vom Handlungskomplex hin zu einzelnen Pflichtwidrigkeiten zu lenken.

Zu bejahen ist dies bei privat erlangten Kenntnissen, soweit man richtigerweise voraussetzt, daß der Anspruch allen Gesellschaftern bekannt war.[192] Der Blick wird zwar nicht vom Geschäftsführer auf den Anspruch gelenkt, es sind jedoch Vertrauen und Vertrauen schaffendes Verhalten subjektiv aufeinander bezogen. Beiden Beteiligten ist klar, daß trotz bestehender Ansprüche entlastet wird. Der Geschäftsführer darf folglich darauf vertrauen, nicht mehr in Anspruch genommen zu werden.

Der Jahresabschluß sowie der gegebenenfalls zu erstellende Lagebericht sind grundsätzlich nicht geeignet, den Blick weg von dem komplexen, auf wirtschaftliche Aspekte gerichteten Entlastungsgehalt hin zur Frage des Anspruchsbestehens zu lenken. Knoche glaubt, die Rechenschaft des zu Entlastenden würde allein um des Geschäftsherrn willen, d.h. um der Gesellschafter willen abgelegt. Schon deswegen könne der zu entlastende Geschäftsführer davon ausgehen, daß die Unterlagen einer eingehenden Prüfung unterzogen würden.[193] Diese Ansicht ist nur teilweise zutreffend. Ziel des Jahresabschlusses sowie des Lageberichts ist zwar u.a. die Information der Kapitalgeber, so daß auch Gesellschafter angesprochen sein können. Es sollen aber ferner potentielle Gesellschafter, Gläubiger der Gesellschaft sowie allgemein die Öffentlichkeit über die Verwendung des Kapitals informiert werden.[194] Der Jahresabschluß will also unterschiedliche Zielgruppen und nicht etwa nur die Anteilseigner ansprechen.

Inhalt seiner Information ist die Verwendung des der Gesellschaft anvertrauten Kapitals, allgemein gesagt, die Auskunft über wirtschaftliche Aspekte, nicht aber das Aufklären über Ansprüche gegen die Geschäftsführung; dies hat die Untersuchung des Jahresabschlusses gezeigt.[195] Auch eine mögliche Analyse der Bilanz sowie der Gewinn- und Verlustrechnung durch den Entlastung Erteilenden ändert hieran nichts. Beide Informationsquellen sind lediglich summarische Zahlenwerke, die zwar auf jeden Geschäftsvorfall reagieren, im Gegensatz zu den bei der Entlastung regelmäßig nicht vorliegenden Geschäftsbüchern, aber nicht jeden Geschäftsvorfall beinhalten. Insofern wird nicht einmal ein versierter Fachmann Ansprüche aus den Unterlagen erkennen können, weder bei oberflächlicher noch bei der von Rechtsprechung und herrschender Ansicht geforderten sorgfältigen Prüfung.

Dem könnte auch nicht entgegnet werden, ein Gesellschafter, der den Abschluß sorgfältig prüft, müsse bei schlechten Zahlen skeptisch werden und sich fragen, ob die Geschäftsführung nicht rechtswidrig gehandelt haben könnte. Der Umstand, daß sich die Zahlen des aktuellen Abschlusses gegenüber dem Vorjahresergebnis erheblich verschlechtert haben, mag zwar auf eine unternehmerisch eher „unglückliche Hand" schließen lassen, rechtswidrig ist

---

[190] S.o., S.22ff.

[191] S.o., S.121f.

[192] S.o., S.122.

[193] *Knoche*, Verzichtswirkung der Entlastung, S.80.

[194] *Hinz*, in Beck'sches HdB. Rechnungslegung, B 100 Rn.5, 9ff, 15ff, 18ff, 27ff.

[195] S.o., S.26f, 41ff.

dieses Handeln allein deswegen jedoch noch nicht. Dem Geschäftsführer kommt bei seinen Entscheidungen ein erhebliches unternehmerisches Ermessen zu. Er kann Risiken eingehen, die sich später wider Erwarten realisieren, ohne dabei pflichtwidrig zu handeln; die Freiheit zu Wagnis und Risiko schließt das Recht auf Irrtum mit ein.[196]

Der Bericht des Abschlußprüfers sowie sein Bestätigungsvermerk sind, wie bereits festgestellt, wenn überhaupt nur bedingt geeignet, die Gesellschafter über Ansprüche gegen die Geschäftsführer zu informieren. Die Abschlußprüfung soll lediglich feststellen, ob die Rechnungslegung ordnungsgemäß erfolgte. Zu einer zielgerichteten Fahndung nach jeglichen Satzungs- oder Gesetzesverstößen ist der Abschlußprüfer hingegen nicht verpflichtet.[197] Nur wenn ohne zielgerichtete Fahndung schwerwiegende Verstöße gegen Gesetz, Satzung oder Gesellschaftsvertrag aufgedeckt werden, hat der Abschlußprüfer gemäß § 321 Abs. I S.3 HGB hierüber zu berichten, ohne auf sämtliche Einzelheiten eingehen zu müssen.

Der Bericht des Aufsichtsrates hat, soweit sich bei der Überwachung der Geschäftsführung Pflichtwidrigkeiten ergeben, hierzu Stellung zu beziehen. Abgesehen von der hier nicht näher zu erörternden Frage, ob der Aufsichtsrat selbständig Maßnahmen zu ergreifen hat, trifft seine Mitglieder zumindest die Pflicht, die Gesellschafter vom Bestehen eines Anspruchs gegen die Geschäftsführung so zu unterrichten, daß entsprechende Maßnahmen ergriffen werden können.[198] Das Verschweigen pflichtwidrigen Handelns der Geschäftsführung stellt eine eigene Pflichtwidrigkeit des Aufsichtsrates dar.[199] Daraus folgt: Berichtet der Aufsichtsrat über Pflichtwidrigkeiten der Geschäftsführung, muß der Bericht in einer Weise gestaltet sein, daß der Mangel auch ohne sorgfältige Prüfung zu erkennen ist, da die Gesellschafter sonst nicht entscheiden könnten, ob gegen den Betroffenen vorzugehen ist oder nicht. Die Entlastung kann sich hier also nur auf solche Ansprüche erstrecken, deren Existenz die Gesellschafter aufgrund des Aufsichtsratsberichtes wenigstens für möglich halten. Dem Aufsichtsrat erkennbare oder bekannte Tatsachen, die den Gesellschaftern verschwiegen werden, sind ihnen nicht zuzurechnen.[200]

Die Untersuchung der dem Entlastenden zur Verfügung stehenden Unterlagen hat gezeigt, daß sich Anhaltspunkte für Pflichtwidrigkeiten bzw. für Ansprüche zumindest dann ergeben können, wenn die Gesellschaft über einen Aufsichtsrat verfügt oder in Ausnahmefällen auch dann, wenn eine Abschlußprüfung vorgesehen ist. Der zu entlastende Geschäftsführer selbst ist nicht verpflichtet, sich anzuzeigen, d.h. auf einen gegen sich bestehenden Anspruch hinzuweisen.[201] In Anbetracht des Umstandes, daß die Gesellschafterversammlung kein Überwachungsorgan ist und die Rechnungslegung keinen deutlichen Hinweis auf Ansprüche enthält, ist aber zumindest eine Obliegenheit des Geschäftsführers anzunehmen, im eigenen Interesse Ansprüche hervorzuheben, um so von der präkludierenden Entlastungswirkung profitieren zu können. Mit welcher Deutlichkeit dies zu geschehen hat, hängt zum einen von den Kenntnissen des Entlastenden und zum anderen von der zur Verfügung stehenden Zeit zur Prüfung der Unterlagen ab.

---

[196] *Henze*, BB 2000, 209, 211; *Mertens*, in Recht des Geschäftsführers, § 43 GmbHG, Rn.19.
[197] S.o., S.37ff.
[198] BGHZ 133, 244, 252; Baumbach / Hueck, *Zöllner*, GmbHG, § 52 Rn.59a; *Henze*, BB 2000, 209, 214f.
[199] *Mertens*, in Kölner Komm., AktG, § 93 Anm.21.
[200] S. auch S.123.
[201] *Mertens*, in Recht des Geschäftsführers, § 43 GmbHG, Rn.96.

c) Der Erkennbarkeitsmaßstab

In Bezug auf die Kenntnisse des Entlastenden stellt sich die Frage, ob es einen generellen Erkennbarkeitsmaßstab geben soll. Schon die Frage als solche könnte Anlaß zu Kritik geben, weil die Faktoren, die zur Schutzwürdigkeit des Vertrauenden führen können, wie erwähnt keine feststehenden Tatbestandsmerkmale, sondern fallabhängig sind.[202] Treffend wird in diesem Zusammenhang von der schweizerischen Literatur auf die Heterogenität des Entlastungsorgans hingewiesen.[203] Der Kreis der Gesellschafter kann sich aus den unterschiedlichsten Schichten und Berufsgruppen zusammensetzen. Würde man das Kriterium der Erkennbarkeit einzelfallbezogen sehen, müßte man konsequenterweise den Kenntnis- und Wissensstand sowie die individuellen Fähigkeiten eines jeden einzelnen Gesellschafter berücksichtigen, um die Erkennbarkeit des Anspruchs zu ermitteln. In einer Zweimanngesellschaft mag dies noch ohne größere Schwierigkeiten vonstatten gehen. Bei Gesellschaften mit größerer Gesellschafterzahl erschwert sich die Berücksichtigung des Kenntnisstandes eines jeden Gesellschafters jedoch beträchtlich. Die Frage nach einem grundsätzlichen Erkennbarkeitsmaßstab ist somit gerechtfertigt.

Einen relativ hohen Sorgfaltsmaßstab setzen diejenigen an, die verlangen die zur Verfügung gestellten Unterlagen seien mit der Sorgfalt eines ordentlichen Kaufmanns zu untersuchen.[204] Dies könnte beispielsweise bedeuten, die Gesellschafter müßten zumindest über Grundkenntnisse der kaufmännischen Buchführung und Rechnungslegung verfügen und auch in der Lage sein, einen Jahresabschluß zu verstehen. Soweit sich Gesellschaften einer Abschlußprüfung zu unterziehen haben, könnte von den Gesellschaftern des weiteren gefordert werden, den für einen Laien oft kaum verständlichen Prüfungsbericht[205] zu begreifen. Die darüber hinausgehenden Tatsachen, die der zu Entlastende mitzuteilen hätte, würden sich entsprechend den gesteigerten Anforderungen verringern.

Im schweizerischen Recht wird gegen diesen Erkennbarkeitsmaßstab das Argument vorgebracht, daß die Erkennbarkeit für einen ordentlichen Kaufmann schon deswegen überzogen sei, weil es sich bei den Gesellschaftern oft nicht um Kaufleute handele.[206] Im deutschen Recht ist die Sorgfalt eines ordentlichen Kaufmannes dann zu verlangen, wenn die Gesellschaft Geschäfte im Handelsverkehr wahrnimmt, d.h. im Außenverhältnis gegenüber Dritten; GmbH bzw. Aktiengesellschaft sind kraft Gesetzes Kaufmann (§§ 13 Abs. III GmbHG, 3 Abs. I AktG.). Die Entlastung betrifft jedoch nicht dieses Verhältnis, sondern das gesellschaftliche Innenverhältnis Geschäftsführung – Gesellschaft. Schon aus diesem Grunde kann bei der Prüfung der zur Verfügung gestellten Unterlagen nicht die Sorgfalt eines ordentlichen Kaufmannes in Betracht kommen.

Das Verbot des venire contra factum proprium beruht wie erwähnt u.a. auf dem Prinzip einer Obliegenheitsverletzung, d.h. eines Verschuldens gegen sich selbst.[207] Der Anspruchsverlust tritt also nicht ein, weil die Gesellschafter eine echte Rechtspflicht schuldhaft verletzen, sondern weil sie ein Verhalten an den Tag legen, das bei der Verwaltung der eigenen Angelegenheiten diejenige Sorgfalt außer acht läßt, die jedem ordentlichen und verständigen Menschen obliegt, um sich vor Schaden zu bewahren.[208] Der deutsche Gesetzgeber

---

[202] Vgl. S.110.
[203] Vgl. S.117.
[204] Vgl. S.127, Fn.155 – 157.
[205] *Escher-Weingart*, NZG 1999, 909, 912.
[206] S.o., S.117.
[207] S.o., S.109f.
[208] *Wieling*, AcP 176 (1976), 335, 348.

dachte hier, wie es die schweizerische Entlastungslehre und -rechtsprechung getan hat, an die Sorgfalt eines ordentlichen Hausvaters.[209] In Anbetracht des Umstandes, daß die Entlastung lediglich das Innenverhältnis zwischen Geschäftsführung und Gesellschaft betrifft, hat grundsätzlich nur dieser Sorgfaltsmaßstab und nicht der eines ordentlichen Kaufmanns in Bezug auf die Erkennbarkeit eines Anspruchs zu gelten. Erkennbarkeit meint demnach Erkennbarkeit für jedermann, d.h. auch für einen Laien ohne besondere kaufmännische Kenntnisse.

Das bedeutet, der Gesellschafter braucht bei der Prüfung der Unterlagen und Berichte weder über betriebswirtschaftliche noch über juristische Kenntnisse zu verfügen. Es können auch nicht Kenntnisse der Rechnungslegung und -prüfung verlangt werden. Dementsprechend deutlich hat sich der Hinweis des Geschäftsführers auf mögliche Ansprüche grundsätzlich zu gestalten. Einem Fachmann mag auffallen, daß im Lagebericht von risikoreichen und spekulativen Geschäften die Rede ist, während sich infolge fehlender Rückstellungen in der Bilanz herausstellt, daß keine ausreichende Risikovorsorge getroffen wurde. Der Laie hingegen, der den Begriff der Rückstellung möglicherweise nicht einmal kennt, wird sich unter Umständen schon zufrieden zeigen, wenn der erwartete Gewinn an ihn ausgeschüttet wird und von weiteren Fragen an die Geschäftsführung absehen. Dies hat der Geschäftsführer im eigenen Interesse an der für ihn positiven Entlastungsfolge des Anspruchserlöschens zu berücksichtigen. Der jeweilige Vorgang ist mit einer für einen Laien verständlichen Deutlichkeit aus dem Gesamtkomplex hervorzustellen.[210] Da von „schlechten Zahlen" im Jahresabschluß nicht auf die Mißachtung von Geschäftsführerpflichten zu schließen ist, müssen die hinter den Zahlenangaben stehenden Handlungen sowie deren Konsequenzen mitgeteilt werden.

Ebensowenig kann allein die Tatsache, daß hohe Geschäftsführungsgehälter gezahlt werden, dazu führen, daß die Entlastung den Ausschluß von Rückforderungsansprüchen begründet. Der Bundesgerichtshof führte hierzu einmal aus, es hätte nur einer einfachen Rechenoperation bedurft, um festzustellen, daß sich der Entlastete mehr Gehalt hatte auszahlen lassen, als ihm vertraglich zustand.[211] Die Rückforderung war danach nicht begründet. Selbst dann, wenn entgegen dem Wortlaut des § 285a HGB nicht nur Gesamtbezüge, sondern Gehälter einzelner Geschäftsführer mitgeteilt würden, bedeutet das noch nicht, daß es sich um die geschuldeten Gehälter handelt. Dies kann sich erst aus einem Vergleich des vertraglich vereinbarten mit dem tatsächlich ausgezahlten Gehalt ergeben. Die entsprechenden Unterlagen stehen den Gesellschaftern jedoch regelmäßig nicht zur Verfügung.[212] Ob den Gesellschaftern bei der Entlastung die zur Gehaltsberechnung erforderlichen Informationen vorlagen, wurde in der vorgenannten Entscheidung des Bundesgerichtshofes jedoch nicht erwähnt.

d) Umfang der Erkennbarkeit

Zur Frage, ob die Erkennbarkeit der Pflichtwidrigkeit genügt oder ob der Anspruch als solcher erkennbar sein muß, verlangt das schweizerische Recht, daß nicht nur die Tatsache, sondern auch ihre Bedeutung für eine mögliche Verantwortlichkeitsklage herauszustellen ist.[213] Andeutungsweise findet sich diese Forderung zum Teil auch in der deutschen Recht-

---

[209] *Schubert*, Anlagen, § 427 Abs. II des 1. Entwurfs zum Bürgerlichen Gesetzbuch für das deutsche Reich.
[210] Mit ähnlicher Tendenz auch BGH, WM 1988, 531, 535.
[211] BGH, BB 1986, 1252, 1254.
[212] Dies erkennt auch BGH, WM 1988, 531, 535. In diesen Fällen überläßt es der zu Entlastende in der Tat „der Findigkeit einzelner", so die Formulierung von *Barner*, Entlastung, S.75, das Auseinanderfallen von geschuldetem und ausgezahltem Gehalt zu ermitteln.
[213] S.o., S.115.

sprechung. Der Bundesgerichtshof verlangte in einer Entscheidung zum Vereinsrecht, daß die Vereinsorgane durch hinreichende Offenheit gegenüber der Mitgliederversammlung die Tragweite der Entlastung zu bestimmen hätten, was nicht der Fall sei, wenn die Mitgliederversammlung nicht darüber unterrichtet werde, daß die Mitglieder von Vorstand und Verwaltungsrat Vergütungen in Anspruch nehmen, deren satzungsmäßige Zulässigkeit nicht gegeben oder doch mindestens nicht gesichert ist.[214]

Einige Autoren des deutschen und des schweizerischen Rechts vertreten demgegenüber wie erwähnt die Ansicht, es genüge bereits die Erkennbarkeit der Pflichtwidrigkeit, der zu erwartende Schaden hingegen könne dem Entlastenden auch unbekannt sein.[215] Ob diese Lösung zu rechtfertigen ist, hängt von der Schutzwürdigkeit des entlastenden Gesellschafters bzw. des entlasteten Geschäftsführers ab. Es wurde bereits festgestellt, daß der über die Entlastung entscheidende Gesellschafter zum einen von der Geschäftsführung ausgeschlossen, zum anderen nicht zu ihrer Überwachung verpflichtet ist. Er ist mithin viel weniger als der Geschäftsführer in der Lage, die Folgen pflichtwidrigen Tuns zu erkennen und juristische Schlußfolgerungen hieraus zu ziehen. Weniger Schutzwürdig ist aber derjenige, der sich näher am Risiko befindet und hieraus resultierende Schäden daher besser beurteilen kann.[216] Dies sind aufgrund der geschilderten Umstände aber nicht die Gesellschafter, sondern die Mitglieder der Geschäftsführung. Den erforderlichen Subsumtionsschritt zwischen Pflichtwidrigkeit und Schaden dürfen sie demnach nicht den Gesellschaftern überlassen. Schutzwürdig ist der Geschäftsführer also nur dann, wenn er trotz Erkennbarkeit von Pflichtwidrigkeit und Schaden entlastet wird.

e) Der zeitliche Rahmen der Prüfungsobliegenheit

Der Umstand, daß der Geschäftsführer die Gesellschafter vor dem ihn betreffenden Entlastungsbeschluß zu informieren hat, läßt sich auch für den zeitlichen Rahmen der Prüfungsobliegenheit fruchtbar machen. Sie besteht – zumal es an einer Prüfungspflicht fehlt – nicht aus sich selbst heraus, sondern beginnt erst, wenn die Geschäftsführung hierzu Anlaß gibt. Eine Präklusion von Ansprüchen, die sich nur aus anderen als den vom Entlasteten unterbreiteten Unterlagen ergeben, findet wie festgestellt, grundsätzlich nicht statt.[217] Das bedeutet, der zu Entlastende hat den Gesellschaftern zu verdeutlichen, daß er eine Prüfung der vorgelegten Unterlagen im Hinblick auf den Entlastungsbeschluß sowie eine entsprechende Erklärung erwartet. Die Prüfungsobliegenheit entsteht daher erst mit Vorlage der Rechnungslegung sowie gegebenenfalls weiterer Unterlagen in Verbindung mit dem Ersuchen um Entlastung. Diese Handhabung gewährleistet, daß tatsächlich alle Gesellschafter die Möglichkeit nutzen können, von den Vorlagen und Berichten Kenntnis zu nehmen. Dies bedeutet nicht zwangsläufig, hiervon geht Barner fälschlicherweise aus,[218] daß eine Prüfung nur im Rahmen der Gesellschafterversammlung stattfinden kann. Sie darf vielmehr ab dem Zeitpunkt erwartet werden, ab dem den Gesellschaftern der Zusammenhang zwischen Unterlagen und Entlastung verdeutlicht wurde, zum Beispiel durch Bekanntgabe der Tagesordnung mit dem

---

[214] BGH, WM 1988, 531, 535.
[215] S.o., S.115, 127f.
[216] Soergel-*Teichmann*, BGB, § 242 Rn.320.
[217] S.o., S.120ff. Nur wenn alle Gesellschafter Kenntnis vom Anspruch haben, erübrigt sich die Information durch den zu Entlastenden.
[218] *Barner*, Entlastung, S.75.

TOP Entlastung nebst Vorlage der dazugehörenden Unterlagen und Berichte oder durch Gelegenheit zur Einsichtnahme. Die Prüfungsobliegenheit kann also durchaus schon vor Abhaltung der Gesellschafterversammlung beginnen. Die bloße Ankündigung der Entlastung genügt allerdings noch nicht für die Begründung einer Prüfungsobliegenheit; ohne Information kann eine Prüfung von niemandem erwartet werden. Endpunkt der Obliegenheit ist der Zeitpunkt der Beschlußfassung. Tatsachen, die erst danach erkennbar werden, vermögen eine Anspruchspräklusion nicht mehr zu rechtfertigen.

4. Zur Erforderlichkeit der Vertrauensdisposition nach erteilter Entlastung

Einigen genügt die Schutzwürdigkeit des Vertrauenden nicht. Vielmehr muß er im Vertrauen auf die Beständigkeit der geschaffenen Situation eine bestimmte Disposition getroffen haben. Die Begründung des kraft Vertrauen eintretenden Rechtsverlusts bedürfe einer besonderen Rechtfertigung, weil es sich hier im Gegensatz zur rechtsgeschäftlichen Rechtsaufgabe, die als ein Akt der Selbstbestimmung geschieht, um einen Eingriff in die Rechtsposition des Verantwortlichen handelt.[219] Dispositionen im Vertrauen auf die Beständigkeit der Rechtslage können unterschiedliche Charaktere aufweisen und müssen nicht notwendig im Vermögensbereich liegen.[220] Der Wortlaut Disposition weist zwar eher auf die Notwendigkeit positiven Tuns hin, die Rechtsprechung läßt es jedoch genügen, wenn der Schuldner im Vertrauen auf die Beständigkeit der Lage nichts unternimmt und sich darauf einrichtet, nicht mehr leisten zu müssen.[221]

Das Verhalten des Entlasteten kann beiden Erfordernissen genügen. Zum einen braucht der Entlastete nach der Billigung seiner Amtsführung nicht mehr damit zu rechnen, von der Gesellschaft in Anspruch genommen zu werden. Er kann die Angelegenheit, d.h. die von der Entlastung umfaßte Geschäftsperiode als abgeschlossen betrachten, so daß sich sein Verhalten insoweit als Unterlassen darstellt.[222] Zum anderen kann seine Disposition auch in der Fortführung bisheriger Leistungen an die Gesellschaft, d.h. in der Fortsetzung der Organtätigkeit liegen. Die Entlastung ist, wie festgestellt, die positive Bewertung der bisherigen Amtsführung. Verhält sich der Entlastete dementsprechend, bildet der geschaffene Vertrauenstatbestand eine Grundlage seiner Entscheidung, in der gleichen Weise weiterzuverfahren wie bisher und die bisherige positive Zusammenarbeit fortzusetzen.[223] Bestätigt wird dieses Ergebnis, wenn man sich die Situation einer Entlastungsverweigerung vergegenwärtigt, in der die Zusammenarbeit mit dem Betroffenen oftmals wegen des durch die negative Äußerung irreparabel gestörten Vertrauensverhältnisses beendet wird.[224] Von einer im Vertrauen auf die Beständigkeit der Rechtslage getroffenen Disposition kann hier keine Rede sein.

---

[219] *Singer*, Verbot widersprüchlichen Verhaltens, S.45. Aus diesem Grunde bedarf es auch keiner Vertrauensdisposition, wenn man wie *Wieling*, AcP 176 (1976), 342f das venire contra factum proprium als einseitige rechtsgeschäftliche Rechtsaufgabe ansieht.

[220] Soergel-*Teichmann*, BGB, § 242 Rn.321; *ders.*, JA 1985, 497, 501.

[221] BGHZ 67, 68; NJW 1978, 1377; 1981, 2243; 1982, 1999; 1985, 2590; 1986, 2107; ebs. Soergel-*Teichmann*, BGB, § 242 Rn.321.

[222] Vgl. auch *Knoche*, Verzichtswirkung der Entlastung, S.87.

[223] Anders natürlich in den Fällen, in denen der Geschäftsführer mit der Entlastung aus seinem Amt ausscheidet. Hier liegt, wenn nicht ohnehin ein auch unbekannte Forderungen zum Erlöschen bringender Generalbereinigungsvertrag geschlossen wird, die Disposition wiederum im Unterlassen, d.h. im Vertrauen darauf, nicht mehr in Anspruch genommen zu werden.

[224] Dazu *Barner*, Entlastung, S.125.

Die die Prüfung des venire contra factum proprium abschließende Frage, ob der Rechtsverlust sachlich angemessen ist,[225] d.h. der in Betracht kommende Schutz unbeteiligter Dritter, der Ausschluß der Präklusionswirkung aufgrund entgegenstehender zwingender gesetzlicher Vorschriften, wird im Zusammenhang mit der folgenden sachlichen Reichweite der Entlastungsfolgen behandelt.

5. Modifizierung des Erkennbarkeitsmaßstabes

a) Verschärfung der Anforderungen

Da es sich bei den zu einem venire contra factum proprium führenden Faktoren um ein bewegliches System handelt, darf es sich bei den geschilderten Erkennbarkeitsanforderungen auch nur um grundsätzliche Maßstäbe handeln, die Bewegungen sowohl nach unten als auch nach oben zulassen. Daher muß es in Ausnahmefällen zulässig sein, vom geschilderten „Jedermann - Erkennbarkeitsmaßstab" nach oben abzuweichen. Auch im schweizerischen Recht, wo man sich grundsätzlich am ordentlichen Hausvater bei Kontrolle seiner Kapitalanlagen orientiert, wurde darauf hingewiesen, daß ein Abweichen gerechtfertigt sein kann, wenn es sich bei sämtlichen Gesellschaftern um Kaufleute handelt.[226] Zuzustimmen ist dem insoweit, als daß das in bestimmten Verkehrskreisen regelmäßig vorhandene Sonderwissen zu berücksichtigen ist.[227] Zu ermitteln ist danach nicht der Kenntnisstand eines jeden einzelnen Gesellschafters,[228] sondern die üblicherweise vorhandenen Kenntnisse. Dementsprechend hat man z.B. von Gesellschaftern einer Wirtschaftsprüfungsgesellschaft einen höheren Maßstab in Bezug auf die Erkennbarkeit von Ersatzansprüchen zu fordern als in dem vom Bundesgerichtshof entschiedenen Fall, wo es um die Entlastung des Vorstandes und des Verwaltungsrates eines Apothekervereins ging.[229] Der Wirtschaftsprüfer ist aufgrund seiner Ausbildung eher in der Lage, Schlußfolgerungen aus der Rechnungslegung zu ziehen als der Apotheker.

Bei unbekannten Ansprüchen kommt wie erwähnt eine Anspruchspräklusion grundsätzlich nicht in Betracht. Die einzige Ausnahme hiervon gilt nur, wenn bestimmte Fragen im Zusammenhang mit der Entlastung bewußt offengelassen wurden und gleichwohl ein positiver Beschluß ergangen ist.[230] Die Gesellschafter müssen sich in solchen Konstellationen darüber im Klaren sein, daß sie Entlastung erteilen, obwohl ein zum Schadenersatz verpflichtendes Verhalten des Geschäftsführers vorliegen kann.[231] Die Schutzwürdigkeit des Entlasteten ergibt sich hier nicht aus dem Umstand, daß er den Entlastenden in die Lage versetzt, vom Anspruch Kenntnis zu nehmen, sondern weil der Entlastende das Fehlen der für die Entlastung notwendigen Informationen erkannt und die eigene Unkenntnis bewußt in Kauf genommen hat. Der Mangel der sich aus objektiven Umständen ergebenden Schutzwürdigkeit. die fehlende Information, wird durch einen subjektiven Umstand, die bewußte Inkaufnahme des Informationsmangels, wieder ausgeglichen.

---

[225] S.o., S.110.
[226] S.o., S.117, Fn.75, 76.
[227] Vgl. auch RGZ 152, 273, 280; BGH, WM 1988, 531, 535.
[228] Dies hätte die bereits geschilderten Beweisschwierigkeiten zur Folge, vgl. S.134.
[229] BGH, WM 1988, 531.
[230] Scholz / *Schmidt*, GmbHG, § 46 Anm.94.
[231] LG Essen, GmbHR 1983, 221, 223; zust. *Knoche*, Verzichtswirkung der Entlastung, S.86.

b) Ausschluß der Entlastungsfolgen trotz erkennbarer oder bekannter Ansprüche

Verbirgt der zu Entlastende die anspruchsbegründenden Fakten, sei es fahrlässig oder vorsätzlich, führt dies dazu, daß eine zurechenbare Vertrauenshandlung nicht vorliegt. Zu Tatsachen, die den vorgelegten Unterlagen nicht zu entnehmen sind, kann der Entlastende mangels Überwachungspflicht nicht Stellung beziehen.[232]

Ein Teil der Literatur will darüber hinaus eine Präklusion zu Gunsten des Geschäftsführers auch dann nicht eintreten lassen, wenn Ansprüche zwar erkannt wurden oder erkennbar waren, der Entlastete aber von vornherein versucht hat, ihre Aufdeckung zu verhindern.[233] Geht man von der Erwägung aus, daß derjenige, der seine Rechtsstellung durch unredliches Verhalten erwirbt, sich hierauf nicht berufen kann, so scheint diese Ansicht zunächst zutreffend zu sein.[234] Gleichwohl darf auch hier eine Interessenabwägung nicht ausbleiben. Haben die Gesellschafter nicht nur den Anspruch, sondern auch das unredliche Verhalten erkannt, muß die Anspruchspräklusion eintreten. Entlastung wird hier bewußt trotz des erkannten unredlichen Verhaltens erteilt. Das Verhalten des Entlasteten hatte auf den Ausgang der Beschlußfassung keinen Einfluß, konnte ihm also weder Vor- noch Nachteile einbringen. In dieser Konstellation greift der Einwand der unredlich erworbenen Rechtsstellung jedoch nicht durch.[235] Ist der Versuch, den Anspruch zu verschleiern, hingegen unentdeckt geblieben, war er aber erkennbar, kann eine Präklusion aufgrund des unredlichen Verhaltens des Entlasteten nicht eintreten.[236]

D. Die Reichweite der Entlastungsfolgen

I. Die Relativität der Entlastung

Das soeben erörterte Anspruchserlöschen kann nicht im Verhältnis zu gesellschaftsfremden Dritten eintreten, die am Entlastungsbeschluß nicht teilhatten; die Entlastung betrifft ausschließlich das Innenverhältnis Gesellschaft – Geschäftsführer.[237] Die über die Entlastung beschließende Versammlung tritt ausschließlich als Organ der Gesellschaft auf und kann daher auch nur über Ansprüche der Gesellschaft entscheiden.[238] Dies gilt im übrigen unabhängig davon, ob man Rechtswirkungen der Entlastung nun auf rechtsgeschäftlicher Basis oder als Folge eines venire contra factum proprium bejaht. Verträge oder einseitige Erklärungen wirken genausowenig zu Lasten von Ansprüchen unbeteiligter Dritter wie ein venire contra fac-

---

[232] Vgl. auch S.114.

[233] *Knoche*, Verzichtswirkung der Entlastung, S.78; *Schmidt*, ZGR 1978, 425, 435.

[234] Argument der exceptio doli; vgl. auch RGZ 152, 273, 282.

[235] BGHZ 94, 138, Palandt-*Heinrichs*, BGB, § 242 Rn.43f.

[236] Baumbach / Hueck, *Zöllner*, GmbHG, § 46 Rn.26; Rowedder / *Koppensteiner*, GmbHG, § 46 Rn.22; *Schmidt*, ZGR 1978, 425, 435.

[237] *Barbey*, Décharge, S.138; *Bürgi*, in Zürcher Komm., OR, Art.698 Rn.74; *Bürgi / Nordmann-Zimmermann*, in Zürcher Komm., OR, Art.757 Rn.2; *Fehr*, Zivilrechtliche Verantwortlichkeit, S. 147, 157; *Forstmoser*, Verantwortlichkeit, Rn.473; *Gross*, Haftpflichtrechtliche Situation des Verwaltungsrates, S.246; *Knoche*, Verzichtswirkung der Entlastung, S.106; *Meier-Wehrli*, Verantwortlichkeit der Verwaltung, S.114; *Siegert*, Entlastung in der Aktiengesellschaft, S.108. Hierüber bestand auch im französischen Recht vor den Reformgesetzen von 1937 und von 1966 Einigkeit, Cass.civ., D.P. 1921 I 137; *Copper Royer*, Bd. IV, Rn.625 S. 225f; *Gibirila*, Dirigeant de société, S.464.

[238] *Meier-Wehrli*, Verantwortlichkeit der Verwaltung, S.114.

tum proprium, das sich lediglich gegen die Vertrauen erweckende Person richtet.[239] Im schweizerischen Recht heißt es in Art.758 Abs. I OR deswegen nunmehr: *„Die Entlastung wirkt nur für die Gesellschaft."* Ansprüche, die gesellschaftsfremden Gläubigern infolge mangelhafter Geschäftsführung gegen die Gesellschaft oder ausnahmsweise direkt gegen den verantwortlichen Geschäftsführer zustehen, bleiben von den Entlastungsfolgen unberührt.

II. Zur Auswirkung der Differenzierung Gesellschafts- Gesellschafterschaden

1. Schweiz

Eine weitere Schranke tritt zunächst im derzeitigen schweizerischen Recht am deutlichsten hervor. Hier entspricht es allgemeiner Ansicht, daß sich die Entlastung nur auf mittelbare nicht aber auf unmittelbare Schäden der Aktionäre bzw. der Gesellschafter bezieht.[240] Mittelbare Schäden sind solche, die nur einen Vermögensnachteil bei der Gesellschaft hervorrufen.[241] Der einzelne Gesellschafter erleidet nur insoweit einen Schaden, als daß der Wert seiner Beteiligung an der Gesellschaft sinkt.[242] In der Regel schädigt die fehlerhafte Geschäftsführung oder mangelnde Beaufsichtigung der geschäftsführenden Direktoren zunächst nur die Gesellschaft.[243] Ein unmittelbarer Schaden des Anteilseigners kommt nur in Betracht, wenn ein individuelles Recht, zum Beispiel das Recht auf Gleichbehandlung, verletzt, die dem Gesellschafter zustehende Dividende nicht ausbezahlt oder er durch unrichtige Auskünfte der Verwaltung zur Kreditgewährung an die Gesellschaft oder zum Kauf von Aktien veranlaßt wurde.[244] Diese Differenzierung wurde durch die Reformen des Obligationenrechts nicht berührt.[245] Geändert hat sich lediglich die Terminologie des Gesetzes. Gemäß Art.758 OR wirkt die Entlastung nur gegenüber der Gesellschaft, so daß unmittelbare Schäden der Anteilseigner von ihr nicht erfaßt werden.[246]

2. Frankreich

Die geschilderte Differenzierung gilt auch im französischen Recht. Zwar unterscheidet man hier nicht in Bezug auf die Schadens-, sondern in Bezug auf die Klagearten (action individuelle und action sociale), jedoch beinhaltet die action sociale nichts anderes als die Geltendmachung des der Gesellschaft entstandenen Schadens, die action individuelle nichts anderes als die Geltendmachung des dem Gesellschafter entstandenen Schadens.[247] Aufgrund der

---

[239] *Canaris*, Vertrauenshaftung, S.518ff; Soergel-*Teichmann*, BGB, § 242 Rn.277.

[240] *Bättig*, Verantwortlichkeit der Kontrollstelle, S.30; *Forstmoser*, Verantwortlichkeit, Rn.196, 462; *Fehr*, Zivilrechtliche Verantwortlichkeit, S.147, 156; *Meier-Wehrli*, Verantwortlichkeit der Verwaltung, S.114; *Picenoni*, Entlastungsbeschluß, S.165f; *Schluep*, Wohlerworbene Rechte, S.93f.

[241] *Forstmoser*, Verantwortlichkeit, Rn.186ff.

[242] *Forstmoser / Meier-Hayoz / Nobel*, AktienR., § 36 Rn.15; *Picenoni*, Entlastungsbeschluß, S.166.

[243] *Forstmoser*, Verantwortlichkeit, Rn.191.

[244] *Bättig*, Verantwortlichkeit der Kontrollstelle, S.17; *Forstmoser*, Verantwortlichkeit, Rn.195ff; *Meier-Wehrli*, Verantwortlichkeit der Verwaltung, S.52f.

[245] *Forstmoser / Meier-Hayoz / Nobel*, AktienR., § 36 Rn.12ff.

[246] *Forstmoser / Meier-Hayoz / Nobel*, AktienR., § 36 Rn.16, 136; *Kunz*, Rechtsnatur und Einredenordnung, S.156; *Widmer*, in Basler Komm., OR, Art.758 Rn.5.

[247] S.o., S.12.

Verzichtsverbotsregelungen des Code de Commerce aber kann zumindest die Unzulässigkeit der action sociale durch die Entlastung wie erwähnt nicht mehr herbeigeführt werden.[248]

3. Deutschland

Die Unterscheidung Gesellschafter- Gesellschaftsschaden ist natürlich auch dem deutschen Recht bekannt.[249] Den Gesellschaftern stehen individuelle Rechte gegenüber Geschäftsführern zu, deren Verletzung zu einem im Vermögen der einzelnen Gesellschafter und nicht in dem der Gesellschaft entstehenden Schaden sowie dem entsprechenden Anspruch führen kann.[250] Ein solcher Schaden kann durch die Verletzung der Mitgliedschaft entstehen, soweit sie als sonstiges Recht i.S.d. § 823 Abs. I BGB angesehen wird[251] oder infolge der Verletzung eines zu Gunsten des Gesellschafters bestehenden Schutzgesetzes i.S.d. § 823 Abs. II BGB.[252] Generell aber führen Pflichtverletzungen der Geschäftsführer gegenüber der Gesellschaft keine Beeinträchtigung mitgliedschaftlicher Rechte herbei.[253] Dies schon deswegen nicht, weil § 43 GmbHG kein Schutzgesetz zu Gunsten der Gesellschafter darstellt.[254]

Schon insoweit vermag die Entlastung die den einzelnen Gesellschaftern zustehenden Ansprüche nicht zu beeinträchtigen.[255] Grundsätzlich aber hat man zu fragen, für wen die Gesellschafter anläßlich der Entlastung handeln. Entlastet wird durch Beschluß der Gesellschafterversammlung. Allgemein handelt es sich beim Beschluß um ein Mittel gemeinsamer Willensbildung durch das jeweilige Kollektivorgan – hier die Gesellschafterversammlung – in Angelegenheiten des Verbandes. Träger des Beschlusses ist demnach das Organ, Zurechnungsobjekt der Verband selbst und nicht der einzelne Gesellschafter.[256] Daraus folgt, die Gesellschafter stimmen mit der Entlastung über Angelegenheiten der Gesellschaft ab, nicht aber über die ihnen als natürliche Personen gegenüber den Geschäftsführern zustehenden Forderungen. Demnach gilt auch im deutschen Recht, daß eine Präklusion der den einzelnen Gesellschaftern zustehenden Ansprüche infolge Entlastungserteilung nicht stattfindet.[257]

III. Entlastungsschranken

1. Gesetzliche und funktionsbedingte Schranken

Im Hinblick auf Gesellschaftsschäden fragt es sich, ob die Entlastung nur für solche Schäden wirkt, die auf einer bestimmten Anspruchsgrundlage beruhen oder ob eine umfas-

---

[248] Vgl. vorherige Fundstelle. Auf Ansprüche, die mit der action individuelle geltend zu machen sind, bezieht sich der quitus nicht, s.o., S.12.

[249] Vgl. nur *Schmidt*, GftsR., § 19 III 2a, b.

[250] *Lutter / Hommelhoff*, GmbHG, § 43 Rn.24; Scholz / *Schneider*, GmbHG, § 43 Anm.212ff.

[251] *Hefermehl*, in Geßler / Hefermehl, AktG, § 93 Anm.94; Hachenburg / *Mertens*, GmbHG, § 43 Rn.105; a.A. *Lutter / Hommelhoff*, GmbHG, § 43 Rn.32.

[252] *Grunewald*, Gesellschafterklage, S.100ff.

[253] Scholz / *Schneider*, GmbHG, § 43 Anm.216.

[254] h.M. vgl. nur Hachenburg / *Mertens*, GmbHG, § 43 Rn.104; *Lutter / Hommelhoff*, GmbHG, § 43 Rn.32.

[255] Eine Anspruchsbeeinträchtigung im Aktienrecht ist schon wegen der Anordnung in § 120 Abs. II S.2 AktG nicht denkbar.

[256] *Baltzer*, Beschluß, S.17ff, 49ff, 143ff; *Schmidt*, GftsR., § 15 I 1b.

[257] Ungenau insoweit OLG Nürnberg, GmbHR 1993, 594, wo von Ansprüchen der Gesellschafter die Rede ist.

sende Wirkung anzunehmen ist. Tatsächlich hat eine schuldhafte Verletzung der Pflichten des Geschäftsführers häufig nicht nur einen Verstoß gegen spezifisch gesellschaftsrechtliche Vorschriften zur Folge. Läßt sich der Geschäftsführer beispielsweise ein überhöhtes Gehalt auszahlen, kommen nach deutschem Recht Ansprüche aus § 43 GmbHG, aus positiver Forderungsverletzung eines bestehenden Dienstvertrages[258] sowie eine deliktische Haftung in Frage. Daneben besteht ein Anspruch der Gesellschaft aus ungerechtfertigter Bereicherung auf Rückzahlung des nicht geschuldeten Gehalts.[259]

a) Rechtsformabhängigkeit der Entlastungsfolgen im deutschen Recht

(1) Umfassende Anspruchspräklusion im GmbH-Recht

Die herrschende Meinung im deutschen GmbH-Recht vertritt einen umfassenden Standpunkt. Die Präklusion erfaßt sämtliche erkennbaren Ansprüche, also nicht nur Schadenersatzansprüche auf vertraglicher oder gesetzlicher Grundlage, sondern auch solche aus ungerechtfertigter Bereichung sowie Hilfsrechte wie Auskunftsansprüche, Ansprüche auf Einsichtnahme und Rechnungslegung usw.[260] Nur scheinbare Einschränkungen nimmt die Rechtsprechung zum Teil bei vorsätzlichen Pflichtwidrigkeiten des Entlasteten vor. Das OLG Celle vertrat für einen Verwalter von Wohnungseigentum die Auffassung, daß betrügerische Handlungen von vornherein nicht von den Entlastungswirkungen erfaßt würden.[261] Nach Ansicht des Gerichts sollen der Entlastung bei vorsätzlichem oder strafbarem Handeln keine Rechtswirkungen zukommen. Der Betroffene hatte den Wohnungseigentümern verfälschte Gehaltsabrechnungen vorgelegt und dadurch bewirkt, daß ihm ein nicht zustehendes Gehalt ausgezahlt wurde. Das Gericht unterließ dabei jedoch die Prüfung, ob die Handlungen den Wohnungseigentümern überhaupt erkennbar waren.[262] Wäre dies nicht der Fall gewesen, hätte sich die Auseinandersetzung mit der Frage, ob die Entlastung auch bei strafbarem Verhalten wirke, erübrigt.

(2) Auswirkungen bei Delegation der Entlastungszuständigkeit in der GmbH

Da die Entlastungskompetenz in der GmbH im Gegensatz zur Aktiengesellschaft sowie zum schweizerischen und zum französischen Recht keinen zwingenden Regeln unterliegt, ist es möglich die Beschlußzuständigkeit auf andere Organe, z.B. auf einen Aufsichtsrat zu übertragen.

Teilweise wird deswegen eine angebliche Strukturgleichheit zwischen GmbH und Aktiengesellschaft und als Konsequenz hieraus ein Gleichlauf der Entlastungsfolgen befür-

---

[258] Ob neben § 43 GmbHG dienstvertragliche Regelungen zum Tragen kommen, ist allerdings nicht unumstritten, vgl. *Schmidt*, GftsR, § 36 II 4a m.w.N.

[259] BGH, BB 1986, 1252f.

[260] RG, JW 1926, 2904; BGH, BB 1986, 1252, 1253; Baumbach / Hueck, *Zöllner*, GmbHG, § 46 Rn.26; Hachenburg / *Hüffer*, GmbHG, § 46 Rn.62; *Knoche*, Verzichtswirkung der Entlastung, S.95f; *Schmidt*, GftsR., § 36 II 4d; Scholz / *Schmidt*, GmbHG, § 46 Anm.94; *Schuricht*, Klage des GmbH-Geschäftsführers auf Entlastung, S.29; enger *Nägele / Nestel*, BB 2000, 1253, 1255.

[261] OLG Celle, OLGZ 1991, 309.

[262] Zu Recht daher die Kritik von Knoche, Verzichtswirkung der Entlastung, S.96 Fn.450.

wortet.[263] Barner meint, wenn in einer größeren, kapitalistisch orientierten GmbH die Rechte der Gesellschafter infolge der Schaffung von Aufsichts- oder Beiräten auf ihr gesetzliches Minimum reduziert werden und ihr Einfluß nur noch auf die jährlich tagende Gesellschafterversammlung beschränkt ist, müsse die Anspruchspräklusion aufgrund dieser, der Aktiengesellschaft gleichen Struktur, ausgeschlossen sein.[264] Die Antwort auf die sich konsequenterweise stellende Frage, wo die Grenze zwischen einer großen, kapitalistischen und einer kleinen GmbH verlaufen soll, in der es bei der Anspruchspräklusion bleiben kann, bleibt Barner jedoch schuldig.

Es fragt sich, ob es auch in der GmbH Konstellationen gibt, in denen von einer „AG-gleichen" Struktur mit der Folge gesprochen werden kann, daß die Entlastung wie in § 120 Abs. II S.2 AktG keinen Verzicht auf Ersatzansprüche bewirkt. Im Grundsatz ist die Entlastungssituation aufgrund der unterschiedlichen Gesellschaftsstruktur von GmbH und Aktiengesellschaft in beiden Gesellschaftsformen von ihren Rechtsfolgen her auch differenziert zu beurteilen.[265] Der Gesetzgeber hat es zwar unterlassen, die Rechtsfolgen der Entlastung für die GmbH zu regeln, jedoch ist er entgegen der von Barner vertretenen Auffassung davon ausgegangen, daß es bei den bisher von Rechtsprechung und Literatur befürworteten Folgen bleiben solle.[266] Ob die Schaffung eines Aufsichtsrates hieran etwas zu ändern vermag, ist fraglich. Unabhängig davon, ob ihm die Entlastungskompetenz übertragen wird, besteht die wichtigste Pflicht der Aufsichtsratsmitglieder in der Prüfung, ob die Geschäftsführung in Bezug auf Angelegenheiten der Gesellschaft recht- und zweckmäßig handelt.[267]

Zu betrachten ist zunächst der Fall, in dem die Aufgabe des Aufsichtsrates auf reine Überwachungstätigkeiten beschränkt ist und die Entlastungskompetenz bei der Gesellschafterversammlung verbleibt. Kommt der Aufsichtsrat seiner Überwachungsaufgabe nach, hat er die Gesellschafter unverzüglich über Pflichtwidrigkeiten der Geschäftsführung zu informieren.[268] Ein Entschließungsermessen besteht hier nicht.[269] Die Mitglieder des Aufsichtsrates sind der Gesellschaft folglich zum Ersatz des entstehenden Schadens verpflichtet, wenn sie die entsprechenden Informationen unterlassen.[270] Die Gesellschafter erhalten also neben der Rechnungslegung, die ihnen die Geschäftsführung zu unterbreiten hat, eine weitere Informationsquelle. Die Informationen über mögliche Pflichtwidrigkeiten der Geschäftsführung erfahren dadurch in qualitativer Hinsicht eine deutliche Steigerung. Schon deswegen ist die Anspruchspräklusion durch Entlastungserteilung beizubehalten, so daß eine analoge Anwendung des § 120 Abs. II S.2 AktG ausscheidet. Im übrigen bleibt es den Gesellschaftern über die Ausübung von Informationsrechten nach § 51a GmbHG unbenommen, entlastungsrelevante Informationen in Erfahrung zu bringen. Daran ändert sich auch nichts, wenn man der von Barner vertretenen, jedoch nicht unumstrittenen Ansicht folgt, nach der sich Informati-

---

263 *Barner*, Entlastung, S.91f; generell ablehnend, *Schuricht*, Klage des GmbH-Geschäftsführers auf Entlastung, S.36ff.

264 *Barner*, Entlastung, S.91f.

265 S.o., S.128ff.

266 S.o., S.9.

267 Baumbach / Hueck, *Zöllner*, GmbHG, § 52 Rn.59, 145f; *Lutter / Hommelhoff*, GmbHG, § 52 Rn.11ff, 30; *Raiser*, Kap.gften. § 15 Rn.1ff, § 34 Rn.2; Rowedder / *Koppensteiner*, GmbHG, § 52 Rn.11; *Sudhoff*, Gesellschaftsvertrag, S.279, 286f. Eine Satzungsbestimmung die keine Überwachungstätigkeit vorsehen würde, wäre folglich nichtig, vgl. Baumbach / Hueck, *Zöllner*, GmbHG, § 52 Rn.59.

268 Baumbach / Hueck, *Zöllner*, GmbHG, § 52 Rn. 59a; Rowedder / *Koppensteiner*, GmbHG, § 52 Rn.11; zur AG vgl. BGH, NJW 1997, 1926; *Hüffer*, AktG, § 111 Rn.7.

269 Baumbach / Hueck, *Zöllner*, GmbHG, § 52 Rn. 42 a.E., 59a.

270 Rowedder / *Koppensteiner*, GmbHG, § 52 Rn.16; zur AG BGHZ 135, 244, 252.

onsrechte durch die Zuständigkeitsverlagerung beschränken würden.[271] Diese Konstellation liegt aber nicht vor, wenn die Entlastungszuständigkeit wie hier bei der Gesellschafterversammlung verbleibt. Schließlich erfährt die sachliche Reichweite der Entlastung durch die Schaffung eines Aufsichtsrates auch keine Erweiterung, da der Gesellschafterversammlung wie bereits festgestellt Kenntnisse des Aufsichtsrates über Ansprüche gegen Geschäftsführer, von denen jedoch nicht berichtet wird, nicht zuzurechnen sind.[272]

Für den Fall, daß dem Aufsichtsrat die Entlastungszuständigkeit übertragen wird, vertritt Knoche den Standpunkt, die Gesellschaft müsse sich die vom Aufsichtsrat erteilte Entlastung zurechnen lassen, es sei denn sie hätte sachfremde Erwägungen angestellt.[273] Diese Sichtweise überzeugt nicht. Der Aufsichtsrat hat, gleich welche Bestimmungen der Gesellschaftsvertrag trifft, stets die Aufgabe, die Geschäftsführung auf Recht- und Zweckmäßigkeit zu überwachen.[274] Ein Aufsichtsrat ohne Pflicht zur Überwachung der Geschäftsführung ist kein Aufsichtsrat, sondern eine Irreführung des Rechtsverkehrs.[275] Daraus folgt: Werden den Mitgliedern des Aufsichtsrates Mängel in der Geschäftsführung bekannt, haben sie den Gesellschaftern hierüber Bericht zu erstatten. Eine Entlastungserteilung bei bestehenden, dem Aufsichtsrat bekannten Ansprüchen ohne vorherige Berichterstattung würde unweigerlich zu einer Pflichtverletzung führen. Ein Pflichtversäumnis liegt auch dann vor, wenn Pflichtwidrigkeiten der Geschäftsführung bei der von den Aufsichtsratsmitgliedern anzuwendenden Sorgfalt hätten erkannt werden müssen und dennoch entlastet wird. Würde man anders entscheiden, müßte man eine Überwachungspflicht des Aufsichtsrates verneinen.

Der Aufsichtsrat kann demnach eine Entlastung mit der Folge einer Anspruchspräklusion für die Gesellschaft nur erteilen, wenn er die Gesellschafter zuvor über den Anspruch informiert. Gegebenenfalls hat er selbst die erforderlichen Maßnahmen einzuleiten, um für die Sicherung der Rechte der Gesellschaft zu sorgen.[276] Der informierten Gesellschafterversammlung bleibt die Möglichkeit, über die Durchsetzung des Anspruchs zu entscheiden oder den Aufsichtsrat anzuweisen, Entlastung zu erteilen. Eine andere Sichtweise, d.h. die Entlastung mit der Folge einer Anspruchspräklusion ohne Einschaltung der Gesellschafter würde die Stellung der Gesellschafterversammlung mißachten, die auch dann, wenn ihre Rechte durch Satzung oder Gesetz beschnitten werden, oberstes Organ der GmbH bleibt[277] und daher auch bei Existenz eines Aufsichtsrates über Ansprüche gegen die Geschäftsführung entscheiden kann. In Bezug auf erkennbare Ansprüche kann die Entlastung dagegen keine Wirkungen entfalten. Wenn der Aufsichtsrat trotz Erkennbarkeit von Ansprüchen gegen die Geschäftsführer Entlastung erteilt, verletzt er eine eigene Verpflichtung, nämlich die Pflicht zur Überwachung der Geschäftsführer.[278] Seine Mitglieder haften dann nicht anstelle der Geschäftsführer, sondern neben diesen.

---

[271] *Barner*, Entlastung, S.91; a.A. *Schmidt*, GftsR., § 35 I 4b bb.
[272] S.o., S.122f.
[273] *Knoche*, Verzichtswirkung der Entlastung, S.106.
[274] Baumbach / Hueck, *Zöllner*, GmbHG, § 52 Rn.59; *Sudhoff*, Gesellschaftsvertrag, S.279.
[275] Baumbach / Hueck, *Zöllner*, GmbHG, § 52 Rn.59.
[276] Vgl. dazu Baumbach / Hueck, *Zöllner*, GmbHG, § 52 Rn.59a a.E.
[277] *Lutter / Hommelhoff*, GmbHG, § 52 Rn.2, 10, 38; *Sudhoff*, Gesellschaftsvertrag, S.280, 296.
[278] Vgl. auch S.123.

(3) Ausschluß ersatzanspruchvernichtender Wirkung in der Aktiengesellschaft

Für die Aktiengesellschaft kann die Entlastung hingegen, was sich ohne weiteres aus § 120 Abs. II S.2 AktG ergibt, keine Wirkung mehr in Bezug auf Ersatzansprüche entfalten. Das Verbot widersprüchlichen Verhaltens greift hier also nicht, wenn Ersatzansprüche trotz erteilter Entlastung geltend gemacht werden. Der Begriff Ersatzansprüche ist dabei umfassend zu verstehen. Hierunter fallen nicht nur auf Schadenersatz gerichtete Ansprüche, sondern sämtliche Forderungen der Gesellschaft, die ihren Ursprung in einem pflichtwidrigen Verhalten des jeweiligen Vorstandsmitgliedes haben.[279] Nur diese weite Auslegung[280] des Begriffs Ersatzansprüche wird dem Ziel des § 120 Abs. II S.2 AktG gerecht, die Verantwortlichkeit des Vorstandes auch bei erteilter Entlastung fortbestehen zu lassen. Dementsprechend sind z.B. auch Ansprüche aus Geschäftsführung ohne Auftrag oder aus ungerechtfertigter Bereicherung infolge der Entlastungserteilung nicht präkludiert. Dies gilt auch dann, wenn die Aktionäre dabei ein konkretes Geschäft ins Auge fassen und den Betroffenen diesbezüglich von seiner Verantwortlichkeit freistellen wollen.[281] Auf Ansprüche gegen Vorstandsmitglieder kann die Gesellschaft erst drei Jahre nach ihrer Entstehung aufgrund der Zustimmung der Hauptversammlung verzichten, wenn nicht 10 Prozent des vertretenen Kapitals widersprechen (§ 93 Abs. IV AktG). Der Anspruch auf Information durch nochmalige Rechnungslegung wird von der Entlastung schon deswegen nicht berührt, weil § 142 Abs. I S.2 AktG in Bezug auf die Sonderprüfung davon ausgeht, daß Einzelfragen der Geschäftsführung auch dann einer Untersuchung unterzogen werden können, wenn diesbezüglich bereits Entlastung erteilt wurde.

Da sich § 120 Abs. II S.2 AktG ausschließlich auf Ersatzansprüche der Gesellschaft in dem soeben beschriebenen Umfang bezieht, nicht aber auf sonstige Rechte, die der Gesellschaft infolge von Pflichtwidrigkeiten gegen Vorstandsmitglieder zustehen, können Rechtswirkungen der Entlastung dort nach wie vor in Betracht kommen.

b) Funktionsbedingte Entlastungsschranken im schweizerischen Recht

Im schweizerischen Recht dagegen folgt aus der Décharge unter den beschriebenen Voraussetzungen sowohl für die GmbH (Art.827 OR i.V.m. Art.758 OR) als auch für die Aktiengesellschaft (Art.758 OR) ein Anspruchserlöschen.[282] Bei der Frage, ob Ansprüche jeglicher Grundlage erlöschen, wird jedoch eine restriktivere Auffassung als im deutschen Recht der GmbH vertreten. Die Entlastung wird als eine aktienrechtliche Einrede, d.h. als Verzicht auf die aktienrechtliche Verantwortlichkeit nach den Art.752ff. OR verstanden.[283] Ansprüche auf deliktischer Grundlage werden danach, soweit man ihre selbständige Geltendmachung neben den aktienrechtlichen Vorschriften des Obligationenrechts zuläßt,[284] von der Entlastung nicht berührt. Dementsprechend wird auch die Frage, ob Ansprüche aus Verstößen gegen dienstvertragliche Vorschriften von der Décharge umfaßt werden, verneint.[285] Die Problema-

---

[279] S. auch *Mülbert*, in Großkomm., AktG, § 120 Rn.33.

[280] Ebs. *Mülbert*, in Großkomm., AktG, § 120 Rn.32.

[281] OLG Stuttgart, ZIP 1995, 378.

[282] S.o., S.114ff.

[283] *Kunz*, Rechtsnatur und Einredenordnung, S.153f.

[284] Befürwortend *Meier-Wehrli*, Verantwortlichkeit der Verwaltung, S.58ff; ablehnend BGE 106 II 235.

[285] *Forstmoser*, Verantwortlichkeit, Rn.462, 585ff; *Herrmann*, Funktion, S.153; *Kunz*, Rechtsnatur und Einredenordnung, S.156; i.E. zust. wohl auch *Siegert*, Entlastung in der Aktiengesellschaft, S.82.

tik hat jedoch im Gegensatz zum deutschen Recht geringere Relevanz, weil man nicht zwischen organschaftlichem und vertraglichem Rechtsverhältnis und den daraus resultierenden Ansprüchen trennt, sondern von einem einheitlichen Rechtsverhältnis ausgeht.[286]

c) Verzichtsverbot und entlastungsgleiche Beschlüsse im französischen Recht

Im französischen Gesellschaftsrecht entfaltet die Entlastung seit den Reformgesetzen von 1937 sowie von 1966 keine Wirkungen mehr in Bezug auf die action sociale.[287] Neben der eigentlichen Entlastung, d.h. der Beschlußfassung über sämtliche Geschäftsführungsaktivitäten während einer bestimmten Periode, gibt es Beschlüsse über bestimmte Handlungen der Geschäftsführung, denen zumindest eine entlastungsgleiche Wirkung beigemessen wird. Hierbei geht es um die Verträge zwischen der Gesellschaft und ihren Verwaltungsmitgliedern, über die der commissaire aux comptes bzw. der Geschäftsführer der General- bzw. der Gesellschafterversammlung zu berichten hat.[288] Nach der Berichterstattung beschließt die nächste stattfindende Gesellschafter- bzw. Aktionärsversammlung, ob sie die Verträge billigt oder nicht.[289] Handelt es sich bei den Verträgen um Dauerschuldverhältnisse, z.B. um einen Mietvertrag, ist der Beschluß auf der folgenden ordentlichen Versammlung zu wiederholen.[290] Die gesetzlichen Regelungen über die Verträge zwischen der Gesellschaft und ihrer Verwaltung beinhalten im Gegensatz zu den Vorschriften über die Verantwortlichkeit der Geschäftsführung[291] keine Verzichtsverbote, sondern bestimmen, daß eine Klage gegen den vertragschließenden Geschäftsführer zulässig ist, wenn die Verträge nicht gebilligt werden. Im Umkehrschluß dazu bewirkt der Billigungsbeschluß die Unzulässigkeit nachfolgend erhobener Verantwortlichkeitsklagen.[292] Den Grund hierfür sieht man in dem Umstand, daß die Gesellschafter im Gegensatz zu den nur globalen Informationen anläßlich der auf die Rechnungslegung folgenden Entlastung gemäß der Art.223-19 Abs. I, 225-40 Abs. III C.Com. durch einen genauen Bericht der commissaires aux comptes bzw. der Geschäftsführung über die Einzelheiten der Verträge zu unterrichten sind, wozu insbesondere die Benennung der Vertragsparteien gehört, ferner die Information über wesentliche Vertragspflichten[293] sowie über mögliche Schäden, die der Gesellschaft entstehen.[294] Die Gefahr, daß Pflichtwidrigkeiten der Verwaltung übersehen werden, ist hier im Gegensatz zu dem sämtliche Geschäfte der jeweiligen Periode umfassenden quitus wegen der Beschränkung auf bestimmte Verträge erheblich geringer.[295] Die Billigung der Verträge zwischen der Gesellschaft und ihren Geschäftsführern soll nach dem Willen des Gesetzgebers auch verwaltungsfrei bleiben. Anders als beim quitus wurde hier ein Stimmverbot zumindest für denjenigen Geschäftsführer statuiert, der Partei des jeweiligen Vertragsschlusses gewesen ist (Art.223-19 Abs. I S.3, 225-40 Abs. IV C.Com.).

---

[286] *Bürgi*, in Zürcher Komm., OR, Art.708 Rn.5ff; *Forstmoser / Meier-Hayoz / Nobel*, AktienR., § 28 Rn.2ff; *Herrmann*, Funktion, S.153.
[287] S.o., S.9ff, 13f.
[288] *Guyon*, Bd. 1, Rn.421; *Hémard / Terré / Mabilat*, Soc.Com., Bd. 2, Rn.1216.
[289] Vgl. Art. 223-19 C.Com. zur S.A.R.L. bzw. Art.225-38ff C.Com. zur S.A.
[290] *Guyon*, Bd. I, Rn.424.
[291] Vgl. Art.223-22 Abs. V, 225-253 Abs. II C.Com.
[292] *Balensi*, Conventions, S.171f; *Hémard / Terré / Mabilat*, Soc.Com., Bd. 2, Rn.1216; *Storck*, in JCl.-soc. Fasc.74-10 Rn.125; *Vatinet*, Rev.soc. 2001, 561, 565.
[293] Vgl. Art.35, 92, 117, 203-1 Décr. No. 67-236 v. 23.3.1967.
[294] *Guyon*, Bd. 1, Rn.423, S.446.
[295] *Balensi*, Conventions, S.172, krit. *Vatinet*, Rev.soc. 2001, 561, 565.

Das Stimmverbot trifft nach Ansicht von Rechtsprechung und Lehre auch dann auf den Geschäftsführer zu, wenn er als Vertreter eines Dritten auftritt.[296]

d) Stellungnahme

Im Gegensatz zu den eben beschriebenen Billigungsbeschlüssen nach französischem Recht, handelt es sich bei der Entlastung regelmäßig um eine umfassende Bewertung der Geschäftsführung in einem bestimmten Zeitraum. Die umfassende Stellungnahme rechtfertigt damit auch eine umfassende rechtliche Wirkung. Im schweizerischen Recht hingegen spricht neben den bereits genannten Gründen auch die systematische Einordnung der Entlastung eher dafür, ihr nur Wirkungen im Hinblick auf die aktienrechtliche Verantwortlichkeit zuzubilligen. Anders als im deutschen Aktien- bzw. GmbH-Gesetz regelt der schweizerische Gesetzgeber die Entlastungsfolgen ausschließlich in Art.758 OR, d.h. im systematischen Zusammenhang mit der aktienrechtlichen Verantwortlichkeit nach den Art.752 - 761 OR, so daß eine Wirkung in Bezug auf andere Ansprüche nicht in Betracht kommt.[297]

2. Schranken durch Minderheiten- und Gläubigerschutz

a) Schweiz: Schutz der Gesellschafterminderheit durch Art.758 OR

Das schweizerische Recht schränkt die erörterten Entlastungswirkungen mit Blick auf die Regelungen des Art.756 Abs. I OR weiter ein. Dort ist für die Aktiengesellschaft das Recht des einzelnen Aktionärs vorgesehen, einen der Gesellschaft durch pflichtwidriges Verwaltungshandeln entstandenen Schaden im eigenen Namen, unabhängig von der Gesellschaft, einzuklagen.[298] Die Vorschrift gilt auch für die GmbH.[299] Art.810 Abs. I Nr.8 OR sieht zwar die Zuständigkeit der Gesellschafterversammlung für die Geltendmachung von Ansprüchen gegen die Mitglieder der Geschäftsführung vor, jedoch handelt es sich entgegen dem Gesetzeswortlaut nicht um eine unübertragbare, d.h. um eine ausschließliche Zuständigkeit, weil der einzelne Gesellschafter aufgrund der Verweisung in Art.827 OR auf die Art.752ff. OR ebenfalls befugt ist, Gesellschaftsschäden einzuklagen, die durch pflichtwidriges Handeln der Geschäftsführung entstehen.[300] Eine Regel, daß Ansprüche der Gesellschaft durch die erteilte Décharge erlöschen, existiert mit Art.758 Abs. I OR bzw. mit Art.827 OR i.V.m. Art.758 Abs. I OR nur für diejenigen Gesellschafter, die für die Entlastung gestimmt oder seither in Kenntnis des Beschlusses Aktien erworben haben. Alle Übrigen müssen gemäß Art.758 Abs. II OR innerhalb von sechs Monaten nach dem Entlastungsbeschluß den Schaden der Gesellschaft gerichtlich geltend machen, andernfalls erlischt ihr Klagerecht. Bei der Regelung handelt es sich um eine gesetzlich angeordnete Verwirkungs- und nicht um eine Verjährungs-

---

[296] Paris, Rev.soc. 1972, 688; *Guyon*, Bd. I, Rn.423, S.446.
[297] Vgl. auch *Kunz*, Rechtsnatur und Einredenordnung, S.156 Fn.37.
[298] *Forstmoser / Meier-Hayoz / Nobel*, AktienR., § 36 Rn.23; *Guhl / Merz / Kummer / Koller / Druey*, OR, § 71 II 2.
[299] *Dreifuss / Lebrecht*, in Basler Komm., OR, Art.810 Rn.23.
[300] *Dreifuss / Lebrecht*, in Basler Komm., OR, Art.810 Rn.29; *v. Steiger*, in Zürcher Komm., OR, Art.810 Rn.18ff.

frist.[301] Die Regel, daß die Entlastung nur im Verhältnis Gesellschaft – Geschäftsführer wirkt, gilt demzufolge zunächst nur für diejenigen, die für die Entlastungserteilung stimmen. Umfassende Verbindlichkeit erlangt die Décharge erst nach Ablauf der Verwirkungsfrist.

(1) Schutz der Altgesellschafter

Die Entlastungsregelung in Art.758 OR wird als Schutzvorschrift zu Gunsten der Minderheitsaktionäre bzw. -gesellschafter verstanden, denen das in Art.756 Abs. I OR vorgesehene Einzelklagerecht schon deswegen erhalten bleiben soll, weil sie sich nicht für die Entlastungserteilung entschieden haben.[302] Der Schutz ist relativ weitreichend, da nicht nur die Ablehnung der Décharge, sondern schon die bloße Nichtbeteiligung am Beschluß und sogar das Fernbleiben von der Versammlung genügt, um dem Betroffenen sein Klagerecht zu erhalten.[303] Gleichwohl war es Ziel des Gesetzgebers, möglichst schnell einen Zustand der Rechtssicherheit zu erreichen. Daraus rechtfertigt sich die Regelung im heutigen Art.758 Abs. II OR, wonach das Klagerecht des Minderheitsgesellschafters schon mit Ablauf der sechsmonatigen Verwirkungsfrist und nicht erst mit Vollendung der fünfjährigen Verjährungsfrist des Art.760 Abs. I OR seine Schranke findet.[304]

(2) Schutz der nach Entlastung hinzutretenden Gesellschafter

Daneben werden diejenigen geschützt, die zum Zeitpunkt der Beschlußfassung noch nicht Gesellschafter bzw. Aktionäre waren. Ihr Schutz geht über den eigentlichen Wortlaut des Art.758 Abs. I OR hinaus. Damit das Klagerecht erlischt, genügt es nicht, wenn Aktien bzw. Gesellschaftsanteile in Kenntnis des Beschlusses gemäß Art.758 Abs. I OR erworben werden, sondern es ist erforderlich, daß der Erwerber die geschilderte Reichweite der Entlastung, also den gegen die Verwaltungsmitglieder gerichteten Anspruch der Gesellschaft erkennen kann.[305] Die Konsequenzen dieser Sichtweise sind allerdings offen. Denn es fragt sich, ob damit in Abweichung vom generellen Erkennbarkeitsmaßstab des ordentlichen Hausvaters bei Kontrolle seiner Kapitalanlagen[306] ein individualisierter, auf die Kenntnisse des jeweiligen Aktionärs Rücksicht nehmender Maßstab zu gelten hat.[307] Stellt man auf den generellen Maßstab ab, kann ein Klagerecht des Neuerwerbers von vornherein nicht entstehen, wenn der Anspruch schon dem ordentlichen Hausvater bei Entlastungserteilung erkennbar war. Stellt man hingegen auf einen individuellen Maßstab ab, der unter Umständen nur gerin-

---

[301] *Bürgi / Nordmann-Zimmermann*, in Zürcher Komm., OR, Art.757 Rn.10; *Widmer*, in Basler Komm., OR, Art.758 Rn.5.

[302] *Bürgi / Nordmann-Zimmermann*, in Zürcher Komm., OR, Art.757 Rn.1; *Forstmoser*, Verantwortlichkeit, Rn.471; *v. Steiger*, SAG 15 (1942), 1, 3; krit. *Eigenmann*, SAG 25 (1952/53), 189, 191; *Merz / Sticher*, SAG 58 (1986), 38, 41.

[303] BGE 95 II 57; *Bürgi / Nordmann-Zimmermann*, in Zürcher Komm., OR, Art.757 Rn.8.

[304] Amtl. Bull. StR, 1931, 610, 613f.

[305] *Biggel*, Verantwortlichkeit des Verwaltungsrates, S.91; *Bürgi / Nordmann – Zimmermann*, in Zürcher Komm., OR, Art.757 Rn.9; *Forstmoser*, Verantwortlichkeit, Rn.469; *Meier-Wehrli*, Verantwortlichkeit der Verwaltung, S.95; *Picenoni*, Entlastungsbeschluß, S.176; *Widmer*, in Basler Komm., OR, Art.758 Rn.5.

[306] Vgl. dazu S.116f.

[307] *Bürgi / Nordmann-Zimmermann*, in Zürcher Komm., OR, Art.757 Rn.1, die von „gewissen" Neuaktionären sprechen, denen das Klagerecht trotz Entlastungserteilung erhalten bleibt, jedoch offenlassen, unter welchen Voraussetzungen der Erhalt des Klagerechtes gelten soll.

geren Sorgfaltsanforderungen zu genügen hat, könnte sich die Klagefrist durchaus auch über die gesetzlich geregelten sechs Monate hinaus erstrecken. Wird einem Neuaktionär, der beispielsweise Aktien fünf Monate nach dem Entlastungsbeschluß erwirbt, der Anspruch erst zehn Monate nach der Entlastung erkennbar, stünde ihm das Klagerecht noch zu, weil die Frist erst ab dem zehnten Monat nach der Entlastung zu laufen beginnen würde.

(3) Verantwortlichkeitsklage trotz erteilter Entlastung

Vom deutschen Verständnis her wäre an dieser Stelle die Frage zu stellen, ob derjenige, welcher gegen den Entlasteten vorgehen will, nicht zunächst eine Beseitigung des entgegenstehenden Entlastungsbeschlusses herbeiführen müsse, um dadurch den Weg für eine Schadenersatzklage frei zu machen. Im schweizerischen Recht hat dieses Problem aufgrund der geschilderten teilweisen Unverbindlichkeit der Entlastung jedoch sowohl in rechtlicher als auch in tatsächlicher Hinsicht nur untergeordnete Bedeutung. Für eine Anfechtungsklage gilt gemäß Art.706a Abs. I OR eine zweimonatige Verwirkungsfrist, die nicht unterbrochen werden kann.[308] Für die Verantwortlichkeitsklage dagegen kommt die genannte sechsmonatige Frist des Art.758 Abs. II OR zur Anwendung, so daß sich diese Klage schon deswegen eher anbietet als die Anfechtungsklage.[309] Des weiteren gehen Rechtsprechung und herrschende Lehre von der Subsidiarität der Beschlußanfechtung nach Art.706 OR gegenüber der Verantwortlichkeitsklage nach Art.754 OR aus. Ein Beschluß der Generalversammlung, der auf einem Sachverhalt beruht, der Anlaß zu einer Verantwortlichkeitsklage gibt, kann nicht mit der Anfechtungsklage beseitigt werden.[310] Haben die Mitglieder der Verwaltung der Gesellschaft durch pflichtwidriges Verhalten einen Schaden zugefügt, werden sie dennoch entlastet, ist nur die Verantwortlichkeitsklage nach Art.754 OR zulässig, nicht jedoch die Beschlußanfechtung nach Art.706 OR. Das bedeutet, die Frage, ob sowohl das Handeln der Geschäftsführer als auch der sie befreiende Entlastungsbeschluß rechtswidrig gewesen ist - nur dann unterliegt er der Anfechtung -, stellt sich nach dieser Ansicht von vornherein nicht.

Nach anderer Meinung stehen Anfechtungs- und Verantwortlichkeitsklage in Konkurrenz zueinander, so daß dem Gesellschafter sowohl die eine als auch die andere Möglichkeit offensteht.[311] In praktischer Hinsicht hat die Anfechtung der Entlastung nach Art.706 OR mit dem Ziel einer anschließenden Schadenersatzklage vermutlich deswegen kaum Bedeutung erlangt, weil für eine erfolgreiche Anfechtung nicht nur das pflichtwidrige und schadenverursachende Verwaltungshandeln, sondern auch der Nachweis erforderlich wäre, daß der dieses Verhalten billigende Entlastungsbeschluß rechtswidrig war.[312] Lediglich in einem Urteil der älteren Rechtsprechung des Bundesgerichts wurde eine allerdings auf die allgemeinen Regelungen des OR (Art.23ff.) gestützte Beschlußanfechtung für zulässig gehalten.[313]

---

[308] *Forstmoser / Meier-Hayoz / Nobel*, AktienR., § 25 Rn.53.

[309] *Forstmoser*, Verantwortlichkeit, Rn.480; *Picenoni*, Entlastungsbeschluß, S.173f.

[310] BGE 76 II 63; 81 II 462, 465; 92 II 243, 246f; 100 II 389; *Bürgi*, in Zürcher Komm., OR, Art.706 Rn.6f; *Dreifuss / Lebrecht*, in Basler Komm., OR, Art.706 Rn.1.

[311] *Forstmoser / Meier-Hayoz / Nobel*, AktienR., § 25 Rn.7; *Picenoni*, Entlastungsbeschluß, S.173f.

[312] Vgl. auch *Forstmoser*, Verantwortlichkeit, Rn.479f; *Meier-Wehrli*, Verantwortlichkeit der Verwaltung, S.93. In BGE 51 II 65; 72f ist zwar von Anfechtung der Entlastung die Rede, wenn die Mehrheit nachweisbar mit Schädigungsabsicht gegenüber der Minderheit gehandelt hat, im konkreten Fall lag eine solche Absicht aber nicht vor, so daß sich die Frage der Rechtswidrigkeit des Beschlusses bzw. seiner Anfechtung nicht stellte.

[313] BGE 65 II 2ff.

b) Minderheitenschutz im deutschen Recht

Eine mit Art.758 OR vergleichbare Regelung existiert weder im deutschen Aktienrecht noch im Recht der GmbH. In der Aktiengesellschaft besteht zwar mit § 147 Abs. I AktG für eine Aktionärsminderheit die Möglichkeit, die klageweise Durchsetzung von Ansprüchen der Gesellschaft gegen die verantwortlichen Verwaltungsmitglieder zu verlangen,[314] die Auswirkungen der Entlastung auf dieses Recht sind jedoch in Ermangelung anspruchsvernichtender Wirkung des Beschlusses ohne Belang. In der GmbH besteht zwar seit dem ITT-Urteil des Bundesgerichtshofes[315] insoweit Einigkeit, daß der Gesellschafterminderheit oder auch dem einzelnen Gesellschafter das Recht zustehen kann, der Gesellschaft durch die Geschäftsführung zugefügte Schäden im eigenen Namen einzuklagen, falls die Gesellschaftermehrheit dies nicht unternimmt,[316] in dogmatischer Hinsicht ist diese als actio pro socio bezeichnete Klage aber ebensowenig geklärt[317] wie die Frage, wie sich die erteilte Entlastung hierauf auswirkt.

(1) Zum Einzelklagerecht trotz entgegenstehender Entlastung

Einige Autoren, insbesondere Raiser, haben den Versuch unternommen, die Klage des Minderheitsgesellschafters generell von der Klage der Gesellschaft zu emanzipieren und ihm – auch aus Gründen des Minderheitenschutzes – ein von der Gesellschaft unabhängiges Klagerecht zuzubilligen.[318] Sie gehen davon aus, daß eine Rechtsbeziehung nicht nur zwischen den einzelnen Gesellschaftern, sondern auch zwischen Geschäftsführern und Gesellschafter unabhängig davon existiert, ob es sich um Gesellschafter-Geschäftsführer oder um Fremdgeschäftsführer handelt. Insbesondere Raiser sieht den Geschäftsführer als eine Art Treuhänder der Gesellschafter an, der durch die Verwaltung des Gesellschaftsvermögens auch das Vermögen der Gesellschafter betreut.[319] Den Anstellungsvertrag zwischen Gesellschaft und Geschäftsführer deutet er als Vertrag mit Schutzwirkung zu Gunsten der Gesellschafter.[320] Schäden, die Geschäftsführer der Gesellschaft durch pflichtwidriges Handeln zufügen sollen infolge der Minderung des Reingewinns als sog. Reflexschaden stets auch bei den einzelnen Gesellschaftern eintreten; allerdings erfordere es der Grundsatz der Kapitalerhaltung, daß der Gesellschafter Ausgleich nur an die Gesellschaft, nicht aber in sein privates Vermögen verlangen könne.[321] Dem Gesellschafter entstünde nach dieser Auffassung nicht nur ein eigenes Klagerecht, sondern ein eigener Anspruch auf Leistung an die Gesellschaft, den er unabhängig vom positiven Entlastungsbeschluß der Gesellschafterversammlung einklagen könnte.

---

[314] Die Betonung liegt auf „verlangen", denn ein eigenes Klagerecht steht den Aktionären nicht zu, vgl. *Schmidt*, GftsR., § 21 IV 6a.
[315] BGHZ 65, 15.
[316] Vgl. nur Baumbach / Hueck, *Hueck / Fastrich*, GmbHG, § 13 Rn.32ff; *Schmidt*, GftsR., § 21 IV 6b. Im Gegensatz zur Aktiengesellschaft billigt die h.M. dem Gesellschafter ein eigenes Klagerecht zu, vgl. nur *Schmidt*, a.a.O.
[317] Baumbach / Hueck, *Hueck / Fastrich*, GmbHG, § 13 Rn.32ff; *Winter*, Mitgliedschaftliche Treuebindungen, S.306ff.
[318] *Gehrlein*, ZIP 1993, 1525; *Raiser*, Kap.gften., § 27 Rn.24, 26ff; *ders.*, ZHR 153 (1989), 1ff; *Wiedemann*, GftsR., § 8 IV 1 c, bb; zust. wohl auch OLG Köln, GmbHR 1993, 816.
[319] *Raiser*, ZHR 153 (1989), 1, 12f.
[320] Vgl. vorherige Fundstelle.
[321] *Gehrlein*, ZIP 1993, 1525, 1526; *Raiser*, ZHR 153 (1989), 1, 10.

(2) Stellungnahme

Folgte man der geschilderten Auffassung, würden sich deutsches und schweizerisches Recht bezüglich der Wirkungen der Entlastung auf das Einzelklagerecht gleichen, wäre doch der Gesellschafter in beiden Rechtsordnungen nicht an die mehrheitlich beschlossene Schuldanerkennung bzw. die mehrheitlich bewirkte Anspruchspräklusion gebunden. Er könnte trotz des entgegenstehenden Beschlusses sowohl gegen einen Gesellschafter-Geschäftsführer als auch gegen einen Fremdgeschäftsführer Klage erheben.[322] In diesem Fall würde das deutsche das schweizerische Recht in den Auswirkungen des Minderheitenschutzes sogar noch übertreffen, weil dem Klagerecht nach erteilter Entlastung hier keine mit Art.758 Abs. II OR vergleichbare sechsmonatige Verwirkungsfrist, sondern nur die längeren Verjährungsfristen entgegenstehen würden.

Diese Ansicht ist jedoch weder mit allgemein für das deutsche Gesellschaftsrecht geltenden Grundsätzen noch mit den Besonderheiten des Entlastungsvorgangs zu vereinbaren. In der GmbH gilt wie auch bei allen anderen Körperschaften des Privatrechts das Mehrheitsprinzip.[323] Der überstimmte bzw. der sich der Abstimmung enthaltende Gesellschafter hat daher einen die Entlastung befürwortenden Willen der Mehrheit prinzipiell zu akzeptieren, soweit der Beschluß nicht rechtswidrig ist.[324] Dem kann auch nicht entgegengehalten werden, die Gesellschafter würden sich ihres angeblichen Reflexschadens durch die Entlastung nicht begeben. Wenn jede Schädigung der Gesellschaft zugleich eine Schädigung des Gesellschafters bedeutet, hat die mehrheitlich beschlossene Entlastung zur Folge, daß nicht nur die Geltendmachung des Schadens der Gesellschaft, sondern notwendigerweise auch die des Gesellschafterschadens, des sog. Reflexschadens präkludiert ist. Demnach kann der Minderheitsgesellschafter das Erlöschen dieses Schadens auch nicht durch seine Stimme gegen die Entlastungserteilung verhindern. Sein Anspruch würde wie auch der Anspruch der Gesellschaft durch die mehrheitlich beschlossene Entlastung untergehen.

Anders könnte man nur entscheiden, würde man einen Schaden konstruieren, der nicht im Gesellschaftsvermögen, sondern ausschließlich im Vermögen des Gesellschafters einträte. Hiervon ist bei der zu (1) genannten Ansicht aber gerade nicht die Rede. Vielmehr wird der individuelle Schaden als sog. Reflexschaden ausschließlich an den Schaden der Gesellschaft angekoppelt. Für Schäden, die der Gesellschaft entstehen, besteht aber mit § 46 Nr.8 GmbHG eine Kompetenznorm zu Gunsten aller Gesellschafter.[325] Das gleiche gilt für die in § 46 Nr.5 GmbHG geregelte Entlastungszuständigkeit.[326] Das bedeutet, begibt sich die Mehrheit der Gesellschafter infolge der durch die Entlastung eintretenden Präklusion der Geltendmachung des Anspruchs, hat der Minderheitsgesellschafter den Beschluß – seine Rechtmäßigkeit vorausgesetzt – zu akzeptieren.[327] Eine Schadenersatzklage ist demnach nur begründet, wenn die Rechtswidrigkeit der Entlastung entweder inzident bejaht wird, wenn der Beschluß nichtig ist oder wenn er zuvor im Wege der Anfechtungsklage beseitigt wird.

---

[322] So dann auch *Raiser*, ZHR 153 (1989), 1, 23, der von einem den einzelnen Gesellschafter nicht bindenden Verzicht der Mehrheit spricht.

[323] § 47 Abs. I GmbHG; vgl. im übrigen §§ 32 Abs. I S.3 BGB, 133 Abs. I AktG, 43 GenG.

[324] BGH, DStR 1991, 1355, 1356; s. auch *Schmidt*, GftsR., § 21 II 3b, IV 6b.

[325] Baumbach / Hueck, *Zöllner*, GmbHG, § 43 Rn.26; Hachenburg / *Hüffer*, GmbHG, § 46 Rn.109; Scholz / *Emmerich*, GmbHG, § 13 Anm.46; *Winter*, Mitgliedschaftliche Treuebindungen, S.314.

[326] BGH, DStR 1991, 1355, 1356.

[327] Vgl. auch *Winter*, Mitgliedschaftliche Treuebindungen, S.317; zu den Rechten des Minderheitsgesellschafters bei Rechtswidrigkeit des Beschlusses s. unter Kapitel VI.

c) Gläubigerschutz

Die Entlastungswirkung erstreckt sich wie erwähnt nicht auf Ansprüche der Gesellschaftsgläubiger.[328] Das Problem des Gläubigerschutzes erledigt sich insoweit regelmäßig schon durch ihre fehlende Betroffenheit. Relevant wird ihr Schutz allerdings dann, wenn die Gesellschaft ihrer Zahlungspflicht nicht mehr nachkommen kann, den Geschäftsführern trotz drohender Insolvenz Entlastung erteilt wird und sich dadurch die zur Verfügung stehende Haftungsmasse infolge des Erlöschens der Gesellschaftsforderung weiter verringert.

(1) Deutschland

Hiergegen helfen im deutschen GmbH-Recht Vorschriften, die den Verzicht der Gesellschaft auf Ansprüche gegen den Geschäftsführer für unwirksam erklären, soweit diese zur Befriedigung der Gläubiger erforderlich sind.[329] Eine Ansicht geht generell von einem Entlastungsverbot im Sinne eines Verzichtsverbotes aus, wenn sich der Beschluß auf Vorschriften bezieht, die zum Schutze der Gläubiger bestehen.[330] Im Hinblick auf die Regelung in § 9b Abs. I S.1 GmbHG[331] ist diese Interpretation jedoch fragwürdig. Nach § 9b Abs. I GmbHG ist die Entlastung nur unwirksam, soweit der durch sie präkludierte Anspruch zur Befriedigung der Gläubiger erforderlich war. Der Verstoß gegen gläubigerschützende Vorschriften führt die Wirkungslosigkeit der Entlastung entgegen der vorgenannten Auffassung also nicht generell herbei.[332] Der Geschäftsführer kann dementsprechend z.B. dann nicht von seiner Haftung befreit werden, wenn er entgegen § 30 Abs. I GmbHG die Auszahlung des Stammkapitals nicht verhindert und der dadurch entstehende Anspruch der Gesellschaft aufgrund des drohenden Insolvenzverfahrens zur Gläubigerbefriedigung erforderlich ist.[333] Einem Gesellschaftsgläubiger, der in dieser Situation den Anspruch der Gesellschaft gegen den Geschäftsführer pfändet und sich zur Einziehung überweisen läßt, kann die Entlastung bei Erhebung einer anschließenden Einziehungsklage ausnahmsweise nicht entgegengehalten werden.

Bei Insolvenz der Gesellschaft ist ein besonderer Schutz der Gesellschaftsgläubiger vom Gesetz nicht vorgesehen. Gläubiger, denen eine gerichtlich titulierte Forderung gegen die Gesellschaft zusteht, können hieraus aufgrund der Anordnung in § 89 Abs. I InsO nicht im Wege der Pfändung und Überweisung in eine gegen den Geschäftsführer gerichtete Forderung der Gesellschaft vollstrecken. Dementsprechend ist auch eine Einziehungsklage gegen den Geschäftsführer als Drittschuldner nicht möglich. Die titulierten Forderungen sind vielmehr nach den §§ 174ff InsO zur Insolvenztabelle anzumelden.

---

328 S.o., S.139f.

329 Vgl. §§ 9a, 9b Abs. I; 43 Abs. III, 30, 33 GmbHG.

330 BGH, NJW 1959, 192, 194; Scholz / *Schmidt*, GmbHG, § 46 Anm.95; nicht eindeutig BGHZ 97, 382, 389.

331 § 9 Abs. I S.1 GmbHG gilt trotz seines Wortlautes nicht nur für rechtsgeschäftliche Erklärungen, sondern auch für kraft Gesetzes eintretende Folgen und damit auch für die Entlastungsfolgen. Aus Sicht der Gläubiger ist es ohne Belang, ob die Beeinträchtigung ihrer Interessen durch Vertrag oder kraft Gesetzes erfolgt, vgl. Hachenburg / *Hüffer*, GmbHG, § 46 Rn.64; zust.. Baumbach / Hueck, *Hueck*, GmbHG, § 9b Rn.2.

332 Vgl. auch Hachenburg / *Hüffer*, GmbHG, § 46 Rn.64; *Hueck*, GmbHR 1959, 189, 193.

333 BGH, NJW-RR 1986, 1293, 1294.

(2) Schweiz

Entlastungsbeschlüsse, die sich zum Nachteil der Gläubiger auswirken können, sind im schweizerischen Recht nur ausnahmsweise möglich. Solange die Gesellschaft sich nicht im Konkurs befindet, können Gläubiger wegen mangelhafter Geschäftsführung grundsätzlich keine Ansprüche gegen den verantwortlichen Geschäftsführer geltend machen. Zwar steht ihnen bei pflichtwidriger Geschäftsführung nach Art.754 Abs. I OR ein direkter Anspruch aus Aktienrecht bzw. über Art.827 OR aus GmbH-Recht gegen die Geschäftsführer zu. Aus Art. 757 Abs. I OR ergibt sich jedoch, daß sie diesen Anspruch außerhalb des Konkurses grundsätzlich nicht[334] und nach Eröffnung des Konkursverfahrens nur dann geltend machen können, wenn die Konkursverwaltung darauf verzichtet.[335]

Neben diesem eigenen Anspruch der Gläubiger wurde ursprünglich angenommen, daß auf der Grundlage des Art. 757 Abs. III OR (bzw. Art.756 Abs. II OR a.F.) i.V.m. Art.260 SchKG auch der Anspruch der Gesellschaft geltend gemacht werden kann, sofern die entsprechende Forderung an die Gläubiger abgetreten wurde.[336] Damit würde es sich in Art.754 OR einerseits und Art.757 Abs. III OR andererseits um zwei verschiedene Ansprüche mit verschiedenen Voraussetzungen handeln.[337] Dementsprechend würde sich auch die Décharge unterschiedlich auf den Fortbestand des jeweiligen Anspruches auswirken. Für den ersten Fall, d.h. bei Geltendmachung des eigenen Anspruches des Gläubigers, könnte sie keine Wirkungen entfalten.[338] Dies schon deswegen nicht, weil der Beschluß wie ausgeführt lediglich gesellschaftsintern wirkt, sich also nicht auf Rechtsstellung der am Beschlußverfahren nicht beteiligten Gesellschaftsgläubiger auswirken kann. Im Fall der Abtretung müßte eine andere Betrachtung angezeigt sein. Der Gläubiger handelt hier nicht aus eigenem, sondern aus fremdem Recht, denn er macht lediglich den Anspruch der Gesellschaft geltend. Ist das der Fall, sieht er sich gemäß Art. 169 Abs. I OR sämtlichen Einwendungen ausgesetzt, die der Schuldner – das jeweilige Mitglied des Verwaltungsrates – auch gegen den ursprünglichen Gläubiger erheben könnte.[339]

Die neuere Rechtsprechung hat, gefolgt von einem Teil der Literatur, die Zweigleisigkeit der Gläubigeransprüche jedoch aufgegeben. Ausgegangen wird nunmehr von einem eigenen Gläubigerrecht, gegenüber dem die Entlastung keine Wirkungen zeitigt, während das Vorgehen aus abgetretenem Recht nicht möglich ist.[340] Ansatzpunkt ist, daß pflichtwidriges Verhalten der Geschäftsführung unmittelbar nur die Gesellschaft schädigt, während aus Gläubigersicht lediglich die Bonität seines Schuldners – der Gesellschaft – beeinträchtigt wird. Diese als mittelbarer Schaden bezeichnete Vermögenseinbuße der Gläubiger wird jedoch erst im Fall des Konkurses nachweisbar. Vorher besteht zwar dem Grunde nach ein Anspruch aus Art.754 OR, jedoch kein Schaden, weil es außerhalb des Konkurses vorrangiges Ziel ist, die Gesellschaft am Leben und den Beteiligungswert der Gesellschafter zu erhalten. Nachweisbar

---

[334] BGE 117 II 432, 438f.

[335] *Guhl / Merz / Kummer / Koller / Druey*, OR, § 71 II 2.

[336] BGE 111 II 182, 183; *Forstmoser*, Verantwortlichkeit, Rn.41, 80, 102.

[337] So noch BGE 111 II 182f; 113 II 277.

[338] *Fehr*, Zivilrechtliche Verantwortlichkeit, S.157; *Picenoni*, Entlastungsbeschluß, S.201; a.A. *Bürgi – Nordmann-Zimmermann*, in Zürcher Komm., OR, Art.757 Rn.1f, Art.758 Rn.5.

[339] BGE 111 II 182, 184; *Forstmoser*, Verantwortlichkeit, Rn.474, 237; *Gross*, Haftpflichtrechtliche Situation des Verwaltungsrates, S.247; *Guhl / Merz / Kummer / Koller / Druey*, OR, § 71 II b2; *Kunz*, Rechtsnatur und Einredenordnung, S.158, 160; *Widmer*, in Basler Komm., OR, Art.757 Rn.1, 758 Rn.4.

[340] BGE 117 II 432; BG 4C.262/2000, Erwägung 2b), http://www.srv.bger.ch/cgi-bin; *Böckli*, AktienR., Rn.2018a.

wird der Schaden erst, wenn es im Konkursfall nur noch darum geht, das Massevermögen im Interesse der Gesellschaftsgläubiger zu erhalten.[341] Der damit vorliegende Anspruch aus Art.754 OR steht jedoch dem einzelnen Gläubiger gegen das verantwortliche Organmitglied nur anteilsmäßig zu. Deswegen ist die Geltendmachung des Anspruchs auch Sache der Konkursverwaltung (Art.757 Abs. I OR). Für einen Anspruch aus dem Recht der Gesellschaft bleibt im Konkurs neben dem Gläubigeranspruch kein Raum mehr.[342] Letzterem aber kann, wie eingangs erwähnt, die Décharge schon deswegen nicht entgegengehalten werden, weil die Gläubiger an dem gesellschaftsinternen Beschlußvorgang nicht beteiligt waren.[343] Daran ändert sich auch nichts, falls die Gesamtheit der Gläubiger auf die Geltendmachung der Ansprüche gegen die Verwaltung verzichtet und diese an einzelne Gläubiger nach Art.757 Abs. III OR i.V.m. Art. 260 SchKG abtritt. Der Zessionar geht hier nicht aus abgetretenem Recht der Gesellschaft, sondern aus abgetretenem Recht der Konkursmasse vor.

Außerhalb des Konkurses wurde eine Gläubigerbenachteiligung bisher nur ausnahmsweise bejaht. In einem vom Bundesgericht entschiedenen Fall stand eine Aktiengesellschaft aufgrund von Pflichtwidrigkeiten, die ein Verwaltungsratsmitglied im Zusammenwirken mit der Buchhaltung begangen hatte, unmittelbar vor dem finanziellen Zusammenbruch. Den über die Entlastung beschließenden Aktionären war dies bekannt. Das Gericht meinte, die in dieser Lage erteilte Entlastung könne nur den Zweck verfolgen, die Gläubiger in ihren Rechten zu benachteiligen, die ihnen im Konkursfall zustünden. Es sah den Beschluß daher wegen Sittenverstoßes i.S.v. Art.20 OR als unwirksam an.[344] Ob diese Ansicht auch nach der neueren Rechtsprechung aufrechterhalten werden kann, ist fraglich. Denn eine Benachteiligung der Gläubiger ist infolge des Entlastungsbeschlusses aufgrund der vorgenannten Erwägungen ohnehin nicht mehr möglich, so daß sich der Rückgriff auf Art.20 OR an sich erübrigt.[345] Die neuere Rechtsprechung hat hierzu jedoch noch nicht Stellung genommen.

Ansprüche der Gesellschaft nach den Art.754ff. OR können Gläubiger außerhalb des Konkurses ansonsten nur im Wege der Abtretung oder der Zwangsvollstreckung durch Pfändung und Überweisung eines der Gesellschaft gegen den Geschäftsführer zustehenden Anspruches geltend machen. Die Entlastung wirkt hier auch gegen den Gläubiger, der sich die Einwendungen des Schuldners gegenüber der Gesellschaft, d.h. auch die zuvor erteilte Décharge entgegenhalten lassen muß.[346]

IV. Reichweite in persönlicher und zeitlicher Hinsicht

1. Entlastung einzelner Geschäftsführer

Die Entlastung bezieht sich in der Regel auf sämtliche Handlungen der Geschäftsführer innerhalb eines bestimmten Zeitrahmens. Meist werden auch sämtliche Geschäftsführer in einem einzigen Beschluß entlastet. In persönlicher Hinsicht bezieht sich die Entlastung sozu-

---

[341] BGE 117 II 432, 439.

[342] BGE 117 II 432, 439.

[343] BGE 117 II 432, 440; BG 4C.262/2000, Erwägung 2 b) http://wwwsrv.bger.ch/cgi-bin/AZA; *Böckli*, AktienR., Rn.2018a; i.E. ebs. *Bürgi / Nordmann-Zimmermann*, in Zürcher Komm., OR, Art.757 Rn.2, 758 Rn.5, die allerdings von einem originären und einem abgeleiteten Gläubigeranspruch ausgehen.

[344] BGE 67 II 167, 175; ebs. *Gross*, Haftpflichtrechtliche Situation des Verwaltungsrates, S.251; *Picenoni*, Entlastungsbeschluß, S.207

[345] Vgl. auch *Forstmoser*, Verantwortlichkeit, Rn.474, Fn.935.

[346] Bernischer Appellationshof, ZBJV 70 (1934), 392f, 400ff.

sagen auf die „Geschäftsführung" und nicht auf den „Geschäftsführer". Aufgrund fehlender gesetzlicher Verbote in den untersuchten Rechtsordnungen bezüglich der Einzelentlastung ist die Entlastung einzelner sowie die Verweigerung derselben für die übrigen Geschäftsführer jedoch grundsätzlich unproblematisch.[347] Infolge des in der Entlastung liegenden Wertungsaktes ist dies auch sachgerecht, denn aus Sicht des Beurteilenden kann das Verhalten der zu Entlastenden, z.B. wegen unterschiedlicher Verantwortlichkeit, durchaus differenziert zu bewerten sein.[348] Das den Gesellschaftern zukommende Ermessen muß auch nicht pflichtgemäß ausgeübt werden.[349] Eine Grenze findet die Möglichkeit der Differenzierung zwischen einzelnen Geschäftsführern nur in Vorschriften, die die Rechtsausübung generell begrenzen,[350] also z.B. in den §§ 242, 226 BGB.

Probleme kann die Einzelentlastung jedoch im deutschen Aktienrecht bereiten, wenn einzelne Vorstandsmitglieder im laufenden Geschäftsjahr ausscheiden und ihnen noch vor Fertigstellung und Prüfung des Jahresabschlusses Entlastung erteilt werden soll. § 120 Abs. III S.2 AktG ordnet an, daß der Jahresabschluß, der Lagebericht sowie der Bericht des Aufsichtsrates zwecks Entlastung vorzulegen sind. Über die Entlastung kann damit nicht rechtmäßig beschlossen werden, solange diese Unterlagen den Aktionären nicht zur Verfügung stehen.[351] Vorzeitiges Ausscheiden rechtfertigt somit keine vorzeitige Entlastung nach § 120 AktG. Ob dem zu Entlastenden hilfsweise mit einer allgemeinen, nicht unter § 120 AktG fallenden Billigung seiner Geschäftsführung geholfen ist, erscheint zweifelhaft. Es ist schon fraglich, ob hinsichtlich der Hauptversammlungszuständigkeit in Analogie zu § 119 Abs. I Nr.3 AktG eine ungeschriebene Kompetenz dieses Organs angenommen werden könnte.[352] Den Interessen des vorzeitig aus dem Amt Scheidenden – nur hierum geht es bei dieser Konstellation – wäre mit einem allgemeinen Billigungsbeschluß jedenfalls in keiner Weise genüge getan. Abgesehen davon, daß das Erlöschen von Ersatzansprüchen ohnehin wegen § 120 Abs. II S.2 AktG nicht möglich ist, könnten sich auch sonst an den Beschluß kaum Rechtsfolgen knüpfen, denn wesentliche Voraussetzung hierfür ist die ausreichende Information der Entlastenden. Da es bei der Billigung ebenfalls um eine umfängliche Bewertung der Arbeit des Entlasteten für den vergangenen Zeitraum gehen würde, wäre eine entsprechend umfängliche Information der Entlastenden notwendig. Damit hätte man vom Ausscheidenden die Vorlage einer den Erfordernissen des § 120 Abs. III S.2 AktG entsprechenden Rechnungslegung zu fordern. Dies wird regelmäßig schon daran scheitern, daß der Jahresabschluß nach § 242 Abs. I S.1 HGB für das vergangene Geschäftsjahr, d.h. für dessen Schluß[353] und nicht für das laufende Geschäftsjahr aufzustellen ist, in dem der Betreffende ausscheidet. Des weiteren müßte der Ausscheidende bei einem mehrgliedrigen Vorstand seine Kollegen zu einem vorzeitigen Abschluß bewegen, weil dieser nach § 264 Abs. I S.1 HGB in die Verantwort-

---

[347] Vgl. auch BGE 95 II 321; *Bürgi*, in Zürcher Komm., OR, Art.698 Rn.92; Hüffer, AktG, § 120 Rn.10; *Kunz*, Rechtsnatur und Einredenordnung, S.154; *Picenoni*, Entlastungsbeschluß, S.24; *Siegert*, Entlastung in der Aktiengesellschaft, S.59; *Zöllner*, in Kölner Komm., AktG, § 120 Anm.16f; zust. wegen unter Umständen zu differenzierender Verantwortlichkeit *Copper Royer*, Bd.4, Rn.625, S.226.

[348] Vgl. auch *Hüffer*, AktG, § 120 Rn.10.

[349] Hierauf wird unter dem Kapitel Rechtswidrigkeit der Entlastung noch im einzelnen einzugehen sein.

[350] Vgl. auch *Siegert*, Entlastung in der Aktiengesellschaft, S.59; *Zöllner*, in Kölner Komm., AktG, § 120 Anm.16.

[351] *Mülbert*, in Großkomm., AktG, § 120 Rn., 89, 96; *Obermüller / Werner / Winden*, HV, S.333.

[352] Dies übersieht *Mülbert*, in Großkomm., AktG, § 120 Rn.96.

[353] Gemeint ist das Ende des letzten Tages des jeweiligen Geschäftsjahres, *Budde / Kunz*, in Beck'scher Bilanzkomm., HGB, § 242 Rn.8.

lichkeit des Gesamtvorstandes fällt.[354] Schließlich ist in einer solchen Fallgestaltung zu bedenken, daß die auf ein einzelnes Vorstandsmitglied bezogene Billigung nur sinnvoll erscheint, soweit seine Handlungen von denen der übrigen Vorstandsmitglieder isoliert werden können; andernfalls müßte über die Entlastung aller Vorstandsmitglieder entschieden werden.

2. Die sogenannte „Teilentlastung"

Die Frage, ob die Entlastung einen bestimmten Zeitraum umfassen muß ist vom Grundsatz her genauso zu beantworten wie die Frage nach der personellen Differenzierung. Da die Bewertung der Geschäftsführungstätigkeit in Bezug auf bestimmte Tatsachen positiv in Bezug auf andere jedoch negativ ausfallen kann und auch die Gesetze im deutschen, schweizerischen und französischen Recht keine entsprechenden Verbotsnormen aufstellen, dürfen von dem Gesamtkomplex des abgelaufenen Geschäftsjahres, auf den sich die Entlastung regelmäßig bezieht, einzelne Geschäfte ausgenommen werden.[355] Der Begriff der Teilentlastung ist damit jedoch noch nicht abschließend beschrieben. Vielmehr fallen hierunter sämtliche Gestaltungen, in denen bestimmte Teilbereiche ausgeklammert werden oder in denen Entlastung lediglich in Bezug auf bestimmte Geschäfte erteilt wird.

a) Entlastung unter Vorbehalt / bedingte Entlastung

Problematisch sind hier die Fälle, in denen die Erteilung der Entlastung von dem Eintritt bestimmter künftiger Ereignisse abhängig gemacht und deswegen nur bedingt bzw. unter Vorbehalt entlastet wird. Das OLG Düsseldorf entschied, daß der Entlastungsbeschluß rechtswidrig und anfechtbar sei, wenn er nur für einen Teilbereich der Verwaltungstätigkeit ausgesprochen werde, die erforderliche Gesamtbeurteilung vertagt und vom Ergebnis einer Sonderprüfung und dem Ausgang eines staatsanwaltlichen Ermittlungsverfahrens abhängig gemacht wird.[356] Die Entlastung unter Ausklammerung bestimmter Vorgänge stelle eine unzulässige Entlastung unter Vorbehalt bzw. eine bedingte Entlastung dar, weil solche Einschränkungen dem Zweck widersprächen, eine eindeutige Kundgabe der Auffassung der Hauptversammlung zur Tätigkeit der Verwaltungsorgane herbeizuführen.[357]

Was die Frage des Vorbehaltes bzw. der Bedingung betrifft, ist der Ansicht des Gerichts zuzustimmen. Zweck der Entlastung ist es auch, eine bestimmte Geschäftsführungsperiode einem Abschluß zuzuführen.[358] Wird die Entlastung unter den Vorbehalt des Ergebnisses einer Sonderprüfung gestellt, kann vom Abschluß keine Rede sein, denn hier ist zum Beschlußzeitpunkt noch völlig offen, ob dieses Ergebnis für oder gegen die Entlastungserteilung

---

[354] *A / D / S*, HGB, § 264 Rn.20.

[355] Zum schweizerischen Recht: BGE 51 II 71; 95 II 321; *Eigenmann*, SAG 25 (1952/53), 192, 193; *Müller / Lipp / Plüss*, Verwaltungsrat, S.295ff; *Siegert*, Entlastung in der Aktiengesellschaft, S.59, zum deutschen Recht: OLG Stuttgart, ZIP 1995 378, 380, *Mülbert*, in Großkomm., AktG, § 120 Rn.87; Knoche, Verzichtswirkung der Entlastung, S.21, 93f; *Sethe*, ZIP 1996, 1321, 1324f; *Zöllner*, in Kölner Komm., AktG, § 120 Anm.20; differenzierend *Sethe*, ZIP 1996, 1321, 1324; ablehnend *Barner*, Entlastung, S.32; im französischen Recht finden sich keine entsprechenden Stellungnahmen.

[356] OLG Düsseldorf, AG 1996, 273, 274.

[357] OLG Düsseldorf, AG 1996, 273, 274f; *Mülbert*, in Großkomm., AktG, § 120 Rn.88; *Obermüller / Werner / Winden*, HV, S.336.

[358] S.o., S.19ff.

sprechen wird.[359] Es muß also in jedem Fall ein definitiver Abschluß vorliegen, auch wenn er sich nur auf bestimmte Teilbereiche erstreckt. Insofern hätte man durchaus für den von der Sonderprüfung nicht betroffenen Teilbereich Entlastung erteilen und den Beschluß im übrigen vertagen können. Soweit möglich, kommt auch eine Umdeutung der bedingten Entlastung nach § 140 BGB in eine Teilentlastung in Betracht, worauf Sethe zutreffend hinweist.[360] Im übrigen würde die Hauptversammlung durch die bedingte Entlastung die ihr nach § 119 Abs. I Nr.3 AktG unübertragbar zustehende Entlastungskompetenz[361] auf die Sonderprüfer verlagern. Denn wenn nach Abschluß der Prüfung keine neue Entscheidung über die Entlastung getroffen werden, sondern sie als erteilt bzw. verweigert gelten soll, hängt dies allein von der Sonderprüfung, nicht mehr jedoch vom Willen der ausschließlich zuständigen Hauptversammlung ab. In solchen Fällen ist nach Prüfungsdurchführung erneut über die Entlastung Beschluß zu fassen.

Sethe meint darüber hinaus, der Versammlung stünde ein Ermessen zu, welches pflichtgemäß, insbesondere verhältnismäßig ausgeübt werden müsse. Einer pflichtvergessenen Verwaltung könne daher nicht umfänglich Entlastung erteilt werden, vielmehr müssen die pflichtwidrigen Akte von dem Beschluß ausgenommen werden, um ermessensgemäß zu handeln.[362] Angesprochen ist damit die Frage, ob Entlastung trotz bekannter, u.U. erheblicher Pflichtverletzungen, rechtmäßig erteilt werden kann. Hierauf wird im folgenden Kapitel im Zusammenhang mit der Anfechtung des Beschlusses einzugehen sein.

b) Einzelfallentlastung

Im deutschen Recht wird des weiteren die Frage diskutiert, ob es zulässig sei, lediglich zu einzelnen Geschäften Entlastung zu erteilen.[363] Im schweizerischen Recht versteht man unter der Einzelfalldécharge sowohl Geschäftsführungsentscheidungen, die vor ihrer Ausführung der Generalversammlung zur Beschlußfassung vorgelegt werden, als auch solche, die erst nachträglich zur Genehmigung unterbreitet werden.[364] Das vorherige Ersuchen soll dabei in der Aktiengesellschaft nicht die Wirkung einer haftungsbefreienden Décharge beinhalten, soweit es sich um Aufgaben handelt, die dem Verwaltungsrat als unübertragbare Aufgabe i.S.d. Art.716a OR zukommen.[365] Zur Klarstellung sei angemerkt: Nach dem hier vertretenen Verständnis handelt es sich bei der Entlastung um eine nachträgliche Bewertung der Geschäftsführungstätigkeit, d.h. es geht nicht um die Zustimmung zu beabsichtigten Geschäften. Bei der begehrten Entlastung zu einem geplanten Geschäft handelt es sich vielmehr um ein Zustimmungsersuchen der Geschäftsführung mit der Folge haftungsausschließender Wirkung, falls die Zustimmung entsprechend erteilt wird.

Im deutschen Aktienrecht halten einige die Einzelentlastung für unzulässig. Zur Begründung heißt es, der Beschluß entfalte jedenfalls dort keine Wirkungen mehr auf Ersatzan-

---

[359] Ebs. *Sethe*, ZIP 1996, 1321, 1325; a.A. ohne Begründung *Koch*, AG 1969, 1, 5; *Knoche*, Verzichtswirkung der Entlastung, S.21.

[360] *Sethe*, ZIP 1996, 1321, 1325,

[361] *Hüffer*, AktG, § 119 Rn.1 a.E., 5.

[362] *Sethe*, ZIP 1996, 1321, 1324.

[363] *Barner*, Entlastung, S.32; *Mülbert*, in Großkomm., AktG, § 120 Rn.89f; *Müller / Lipp / Plüss*, Verwaltungsrat, S.295f; *Obermüller / Werner / Winden*, HV, S.333; *Sethe*, ZIP 1996, 1321, 1325; *Zöllner*, in Kölner Komm., AktG, § 120 Anm.16ff, 37.

[364] *Kunz*, Rechtsnatur und Einredenordnung, S.161; *Müller / Lipp / Plüss*, Verwaltungsrat, S.295f.

[365] *Müller / Lipp / Plüss*, Verwaltungsrat, S.294f.

sprüche gegen die Vorstandsmitglieder.[366] Vor der Entlastung sei eine umfassende Rechnungslegung erforderlich, womit die Regelung in § 120 Abs. III S.2 AktG angesprochen sein dürfte.[367] Mülbert schließlich sieht die Entlastung als Pauschalbilligung für sämtliche Einzelmaßnahmen der jeweiligen Geschäftsperiode, für eine neuerliche Billigung einer bereits pauschal gebilligten Maßnahme bestünde damit kein Raum.[368]

Es ist klar, daß eine Entlastung jedenfalls dann keinen Sinn mehr macht, wenn bereits über sämtliche Handlungen Beschluß gefaßt wurde. Um eine solche Konstellation geht es hier jedoch nicht. Angesprochen ist vielmehr die Entlastung für einzelne, während des laufenden Geschäftsjahres vorgenommene Handlungen. Bezüglich dieser Handlungen geht es nicht um die Frage der Befreiung von Ersatzansprüchen, sondern um die Bewertung der unternehmerischen Tätigkeit. Ist ein Geschäft von herausragender Bedeutung für das Unternehmen und will man z.B. in einer außerordentlichen Versammlung eine Bewertung hierzu abgeben, kann die Entlastung durchaus Einfluß auf die weitere unternehmensinterne Entwicklung und auch auf die Darstellung in der Öffentlichkeit nehmen, ohne daß zu Ersatzansprüchen Stellung genommen wird.[369] Von der Sinnlosigkeit eines solchen Vorgangs kann entgegen der Ansicht von Barner[370] keine Rede sein.

Dennoch darf der Wille des Aktiengesetzgebers dabei nicht außer acht gelassen werden. Dieser ist bei der Schaffung des § 120 AktG nicht von einer Einzelfallentlastung, sondern von der Konstellation ausgegangen, in der über die Entlastung für das abgelaufene Geschäftsjahr beschlossen wird. Dementsprechend hat man die Frist auf acht Monate nach Ablauf des jeweiligen Geschäftsjahres beschränkt und in § 120 Abs. III S.2 AktG die Vorlage der Rechnungslegung für das gesamte Geschäftsjahr sowie den Bericht des Aufsichtsrates gefordert. Billigung der Geschäftsführung i.S.d. § 120 Abs. II S.1 AktG meint demnach Billigung sämtlicher Geschäfte in Bezug auf das abgelaufene Geschäftsjahr und nicht Billigung einer einzelnen Handlung.

Generell jedoch müssen Entscheidungen der Aktionäre nicht stets einen gesamthaften Charakter aufweisen. Vielmehr können sie auch zu Einzelmaßnahmen Stellung nehmen, so z.B. wenn der Vorstand vor der Vornahme eines bestimmten Geschäftes die Zustimmung der Hauptversammlung gemäß § 119 Abs. III AktG einholen möchte, um sich gemäß § 93 Abs. IV S.1 AktG vor einer späteren Inanspruchnahme zu sichern oder wenn es nach Ablauf der Frist des § 93 Abs. IV S.3 AktG darum geht, auf Ansprüche gegen Vorstandsmitglieder zu verzichten. Ein gegenüber den Aktionären bestehendes Verbot, zu bestimmten Einzelmaßnahmen Stellung zu nehmen, besteht daher nicht. Die Entlastung ist wie bereits festgestellt ein sämtliche Einzelmaßnahmen des vergangenen Geschäftsjahres umfassender Beschluß, d.h. die Entlastung zur Geschäftsführung insgesamt umfaßt auch die Entlastung zur Geschäftsführung in Bezug auf eine einzelne Handlung.[371] Schon deswegen ist die Einzelfallentlastung auch nach deutschem Aktienrecht zulässig und wie erwähnt auch notwendig, wenn bestimmte Geschäfte des Vorstandes für das Unternehmen von herausragender Bedeutung sind und man seitens der Aktionäre durch die Entlastung die Befürwortung dieses Geschäfts zum Ausdruck bringen will. Auch § 120 Abs. III S.2 AktG steht dem nicht entgegen. In Bezug auf die Einzelfallentlastung ist die Vorschrift dahingehend zu verstehen, daß die Aktionäre in jedem Fall

---

[366] *Barner*, Entlastung, S.32; *Zöllner*, in Kölner Komm., AktG, § 120 Anm.37.

[367] *Obermüller / Werner / Winden*, HV, S.333.

[368] *Mülbert*, in Großkomm., AktG, § 120 Rn.89, 84.

[369] *Sethe*, ZIP 1996, 1321, 1326. Dies übersieht *Barner*, Entlastung, S.32, obwohl auch er an anderer Stelle, S. 102f, die Öffentlichkeitswirkung der Entlastung hervorhebt.

[370] *Barner*, Entlastung, S.31f.

[371] S.o., S.2.

vor dem Entlastungsbeschluß mit ausreichenden Informationen zu versorgen sind, damit sie sich darüber klar werden können, ob sie Entlastung erteilen wollen oder nicht.[372] Die Einzelfallentlastung ist daher möglich, wenn eine dem jeweiligen Vorgang genügende Rechnungslegung vorausgeht.

Geht es aber nicht um die Bewertung eines Einzelvorgangs, sondern um die nachträgliche Genehmigung eines bestimmten Geschäftes mit dem Ziel, eine haftungsbefreiende Wirkung zu erreichen,[373] ist die Entlastung in der deutschen Aktiengesellschaft schon wegen der in § 120 Abs. II S.2 AktG getroffenen Anordnung, wonach der Beschluß keinen Verzicht auf Ersatzansprüche enthält, nicht der richtige Weg.[374] Ein nachträglicher Verzicht ist nur unter den Voraussetzungen des § 93 Abs. IV AktG wirksam, u.a. also erst drei Jahre nach der Entstehung des Ersatzanspruches (§ 93 Abs. IV S.2 AktG). Gleiches gilt aufgrund der Verbotsregelungen in den Art. 223-22 Abs. V, 225-253 Abs. II C.Com. im französischen Recht.

In der deutschen GmbH sowie im schweizerischen Recht ist eine nachträgliche Einzelfallentlastung mit dem Ziel der Anspruchsbefreiung dagegen unproblematisch. Der Begriff „Entlastung" erscheint hier allerdings nicht zutreffend. Richtigerweise wäre von einer nachträglichen Genehmigung zu sprechen. Gleiches gilt für die vorherige Zustimmung zu einzelnen Geschäften. Im schweizerischen Recht ist dennoch von vorgezogener Einzelfalldécharge die Rede, die aber wie erwähnt in der Aktiengesellschaft im Gegensatz zum deutschen Recht nicht unbedingt zum Erlöschen der Verantwortlichkeit der Mitglieder des Verwatungsrates führt.[375] Nach Art.716a Abs. I OR hat der Verwaltungsrat bestimmte unübertragbare Kompetenzen. Er kann diese Aufgaben zwar nach Art.716a Abs. II OR delegieren, wird dadurch aber nicht von seiner Verantwortung gegenüber der Gesellschaft befreit. Fällt also ein Geschäft unter den Katalog des Art.716a Abs. I OR, kann die vorgezogene Einzelfalldécharge mangels Zuständigkeit der Generalversammlung keine befreiende Wirkung entfalten; der Beschluß hat dann lediglich „beratende" Wirkung.[376] Bei den Angelegenheiten außerhalb des Art.716a OR sollen die Verantwortlichkeitsansprüche dagegen nach vorheriger Entlastung entfallen.[377]

Im deutschen Aktienrecht ist eine Beschlußdelegation auf die Hauptversammlung nach § 119 Abs. II AktG dagegen ohne Einschränkungen möglich. Legt der Vorstand der Versammlung demgemäß eine Frage zur Beschlußfassung vor, kann er, soweit der Beschluß rechtmäßig ist, von der Gesellschaft wegen § 93 Abs. IV S.1 AktG nicht mehr in Anspruch genommen werden.[378]

V. Rechtswirkungen in Bezug auf die vertragliche / organschaftliche Stellung

Im Vorhergehenden war lediglich von den Auswirkungen der Entlastung auf Ansprüche der Gesellschaft gegen den Entlasteten die Rede. Da der Gegenstand des Beschlusses jedoch eine umfassende Bewertung der Arbeit des Entlastenden beinhaltet, müßte sich aus ihm

---

[372] S. auch *Kropff*, Begr. RegE. zu § 120 AktG.

[373] Vgl. z.B. den der Entscheidung des OLG Stuttgart, AG 1995, 378 zu Grunde liegenden Sachverhalt, in dem beschlossen wurde, daß eine bestimmte Handlung des Vorstandes nicht pflichtwidrig sein solle. Beispiele zum schweizerischen Recht bei *Müller / Lipp / Plüss*, Verwaltungsrat, S.295f.

[374] *Sethe*, ZIP 1996, 1321, 1325 bezeichnet die Entlastung hier zutreffend als falsa demonstratio.

[375] S.o., S.157.

[376] So *Müller / Lipp / Plüss*, Verwaltungsrat, S.294.

[377] *Müller / Lipp / Plüss*, Verwaltungsrat, S.295; a.A. *Kunz*, Rechtsnatur und Einredenordnung, S.161, der diese Wirkung ohne Begründung nur bei wichtigen Geschäften eintreten lassen will.

[378] *Hüffer*, AktG, § 119 Rn.15.

nicht nur ein Anspruchs-, sondern ein umfängliches Rechtserlöschen u.a. mit der Folge ergeben, daß die Gesellschaft sich auch auf bekannte bzw. erkennbare Kündigungs- und Abberufungsgründe nicht mehr berufen kann.

1. Schweiz

Im schweizerischen Recht wirkt sich die Entlastung wie bereits erwähnt ausschließlich auf Verantwortlichkeitsklagen gegen die Verwaltungsmitglieder aus.[379] Die organschaftliche oder dienstvertragliche Stellung des Entlasteten bleibt demnach unberührt.[380] Im übrigen können Fremdgeschäftsführer einer GmbH aber auch Gesellschaftergeschäftsführer, soweit die übrigen Gesellschafter von der Geschäftsführung ausgeschlossen sind, sowie Verwaltungsräte einer Aktiengesellschaft jederzeit und ohne Angabe von Gründen abberufen werden.[381] Das gleiche Recht steht der Generalversammlung gemäß Art.705 Abs. I OR gegenüber den Mitgliedern des Verwaltungsrates einer Aktiengesellschaft zu.[382] Materielle Beschränkungen dieses Rechtes sind nicht zulässig,[383] so daß die Entlastungserteilung auch aus diesem Grund die Abberufung nicht verhindern könnte. Es wäre demnach möglich, das Mitglied des Verwaltungsrates bzw. der Geschäftsführung ungeachtet der Décharge abzuberufen oder etwaige Anstellungsverträge zu kündigen. Praktisch relevant geworden sind solche Fälle bislang jedoch nicht. Ebensowenig wird diskutiert, ob eine Kündigung / Abberufung trotz erteilter Entlastung rechtsmißbräuchlich sei und einen Anspruch auf Schadenersatz gegenüber der Gesellschaft begründen könne.

2. Frankreich

Ebenso wie im schweizerischen Recht kann die Entlastung auch im französischen Recht die Abberufung nicht verhindern. Die hierfür zuständige Aktionärs- bzw. Gesellschafterversammlung kann Verwaltungsmitglieder nach den gesetzlichen Regelungen jederzeit und ohne Angabe von Gründen von ihrem Amt entfernen.[384] Die Vorschriften sind zwingend, so daß auch rechtsmißbräuchliche Abberufungen nicht zur Unwirksamkeit des Beschlusses führen.[385] Die Entlastungserteilung hat auf eine nachfolgende Abberufung also keinen unmittelbaren Einfluß.

Dem Betroffenen kann jedoch sowohl in der S.A. neueren Typs nach Art. 223-25 S.3 C.Com. als auch in der S.A.R.L. nach 225-18 S.2 C.Com. ein Schadenersatzanspruch gegen die Gesellschaft zustehen, wenn seine Abberufung ohne berechtigten Grund - juste motif - beschlossen wurde. In dieser Beziehung kann der quitus im Gegensatz zum Verbot des Verzichts auf die Verantwortlichkeitsklage immerhin noch mittelbare Rechtsfolgen entfalten.

---

379 S.o., S.145f.

380 S. auch *Siegert*, Entlastung in der Aktiengesellschaft, S.82.

381 *v. Steiger*, in Zürcher Komm., OR, Art.814 Rn.12; *Watter*, in Basler Komm., OR, Art. 814 Rn.8, 10.

382 *Dreifuss / Lebrecht*, in Basler Komm., OR, Art.705 Rn.1, 5.

383 *Dreifuss / Lebrecht*, in Basler Komm., Art.705 Rn.6.

384 Für die S.A.R.L. vgl. Art. 223-25 C.Com., für die S.A. klassischen Typs vgl. Art. 225-18 Abs. II S.2 C.Com.; für die S.A. neueren Typs vgl. Art. 225-61 Abs. I S.1 C.Com. mit der gegenüber dem deutschen Recht bestehenden Besonderheit, daß die Mitglieder des Direktoriums hier nicht vom Aufsichtsrat, sondern von der Generalversammlung auf Vorschlag des Aufsichtsrates abberufen werden.

385 *Bulle*, Statut du dirigeant, Rn.481f; *Storck*, in JCl.-soc., Fasc. 74-2 Rn.18.

Wurde er erteilt, können sich die Gesellschafter nach Ansicht der Literatur nicht mehr auf Abberufungsgründe stützen, die zum Zeitpunkt der Beschlußfassung bestanden, ohne die Gesellschaft gegenüber dem Verwaltungsmitglied schadenersatzpflichtig zu machen.[386] Die Entlastungserteilung führt also zum Schadenersatzanspruch des Abberufenen gegen die Gesellschaft. Die Cour d'Appel Paris entschied, daß die Entlastungserteilung allein schon zum Fehlen des juste motif und zur Begründung eines Schadenersatzanspruchs gegen die Gesellschaft führt.[387] In späteren Entscheidungen, in denen der Abberufene auf Schadenersatz klagte und seinen Anspruch mit der erteilten Entlastung begründete, folgten die Gerichte, u.a. auch die Cour d'Appel Paris, zwar ebenfalls dem Antrag des Klägers, sie stützten sich jedoch nicht ausschließlich auf die Entlastung, sondern auch auf das Fehlen von Pflichtverletzungen.[388] In einer neueren Stellungnahme der Literatur wird in diesem Zusammenhang auf die Widersprüchlichkeit des Verhaltens der Abberufenden hingewiesen, die nicht einerseits Entlastung erteilen und andererseits, ohne sich Schadenersatzansprüchen ausgesetzt zu sehen, die Abberufung aussprechen können.[389] Schlußfolgerungen bezüglich der rechtlichen Einordnung des quitus bleiben jedoch aus.

Soweit die Verwaltungsmitglieder auch einen Anstellungsvertrag geschlossen haben, bleibt dieser von der Abberufung unberührt (Art.225-61 Abs. II C.Com.). Die Frage, ob die erteilte Entlastung die Kündigung eines solchen Vertrages ausschließt, wurde im französischen Recht bislang nicht erörtert.

3. Deutschland

Wie bereits festgestellt, ist die Entlastung eine Gesamtbeurteilung, die sich nicht allein auf das haftungsrechtliche Verhältnis zwischen Gesellschaft und Geschäftsführung bezieht, sondern die Arbeit des Entlasteten umfassend wertet[390] und damit auch umfassende Wirkungen auf das Rechtsverhältnis Gesellschaft – Geschäftsführung zeitigt. Die Reichweite des geschaffenen Vertrauenstatbestandes ist dementsprechend weit zu ziehen, also nicht nur auf Haftungsfragen zu begrenzen.[391] Folglich können, soweit gesetzlich zulässig, nicht nur Ersatzansprüche, sondern negative Sanktionen jedweder Art als Konsequenz der Entlastungserteilung präkludiert werden. Ihre Folgen können sich daher prinzipiell auch auf Abberufungs- und Kündigungsgründe erstrecken.

a) GmbH

In der gesetzlichen Ausgangssituation der GmbH gilt dies allerdings nicht uneingeschränkt, denn gemäß § 38 Abs. I GmbHG kann der Geschäftsführer grundsätzlich jederzeit und ohne Angabe von Gründen abberufen werden. In den Grenzen der §§ 226, 826 BGB schließt das auch das Recht der Gesellschafter ein, Geschäftsführer grundlos, aus unvernünf-

---

[386] *Hémard*, in Dalloz, Rép.Soc., S.A.R.L. Rn.402; *Storck*, in JCl.-soc., Fasc. 74-2 Rn.39.
[387] Paris, Dr.Soc. 1983, Nr.138.
[388] Cass.com., Dr.Soc. 1991, Nr.64; Paris, Dr.Soc. 1987, Nr.304; Paris, Bull. Joly – Soc. 2000, 340; zust. auch *Dessertine*, Bull. Joly – Soc. 2000, 344.
[389] *Dessertine*, Bull. Joly – Soc. 2000, 344.
[390] S.o., S.41ff.
[391] Vgl. auch *Canaris*, Vertrauenshaftung, S. 493f.

tigen oder sachfremden Motiven abzuberufen.[392] Sekundäransprüche wie im französischen Recht sieht das Gesetz nicht vor. Entlastung und Abberufung sind in der GmbH also grundsätzlich weder unmittelbar noch mittelbar voneinander abhängig.[393] Dies gilt allerdings nicht schon wegen der Trennung der Abberufungs- und der Entlastungsregelung in § 38 GmbHG einerseits und in § 46 Nr.5 GmbHG andererseits,[394] sondern weil die Abberufung in dieser Konstellation keiner Begründung bedarf und sich deswegen die Frage der Präklusion möglicher Abberufungsgründe von vornherein nicht stellt. Anders ist hingegen zu entscheiden, wenn die Satzung die Wirksamkeit der Abberufung nach § 38 Abs. II GmbHG an das Vorliegen eines wichtigen Grundes knüpft. Aufgrund der eingangs dargestellten Reichweite gilt der Grundsatz der umfänglichen Entlastungswirkung, so daß sich die Gesellschafter auf solche Gründe nicht mehr berufen können, die ihnen bei Erteilung der Entlastung erkennbar waren.[395] Vom organschaftlichen Verhältnis ist das vertragliche Verhältnis Gesellschaft - Geschäftsführer nach allgemeiner Ansicht strikt zu trennen.[396] Weil dementsprechend die Frage des Kündigungsgrundes in Bezug auf das Vertragsverhältnis von der des Abberufungsgrundes unabhängig ist,[397] bedeutet Erkennbarkeit des Abberufungsgrundes nicht automatisch Erkennbarkeit des Kündigungsgrundes. Die Entlastung erfaßt jedoch aufgrund ihrer beschriebenen umfassenden Wirkung auch solche Tatsachen, die zu einer vorzeitigen Auflösung des Vertragsverhältnisses berechtigen.[398]

Die Schaffung eines freiwilligen oder eines obligatorischen Aufsichtsrates, dem die Abberufungs- bzw. Kündigungskompetenz zusteht, vermag hieran nichts zu ändern. Die Gesellschafterversammlung bleibt in beiden Fällen oberstes Organ der GmbH mit der Folge, daß der Aufsichtsrat sich bei Billigung der Amtsführung nicht durch eine Kündigung oder Abberufung der Geschäftsführungsmitglieder in Widerspruch zur Entscheidung der Gesellschafter setzen darf.[399]

b) Aktiengesellschaft

Ob die Erkennbarkeit von Abberufungs- und Kündigungsgründen für die Entlastung erteilende Hauptversammlung die gleichen Auswirkungen hat wie in der GmbH, ist fraglich, weil der Aufsichtsrat der Aktiengesellschaft im Gegensatz zum Aufsichtsrat der GmbH mit eigenen, nicht von der Hauptversammlung, sondern vom Gesetz abgeleiteten Kompetenzen ausgestattet ist.[400] Er hat dementsprechend in ausschließlicher und eigener Verantwortung über Abberufung bzw. Kündigung des betroffenen Vorstandsmitgliedes zu entscheiden.[401]

---

[392] Scholz / *Schneider*, GmbHG, § 38 Anm.12; *Stein*, in Recht des Geschäftsführers, § 38 GmbHG Rn.20.

[393] i.E. ebs. *Barner*, Entlastung, S.115.

[394] So aber *Barner*, Entlastung, S.115.

[395] Baumbach / Hueck, *Zöllner*, GmbHG, § 46 Rn.26; Hachenburg / *Hüffer*, GmbHG, § 46 Rn.56; *Hueck*, GmbHR 1959, 189, 190; *Knoche*, Verzichtswirkung der Entlastung, S.96; *Schuricht*, Klage des GmbH-Geschäftsführers auf Entlastung, S.35.

[396] Statt aller *Mertens*, in Recht des Geschäftsführers, § 35 GmbHG Rn.22f.

[397] BGH, NJW-RR 1996, 156; Scholz / *Schneider*, GmbHG, § 38 Anm.43; *Stein*, in Recht des Geschäftsführers, § 38 GmbHG Rn.15, 38.

[398] BGH, NJW 1969, 131; *Barner*, Entlastung, S.118; Hachenburg / *Hüffer*, GmbHG, § 46 Rn.56; *Knoche*, Verzichtswirkung der Entlastung, S.96; *Nägele / Nestel*, BB 2000, 1253, 1255; Scholz / *Schmidt*, GmbHG, § 46 Anm.94; *Tellis*, Rechtsnatur der gesellschaftsrechtlichen Entlastung, S.95.

[399] Ebs. *Barner*, Entlastung, S.118ff.

[400] *Schmidt*, GftsR., § 28 III 1a.

[401] *Mertens*, in Kölner Komm., AktG, § 84 Anm.93.

Folglich bedeutet die Befürwortung der Entlastung durch die Hauptversammlung noch nicht, daß der Aufsichtsrat eine Abberufung oder Kündigung nicht mehr aussprechen kann.[402] Vielmehr sind sämtliche Gründe, die für oder gegen eine Abberufung sprechen gegeneinander abzuwägen, und es ist nach eigenem Ermessen des Aufsichtsrates zu entscheiden, ob die Abberufung beschlossen wird oder nicht.[403] Die Entlastungserteilung ist dabei natürlich ein zu berücksichtigender Faktor, der gegen die Abberufung spricht.[404] Aufgrund des vorgenannten Ermessensspielraums ist es aber auch denkbar, daß der Aufsichtsrat die Pflichtverletzungen, in deren Kenntnis Entlastung erteilt wurde, zum Anlaß nimmt, die Abberufung des betreffenden Vorstandsmitgliedes zu erklären. Aus diesem Grunde kommt der Entlastungserteilung nur insoweit eine mittelbare Bindungswirkung zu, als daß der Aufsichtsrat verpflichtet ist, sie bei der Prüfung der Abberufung zu berücksichtigen.

Etwas anderes gilt allerdings, wenn der Aufsichtsrat – so wie in der Praxis häufig verfahren wird – die Entlastung des Vorstandes vorschlägt und sodann die Abberufung auf Gründe stützt, die ihm zum Zeitpunkt des Entlastungsvorschlages schon bekannt waren. Der Vorstand darf dann darauf vertrauen, daß der Aufsichtsrat diejenigen Gründe, in deren Kenntnis er Entlastung vorgeschlagen hat, nicht zum Anlaß für einen späteren Widerruf nimmt.[405] Das gleiche muß aufgrund der umfassenden Wirkung der Entlastung für Tatsachen gelten, die den Ausspruch einer Kündigung aus wichtigem Grunde gerechtfertigt hätten.[406] Hat der Aufsichtsrat dagegen die Entlastung nicht vorgeschlagen, bleibt es wie bei der Abberufungsfrage bei der ihm allein obliegenden Einschätzung der Kündigungsgründe.

E. Zusammenfassung

Rechtswirkungen der Entlastung ergeben sich im deutschem Recht im Gegensatz zum schweizerischen und zum früheren französischen Recht nicht aus einem auf ein Anspruchserlöschen gerichteten Rechtsfolgewillen und auch nicht aus einer Rechtsverwirkung, sondern aus dem Verbot widersprüchlichen Verhaltens. Anknüpfungspunkt des Vertrauens des Entlasteten ist kein Unterlassen, sondern positives Tun, d.h. die Erteilung der Entlastung. Das Begründungsproblem, warum der Beschluß überhaupt Rechtsfolgen zu entfalten vermag, liegt in dem scheinbaren Widerspruch zwischen dem auf ein Rechtserlöschen hindeutenden Begriffswortlaut und dem tatsächlichen Beschlußgehalt, der sich in der unternehmerischen Wertung der Geschäftsführung erschöpft. Die Abschluß- und Abgrenzungsfunktion, die die Entlastung für Gesellschaft und Geschäftsführer erfüllt, rechtfertigt jedoch die Rechtspräklusion aufgrund des venire contra factum proprium.

Die Prüfung der rechtsvernichtenden Entlastungswirkung beginnt im schweizerischen ebenso wie im vor den Gesetzesreformen geltenden französischen Recht aus der Sicht des um Entlastung Nachsuchenden. So fordert Art.758 OR, daß die Mitglieder des Verwaltungsrates Tatsachen bekannt zu geben haben. Erst danach wird die Frage gestellt, in welcher Weise dies zu geschehen hat. Das deutsche Recht dagegen prüft, ob aus Sicht des Entlastenden Tatsachen erkennbar waren. Richtiger Anknüpfungspunkt für ein Vertrauendürfen hat jedoch das Ver-

---

[402] *Barner*, Entlastung, S.106; *Geßler*, in Geßler / Hefermehl, AktG, § 84 Anm.61; *Mertens*, in Kölner Komm., AktG, § 84 Anm.107; *Zöllner*, in Kölner Komm., AktG, § 120 Anm.28.

[403] *Mertens*, in Kölner Komm., AktG, § 84 Anm.93, 104.

[404] Mülbert, in Großkomm., AktG, § 120 Rn.41; zust. wohl auch *Mertens*, in Kölner Komm., AktG, § 84 Anm.107.

[405] LG Darmstadt, AG 1987, 318, 320.

[406] Vgl. auch *Barner*, Entlastung, S.111.

halten des Geschäftsführers zu sein. Denn weil die Gesellschafter nicht zur Aufsicht über die Geschäftsführung verpflichtet sind, muß diese den Gesellschaftern Informationen zur Verfügung stellen. Nur dann kann es sich bei dem darauf folgenden Entlastungsbeschluß um eine zurechenbare Vertrauenshandlung des Entlastenden handeln. Informationen können aber auch durch Dritte, z.B. durch einzelne Gesellschafter, den Aufsichtsrat oder die Abschlußprüfer an die Entlastenden herangetragen werden, da die untersuchten Rechtsordnungen nicht vorschreiben, daß die Informationsvermittlung ausschließlich über die Geschäftsführung zu erfolgen hat. Erfolgen solche Mitteilungen nicht, sind Kenntnisse Dritter den Entlastenden nicht zuzurechnen. Kenntnisse der Revisionsstelle sind im schweizerischen Recht nicht mit Kenntnissen der Generalversammlung gleichzusetzen, weil die Revisionsstelle nicht Gesellschaftsorgan ist. Dieselbe Schlußfolgerung gilt im Ergebnis auch für das deutsche Recht. Der Aufsichtsrat im deutschen Recht ist zwar Gesellschaftsorgan, er handelt bei der Überwachung der Geschäftsführung jedoch selbständig und eigenverantwortlich. Eine Zurechnung von Kenntnissen an die Entlastenden, die der Aufsichtsrat erlangt aber nicht weitergibt, erfolgt daher nicht. Privates Wissen einzelner Gesellschafter schließlich bedeutet nur Kenntnis der Gesellschafterversammlung, wenn sämtliche Gesellschafter über dieses Wissen verfügen.

Liegt eine entlastungsbezogene Information vor, stellt sich die Frage, unter welchen Voraussetzungen der Geschäftsführer damit rechnen darf, aufgrund dieser Information nicht mehr in Anspruch genommen zu werden. Nach deutschem Recht stellt sich hier die im Rahmen des venire contra factum proprium zu untersuchende Frage nach der Schutzwürdigkeit des Entlastenden. Im schweizerischen Recht fragt die herrschende Ansicht, unter welchen Voraussetzungen der Geschäftsführer seinem Ersuchen um Décharge die Bedeutung einer negativen Schuldanerkennung beimessen darf. Aus Sicht des schweizerischen Rechts lautet die Antwort, die bei zutreffender Betrachtung auch für das deutsche Recht zu gelten hat: Der Décharge die Bedeutung einer negativen Schuldanerkennung zumessen bzw. im deutschen Recht auf die Nichtinanspruchnahme vertrauen darf der Geschäftsführer dann, wenn er trotz erkennbarer Ansprüche entlastet wird. Im früheren französischen Recht war dagegen nicht nur Erkennbarkeit, sondern die tatsächliche Kenntnisnahme vom Anspruch erforderlich. Daß die Rechtwirkungen des Beschlusses im deutschen Recht nicht erst bei Kenntnis einsetzen, liegt daran, daß die Gesellschafter bei Entlastungserteilung eine Obliegenheit trifft, die schon dann mißachtet wird, wenn der Anspruchs lediglich erkennbar ist.

Was Erkennbarkeit grundsätzlich bedeutet, wird im deutschen Recht im Gegensatz zum schweizerischen Recht nicht beantwortet. In der Schweiz hat man das Problem des Erkennbarkeitsmaßstabs aus der Erkenntnis heraus gelöst, daß von den Gesellschaftern grundsätzlich keine besonderen Kenntnisse im Hinblick auf das Erkennenkönnen von Ansprüchen abverlangt werden können, sondern nur die Sorgfalt eines „ordentlichen Hausvaters“. Dementsprechend deutlich müssen sich auch die Informationen zu etwaigen Ansprüchen gestalten, die der zu Entlastende zu liefern hat. Die Untersuchung zum deutschen Recht hat ergeben, daß auch hier Ansprüche grundsätzlich so aus den zwecks Entlastung unterbreiteten Informationen hervorgehen müssen, daß sie für einen Laien erkennbar sind. Gegebenenfalls sind weitergehende Auskünfte als lediglich der Jahresabschluß zu liefern, weil dieser wie in Kapitel II festgestellt nicht das Ziel hat, über Ansprüche gegen die Geschäftsführer aufzuklären.

Da nach deutschem Recht die Faktoren, die bei der Prüfung der Schutzwürdigkeit des Entlasteten zu berücksichtigen sind, kein feststehendes, sondern ein bewegliches System bilden, darf von dem gefundenen Erkennbarkeitsmaßstab im Einzelfall mit der Folge abgewichen werden, daß die Präklusion auch bei unbekannten Ansprüchen eintritt oder trotz des erkannten Anspruchs ausgeschlossen ist. Eine Verschärfung des Erkennbarkeitsmaßstabes schließlich ist gerechtfertigt, soweit in bestimmten Verkehrskreisen Sonderwissen vorausgesetzt werden kann.

Besonderheiten ergeben sich im Hinblick auf das „Ob“ des Anspruchserlöschens im französischen Recht bzw. im deutschen Aktienrecht, weil diese Folge dort kraft gesetzlicher Anordnung ausgeschlossen ist. Was das französische Recht betrifft, erscheint diese Entscheidung des Gesetzgebers schon deswegen konsequent, weil der zu Entlastende sich hier aufgrund des Fehlens von Stimmverboten an dem ihn betreffenden Beschluß beteiligen kann. Einen gewissen Entlastungsersatz bilden in Frankreich die Beschlüsse der Gesellschafter, die Verträge zwischen der Geschäftsführung und der Gesellschaft billigen, weil sie die Unzulässigkeit von Verantwortlichkeitsklagen bewirken, die trotz der Billigung des Vertrages bzw. seines weiteren Vollzuges erhoben werden. Im deutschen Aktienrecht ist der gesetzliche Präklusionsausschluß nachvollziehbar, weil sich beim Aktionär im Gegensatz zum GmbH-Gesellschafter eine gewisse „Ferne“ von der Geschäftsführung feststellen läßt, was u.a. daran liegt, daß er anders als der GmbH-Gesellschafter nicht über dieselben Teilhabe- und Informationsrechte in Bezug auf Angelegenheiten der Geschäftsführung verfügt.

Die Entlastungsfolgen unterliegen gewissen Schranken. Zunächst ergeben sich Rechtsfolgen nur im Verhältnis Geschäftsführer – Gesellschaft. Etwaige Ansprüche einzelner Gesellschafter oder der Gesellschaftsgläubiger, die auf Ansprüche der Gesellschaft gegen den entlasteten Geschäftsführer zugreifen, bleiben unberührt. Im deutschen Recht ist die Entlastung als Gesamtbewertung der Geschäftsführung anzusehen. Dies rechtfertigt es, die Folgen des Beschlusses entsprechend weit zu ziehen. Der durch die Entlastungserteilung entstehende Vertrauenstatbestand präkludiert nicht nur Ansprüche der Gesellschaft, sondern sämtliche zum Zeitpunkt der Erteilung erkennbare Rechte gegen den Entlasteten, u.a. das Recht zur Abberufung und / oder Kündigung eines Anstellungsvertrages. In der Aktiengesellschaft gilt dies mit der Einschränkung, daß der Aufsichtsrat zwar weiterhin die Abberufung oder Kündigung aussprechen kann, die Entlastungserteilung bei der Ermessensausübung aber zu berücksichtigen ist. Im französischen Recht kann der quitus zwar die Abberufung nicht verhindern, jedoch zum Entstehen eines Schadenersatzanspruchs des Abberufenen gegen die Gesellschaft führen, da sich das gesetzliche Verzichtsverbot nur auf die action sociale beschränkt. Das schweizerische Recht schließlich beschränkt die Wirkungen der Décharge auf die Verantwortlichkeitsklage. Die im übrigen bestehenden Rechte der Gesellschaft gegen den Entlasteten bleiben unberührt.

Andererseits aber schützt das schweizerische Recht anders als das deutsche Recht die Minderheitsgesellschafter, welche sich gegen die Décharge entschieden haben oder bei der Beschlußfassung noch keine Geschäftsanteile der Gesellschaft besaßen. Ihr Recht, trotz erteilter Décharge eine Verantwortlichkeitsklage zu erheben, besteht gemäß Art.758 OR für die Dauer von sechs Monaten ab dem Zeitpunkt der Beschlußfassung fort. Im deutschen Recht hingegen ist der gegen die Entlastung Stimmende an die positive Mehrheitsentscheidung gebunden. Die gerichtliche Geltendmachung des Anspruchs gegen den Geschäftsführer durch den Minderheitsgesellschafter ist nur zulässig, soweit der Beschluß rechtswidrig ist.

Entlastungsschranken ergeben sich schließlich durch den Willen der Entlastenden selbst, die den Beschluß entweder auf bestimmte Geschäftsführer und / oder auf bestimmte Sachverhalte beschränken können. Grenzen bestehen nur bei der sog. Entlastung unter Vorbehalt, die das Vorliegen des positiven Beschlusses von dem Eintritt weiterer Bedingungen abhängig macht. Ein solcher Beschluß wäre rechtswidrig, da er dem Zweck der Entlastung widerspräche, eine bestimmte Geschäftsperiode einem definitiven Abschluß zuzuführen.

Kapitel VI Der rechtswidrige Entlastungsbeschluß

Während sich das vorherige Kapitel den Beschlußfolgen und ihrem Umfang widmete, soll nun untersucht werden, unter welchen Voraussetzungen Entlastungsfolgen von vornherein nicht eintreten können bzw. die zunächst zuerkannten Rechtsfolgen nachträglich wieder abzuerkennen sind. Angesprochen ist damit die Frage nach der Rechtswidrigkeit des Beschlusses und der sich an sie anknüpfenden Sanktion der Nichtigkeit, Unwirksamkeit und Anfechtbarkeit der Entlastung. Zu klären ist dabei zunächst, für wen der Aspekt Geltendmachung von Beschlußmängeln Relevanz besitzt. Vor allem das deutsche und das schweizerische Recht weichen hier aufgrund des im vorhergehenden Kapitel dargestellten, unterschiedlich ausgestalteten Minderheitenschutzes voneinander ab. In der weiteren Darstellung, die sich in unwirksame / nichtige und rechtswidrige Entlastung gliedert, wird zu erörtern sein, wie sich das Vorenthalten von Informationen, die für die Entlastung von Bedeutung sind, auf den Bestand des Beschlusses auswirkt, ferner, welche Sanktion sich ergibt, falls die Entlastung gegen gläubigerschützende Bestimmungen verstößt. Unter dem Aspekt der Anfechtbarkeit des Beschlusses ist insbesondere auf das sog. Entlastungsermessen sowie auf die Gesellschaftswidrigkeit der Entlastung einzugehen. Hinter beiden Punkten, die namentlich das deutsche Recht in jüngerer Vergangenheit beschäftigt haben, steht die ungeklärte Frage, ob die Gesellschafter in ihrer Entscheidung, Entlastung zu erteilen frei sind oder ob sich die Entscheidungsfreiheit schon wegen einer womöglich gesellschaftswidrigen, weil anspruchsvernichtenden Entlastungsfolge stets nur innerhalb bestimmter Grenzen bewegen darf. Abschließend werden der Verlust des Rügerechts von Entlastungsmängeln sowie der Widerruf bzw. die Rückforderung der Entlastung nach erkannter Fehlerhaftigkeit besprochen.

A. Zur Bedeutung der Geltendmachung von Entlastungsmängeln

I. Schadenersatzklage und entgegenstehende Entlastung in der deutschen GmbH

Relevanz hat die Geltendmachung Beschlußmängeln im Recht der GmbH[1] im Hinblick auf die actio pro socio, die es dem einzelnen Gesellschafter aus eigenem Recht ermöglicht, Pflichtverstöße gegen den verantwortlichen Geschäftsführer geltend zu machen. In Bezug auf den Schutz des gegen die Entlastung votierenden Gesellschafters wurde festgestellt, daß dieser grundsätzlich an den Beschluß gebunden ist und daher nicht dessenungeachtet eine Schadenersatzklage gegen den Entlasteten anstrengen kann.[2] Ein entgegenstehender rechtswidriger Entlastungsbeschluß ist vor einer Schadenersatzklage entweder durch gesonderte Anfechtungsklage zu beseitigen,[3] um sodann einen Beschluß zur Geltendmachung des Anspruchs herbeizuführen[4] oder es ist die Anfechtbarkeit der Entlastung zumindest inzident im Rahmen der Klage gegen den Geschäftsführer festzustellen.[5] Das gleiche gilt für alle anderen Rechte, auf die sich die Gesellschaft infolge der Entlastungserteilung nicht mehr berufen kann.

---

[1] Die deutsche Aktiengesellschaft wird bei der Besprechung des französischen Rechts berücksichtigt.

[2] S.o., S.151.

[3] Vgl. auch Baumbach / Hueck, *Hueck / Fastrich*, GmbHG, § 13 Rn.34a; *Grunewald*, Gesellschafterklage, S.87f; *Lutter / Hommelhoff*, GmbHG, § 46 Rn.23; *Winter*, Mitgliedschaftliche Treuebindungen, S.317 mit dem Hinweis, daß Anfechtungs- und Schadenersatzklage auch verbunden werden können.

[4] *Grunewald*, Gesellschafterklage, S.90.

[5] BGH, DStR 1991, 1355, 1356; Hachenburg / *Raiser*, GmbHG, Anh. § 47 Rn.4ff, 100.

Die Anfechtbarkeit resultiert allerdings nicht schon daraus, daß sich aus der Entlastung die beschriebene Anspruchspräklusion ergibt; andernfalls würde man die Folge des Beschlusses ad absurdum führen und müßte einerseits die Ansicht vertreten, die Entlastung bringe Ansprüche zum Erlöschen bzw. stelle einen Verzicht auf solche dar, gleichzeitig aber die These aufrechterhalten, eben diese Folge führe zur Rechtswidrigkeit.[6] Die Gesellschaft ist Gläubigerin des Anspruchs gegen den Geschäftsführer und kann deswegen sowie aufgrund des Fehlens einer dem Aktiengesetz entsprechenden „Verzichtsverbotsregelung" im GmbHG wie jeder andere Gläubiger auch, grundsätzlich in rechtmäßiger Weise auf Ansprüche verzichten[7] bzw. infolge der Entlastungserteilung einen Vertrauenstatbestand beim Entlasteten herbeiführen, der die spätere Geltendmachung von Rechten ausschließt. Notwendig ist demnach eine über die Anspruchspräklusion hinausgehende eigenständige Rechtswidrigkeit des Entlastungsbeschlusses. Schließlich ist die Frage der Nichtigkeit bzw. der Unwirksamkeit von Bedeutung, weil hier aufgrund des fehlenden Entlastungsbeschlusses ein Vertrauenstatbestand nicht entstehen kann und eine Rechtspräklusion daher auch nicht eintritt.

II. Teilverbindlichkeit der Décharge im schweizerischen Recht

Im schweizerischen Recht hat die Entlastungsanfechtung bzw. -nichtigkeit aus den bereits genannten Gründen nicht dieselbe Relevanz wie im deutschen Recht.[8] Hinzuweisen sei hier nochmals auf den Umstand, daß die Erteilung der Décharge nach Art.758 OR nur die Zustimmenden bindet, daß die Anfechtungsfrist lediglich zwei, die Verwirkungsfrist nach Entlastung dagegen sechs Monate beträgt sowie auf die Tatsache, daß die herrschende Ansicht die Anfechtungsklage gegenüber der Verantwortlichkeitsklage als subsidiär ansieht.[9] Von größerem Gewicht ist hingegen die Nichtigkeit des Beschlusses, weil die Entlastung hier auch für die Zustimmenden prinzipiell keine Wirkungen entfaltet[10] und die sechsmonatige Verwirkungsfrist des Art.758 Abs. II OR daher nicht in Gang gesetzt wird.[11] Das Erheben der Verantwortlichkeitsklage bleibt dann bis zum Ablauf der fünfjährigen Verjährungsfrist gemäß Art.760 Abs. I OR möglich.[12]

III. Beschlußmängel im französischen Recht und im deutschen Aktienrecht

Im geltenden französischen Recht ist die Entlastungsanfechtung oder -nichtigkeit nicht mehr von Bedeutung.[13] Auffallend ist hier der Unterschied zum deutschen Aktienrecht. In

---

[6] In diese Richtung tendierend jedoch OLG Hamm, DB 1992, 2131; BayObLG, NJW-RR 1991, 1361, zu recht a.A. RGZ 68, 314, 316; OLG Köln, NZG 1999, 1228, 1229; *Hueck*, GmbHR 1959, 189, 194; *Knoche*, Verzichtswirkung der Entlastung, S. 100f; Scholz / *Schmidt*, GmbHG, § 46 Anm.99.

[7] Vgl. auch *Hueck*, GmbHR 1959, 189, 190, 194; unter den Voraussetzungen des § 93 Abs. IV AktG ist dies auch in der Aktiengesellschaft zulässig, *Mülbert*, in Großkomm., AktG, § 120 Rn.76.

[8] S.o., S.147ff. Die Unwirksamkeit des Beschlusses als dritte Kategorie neben Anfechtung und Nichtigkeit ist dem schweizerischen Recht unbekannt, vgl. *Forstmoser / Meier-Hayoz / Nobel*, AktienR., § 25 Rn.2ff.

[9] S.o., S.149.

[10] BGE 54 II 26; 64 II 152; *Bürgi*, in Zürcher Komm., OR, Art.706 Rn.14.

[11] *Bürgi*, in Zürcher Komm., OR, Art.706 Rn.68; *Forstmoser / Meier-Hayoz / Nobel*, AktienR., § 25 Rn.5; *Picenoni*, Entlastungsbeschluß, S.173.

[12] Soweit das Strafrecht längere Verjährungsfristen vorsieht, gelten diese gemäß Art.760 Abs. II OR auch für den zivilrechtlichen Anspruch.

[13] Zum früheren Recht vgl. Cass.com., J.C.P. 1952 jur. Nr.6872.

beiden Rechtsordnungen erschöpfen sich Gehalt und unmittelbare Wirkung der Entlastung nur noch in der rein tatsächlichen Bewertung der Geschäftsführung. Um Ersatzansprüche gegen ein Mitglied der Verwaltung geltend zu machen, bedarf es keiner vorherigen Entlastungsanfechtung, da der Beschluß in der S.A.R.L., in der S.A. und in der deutschen Aktiengesellschaft aufgrund der Anordnungen in den Art. 223-22 Abs. V, 225-253 Abs. II C.Com bzw. in § 120 Abs. II S.2 AktG keine Rechtswirkungen mehr entfaltet. Die Entlastung kann daher auch einem Minderheitsbegehren nach § 147 Abs. I AktG nicht entgegengehalten werden. Ebensowenig verhindert der quitus im französischen Recht eine ihm folgende action sociale, die zur Geltendmachung von Ansprüchen der Gesellschaft gegen den Entlasteten angestrengt werden kann.

Trotz dieser Parallelen zeigt sich im deutschen Aktienrecht gerade in jüngerer Zeit eine zunehmende Tendenz, Entlastungsbeschlüsse wegen fehlerhafter Rechenschaft oder verweigerter Informationen gemäß § 243 Abs. I AktG i.V.m. § 120 Abs. III S.2 AktG bzw. i.V.m. § 131 AktG anzufechten.[14] Ein Mittel zur Informationserlangung stellt die Anfechtung der Entlastung aber nicht dar. Die erfolgreiche Anfechtungsklage wirkt nur kassatorisch, führt eine Pflicht zur Information also nicht herbei,[15] sondern beseitigt nur den angegriffenen Beschluß, so daß die Anfechtung unmittelbar nur die in der Entlastung liegende positive Wertung beseitigt.[16] Ebensowenig führt die erfolgreiche Anfechtung automatisch zur Entlastungsverweigerung. Vielmehr ist der Rechtzustand aufgrund der kassatorischen Wirkung derjenige, als wäre über die Entlastung überhaupt kein Beschluß gefaßt worden.[17] Im französischen Recht sieht Art.225-119 C.Com. für die société anonyme zwar ein gerichtliches Eilverfahren vor, wenn die in den Art. 225-116 – 225-118 C.Com. aufgeführten Informationen verweigert werden, der quitus ist in diesen Vorschriften jedoch nicht erwähnt, so daß eine entsprechende, entlastungsbezogene Auskunft im Gegensatz zur aktienrechtlichen Regelung in den §§ 131 Abs. I S.1, 132 AktG auch nicht klageweise durchgesetzt werden kann. Mögliche Diskrepanzen zwischen Verwaltung und Anteilseignern können daher im Gegensatz zum deutschen Aktienrecht nur über die Verweigerung der Entlastung zum Ausdruck gebracht werden.

B. Rechtsgrundlagen der Beschlußmängel

I. Deutschland

Aus Sicht des deutschen Rechts dürfte sich die Frage nach der Geltendmachung des Beschlußmangels durch Anfechtung oder Nichtigkeit der Entlastung eigentlich nicht stellen, weil nur Rechtsgeschäfte, nicht aber kraft Gesetzes entstehende Vertrauenstatbestände, also auch das venire contra factum proprium den Regeln der Anfechtung oder Nichtigkeit unterliegen.[18] Für die Aktiengesellschaft und die GmbH ergibt sich aber die Besonderheit, daß der Vertrauenstatbestand nicht auf einer tatsächlichen Handlung, sondern wie gezeigt auf einem

---

[14] OLG Frankfurt, NJW-RR 1994, 104f; OLG Düsseldorf, WM 1994, 842ff; OLG Köln, NZG 1998, 553; KG, DB 2000, 1755; LG Frankfurt, NZG 1998, 640f; WM 1994, 68ff; WM 1994, 1929ff.

[15] Scholz / *Schmidt*, GmbHG, § 45 Anm. 45, 174f. Anders nur, wenn Beschlußanfechtung und die in § 132 AktG vorgesehene Auskunftserzwingung miteinander verbunden werden, vgl. dazu BGHZ 36, 121, 122; zur isolierten Erzwingung verweigerter Auskünfte i.V.m. der Entlastung vgl. OLG Düsseldorf, WM 1991, 2148.

[16] RGZ 167, 151, 166f.

[17] *Barbey*, Décharge, S.161.

[18] Vgl. auch *Canaris*, Vertrauenshaftung, S.453ff m.w.N.

Rechtsgeschäft, dem Entlastungsbeschluß beruht.[19] Rechtswidrige Beschlüsse können in der Aktiengesellschaft auf Grundlage der §§ 241ff. AktG angefochten werden, nichtig oder unwirksam sein. Diese Vorschriften sind auf die GmbH unter Berücksichtigung der Besonderheiten gegenüber der Aktiengesellschaft sinngemäß anzuwenden.[20] Vorstehendes muß auch für den kraft Gesetzes nach Entlastungserteilung entstehenden Vertrauenstatbestand beachtet werden, denn das Vorliegen eines Beschlusses ist wie erwähnt der Anknüpfungspunkt des Vertrauens.[21] Ist der Beschluß infolge Rechtswidrigkeit unwirksam oder nichtig, kann schützenswertes Vertrauen nicht entstehen. Ist die Entlastung dagegen nur anfechtbar, hat das Vertrauen des Entlasteten ebenso wie der Beschluß selbst zunächst Bestand, soweit er nicht gemäß § 246 Abs. I AktG erfolgreich angefochten wird. Die Geltendmachung von Beschlußmängeln nach den Regelungen des Bürgerlichen Gesetzbuches zur Nichtigkeit und Anfechtbarkeit von Willenserklärungen kommt hingegen nicht in Betracht, da diese Vorschriften aufgrund des im Kapitalgesellschaftsrecht stark ausgeprägten Bedürfnisses nach Rechtssicherheit und Rechtsklarheit von den aktienrechtlichen Sonderregeln verdrängt werden.[22]

II. Schweiz

Im schweizerischen Recht bereitet die Zulässigkeit der Anfechtung bzw. der Geltendmachung der Nichtigkeit der Décharge keine Probleme. Da sie von der ganz überwiegenden Ansicht als negative Schuldanerkennung angesehen wird, deren Rechtsfolgen sich nicht kraft Gesetzes, sondern kraft des rechtsgeschäftlichen Entlastungsbeschlusses ergeben, kann der Beschluß wie jedes andere Rechtsgeschäft auch angefochten werden oder unwirksam sein.[23]

Anfechtungs- und Nichtigkeitsgründe der aktienrechtlichen Entlastung finden sich zunächst in den Art.706, 706b OR. Die für die GmbH geltende Verweisungsnorm des Art.808 Abs. VI OR bezieht sich zwar nur auf die Beschlußanfechtung, jedoch ist auch die aktienrechtliche Nichtigkeitsregelung auf die GmbH anzuwenden.[24] Im Gegensatz zum deutschen Recht gelten des weiteren aufgrund des Art.7 ZGB neben den besonderen Regelungen der Art.706ff. OR auch die allgemeinen Vorschriften des Obligationenrechts. Nach herrschender Ansicht können damit die Art.20ff. OR als Anfechtungs- oder Nichtigkeitsgründe zur Anwendung kommen,[25] wobei die einjährige Anfechtungsfrist des Art.31 OR von der spezielleren aktienrechtlichen Regelung verdrängt wird.[26] Tatsächlich aber ist die Anwendung der Art.20ff. OR, abgesehen von der mit § 119 Abs. II BGB vergleichbaren Irrtumsanfechtung nach Art.24 Abs. I Ziff.4 OR wegen fehlender Anspruchserkennbarkeit sowie der sittenwidrigen Entlastung gemäß Art.20 OR wegen Gläubigerbenachteiligung, nur theoretischer Natur.

---

[19] S.o., S.106f.

[20] BGHZ 11, 231, 235; 36, 207, 210f; OLG Köln, NZG 1999, 1228f; Rowedder / *Koppensteiner*, GmbHG, § 47 Rn.73; Scholz / *Schmidt*, GmbHG, § 45 Anm.36.

[21] S.o., S. 112f.

[22] Rowedder / *Koppensteiner*, GmbHG, § 47 Rn.73; *Schuricht*, Klage des GmbH-Geschäftsführers auf Entlastung, S.47f.

[23] BGE 51 II 65, 72f; *Barbey*, Décharge, S.158ff; *Gross*, Haftpflichtrechtliche Situation des Verwaltungsrates, S.250ff; *Kunz*, Rechtsnatur und Einredenordnung, S. 160; *Picenoni*, Entlastungsbeschluß, S.122ff, 138ff, 145ff; *Siegert*, Entlastung in der Aktiengesellschaft, S.112.

[24] *Dreifuss / Lebrecht*, in Basler Komm., OR, Art.808 Rn.31ff.

[25] BGE 65 II 2ff; *Forstmoser / Meier-Hayoz / Nobel*, AktienR., § 25 Rn.17, 91 Fn.88; *Friedrich*, in Berner Komm., ZGB, Art.7 Rn.44; *Haefliger*, Generalversammlung, S.108; *Meier-Wehrli*, Verantwortlichkeit der Verwaltung, S.134; *v. Steiger*, SAG 15 (1942),.1, 8; a.A. *Siegert*, Entlastung in der Aktiengesellschaft, S.112f.

[26] *Forstmoser*, Verantwortlichkeit, Rn.481; i.E. ebs. *Siegert*, Entlastung in der Aktiengesellschaft, S.112f.

Erklärungsirrtümer wie z.B. derjenige, daß der Generalversammlung die Entlastungserteilung nicht bewußt war oder sie vom Entlasteten durch widerrechtliche Drohung gemäß Art.29 OR zur Beschlußfassung bestimmt wurde, sind denkbar,[27] kommen praktisch nicht vor.[28]

Die Gründe, aus denen Beschlußmängel zur Unwirksamkeit, Nichtigkeit oder Anfechtbarkeit führen, können unterschiedlichster Natur sein. Die folgende Darstellung beschränkt sich auf solche Mängel, die gerade im Zusammenhang mit der Entlastung von Bedeutung sind.

C. Die unwirksame / nichtige Entlastung

Ist die Entlastung nichtig oder unwirksam, kann dies von jedermann geltend gemacht werden, weil diese Folge ipso iure eintritt.[29] Einer besonderen gerichtlichen Prozedur wie der in § 249 AktG vorgesehenen Nichtigkeitsklage, bedarf es also nicht.[30] Im schweizerischen Recht ist eine solche Feststellungsklage bei Vorliegen eines entsprechenden Feststellungsinteresses zwar möglich, wegen der fehlenden Notwendigkeit im Obligationenrecht jedoch nicht gesetzlich geregelt.[31]

I. Unwirksamkeitsgründe

Bei den, dem deutschen Recht bekannten unwirksamen Beschlüssen handelt es sich um fehlerhafte aber heilbare Beschlüsse,[32] weil die gesetzlich oder satzungsmäßig geforderte Zustimmung eines Gesellschafters oder eines Dritten fehlt.[33] Schuricht bemerkt hierzu: *„Der wichtigste Unwirksamkeitsgrund ist die fehlende Zustimmung betroffener Gesellschafter. Sieht die Satzung die Zustimmung aller Gesellschafter zu einem Entlastungsbeschluß vor und ist die Entlastung durch diese Zustimmung erteilt worden, so ist dieser Beschluß unwirksam."*[34] Seinen Ausführungen ist nicht zu folgen. Natürlich kann die Satzung aus Gründen des Minderheitenschutzes in Abweichung von § 47 Abs. I GmbHG die Zustimmung aller Gesellschafter zur Entlastung fordern. Findet ein Entlastungsvorschlag aber in dieser Konstellation keine entsprechende Mehrheit, dann ist der Beschluß nicht unwirksam, sondern voll wirksam und zwar mit dem Inhalt, daß ein Antrag, dem Geschäftsführer Entlastung zu erteilen nicht die erforderliche Mehrheit erreicht hat, die Entlastung also verweigert wurde; eines gesonderten Entlastungsverweigerungsbeschlusses bedarf es nicht mehr.[35] Alles andere würde bedeuten, daß es in diesen Konstellationen nur einstimmige – wirksame – oder dieses Quorum nicht erreichende – unwirksame – Beschlüsse, nicht jedoch Entlastungsverweigerungen geben könnte. Im übrigen kann die Satzung die Zustimmung aller Gesellschafter zur Entlastung oh-

---

[27] *Picenoni*, Entlastungsbeschluß, S.106, 108.

[28] *Meier-Wehrli*, Verantwortlichkeit der Verwaltung, S.134ff.

[29] *Forstmoser / Meier-Hayoz / Nobel*, AktienR., § 25 Rn.128ff; *Hüffer*, AktG, § 241 Rn.4; Scholz / *Schmidt*, GmbHG, § 45 Anm.44.

[30] *Hüffer*, AktG, § 241 Rn.4; Scholz / *Schmidt*, GmbHG, § 45 Anm.38.

[31] *Forstmoser / Meier-Hayoz / Nobel*, AktienR., § 25 Rn.128.

[32] *Schmidt*, GftsR., § 15 II 1 b, bb.

[33] BGHZ 48, 141, 143; WM 1966, 446, 447; Scholz / *Schmidt*, GmbHG, § 45 Anm.40, 53ff; *Vogel*, Gesellschafterbeschlüsse, G. III. 4.

[34] *Schuricht*, Klage des GmbH-Geschäftsführers auf Entlastung, S.45.

[35] Vgl. auch *Barner*, Entlastung, S.123.

nehin nur dann in rechtmäßiger Weise vorsehen, wenn Fremdgeschäftsführer betroffen sind. Der Gesellschafter-Geschäftsführer, dessen Stimme beim Erfordernis der Einstimmigkeit ebenfalls vonnöten wäre, kann aufgrund des zwingenden Charakters des in § 47 Abs. IV S.1 GmbHG angeordneten Stimmverbotes nicht zur Abstimmung zugelassen werden; entsprechende Satzungsbestimmungen wären unwirksam.[36]

II. Formelle Nichtigkeitsgründe

Als Formelle Nichtigkeitsgründe kommen insbesondere Einberufungsmängel in Betracht.[37] Ihr Vorliegen führt jedoch nicht zwangsläufig zur Nichtigkeit des Entlastungsbeschlusses. Im schweizerischen Recht kann trotz Einberufungsfehlern gemäß Art.701 OR bei einer Vollversammlung, d.h. bei Anwesenheit aller Anteilseigner bzw. ihrer Vertreter über sämtliche Tagesordnungspunkte, die in die Zuständigkeit der Generalversammlung fallen, gültig Beschluß gefaßt werden, wenn kein Widerspruch erhoben wird.[38] Das gleiche gilt gemäß § 121 Abs. VI AktG für die Aktiengesellschaft sowie über § 51 Abs. II GmbHG für die Gesellschaft mit beschränkter Haftung.[39]

Die fehlende Bekanntgabe einzelner Tagesordnungspunkte, d.h. auch die fehlende Ankündigung der Entlastung stellt keinen zur Nichtigkeit führenden Einberufungsmangel dar.[40] Für das deutsche Aktienrecht gilt das schon deswegen, weil § 241 AktG die Einberufungen regelnde Vorschrift des § 124 AktG nicht erwähnt. Zweifelhaft ist dies dagegen nach schweizerischem Recht, weil Art.700 Abs. III OR anordnet, daß über Anträge zu nicht gehörig angekündigten Verhandlungsgegenständen keine Beschlüsse gefaßt werden können. Dennoch geht man lediglich von der Anfechtbarkeit des Beschlusses aus.[41]

III. Materielle Mängel – Verstöße gegen gläubigerschützende Bestimmungen

Es wurde bereits festgestellt, daß die Entlastung infolge ihrer nur gesellschaftsinternen Ausrichtung grundsätzlich nicht in die Rechte der Gesellschaftsgläubiger eingreift.[42] Die Frage der Nichtigkeit des Beschlusses stellt sich mangels Auswirkungen auf die Stellung der Gläubiger insoweit nicht. Problematisch kann dies jedoch werden, wenn wie im Zusammenhang mit den Schranken der sachlichen Reichweite der Entlastung gezeigt, die Gläubiger wegen fehlender Zahlungswilligkeit oder -fähigkeit der Gesellschaft darauf angewiesen sind, auf Ansprüche zurückzugreifen, die der Gesellschaft gegen die Geschäftsführer zustehen und den Verantwortlichen zuvor Entlastung, mit der Folge des Erlöschens eben dieser Ansprüche, er-

---

[36] BGH, WM 1989, 1090; OLG Stuttgart, GmbHR 1995, 231; Scholz / *Schmidt*, GmbHG, § 47 Anm.173.

[37] *Forstmoser / Meier-Hayoz / Nobel*, AktienR., § 25 Rn.118ff; *Meier-Wehrli*, Verantwortlichkeit der Verwaltung, S.132; Scholz / *Schmidt*, GmbHG, § 45 Anm.64.

[38] Vgl. auch *Bürgi*, in Zürcher Komm., OR, Art.701 Rn.4; *Schluep*, Wohlerworbene Rechte, S.164.

[39] BGHZ 11, 231; 87, 1, 2ff; OLG Hamm, DB 1992, 2233; Rowedder / *Koppensteiner*, GmbHG, § 47 Rn.78, 81; Scholz / *Schmidt*, GmbHG, § 45 Anm.64; *Schuricht*, Klage des GmbH-Geschäftsführers auf Entlastung, S.44; vgl. auch *Vogel*, Gesellschafterbeschlüsse, G. III. 2.d).

[40] Baumbach / Hueck, *Zöllner*, GmbHG, § 51 Rn.27.

[41] BGE 78 III 33, 47; *Bürgi*, in Zürcher Komm., OR, Art.700 Rn.27ff; *Schett*, Verwaltung einer Aktiengesellschaft, S.67.

[42] S.o., S.139f, 152ff.

teilt wurde.[43] Wie dieses Problem zu lösen ist, wird weder in der Schweiz noch in Deutschland einheitlich beantwortet.

1. Unwirksamkeit wegen Sittenwidrigkeit

Für diejenigen, die in der Entlastung eine rechtsgeschäftliche Erklärung sehen, liegt die Annahme der Nichtigkeit wegen Sittenwidrigkeit nahe.[44] Zum Teil wird im deutschen und im schweizerischen Recht vertreten, Entlastungen seien sittenwidrig, wenn sie den Zweck verfolgten, die Gläubiger der Gesellschaft um ihre Ansprüche zu bringen.[45] Nach dem revidierten Obligationenrecht kann die Frage der Sittenwidrigkeit wegen Gläubigerbenachteiligung theoretisch weiterhin von Belang sein, weil die Nichtigkeitsgründe in Art.706b OR nur beispielhaft aufgezählt sind.[46]

2. Einschränkung der Entlastungsreichweite bei Gültigkeit des Beschlusses

Forstmoser stellt für das schweizerische Recht dagegen nicht auf die Sittenwidrigkeit, sondern auf die sachliche Reichweite der Entlastung ab. Die Frage der Sittenwidrigkeit ist seiner Ansicht nach überflüssig, weil sich die Décharge nie auf Ansprüche der Gläubiger auswirken könne.[47] Knoche geht für das deutsche Recht zwar grundsätzlich von der Anfechtbarkeit oder Nichtigkeit der Entlastung aus,[48] er will den Verstoß gegen gläubigerschützende Regelungen jedoch nur im Rahmen der Billigkeitskontrolle, d.h. der Angemessenheit des Erwerbs des Entlastungseinwandes prüfen und die Präklusion wegen Gläubigerbenachteiligung nicht eintreten lassen.[49]

Die Frage der Nichtigkeit muß aber auch hier gestellt werden, denn Anknüpfungspunkt des Vertrauens ist die Existenz des Entlastung erteilenden Beschlusses. Fehlt es hieran, kann die Entlastung in keiner Weise Rechtswirkungen entfalten, d.h. sie wäre nicht nur in Bezug auf die Verantwortlichkeit des Geschäftsführers wirkungslos, sondern auch bezüglich sämtlicher anderer Folgen; zum Beispiel wäre die Gesellschaft nicht mit Abberufungs- oder Kündigungsgründen präkludiert. Kann die Präklusion aus Gründen des Gläubigerschutzes nicht eintreten, wird jedoch gleichwohl entlastet, könnte die Nichtigkeitsfolge in Betracht zu ziehen sein. In Bezug auf die Entlastung kommt dies in den Fällen der §§ 43 Abs. III, 9b Abs. I GmbHG i.V.m. § 30 Abs. I GmbHG bzw. i.V.m. § 33 GmbHG in Betracht. Nach § 9b Abs. I GmbHG, der das Verzichtsverbot statuiert, ist der Beschluß jedoch nicht nichtig, son-

---

[43] S.o., S.152ff.; zu weiteren Nichtigkeitsgründen vgl. *Hüffer*, AktG, § 241 Rn.8ff; Scholz / *Schmidt*, GmbHG, § 45 Anm.72ff.

[44] Vgl. auch die Erwägung in RG, JW 1935, 921, 922f.

[45] Für das schweizerische Recht: BGE 67 II 167, 175; *Gross*, Haftpflichtrechtliche Situation des Verwaltungsrates, S.251; *Meier-Wehrli*, Verantwortlichkeit der Verwaltung, S.133; *Picenoni*, Entlastungsbeschluß, S.207; für das deutsche Recht RGZ 161, 129, 144; BGHZ 15, 382, 386; *Fleck*, GmbHR 1974, 224, 229; Hachenburg / *Hüffer*, GmbHG, § 46 Rn.65; *Heuer*, GmbHR 1951, 151, 152; *Hueck*, GmbHR 1959, 189, 193.

[46] *Forstmoser / Meier-Hayoz / Nobel*, AktienR., § 25 Rn.90 Fn.88. Ein Rückgriff auf Art.20 OR wird infolge der ausdrücklichen Erwähnung der Nichtigkeit wegen Verletzung von Gläubigerinteressen in Art.706b OR nicht mehr erforderlich sein.

[47] *Forstmoser*, Verantwortlichkeit, Rn.475 Fn.935.

[48] *Knoche*, Verzichtswirkung der Entlastung, S.99f.

[49] *Knoche*, Verzichtswirkung der Entlastung, S.87f.

dem unwirksam. Nach dem Wortlaut der Vorschrift ergibt sich diese Rechtsfolge nur, „*soweit*“ die von dem Beschluß erfaßten Ansprüche gegen die Geschäftsführer zur Befriedigung der Gläubiger erforderlich sind.[50] Das bedeutet, im übrigen behält die Entlastung ihre rechtspräkludierende Wirkung.[51]

Es fragt sich, ob man in Anwendung des § 139 BGB auch die Gesamtunwirksamkeit der Entlastung annehmen könnte.[52] M.E. ist die Regelung hier nicht anwendbar. § 139 BGB geht abweichend vom Grundsatz „utile per inutile non vitiatur“ davon aus, daß die Teilnichtigkeit im Zweifel zur Nichtigkeit des gesamten Rechtsgeschäftes führt.[53] Würde man § 139 BGB auf § 9b Abs. I GmbHG anwenden, hätte dies zur Folge, daß die Entlastung im Zweifel insgesamt unwirksam wäre. Dann aber wäre die Formulierung „soweit“ in § 9b Abs. I GmbHG sinnlos. Es müßten bei Anwendung des § 139 BGB im übrigen auch die Interessen des Entlastenden Berücksichtigung finden. Auf dessen Interessen kann es hier aber schon deswegen nicht ankommen, weil die Regelung des § 9b GmbHG nicht dem Schutz der Geschäftsführer, sondern ausschließlich dem Schutz der Gläubiger dient.[54] Deren Interessen sind aber gewahrt, soweit die Entlastung wegen der Erforderlichkeit ihrer Befriedigung unwirksam ist und es im übrigen bei der Anspruchs- bzw. der Rechtspräklusion nach erteilter Entlastung bleibt.

D. Die anfechtbare Entlastung

Im Gegensatz zur ipso iure eintretenden Nichtigkeit ist der bloß anfechtbare Entlastungsbeschluß zwar ebenfalls rechtswidrig, gleichwohl aber rechtsgültig. Sein Bestand und seine Wirkungen müssen daher über den Weg der Anfechtungsklage beseitigt werden. Das Gericht stellt bei erfolgreicher Klage rückwirkend die Nichtigkeit des Beschlusses fest, d.h. wie bei jeder anderen Anfechtungsklage auch erschöpft sich das Urteil in einer kassatorischen Wirkung.[55] Der eintretende Zustand ist also nicht derjenige einer Entlastungsverweigerung, sondern die Beteiligten werden so behandelt, als hätte der Entlastungsbeschluß nie stattgefunden.

I. Verfahrensfehler

Mängel in Bezug auf das Verfahren führen nur dann zur Anfechtbarkeit, wenn sie für den Ausgang des Entlastungsverfahrens kausal waren.[56] Hohe Anforderungen sind hieran allerdings nicht zu stellen. Der Anfechtende braucht die Kausalität nicht darzulegen oder zu beweisen. Vielmehr ist es Sache der Gesellschaft das Fehlen des Ursachenzusammenhanges

---

[50] Vgl. auch BGH, NJW-RR 1986, 1293, 1294 a.E..; Hachenburg / *Hüffer*, GmbHG, § 46 Rn.64.
[51] Vgl. auch *Sigle*, DStR 1992, 469, 472.
[52] Vgl. auch Hachenburg / *Ulmer*, GmbHG, § 9b Rn.12; Rowedder / Koppensteiner, *Rittner / Schmidt-Leithoff*, GmbHG, § 9b Rn.9.
[53] Staud.-*Roth*, BGB, § 139 Rn.1.
[54] Hachenburg / *Ulmer*, GmbHG, § 9b Rn.2; Baumbach / Hueck, *Hueck*, GmbHG, § 9b Rn.1.
[55] *Barbey*, Décharge, S.161; Scholz / *Schmidt*, GmbHG, § 45 Anm.174; *Zöllner*, Schranken, S.408ff.
[56] BGHZ 14, 267f; 59, 369ff; *Forstmoser / Meier-Hayoz / Nobel*, AktienR., § 25 Rn.18; *Vogel*, Gesellschafterbeschlüsse, G. III. 3.c).

nachzuweisen.[57] Im deutschen Recht sollen mit dem sog. Kriterium der Relevanz neben bloßen Ursachenzusammenhängen auch wertende Gesichtspunkte zu berücksichtigen sein.[58]

1. Informationsmängel

Die genügende Information des Entlastenden ist entscheidendes Kriterium für Funktion und Inhalt der Entlastung. In der deutschen Aktiengesellschaft bewirkt daher das Fehlen bzw. die Fehlerhaftigkeit des in § 120 Abs. III S.2 AktG geforderten Jahresabschlusses, Lageberichts oder Berichts des Aufsichtsrates die Gesetzeswidrigkeit der Entlastung i.S.v. § 243 Abs. I AktG.[59] Im schweizerischen Recht sowie im Recht der deutschen GmbH ist die Verbindung Rechnungslegung – Entlastung gesetzlich nicht geregelt. Siegert[60] und Hüffer[61] meinen dennoch, die Entlastung sei bei Mängeln in der Rechnungslegung ebenfalls rechtswidrig und daher anfechtbar.[62] Diese Auffassung vertrat auch die französische Rechtsprechung vor den Reformgesetzen zur S.A. bzw. zur S.A.R.L,[63] obwohl die Rechnungslegung hier zu keiner Zeit gesetzlich geregelte Voraussetzung des quitus war.

Im Zusammenhang mit Fehlern der Rechnungslegung wird im schweizerischen Recht des weiteren die Ansicht vertreten, wenn aus dieser Informationsquelle zum Zeitpunkt des Entlastungsbeschlusses Beanstandungen nicht erkennbar sind, sich aber nachträglich das Bestehen von Ansprüchen gegen den Entlasteten herausstelle, sei die Entlastung rechtswidrig und anfechtbar.[64] So nahm das schweizerische Bundesgericht an, die Entlastung könne aufgrund eines Irrtums i.S.d. Art.24 Ziff.4 OR erfolgreich angefochten werden, weil der Schaden, den die Mitglieder der Verwaltung der Gesellschaft zugefügt hatten bei Erteilung der Décharge erkennbar nur 1,8 Millionen Franken betrug, wohingegen sich später ein Schaden i.H.v. 7,35 Millionen Franken herausstellte.[65] Die mittlerweile nicht mehr bestrittene Literaturmeinung, der sich auch die Rechtsprechung angeschlossen hat, folgt dem jedoch nicht. Vielmehr geht man davon aus, daß das Entlastungsorgan zu Sachverhalten, die ihm unbekannt sind, nicht Stellung nehmen kann und die Décharge insoweit wirkungslos ist; eine Irrtumsanfechtung erübrigt sich demnach.[66] Nichts anderes wurde im früheren französischen Recht

---

[57] RGZ 167, 151, 165ff; BGHZ 36, 121, 139; *Forstmoser / Meier-Hayoz / Nobel*, AktienR., § 25 Rn.18; *Hüffer*, AktG, § 243 Rn.12; *Schleiffer*, Stimmrechtsausschluß, S.280f; Scholz / *Schmidt*, GmbHG, § 45 Anm.100.

[58] Vgl. Hachenburg / *Raiser*, GmbHG, Anh. § 47 Rn.103; *Hüffer*, AktG, § 243 Rn.12f; *Schmidt*, GftsR., § 36 III 4c, aa; Scholz / *Schmidt*, GmbHG, § 45 Anm.100.

[59] RGZ 34, 57f; 44, 66, 67ff; BGHZ 62, 193, 194; OLG Düsseldorf, WM 1994, 842ff; KG, DB 2000, 1755f; LG Frankfurt, NZG 1998, 640; *Mülbert*, in Großkomm., AktG, § 120 Rn.119; *Eckardt*, in Geßler Hefermehl, § 120 Anm.31; *Hüffer*, AktG, § 120 Rn.15.

[60] *Siegert*, Entlastung in der Aktiengesellschaft, S.113.

[61] Hachenburg / *Hüffer*, GmbHG, § 46 Rn.65.

[62] Ebs. *Schucany*, OR, Art.698 Rn.7; zust. wohl. auch *Bürgi*, in Zürcher Komm., OR, Art.698 Rn.73; *Eigenmann*, SAG 27 (1955), 145; unklar *Barner*, Entlastung, S.30, der zwar bemerkt, ohne Rechenschaft keine Entlastung, auf die Folgen fehlender Rechenschaft jedoch nicht eingeht.

[63] Cass.com., J.C.P. 1952, jur. Nr.6872.

[64] BGE 65 II 2, 14, 17f; *Back*, Entlastungsbeschluß, S.86; *Meier-Wehrli*, Verantwortlichkeit der Verwaltung, S.134; *v. Steiger*, SAG 15 (1942), 1, 8.

[65] BGE 65 II 2, 17f.

[66] BGE 78 II 155, 156; 90 II 490, 495f; SAG 28 (1955), 19, 21f; *Bürgi*, in Zürcher Komm., OR, Art.698 Rn.99; *Forstmoser*, Verantwortlichkeit, Rn.439, 453; *Gross*, Haftpflichtrechtliche Situation des Verwaltungsrates, S.244; *Haefliger*, Generalversammlung, S.108; *Schucany*, OR, Art.698 Rn.7; *Siegert*, Entlastung in der Aktiengesellschaft, S.112.

vertreten. War der Sachverhalt der Generalversammlung nicht bekannt, wurde der quitus insoweit als „inopérant" angesehen.[67]

Mit Blick auf die Untersuchung des Zusammenhanges zwischen Rechnungslegung und Entlastung ist zu bemerken, daß die Rechnungslegung ein entscheidendes Kriterium für den Inhalt und die Rechtsfolgen der Entlastung darstellt[68] und ihr Fehlen bzw. ihre Fehlerhaftigkeit durchaus zur völligen Funktions- und Folgenlosigkeit des Beschlusses führen kann. Erhält der Entlastende keine Informationen über die Tätigkeit des Entlasteten, kann er hierzu auch nicht Stellung nehmen. Ein sinnloser bzw. inhaltsleerer Beschluß ist jedoch nicht automatisch rechtswidrig und anfechtbar, denn Voraussetzung der Anfechtbarkeit ist Gesetzes- oder Satzungswidrigkeit. Gesetzesverletzung ist jeder Verstoß gegen eine Rechtsnorm, die nicht nachgiebig ist.[69] Eine Rechtsnorm, nach der Beschlüsse stets einen bestimmten Zweck verfolgen oder einen bestimmten Inhalt aufweisen müssen, besteht jedoch nicht. Rechtswidrig ist die Entlastung bei mangelnder Rechnungslegung also nur dann, wenn die Rechnungslegung satzungsmäßig oder gesetzlich vorgeschrieben ist. Eine gesetzliche Bestimmung existiert für die GmbH wie erwähnt nicht. Man könnte daran denken, § 120 Abs. III S.2 AktG insoweit analog auf die GmbH anzuwenden, als daß man zumindest die Vorlage des gesetzlich ohnehin nach § 264 Abs. I S.1 HGB vorgeschriebenen Jahresabschlusses zum Zwecke der Entlastung fordert, um wenigstens ein Mindestmaß an Informationen zur Bewertung der Arbeit des Entlastenden zu erhalten.[70] Diese Lösung erscheint auch vor dem Hintergrund des Fehlens einer den Gesellschaftern obliegenden Informationspflicht wünschenswert, weil sie gewährleistet, daß ihnen auch ohne Zutun Informationen für die Entlastungsentscheidung zur Verfügung stehen.

Dennoch darf man dem Gesetzgeber nicht vorgreifen. Anläßlich der Reformprojekte zum GmbHG hatte man sich wie erwähnt unter anderem auch mit einer eingehenderen Regelung der Entlastung auseinandergesetzt, die Neuregelungen im Ergebnis aber abgelehnt.[71] Von einer planwidrigen Regelungslücke im GmbHG, die es über eine analoge Anwendung des § 120 Abs. III S.2 AktG zu schließen gilt, kann schon aus diesem Grunde keine Rede sein. Immerhin aber liegt der Jahresabschluß den Gesellschaftern in der Regel bei der Entlastung vor, da die Feststellung des Jahresabschlusses sowie die Entscheidung über die Entlastung üblicherweise in ein und derselben Versammlung stattfinden und zumindest zu dem erstgenannten Beschluß gemäß § 42a Abs. I S.1 GmbHG der Jahresabschluß vorzulegen ist. Es bleibt also festzuhalten, daß das Fehlen der Rechnungslegung, soweit sie nicht vom Gesetz oder der Satzung, z.B. in Form der Vorlage des Jahresabschlusses vorgesehen ist, zwar zur Sinnlosigkeit der Entlastung führt, nicht jedoch zur Rechtswidrigkeit.

Zur Rechtswidrigkeit führt das Fehlen der Rechnungslegung hingegen dann, wenn ihre Vorlage in Bezug auf die Entlastung trotz eines entsprechenden Begehrens unterblieben ist. Verlangt ein Gesellschafter gemäß der §§ 131 AktG, 51a GmbHG bzw. gemäß Art.697 OR eine entlastungsbezogene Auskunft und wird diese rechtswidrig verweigert, unterliegt der Beschluß der Anfechtung.[72] Wie bereits erwähnt wirkt die Beschlußanfechtung jedoch nur

---

[67] Paris, J.Soc. 1912, 445, 448; Lyon, J.Soc., 1915, 274, 283.
[68] S.o., S.21ff.
[69] Scholz / *Schmidt*, GmbHG, § 45 Anm.93 m.w.N.
[70] S.o. S.23.
[71] S.o., S.9.
[72] LG Frankfurt a.M., WM 1994, 68ff; *Mülbert*, in Großkomm., AktG, § 120 Rn.119; *Horber*, Informationsrechte, Rn.562; *Lutter / Hommelhoff*, GmbHG, § 51a Rn.43; Scholz / *Schmidt*, GmbHG, § 45 Anm.97, 51a Anm.47.

kassatorisch. Die Auskunftserteilung ist – gegebenenfalls parallel zur Anfechtungsklage – in einem gesonderten Verfahren einzuklagen.[73]

2. Sonstige Verfahrensfehler

Im Zusammenhang mit den beschlußvorbereitenden Mängeln ist die fehlende bzw. fehlerhafte Ankündigung des Entlastungsbeschlusses zu nennen, die wie erwähnt nicht zur Nichtigkeit, sondern lediglich zur Anfechtbarkeit führt.[74] In Bezug auf den Entlastungsbeschluß selbst ist vor allem die Mißachtung gesetzlicher Stimmverbote im deutschen und schweizerischen Recht von Bedeutung. Entlastungsbeschlüsse, die entgegen den zwingenden Normen der §§ 136 Abs. I AktG, 47 Abs. IV GmbHG bzw. des Art.695 OR unter Beteiligung des zu Entlastenden ergehen, sind rechtswidrig und anfechtbar,[75] es sei denn, die Gesellschaft weist nach, daß die rechtswidrige Stimmenabgabe auf das Abstimmungsergebnis keinen Einfluß hatte.[76]

Nach § 120 Abs. III S.1 AktG soll die Verhandlung über die Entlastung mit der Verhandlung über die Verwendung des Bilanzgewinns verbunden werden. Dies zeigt zwar, daß es infolge der in der Entlastung liegenden Bewertung der unternehmerischen Tätigkeit sinnvoll ist, diese Frage mit der Verwendung des zahlenmäßigen Erfolges der Geschäftsführung zu verbinden, zwingend ist dies aber nicht. Bei § 120 Abs. III S.1 AktG handelt es sich lediglich um eine Sollvorschrift, so daß ein Zuwiderhandeln nicht zur Rechtswidrigkeit der ohne Gewinnverwendungsbeschluß erteilten Entlastung führt.[77]

II. Inhaltsfehler

Bedingt durch jüngere Rechtsprechungsentwicklungen im deutschen Recht haben Probleme im Zusammenhang mit der inhaltlichen Beschlußkontrolle auch in Bezug auf die Entlastung zugenommen. Für das Vorgehen gegen den verantwortlichen Geschäftsführer trotz erteilter Entlastung ist dies in der GmbH insoweit von Bedeutung, als daß auch der gegen den Beschluß Stimmende zunächst gebunden ist und die Anfechtbarkeit entweder als Vorfrage oder in einem gesonderten Anfechtungsprozeß klären muß.[78] Allgemein stellt sich hier die Frage, wie weit der Richter in das Gesellschaftsinternum der Entlastung eingreifen darf. Im schweizerischen Recht hat sich die Frage der Anfechtbarkeit der Entlastung wegen inhaltlicher Mängel des Entlastungsbeschlusses zwar auch schon gestellt,[79] sie ist aber aufgrund der in Art.758 OR angeordneten fehlenden Bindung des gegen die Entlastung Stimmenden nur von untergeordneter Bedeutung.

---

[73] Vgl. §§ 51b GmbHG, 132 AktG; Art.697 Abs. IV OR.

[74] Vgl. auch *Dreifuss / Lebrecht*, in Basler Komm., OR, Art.706 Rn.23; *Hüffer*, AktG, § 241 Rn.9, § 243 Rn.14; *Meier-Wehrli*, Verantwortlichkeit der Verwaltung, S.133; Hachenburg / *Raiser*, GmbHG, Anh. § 47 Rn.104.

[75] BG, SAG 33 (1960/61), 130ff; BGH, NJW 1989, 2694; *Schmidt*, GftsR., § 36 III 3c; *Schucany*, OR, Art.698 Rn.7; *Siegert*, Entlastung in der Aktiengesellschaft, S.113.

[76] OLG Brandenburg, GmbHR 1996, 537; *Hüffer*, AktG, § 243 Rn.19; *Siegert*, Entlastung in der Aktiengesellschaft, S.113.

[77] *Zöllner*, in Kölner Komm., AktG, § 120 Anm.8.

[78] S.o., S.151 a.E.

[79] BG, SAG 28 (1955), 19, 21f; *Barbey*, Décharge, S.163; *Schucany*, SAG 30 (1957/58), 261; *Siegert*, Entlastung in der Aktiengesellschaft, S.113.

1. Das Entlastungsermessen

Grundsätzlich kann der Entlastungsbeschluß, wie jeder andere Beschluß auch, in inhaltlicher Hinsicht rechtswidrig sein. Das dem Entlastenden zukommende Wertungsermessen ist nur insoweit freies Ermessen, als es nicht gegen zwingendes Recht oder gegen Satzungsbestimmungen verstößt.[80] Es stellt sich mithin nicht die Frage nach dem „Ob", sondern nach dem „Wieweit" der richterlichen Beschlußkontrolle. Gegenstand des Entlastungsermessens ist die Geschäftsführungstätigkeit innerhalb eines bestimmten Zeitraums. Diese Tätigkeit muß rechtswidrig gewesen sein, weil nur solche Handlungen der gerichtlichen Kontrolle unterliegen, nicht aber die Frage, ob der Betroffene in unternehmerischer Hinsicht zweckmäßig gehandelt hat. Aus diesem Grunde scheidet auch eine Zweckmäßigkeitskontrolle der Entlastung selbst aus.[81] Im Grundsatz ist aufgrund der Befugnis, Entlastung mit rechtsvernichtender Wirkung zu erteilen, davon auszugehen, daß Geschäftsführungsmängel nicht ausreichen, um die Entlastungserteilung selbst rechtswidrig werden zu lassen. Es müssen vielmehr weitere Umstände festgestellt werden, die zusätzlich zur Rechtswidrigkeit des geschäftsführerischen Handelns auch zur Rechtswidrigkeit der gleichwohl ausgesprochenen Billigung der Unternehmensleitung führen.[82] Es muß m.a.W. der Entlastungsbeschluß die durch die Geschäftsführer bereits geschaffene rechtswidrige Lage „perpetuieren".[83]

2. Einriffe in Mitgliedschaftsrechte

Relevanz besitzt diese „doppelte" Rechtswidrigkeit vor allem dann, wenn der Geschäftsführer Rechte der Gesellschafter verletzt, sei es durch Verstöße gegen den Gleichbehandlungsgrundsatz, sei es durch treuwidriges Zusammenwirken mit anderen Gesellschaftern oder aufgrund der Gewährung von Sondervorteilen zu Gunsten einzelner Gesellschafter[84] und wenn der Entlastungsbeschluß gegen oder ohne[85] die Stimmen derjenigen gefaßt wird, die von der Verletzung betroffen sind. Entlastungen, die unter diesen Bedingungen erteilt werden, sind rechtswidrig und anfechtbar.

3. Zur Anfechtung wegen fehlender Erkennbarkeit

Ausscheiden muß eine Anfechtung trotz gegebener Benachteiligung von Gesellschaftern hingegen, soweit sie der Vorbereitung einer Schadenersatzklage gegen den Entlasteten dienen soll, wenn das in Rede stehende schadenstiftende Ereignis „hinter dem Rücken" der

---

[80] Vgl. auch *Knoche*, Verzichtswirkung der Entlastung, S.100ff.

[81] Zur Ablehnung richterlicher Zweckmäßigkeitskontrolle im deutschen Recht: BGH, BB 1997, 1169; *Henze*, BB 2000, 209, 211; *Mülbert*, in Großkomm., AktG, § 120 Rn.75ff; *Rowedder / Koppensteiner*, GmbHG, § 47 Rn.104; im schweizerischen Recht: BGE 100 II 392; 117 II 308; *Forstmoser / Meier-Hayoz / Nobel*, AktienR., § 25 Rn.15.

[82] S.o., S.166f.

[83] Ebs. *Picenoni*, Entlastungsbeschluß, S.125ff.

[84] Für das deutsche Recht: BGH, WM 1977, 361, 362f; OLG München, GmbHR 1997, 1103, 1104; Scholz / *Schmidt*, GmbHG, § 46 Anm.99; für das schweizerische Recht: BGE 51 II 65, 72f; SAG 28 (1955), 19, 21f; *Barbey*, Décharge, S.163; *Schucany*, SAG 30 (1957/58), 259, 261; *Siegert*, Entlastung in der Aktiengesellschaft, S.113.

[85] So in dem vom OLG München, GmbHR 1997, 1103 entschiedenen Fall.

Betroffenen geschehen ist, d.h. wenn die Rechtswidrigkeit des Handelns objektiv nicht erkennbar war. Dementsprechend hat das schweizerische Bundesgericht bereits entschieden.[86] Im konkreten Fall erhob ein Minderheitsaktionär zwecks Vorbereitung einer Verantwortlichkeitsklage nach Art.754 OR Anfechtungsklage gegen mehrere Déchargebeschlüsse mit der Begründung, die Mehrheitsaktionäre hätten ihren Einfluß im Verwaltungsrat der Gesellschaft – einem Energieunternehmen – dazu ausgenutzt, Strom erheblich unter Marktpreis an die von den Mehrheitsaktionären beherrschten Drittunternehmen zu liefern.[87] Der Kläger argumentierte, außer den Mehrheitsaktionären habe niemand in der Gesellschaft etwas von den Vorgängen erfahren.[88] Das Gericht ließ die Anfechtung mit dieser Begründung nicht zu, weil sich die gefaßten Entlastungsbeschlüsse ohnehin nicht auf unbekannte Umstände beziehen konnten.[89] Für die Vorbereitung einer Klage gegen den entlasteten Geschäftsführer bedeutet das, einer vorherigen Beschlußanfechtung bedarf es bei fehlender Erkennbarkeit nicht.[90]

4. Zur Gesellschaftswidrigkeit der Entlastung

Kommen Verstöße gegen zwingendes Gesetzesrecht oder Eingriffe in mitgliedschaftliche Rechte der Gesellschafter nicht in Betracht, bleibt die Frage, ob die Entlastung als solche gesellschaftswidrig sein kann. Probleme treten in diesem Zusammenhang nicht auf, wenn die Entlastung einstimmig beschlossen wurde. Eine Bindung an den vertraglich vereinbarten Gesellschaftszweck kann nicht gefordert werden, wenn sämtliche Gesellschafter mit der Mißachtung dieser Verpflichtung einverstanden sind.[91]

In allen verbleibenden Gestaltungen könnte man im Ausgangspunkt mit dem OLG Hamm die Ansicht vertreten, prinzipiell trüge jede Entlastungsentscheidung einen Verstoß gegen den Gesellschaftszweck oder zumindest eine Berührung der Gesellschaftsinteressen[92] allein deswegen in sich, weil sie zur Präklusion erkennbarer und bekannter Rechte der Gesellschaft führt.[93] Eine solche These ignoriert für das schweizerische Recht sowie für das Recht der GmbH die Verzichts- bzw., soweit es um die rechtsvernichtende Entlastungswirkung geht, die Entlastungsbefugnis der Gesellschafter.[94] Schon deswegen ist der Ansatz des OLG Hamm abzulehnen. Ebensowenig kann deswegen auch der Auffassung des OLG Köln gefolgt werden, welches allein infolge der rechtsvernichtenden Entlastungswirkung eine Gesamtabwägung anhand der Fallumstände vornehmen will, um festzustellen, ob der Beschluß gesellschaftswidrig ist oder nicht.[95] Diese Meinungen lassen sich mit dem Sinn und Zweck der Entlastungsentscheidung nicht vereinbaren. Entlastung bedeutet nicht Anerkennung der Rechtmäßigkeit der Geschäftsführung, sondern – im Fall ihrer Erteilung – eine positive Be-

---

[86] Vgl. BG, SAG 28 (1955), 19, 21.
[87] BG, SAG 28 (1955), 19, 20.
[88] Vgl. vorherige Fundstelle.
[89] BG, SAG 28 (1955), 19, 21f; auf die Subsidiarität der Anfechtungs- gegenüber der Verantwortlichkeitsklage ging das Gericht allerdings nicht ein.
[90] Erkennbarkeit aus Sicht des geschäftsführenden Mehrheitsgesellschafters genügt wie bereits erwähnt nicht, s.o., S.122.
[91] Vgl. auch *Winter*, Mitgliedschaftliche Treuebindungen, S.317; *Zöllner*, Schranken, S.330.
[92] OLG Hamm, GmbHR 1992, 802ff.
[93] S. auch *Knoche*, Verzichtswirkung der Entlastung, S.27f; zur AG: *Mülbert*, in Großkomm., AktG, § 120 Rn.76.
[94] S.o., S.166f.
[95] OLG Köln, NZG 1999, 1228, 1229; in diese Richtung tendierend auch OLG Düsseldorf, NZG 2001, 991, 994.

wertung der unternehmerischen Tätigkeit, die die bisherige gemeinsame Zusammenarbeit zwischen Gesellschaft und Geschäftsführung stärkt; das Gesellschaftsinteresse ist nicht berührt oder beeinträchtigt, sondern eher gefördert.[96] Soweit der Geschäftsführer seine Tätigkeit für die Gesellschaft nach erteilter Entlastung fortführt, liegt seine „befreite" Arbeitskraft zusätzlich im Interesse der Gesellschaft.[97] Die positive Bewertung der unternehmerischen Tätigkeit ist daher nicht gesellschaftswidrig und insoweit auch nicht justitiabel. Die Frage, ob ein den Gesellschaftern zustehendes Ermessen derart reduziert werden könne, daß nur noch die Verweigerung der Entlastung in Betracht käme, stellt sich damit nicht.

Die Ansichten des OLG Köln und des OLG Hamm sind auch deswegen abzulehnen, weil die angeblichen Kriterien zur Ermittlung der Gesellschaftswidrigkeit von Entlastungsbeschlüssen nicht frei von Widersprüchen sind. Beide Gerichte gehen richtigerweise davon aus, daß die Entlastung zum Erlöschen erkennbarer und bekannter Ansprüche gegen den Entlasteten führt.[98] Das OLG Köln will im Rahmen der gegeneinander abzuwägenden Gesamtumstände zur Ermittlung der Gesellschaftswidrigkeit dann jedoch die Erkennbarkeit des Anspruchs als ermessensbestimmenden Faktor berücksichtigen. Je eher der Anspruch erkennbar sei, um so mehr verenge sich das den Gesellschaftern bei der Entlastungsfrage zustehende Ermessen. Wörtlich heißt es in der Entscheidung: *„Ebenfalls im Rahmen der vorzunehmenden Abwägung zu berücksichtigen ist der Grad der Wahrscheinlichkeit, die für das Bestehen von Schadenersatzansprüchen gegen die Geschäftsführer spricht. Liegt ein solcher Schadenersatzanspruch deutlich auf der Hand, so ist das Ermessen der Gesellschafter bei der Entlastungserteilung wesentlich stärker eingeschränkt, als wenn ein zum Schadenersatz verpflichtendes Verhalten eher fern liegt."*[99] Der hierin liegende Argumentationswiderspruch ist offensichtlich. Einerseits soll die wichtigste Entlastungsfolge grundsätzlich eintreten, andererseits aber soll der Beschluß gesellschaftswidrig sein, wenn diese Folge eintritt. Im übrigen hat die im Rahmen des venire contra factum proprium durchzuführende Interessenabwägung gezeigt, daß der entlastete Geschäftsführer gerade bei bekannten Ansprüchen schützenswerter ist als die Gesellschaft und die Präklusion daher grundsätzlich auch eintritt.[100] Auch in umgekehrter Richtung ist die Ansicht des Gerichts unzutreffend. Das Gesellschaftsinteresse soll um so weniger berührt, das Ermessen der Gesellschafter entsprechend weiter sein, falls Ansprüche eher fernliegend sind.[101] Führt man diesen Gedanken zu Ende, müßte man annehmen, die Entlastung könne bei nicht erkennbaren Ansprüchen auch nicht gesellschaftswidrig sein. Bei nicht erkennbaren Ansprüchen aber, das hat die vorhergehende Untersuchung gezeigt, entfaltet die Entlastung keine Rechtswirkungen. Die Frage der Gesellschaftswidrigkeit stellt sich hier nicht mehr.

Des weiteren meint das OLG Köln, es könne auch bei nicht unerheblicher Schädigung des Unternehmens rechtmäßig Entlastung erteilt werden, sofern bestimmte Umstände hierfür sprächen: Die Höhe des Schadens könne sich ermessensreduzierend auswirken, aus Gründen sozialer Rücksichtnahme könne Entlastung aber auch bei erheblichen Schädigungen in ermessensgemäßer Weise erteilt werden.[102] Die Berücksichtigung der Schadenshöhe führt zu Rechtsunsicherheit, da das Gericht keine objektiven Faktoren nennt, anhand derer festgelegt werden könnte, ab welcher Schadenshöhe Gesellschaftswidrigkeit angenommen werden müs-

---

[96] Vgl. auch *Zöllner*, Schranken, S.325.
[97] *Knoche*, Verzichtswirkung der Entlastung, S.28.
[98] OLG Hamm, GmbHR 1992, 802, 803; OLG Köln, NZG 1999, 1228, 1229.
[99] OLG Köln, NZG 1999, 1228, 1229; insoweit a.A. OLG Düsseldorf, NZG 2001, 991.
[100] S.o., S.126.
[101] OLG Köln, NZG 1999, 1228, 1229.
[102] Vgl. Fn.101

se. Der Aspekt sozialer Rücksichtnahme, in dessen Rahmen Verdienste des Geschäftsführers oder die langjährige Zusammenarbeit zu berücksichtigen seien,[103] ist m.E. in Bezug auf die Entlastung gerichtlicher Kontrolle entzogen. Diese Motive, auf deren Grundlage Entlastung erteilt wird, können sich durchaus auch im irrationalen Bereich[104] und damit außerhalb des rechtlich Nachprüfbaren bewegen. Der Richter mag diese Gründe nachvollziehen können, Gegenstand rechtlicher Beurteilung können sie jedoch nicht sein. Liegt also Vertrauen in die Geschäftsführung vor und wird ihre Tätigkeit deswegen durch Entlastung gebilligt, ist zur Rechtfertigung dieser Entscheidung keine weitere besondere Begründung mehr erforderlich.

Das bedeutet nun nicht, daß Entlastungsbeschlüsse unter keinen Umständen gesellschaftswidrig sein könnten, lediglich das Argument der Anspruchspräklusion taugt als Begründung nicht. Dies entspricht auch der Literaturansicht sowie der übrigen Rechtsprechung, die davon ausgeht, daß allein die Nachteiligkeit einer Maßnahme nicht zur Mißachtung des Gesellschaftszwecks führt.[105] Notwendig ist wie angedeutet vielmehr die Perpetuierung eines durch den Geschäftsführer geschaffenen rechtswidrigen, hier gesellschaftswidrigen Zustandes. Dies kann z.B. durch Geschäftsführungshandlungen geschehen, die die Aufgabe der erwerbswirtschaftlichen Zielsetzung der Gesellschaft zur Folge haben und deswegen gesellschaftswidrig sind.[106] Aus dieser Überlegung heraus kann der Ansicht des OLG Hamm[107] zumindest im Ergebnis zugestimmt werden. Rechtswidrig war der Entlastungsbeschluß hier nicht schon deswegen, weil er den Fortfall von Ersatzansprüchen bewirkte, sondern weil er gegen die Stimmen eines Minderheitsgesellschafters Handlungen des Geschäftsführers zu decken suchte, die ihrerseits gesellschaftswidrig waren.[108] Dieser hatte im konkreten Fall die Montageabteilung des Unternehmens veräußert, was die Änderung des vertraglich vereinbarten Unternehmensgegenstandes – Planung, Lieferung und Montage von meß- und regeltechnischen Anlagen – zur Folge hatte, weil diese Abteilung aufgrund ihrer Belegschaftsstärke sowie ihres Umsatzes eine erhebliche Bedeutung für die Gesellschaft hatte und ihre Veräußerung auch eine Gefährdung des auf Gewinnerzielung gerichteten Erwerbszwecks bedeutete.[109] Die in Kenntnis dieser Tatsachen gegen die Stimmen der Minderheit erteilte Entlastung sah das OLG Hamm – insoweit zutreffend – als gesellschaftswidrig an.

E. Verlust des Anfechtungsrechts / Heilung von Beschlußmängeln

Ausgeschlossen ist das Anfechtungsrecht trotz fehlerhaftem Beschluß sowohl in Deutschland als auch in der Schweiz, wenn ein Gesellschafter für die Entlastung stimmt, obwohl ihm die Rechtswidrigkeit des Handelns des Geschäftsführers sowie des Beschlusses aufgrund seines möglichen Sonderwissens erkennbar oder bekannt war.[110] Mängel in der Ge-

---

[103] Vgl. Fn.101.

[104] Vgl. auch *Barner*, Entlastung, S.73; *Knoche*, Verzichtswirkung der Entlastung, S.41.

[105] RGZ 68, 314; JW 1935, 921; Scholz / *Schmidt*, GmbHG, § 45 Anm.115; *Winter*, Mitgliedschaftliche Treuebindungen, S.106; i.E. ebs. *Zöllner*, Schranken, S.325f.

[106] Scholz / *Schmidt*, GmbHG, § 45 Anm.115; *Zöllner*, Schranken, S.330.

[107] OLG Hamm, GmbHR 1992, 802.

[108] Bei einstimmig erteilter Entlastung wäre dies unschädlich gewesen, s.o., S.178.

[109] OLG Hamm, GmbHR 1992, 802, 804.

[110] Zum deutschen Recht: BGH, WM 1977, 361, 362; Baumbach / Hueck, *Zöllner*, GmbHG, Anh. § 47 Rn.73; Hachenburg / *Raiser*, GmbHG, Anh. § 47 Rn.152; Scholz / *Schmidt*, GmbHG, § 45 Anm.139; Zum schweizerischen Recht: BGE 74 II 41; *Barbey*, Décharge, S.160; *Dreifuss / Lebrecht*, in Basler Komm., OR, Art. 706 Rn.6; *Schleiffer*, Stimmrechtsausschluß, S.306.

schäftsführung können durch ein solches Verhalten zwar nicht geheilt werden, d.h. an sich bleibt die Möglichkeit der Beseitigung des Vertrauenstatbestandes bestehen, jedoch verhält sich derjenige widersprüchlich, der unter den genannten Voraussetzungen dem Beschluß zustimmt und sodann die Anfechtung betreibt.[111]

Ferner kann das Anfechtungsrecht wie auch das Recht, sich auf die Nichtigkeit oder die Unwirksamkeit des Beschlusses zu berufen, vernichtet werden, indem die Gesellschafter, soweit dies gesetzlich möglich ist, einen neuen, den jeweiligen Mangel behebenden Beschluß fassen.[112]

F. Widerruf und Rückforderung der Entlastung

Hat der Betroffene vom Entlastungsbeschluß Kenntnis erlangt, ist ein erneuter widerrufender Beschluß nicht mehr möglich. Im schweizerischen Recht ergibt sich dies aus dem Umstand, daß es sich bei der Décharge um eine Willenserklärung handelt, die mit ihrer Kenntnisnahme verbindlich wird.[113] Im deutschen Recht scheidet die Widerruflichkeit der Entlastung aus, weil ihre Wirkungen kraft Gesetzes eintreten und der hierdurch begründete Vertrauenstatbestand durch einfachen Widerruf nicht mehr beseitigt werden kann.[114] Die Ansicht Zöllners, wonach der Widerruf ausnahmsweise möglich sein soll, wenn unbekannte Verfehlungen nachträglich bekannt wurden, vermag nicht zu überzeugen.[115] Die Entlastungswirkungen treten bei unbekannten Ansprüchen ohnehin nicht ein; die Frage des Widerrufs erübrigt sich somit. Im deutschen Aktienrecht hat die Entlastung zwar ihre anspruchsvernichtende Wirkung verloren, abgesehen davon jedoch schafft die Hauptversammlung einen Vertrauenstatbestand, aufgrund dessen bei Entlastungserteilung erkennbare Umstände nicht zum Anlaß eines späteren Widerrufs genommen werden können. Andernfalls könnte man zunächst Entlastung erteilen und den Beschluß danach z.B. deswegen widerrufen, um dem Aufsichtsrat dadurch einen weiteren Grund zur Abberufung des zuvor Entlasteten zu geben.

Der Entlastungsbeschluß kann schließlich nicht nach den Regeln ungerechtfertigter Bereicherung kondiziert werden.[116] In Bezug auf unbekannte Ansprüche ist die allenfalls in Betracht kommende Leistungskondiktion, aus den für die Anfechtbarkeit und soeben für den Widerruf besprochenen Gründen, nutzlos. Soweit die Entlastung Rechtsfolgen entfaltet, wäre es ein Widerspruch in sich, wenn man zunächst über den Grundsatz von Treu und Glauben den Schutz des Entlasteten bejahen und ihn anschließend über den Weg der §§ 812ff. BGB wieder rückgängig machen könnte.[117]

---

[111] Scholz / *Schmidt*, GmbHG, § 45 Anm.140; BGE 26 II 235; 74 II 43; *Bürgi*, in Zürcher Komm., OR, Art.706 Rn.60.

[112] Für das deutsche Recht: BGHZ 15, 332; 21, 256; Scholz / *Schmidt*, GmbHG, § 45 Anm.84, 136, *Schuricht*, Klage des GmbH-Geschäftsführers auf Entlastung, S.47; für das schweizerische Recht: BG, SAG 33 (1960), 130, 131; *Picenoni*, Entlastungsbeschluß, S.120ff; einschränkend *Dreifuss / Lebrecht*, in Basler Komm., OR, Art.706b Rn.4.

[113] Vgl. Art.9 Abs. I OR; s. auch *Haefliger*, Generalversammlung, S.114. Soweit man die Décharge, wie von einigen angenommen, s.o., S.98f, als Vertrag, ansieht, der wegen Art.6 OR keiner Annahmeerklärung bedarf, erlangt der Beschluß gemäß Art.10 Abs. II OR Wirksamkeit mit Zugang.

[114] *Knoche*, Verzichtswirkung der Entlastung, S.99; *Lutter / Hommelhoff*, GmbHG, § 46 Rn.14; *Sigle*, DStR 1992, 469, 471.

[115] *Zöllner*, in Kölner Komm., AktG, § 120 Anm.39; ebs. *Mülbert*, in Großkomm., AktG, § 120 Rn.84.

[116] RG, JW 1926, 2904; *Hueck*, GmbHR 1959, 189, 194; *Knoche*, Verzichtswirkung der Entlastung, S.99; *Schuricht*, Klage des GmbH-Geschäftsführers auf Entlastung, S.49f.

[117] Ebs. *Schmidt*, ZGR 1978, 425, 436.

G. Zusammenfassung

Die Geltendmachung von Beschlußmängeln zur Beseitigung der Beschlußfolgen ist insbesondere im deutschen GmbH-Recht von Bedeutung, da der gegen die Entlastungserteilung votierende Gesellschafter hier im Gegensatz zum schweizerischen Recht den entgegenstehenden Beschluß beseitigen muß. Im französischen Recht und im deutschen Aktienrecht besteht diese Relevanz aufgrund des Ausschlusses der klage- bzw. anspruchsvernichtenden Wirkung nicht mehr. Neben Einberufungs- und Abstimmungsmängeln, die auch bei jedem anderen Gesellschafterbeschluß zur Rechtswidrigkeit führen, sind vor allem Informationsmängel und die Gesellschaftswidrigkeit des Beschlusses typische Entlastungsmängel. Der Verstoß gegen gläubigerschützende Bestimmungen wird zwar oft als Nichtigkeitsgrund angeführt, tatsächlich aber handelt es sich hierbei nicht um einen Entlastungsmangel, sondern um eine Frage der sachlichen Reichweite der Beschlußfolgen. Denn nach richtiger Ansicht im schweizerischen und im deutschen Recht wirkt die Entlastung nur, soweit nicht die Gläubiger der Gesellschaft hiervon betroffen sind. Das gleiche gilt bei fehlender Erkennbarkeit von Ansprüchen. Die Entlastung wirkt nur, soweit Ansprüche erkennbar sind. Werden sie erst nach Entlastungserteilung erkennbar, beziehen sich die Beschlußfolgen hierauf nicht. Die Frage der Anfechtbarkeit stellt sich damit nicht.

Die Entlastung kann einen sinnvollen Inhalt nur bei genügender Information der Entlastenden besitzen. Eine entsprechende Sanktion, die beim Vorenthalten von Informationen zur Rechtswidrigkeit des Beschlusses führt, ist zwar wünschenswert, möglich ist diese Folge jedoch nur, soweit das Gesetz eine entsprechende Informationspflicht statuiert. Dies ist in den untersuchten Rechtsordnungen ausschließlich im deutschen Aktienrecht der Fall.

Der Entlastungsbeschluß ist nicht allein wegen seiner etwaigen anspruchsvernichtenden Rechtsfolge gesellschaftswidrig und damit rechtswidrig. Die gegenteilige Auffassung, die insbesondere von Teilen der deutschen Rechtsprechung vertreten wird, ist nicht nur inneren Widersprüchen ausgesetzt, sondern sie übersieht auch, daß die Entlastung als solche einen Wertungsakt der Gesellschafter beinhaltet, der seinerseits keiner richterlichen Überprüfung unterliegt. Neben dem pflichtwidrigen, gesellschaftsschädlichen Handeln des Geschäftsführers ist das Hinzutreten weiterer Umstände erforderlich, die zur Rechtswidrigkeit des Beschlusses führen. Die rechtsvernichtende Wirkung der Entlastung allein genügt zur Begründung der Rechtswidrigkeit nicht.

Kapitel VII Die Folgen der Entlastungsverweigerung

A. Einleitung

Nach den Folgen der Entlastungserteilung ist abschließend auf den negativen Beschluß und dessen Folgen einzugehen. Die Verweigerung der Entlastung kann zunächst in tatsächlicher Hinsicht für den Geschäftsführer mit Nachteilen verbunden sein, weil sie oft nicht nur mit einem unternehmensinternen, sondern bei größeren Gesellschaften auch mit einem öffentlichen Ansehensverlust verbunden ist. Es kann sich für ihn daher die Frage stellen, ob die sofortige Amtsniederlegung, gegebenenfalls auch die Kündigung eines Anstellungsvertrages allein aufgrund der Entlastungsverweigerung möglich ist. Daneben wurde und wird in Deutschland, Frankreich und der Schweiz seit langem diskutiert, ob der Nichtentlastete Klage mit dem Antrag erheben kann, die Gesellschaft zur Entlastungserteilung zu verurteilen. Das Problem, ob und mit welchen rechtlichen Mitteln auf die Nichtentlastung zu reagieren ist, stellt sich jedoch nicht nur für den Geschäftsführer, sondern auch für die Gesellschaft. Bei gravierenden Versäumnissen der Unternehmensführung kann für sie die sofortige Abberufung oder eine außerordentliche Kündigung des Anstellungsvertrages in Betracht kommen. Gegenstand der Untersuchung werden daher die Reaktionsmöglichkeiten der Gesellschaft und des Geschäftsführers auf die Entlastungsverweigerung sowie die Klagbarkeit der Entlastung sein.

Inhaltlich bringt Entlastungsverweigerung in Umkehr des positiven Beschlußinhaltes zunächst nur die Mißbilligung der Amtsführung zum Ausdruck, d.h. über denkbare Konsequenzen wie die Geltendmachung von Ersatzansprüchen, die Abberufung oder die Kündigung eines Anstellungsvertrages ist noch nicht entschieden.[1]

Daß es sich bei der Entlastung, der Abberufung und der Geltendmachung von Ansprüchen um zwei verschiedene Beschlüsse handelt, zeigen auch die gesetzlichen Differenzierungen im deutschen und im schweizerischen Recht. Die Hauptversammlung der deutschen Aktiengesellschaft ist zwar für die Entlastung und die Geltendmachung von Ersatzansprüchen gegen Vorstandsmitglieder zuständig, die entsprechenden Regelungen sind jedoch deutlich voneinander getrennt in § 119 Abs. I Nr.3 AktG bzw. in § 147 AktG zu finden. Die Abberufung der Mitglieder des Vorstandes schließlich ist nicht Angelegenheit der Hauptversammlung, sondern fällt gemäß § 84 Abs. III S.1 AktG in die Zuständigkeit des Aufsichtsrates. In der GmbH ist die Gesellschafterversammlung zwar sowohl für die Entlastung als auch für die Abberufung sowie für die Geltendmachung von Ersatzansprüchen gegen die Geschäftsführer zuständig, jedoch hat der Gesetzgeber auch hier deutlich zwischen den Regelungen der entsprechenden Beschlüsse getrennt. § 46 Nr.5 GmbHG führt die Abberufung der Geschäftsführung gesondert neben der Entlastung auf. Die Geltendmachung von Ersatzansprüchen ist in § 46 Nr.8 GmbHG geregelt.

Das schweizerische Obligationenrecht differenziert klar zwischen dem Entlastungsbeschluß in Art.810 Abs. I Nr.5 OR einerseits und der Geltendmachung von Ansprüchen in Art.810 Abs. I Nr.8 OR sowie der Abberufung in Art.810 Abs. I Nr.2 OR andererseits. Nichts anderes ist auch in der Aktiengesellschaft zu beobachten, wo das Gesetz zwischen der Abberufungskompetenz der Generalversammlung in Art.705 Abs. I OR einerseits und der Entlastungszuständigkeit in Art.698 Abs. I Nr.5 OR andererseits unterscheidet.

---

[1] *Barner*, Entlastung, S.129; *Dreifuss / Lebrecht*, in Basler Komm., OR, Art.810 Rn.22; *Heuer*, GmbHR 1951, 151, 152; Scholz / *Schmidt*, GmbHG, § 46 Anm.100; *Schmidt*, ZGR 1978, 425, 438; *Schuricht*, Klage des GmbH-Geschäftsführers auf Entlastung, S.35; *Wohlmann*, GmbH-Recht, S.124f; ebs. *Bousquet*, D. 1978 I.R., 312, 313 bzgl. der Abberufung nach verweigerter Entlastung.

B. Weitere Handlungsmöglichkeiten der Gesellschaft

Da sich die Entlastungsverweigerung wie gesagt nicht unmittelbar auf die Amtsstellung bzw. auf den Anstellungsvertrag des Betroffenen auswirkt, ist zu fragen, ob und gegebenenfalls welche mittelbaren Konsequenzen sich ergeben.

I. Entlastungsverweigerung und jederzeitige Abberufbarkeit

Das Mißtrauensvotum könnte zunächst einen wichtigen Grund für eine nachfolgende Abberufung von der organschaftlichen Position beinhalten. Möglich ist dies natürlich nur, soweit es nach dem Gesetz bzw. nach dem Gesellschaftsvertrag für die Wirksamkeit einer Abberufung überhaupt eines Grundes bedarf. Für die S.A. klassischen (Art.225-18 Abs. II S.2 C.Com.) und modernen Typs (Art.225-61 Abs. I S.1 C.Com.), die S.A.R.L. (Art.223-25 Abs. I S.1, 2 C.Com.) sowie für die schweizerische Aktiengesellschaft (Art.705 Abs. I, 726 OR) ist zwingend vorgeschrieben, daß die Demission jederzeit, also ohne Angabe von Gründen erfolgen kann.[2] Die Frage, ob die Entlastungsverweigerung einen wichtigen Grund beinhaltet, stellt sich in Bezug auf die Wirksamkeit der Abberufung hiernach also nicht. Nach Auffassung von Rechtsprechung und Literatur braucht die Abberufung im französischen Recht in der S.A.R.L. nicht einmal als Tagesordnungspunkt angekündigt werden. Ausreichend soll es sein, wenn der quitus im ordre du jour auftaucht, weil es hierbei um die Überprüfung der Verwaltung und die Frage geht, ob der Betroffene im Amt belassen werden kann oder nicht, so daß sich an den quitus ohne weiteres die Abberufung anschließen könnte.[3]

Jederzeitige Widerruflichkeit sieht § 38 Abs. I GmbHG grundsätzlich auch für die deutsche GmbH vor. Im schweizerischen GmbH-Recht kann der Fremdgeschäftsführer ebenfalls gemäß Art.814 Abs. III OR jederzeit, also ohne das Vorliegen eines wichtigen Grundes abberufen werden.[4] Das gleiche gilt für den Gesellschaftergeschäftsführer, falls die übrigen Gesellschafter auf ihr Recht zur Geschäftsführung verzichtet haben.[5] In den vorgenannten Konstellationen stehen Entlastung und Abberufung also lediglich in einer tatsächlichen Verbindung zueinander. Wird Entlastung verweigert, kann es auch naheliegen, die Abberufung der betroffenen Geschäftsführer auszusprechen. Zwingend ist dies allerdings nicht. Der Entlastung kommt insoweit nur eine indizielle Wirkung zu.

II. Entlastungsverweigerung und Abberufung aus wichtigem Grund

Von dem Grundsatz jederzeitiger Abberufbarkeit im deutschen GmbH-Recht kann der Gesellschaftsvertrag sowohl für den Gesellschafter- als auch für den Fremdgeschäftsführer abweichen und zur Stärkung der Geschäftsführerstellung den Widerruf nach § 38 Abs. II GmbHG nur bei Vorliegen eines wichtigen Grundes zulassen. Bei der mitbestimmten GmbH ergibt sich die Ausnahme zu § 38 Abs. I GmbHG aus dem Gesetz selbst, weil der Geschäfts-

---

[2] Zum französischen Recht *Berdah*, Fonction et responsabilité, Rn.478ff; zum schweizerischen Recht BGE 80 II 118; *Böckli*, AktienR., Rn.1471; *Bürgi*, in Zürcher Komm., OR, Art.705 Rn.2; *Dreifuss / Lebrecht*, in Basler Komm., OR, Art.705 Rn.6, 14.

[3] Cass.com., Rev.soc. 1978, 245; Paris, Bull. Joly – Soc. 2000, 340f; *Bousquet*, D. 1978 I.R., 312, 313; *Dessertine*, Bull. Joly – Soc. 2000, 342.

[4] Vgl. auch *Watter*, in Basler Komm., OR, Art.814 Rn.6, 10.

[5] *v. Steiger*, in Zürcher Komm., OR, Art.814 Rn.12; *Watter*, in Basler Komm., OR, Art.814 Rn.8.

führer hier gemäß § 31 MitbestG i.V.m. § 84 Abs. III AktG nur aus wichtigem Grund abberufen werden kann.[6]

Das schweizerische GmbH-Recht sieht im Gegensatz zu § 38 Abs. II GmbHG keine Möglichkeit vor, von der jederzeitigen Abberufbarkeit satzungsmäßig abzuweichen. Nur wenn nach Art.811 Abs. I OR sämtliche Gesellschafter vertretungsberechtigt sind, ist nach Art.814 Abs. II OR ein wichtiger Grund für die Abberufung notwendig.[7] In diesem Fall aber ist eine Entlastungsentscheidung wie schon in Kapitel III erörtert sinnlos,[8] so daß die Auswirkungen der Entlastung auf eine nachfolgende Abberufung nicht weiter zu untersuchen sind.

In der deutschen Aktiengesellschaft sieht § 84 Abs. III AktG zur Sicherung der eigenverantwortlichen Unternehmensleitung durch den Vorstand zwingend vor, daß der Aufsichtsrat die Bestellung nur aus wichtigem Grund widerrufen kann.

Im französischen Recht erreicht man eine solche Amtsstabilität nur mittelbar in der S.A.R.L. und der S.A. modernen Typs, in denen die Abberufung zwar wie auch bei der S.A. klassischen Typs an keine materiellen Voraussetzungen geknüpft ist, wo jedoch dem Geschäftsführungsmitglied nach Art.223-25 Abs. I S.3 C.Com. bzw. nach Art.251-61 Abs. I S.1 C.Com. ein Anspruch auf Schadenersatz zusteht, falls seine Abberufung ohne berechtigten Grund - juste motif - ausgesprochen wurde.[9]

Weil die Entlastungsverweigerung als Mißbilligung der Amtsführung zu verstehen ist, eine darauffolgende Abberufung daher nicht fernliegt, könnte man erwägen, allein den nicht entlastenden Beschluß für eine Abberufung aus wichtigem Grund genügen zu lassen. In Bezug auf das französische Recht gilt diese Überlegung mit der Besonderheit, daß die Verweigerung der Entlastung einen Schadenersatzanspruch des Abberufenen verhindert, da der Betreffende in diesem Fall zu recht, also mit Vorliegen eines juste motif, abberufen wurde.

1. Deutschland

a) Aktiengesellschaft

Am ehesten scheint die Erwägung auf die deutsche Aktiengesellschaft zuzutreffen, weil § 84 Abs. III S.2 AktG, der nicht abschließend[10] wichtige Gründe nennt, den Aufsichtsrat u.a. beim Vertrauensentzug durch die Hauptversammlung berechtigt, das Vorstandsmitglied von seinem Amt zu entfernen. Ist die in der Mißbilligung der unternehmerischen Vorstandstätigkeit liegende Entlastungsverweigerung als Vertrauensentzug für die Zukunft zu verstehen,[11] liegt die Annahme nahe, daß schon der Beschluß als solcher einen wichtigen Grund ausmacht und damit ohne weitere Prüfung durch den Aufsichtsrat das Recht zur Abberufung herbeiführt. In diese Richtung geht die Stellungnahme von Baums, wonach der Vertrauensentzug grundsätzlich ein wichtiger Grund sei, ohne daß im Einzelfall festgestellt werden müsse, ob die Entziehung des Vertrauens gerechtfertigt war oder nicht; es genüge vielmehr die schlichte Unzufriedenheit der Hauptversammlung mit der Geschäftspolitik und ihren Ergebnissen, die sich gar nicht auf konkrete Versäumnisse oder Fehlentscheidungen beziehen müs-

---

[6] Vgl. auch Scholz / *Schneider*, GmbHG, § 38 Anm.37.

[7] *Watter*, in Basler Komm., OR, Art.814 Rn.8.

[8] S.o., S.58.

[9] Vgl. auch *Ripert / Roblot / Germain*, Dr.Com., Rn.960.

[10] *Meyer-Landrut*, in Großkomm., AktG, 3.Aufl., § 84 Anm.32.

[11] *Barner*, Entlastung, S.123; *Dietel*, Widerruf, S.92; *Eckardt*, in Geßler / Hefermehl, AktG, § 120 Anm.45; a.A. *Obermüller / Werner / Winden*, HV, S.343; *Zöllner*, in Kölner Komm., AktG, § 120 Anm.41.

se.[12] Baums liefert m.E. mit diesen Ausführungen lediglich eine Erklärung, warum die Entlastung verweigert werden kann, nicht aber, ob der Aufsichtsrat berechtigt ist, auf ihrer Grundlage das Vorstandsamt zu beenden.

§ 84 Abs. III S.2 AktG bestimmt, daß ein wichtiger Grund nicht vorliegt, wenn das Vertrauen aus offenbar unsachlichen Gründen entzogen wurde. Die Entlastungsverweigerung stellt für sich betrachtet jedoch weder einen sachlichen noch einen unsachlichen Vertrauensentzug dar. Sie ist vielmehr eine sich aus einer Vielzahl von Einzelumständen zusammensetzende Wertentscheidung über die Unternehmensführung.[13] Solange die einzelnen Umstände anläßlich der Entlastungsverweigerung nicht kundgetan werden, die Mißbilligung also ohne weitere Begründung erfolgt oder nicht einmal eine vorherige Diskussion stattgefunden hat, ist weder die vom Aufsichtsrat vorzunehmende Abwägung zwischen den Interessen des Vorstandes und denjenigen der Gesellschaft bezüglich des Für und Wider einer Abberufung[14] möglich, noch kann festgestellt werden, ob das Vertrauen aus unsachlichen Gründen entzogen wurde oder nicht. Will die Hauptversammlung also durch das Mißtrauensvotum eine Grundlage für die Beendigung des Vorstandsamtes schaffen, müssen die entsprechenden Gründe mitgeteilt werden. Die nicht näher begründete Entlastungsverweigerung kann den Aufsichtsrat daher in keinem Fall verpflichten, den Vorstand abzuberufen.

Wird die Entlastungsverweigerung dagegen näher begründet, verpflichtet dies den Aufsichtsrat zunächst nur, die Frage der Abberufung zu prüfen, hierbei das Mißtrauensvotum der Hauptversammlung zu berücksichtigen und es auf seine Sachlichkeit hin zu untersuchen.[15] Diese Prüfungspflicht bedeutet jedoch nicht, daß eine Entscheidung zwangsläufig Abberufung zu lauten hätte. Der Aufsichtsrat handelt bei Überwachung der Vorstandstätigkeit und der Einleitung entsprechender Maßnahmen wie bereits erwähnt in eigener Verantwortung und nicht als verlängerter Arm der Hauptversammlung.[16] § 84 Abs. III S.1 AktG bringt dies durch die Formulierung zum Ausdruck, daß die Bestellung zum Vorstand widerrufen werden „*kann*" - aber nicht muß -, wenn ein wichtiger Grund vorliegt. Die Entscheidung des Aufsichtsrates ergeht daher unter Berücksichtigung der Entlastungsverweigerung aufgrund einer eigenen, von der Hauptversammlung unabhängigen Ermessensausübung.[17] Das bedeutet, wurde die Entlastung aus unsachlichen Gründen verweigert, z.B. ausschließlich, um einen Abberufungsgrund zu schaffen,[18] liegt kein sachlicher Grund vor, so daß eine Abberufung ermessensfehlerhaft wäre. Besteht ein sachlicher Grund, z.B. erhebliche Pflichtverletzungen des Vorstandes, hat der Aufsichtsrat ihn im Rahmen seiner Ermessenserwägungen zwar zu berücksichtigen, es können im Einzelfall aber andere, gewichtigere Gründe für das Verbleiben im Amt sprechen.[19] Nur wenn solche Gründe nicht vorhanden sind, genügt die begründete Entlastungsverweigerung allein, um die Abberufung zu rechtfertigen.

---

[12] *Baums*, Geschäftsleitervertrag, S.301.
[13] S.o., S.131f.
[14] Zum Abwägungserfordernis vgl. BGH, WM 1968, 1325, 1326; *Hüffer*, AktG, § 84 Rn.26; *Mertens*, in Kölner Komm., AktG, § 84 Anm.103.
[15] *Dietel*, Widerruf, S.99; *Mertens*, in Kölner Komm., AktG, § 84 Anm.107.
[16] S.o., S.162 a.E.; vgl. auch *Hüffer*, AktG, § 111 Rn.2, 8.
[17] *Eckardt*, in Geßler / Hefermehl, AktG, § 120 Anm.45; *Mertens*, in Kölner Komm., AktG, § 84 Anm.107; i.E. zust. *Hüffer*, AktG, § 120 Rn.16.
[18] LG Darmstadt, AG 1987, 318, 320.
[19] *Mertens*, in Kölner Komm., AktG, § 84 Anm.93; *Obermüller / Werner / Winden*, HV, S.344.

b) GmbH

Die Abberufung kann in einer GmbH wie erwähnt aufgrund gesellschaftsvertraglicher oder aufgrund gesetzlicher Anordnung nur aus wichtigem Grund zulässig sein. Voraussetzung hierfür ist, daß der Gesellschaft ein weiteres Verbleiben des Geschäftsführers in seinem Amt unzumutbar ist.[20] Die Frage der Zumutbarkeit ist anhand der gesamten Fallumstände zu ermitteln, wobei die Interessen der Gesellschaft gegen diejenigen des Geschäftsführers abzuwägen sind.[21] Schon diese Erfordernisse zeigen, auf eine nicht weiter begründete Entlastungsverweigerung allein kann die Abberufung nicht gestützt werden, denn andernfalls hätte man auf die Notwendigkeit des wichtigen Grundes insoweit auch gänzlich verzichten können.[22] Folglich bildet die Entlastungsverweigerung nur dann einen wichtigen Grund, wenn sie ihre Rechtfertigung ersichtlich in Umständen findet, die ein weiteres Verbleiben im Amt für die Gesellschaft unzumutbar erscheinen lassen.[23] Die nicht näher begründete Gegenauffassung, die lediglich auf das Vorliegen sachlicher Gründe abstellt,[24] kann nicht überzeugen, weil sie inhaltlich auf die Anwendung des im GmbHG nicht geltenden § 84 Abs. III S.2 AktG hinausläuft, wo nur der sachlich begründete Vertrauensentzug die Abberufung zuläßt. Etwas anderes ist nur für die mitbestimmte GmbH anzunehmen, in der über § 31 Abs. I MitbestG auch die Regelung des § 84 Abs. III S.2 AktG gilt.[25]

2. Frankreich / Schweiz

Im französischen Recht steht dem Entlasteten wie bereits erwähnt ein Schadenersatzanspruch gegen die Gesellschaft zu, wenn er ohne berechtigten Grund – juste motif – abberufen wird. Bereits erörtert wurde, daß die Entlastungserteilung für das Bestehen eines Anspruchs spricht, wenn im Anschluß an den quitus die Abberufung ausgesprochen wird.[26] Nunmehr stellt sich die Frage, ob die Verweigerung der Entlastung den Schadenersatzanspruch verhindert. Diese Frage könnte an sich auch für das schweizerische Recht gestellt werden, da Art.705 Abs. II OR klarstellt, daß Entschädigungsansprüche des Abberufenen vorbehalten bleiben.[27] Diesbezügliche Auseinandersetzungen fehlen jedoch, was daran liegen dürfte, daß das schweizerische Recht die Wirkungen der Déchargeerteilung auf die Verantwortlichkeitsklage nach den Art.754ff. OR beschränkt.[28]

Die berechtigten Gründe werden in Frankreich in zwei Kategorien eingeteilt. Zum einen kann ein Fehlverhalten des Betroffenen seine Abberufung rechtfertigen, zum anderen kann aber auch schon das bloße Interesse der Gesellschaft (intérêt social) die Abberufung

---

[20] OLG Hamburg, GmbHR 1992, 45; *Lutter / Hommelhoff*, GmbHG, § 38 Rn.20; Scholz / *Schneider*, GmbHG, § 38 Anm.43.

[21] Vgl. vorherige Fundstelle.

[22] OLG Köln, WM 1988, 974, 979; *Lutter / Hommelhoff*, GmbHG, § 38 Rn.22; *Rowedder / Koppensteiner*, GmbHG, § 38 Rn.13; *Stein*, in Recht des Geschäftsführers, § 38 GmbHG Rn.52.

[23] *Lutter / Hommelhoff*, GmbHG, § 38 Rn.22; ebs. wohl auch OLG Köln, WM 1988, 974, 979.

[24] *Barner*, Entlastung, S.139; Baumbach / Hueck, *Zöllner*, GmbHG, § 38 Rn.8; Scholz / *Schneider*, GmbHG, § 38 Anm.52.

[25] Vgl. dazu *Rowedder / Koppensteiner*, GmbHG, § 38 Rn.37.

[26] S.o., S.160f.

[27] Vgl. auch *Forstmoser / Meier-Hayoz / Nobel*, AktienR., § 27 Rn.42.

[28] S.o., S.145, 160.

erforderlich machen.[29] Die inhaltliche Präzisierung des letztgenannten Aspektes bereitet Rechtsprechung und Lehre Schwierigkeiten, weil man einerseits nur objektive, also richterlich nachprüfbare Umstände genügen lassen will, andererseits aber auch wertende, nicht justitiable Entscheidungen in die Feststellung des juste motif einbezieht.[30] Beispielsweise soll einerseits das bloße Nichtgefallen[31] oder der Wunsch nach einer neuen Unternehmensleitung die Abberufung nicht rechtfertigen,[32] andererseits aber soll das Gesellschaftsinteresse schon bei einer bloßen Meinungsverschiedenheit über die Gesellschaftspolitik zwischen Geschäftsführung und Gesellschaftern beeinträchtigt und die Abberufung damit zulässig sein.[33]

Eine eher wertende Entscheidung als einen objektiven Grund beinhaltet auch der Vertrauensverlust (perte de confiance), der ebenfalls die Abberufung rechtfertigt und den Schadenersatzanspruch des Betroffenen ausschließt.[34] Sieht man die Entlastung mit der herrschenden Ansicht nur noch als Vertrauenskundgabe, scheint es zunächst, als könnte schon der Vertrauensentzug als solcher die Abberufung des Verwaltungsmitgliedes rechtfertigen, ohne daß dem Betroffenen ein Schadenersatzanspruch zustünde. Die Rechtsprechung begnügt sich jedoch nicht damit, den Vertrauensverlust als solchen und damit das Vorliegen eines juste motif festzustellen. Vielmehr ist man bemüht, objektivierbare und damit richterlich nachvollziehbare Umstände als Grundlage des subjektiven Vertrauensverlustes herauszuarbeiten. In einem von der Cour d'Appel Paris entschiedenen Fall hatte sich ein Geschäftsführer u.a. mehrfach geweigert, eine Gesellschafterversammlung einzuberufen. Das Gericht entschied, daß der sich daraus ergebende Vertrauensverlust ein juste motif für die ausgesprochene Abberufung darstellte.[35] Die Literatur zieht daraus den Schluß, daß der Vertrauensverlust als solcher lediglich ein richterlich nicht kontrollierbares „motif psychologique" darstellt,[36] ein den Schadenersatzanspruch des Abberufenen verhinderndes juste motif dagegen nur vorliegt, wenn der Sachverhalt weitere objektive Gründe erkennen läßt.[37] Demzufolge wird die Entlastungsverweigerung als solche im französischen Recht keinen berechtigten Grund beinhalten und damit auch den Ersatzanspruch des Abberufenen nicht berühren.

III. Außerordentliche Kündigung des Anstellungsvertrages

Eine weitere Konsequenz der Entlastungsverweigerung könnte auch die außerordentliche Kündigung eines gegebenenfalls neben dem organschaftlichen Verhältnis bestehenden Anstellungsvertrages darstellen. Im schweizerischen Recht wird dies aus den bereits genannten Gründen nicht diskutiert.[38]

---

[29] Cass.com., Rev.soc. 1993, 800; *Baillod*, RTD.com. 1983, 395, 402f; *Berdah*, Fonction et responsabilité, Rn.503ff; *Ripert / Roblot / Germain*, Dr.Com., Rn.1315.

[30] *Berdah*, Fonction et responsabilité, Rn.505.

[31] *Ripert / Roblot / Germain*, Dr.Com., Rn.1315.

[32] Cass.com., Rev.soc. 1993, 800; *Berdah*, Fonction et responsabilité, Rn.505; *Guyon*, Bd. 1, Rn.492; *Ripert / Roblot / Germain*, Dr.Com., Rn.1315.

[33] Cass.com., Rev.soc. 1984, 791; *Berdah*, Fonction et responsabilité, Rn.505; *Guyon*, Bd. 1, Rn.352, 492.

[34] Paris, Droit des Sociétés 1992, Nr.60, S.11; Versailles 11.2.1988, D. 1988 I.R., 111; Reims, Rev.soc. 1976, 307; *Baillod*, RTD.com. 1983, 395, 402; *Storck*, in JCl.-soc., Fasc. 74-2 Rn.41.

[35] Paris, Droit des Sociétés 1992, Nr.60, S.11; vgl. auch Trib.com. Paris, J.C.P. 1974 II No. 17743.

[36] Anm. zu Paris, Droit des Sociétés 1992, 12.

[37] *Baillod*, RTD.com. 1983, 395, 402 m.w.N.

[38] S.o., S.145, 160, 187.

1. Frankreich

Dies wird aus zwei Gründen auch für das französische Recht gelten. Anstellungsverhältnis und organschaftliches Verhältnis sind hier bezüglich ihres tatsächlichen Inhalts strikt voneinander zu trennen.[39] Unter anderem muß der Inhalt der nach dem Anstellungsvertrag geschuldeten und tatsächlich ausgeführten Tätigkeit von der Geschäftsführungstätigkeit unterscheidbar sein.[40] Gefordert wird im Gegensatz zur Geschäftsführungstätigkeit ein Subordinationsverhältnis des angestellten Geschäftsführers unter die Gesellschaft.[41] Gegenstand der Entlastung ist jedoch lediglich die geschäftsführerische Tätigkeit, nicht aber sonstige Handlungen, die der Betreffende daneben für die Gesellschaft ausführt. Demzufolge kann sich ein Mißtrauensvotum nicht auf die arbeitsvertragliche Stellung des Geschäftsführers beziehen. Eine außerordentliche Kündigung infolge verweigerter Entlastung erscheint damit nicht möglich.

2. Deutschland

Im deutschen Recht schließlich ist zu beachten, daß die Rechtmäßigkeit der Abberufung nach erteilter Entlastung grundsätzlich nicht die Rechtmäßigkeit einer Kündigung nach sich zieht, da beide Institute weder in ihren Voraussetzungen noch in ihren Rechtsfolgen gleich sind.[42] Das Aktiengesetz geht aufgrund des § 84 Abs. III S.5 AktG von einer gesonderten Beurteilung des Anstellungsvertrages gegenüber dem organschaftlichen Verhältnis aus. Das Vorliegen eines außerordentlichen Kündigungsgrundes bemißt sich nach dieser Regelung nach den allgemeinen Vorschriften, maßgebend ist folglich § 626 BGB.[43] Eine außerordentliche Kündigung durch die Gesellschaft ist aufgrund des auch für den Geschäftsführer der GmbH geltenden § 626 Abs. I BGB nur zulässig, wenn der Gesellschaft unter Berücksichtigung aller Umstände und unter Abwägung der Interessen beider Vertragsparteien die Fortsetzung des Dienstverhältnisses, d.h. die Weiterbeschäftigung unter Fortzahlung der Bezüge bis zu einem ordentlichen Ablauf nicht zugemutet werden kann.[44]

Rechtsprechung und herrschende Lehre gehen dabei in zwei Schritten vor und fragen zunächst, ob ein bestimmter Sachverhalt „an sich" einen wichtigen Grund bildet[45] und sodann, ob die Fortsetzung des Arbeitsverhältnisses unter Abwägung der Fallumstände dem Kündigenden zumutbar ist.[46] Eine Fallgruppe der Kündigungsgründe bilden die Störungen im Vertrauensbereich.[47] Kann erwogen werden, die Entlastungsverweigerung als zur Kündigung

---

[39] *Guyon*, Bd. 1, Rn.321. In Art.225-61 Abs. II C.Com, der für die S.A. modernen Typs gilt, heißt es dementsprechend in Bezug auf das Verhältnis von Abberufung und Kündigung auch: *„Au cas où l'intéressé aurait conclu avec la société un contrat de travail, la révocation de ses fonctions de membre du directoire n'a pas pour effet de résilier ce contrat."*

[40] Cass.soc., Rev.soc. 1997, 533; *Guyon*, Bd. 1, Rn.321; *Ripert / Roblot / Germain*, Dr.Com., Rn.963.

[41] Vgl. vorherige Fundstelle.

[42] Allg. Auff.: vgl. nur BGH, WM 1995, 2064, 2065; *Hüffer*, AktG, § 120 Rn.24, 38; *Rowedder / Koppensteiner*, GmbHG, § 38 Rn.37.

[43] *Mertens*, in Kölner Komm., AktG, § 84 Anm.127. Zur Möglichkeit, Widerruf und Kündigung zu verbinden BGH, WM 1981, 759, 760; *Mertens*, in Kölner Komm., AktG, § 84 Anm.50, 138; Baumbach / Hueck, *Zöllner*, GmbHG, § 35 Rn.110; *Rowedder / Koppensteiner*, GmbHG, § 38 Rn.38.

[44] *Rowedder / Koppensteiner*, GmbHG, § 38 Rn.37; *Mertens*, in Kölner Komm., AktG, § 84 Rn.127.

[45] Soergel-Kraft, BGB, § 626 Rn.33.

[46] Vgl. vorherige Fundstelle.

[47] Soergel-*Kraft*, BGB, § 626 Rn.37, 58ff.

aus wichtigem Grund führende Störung des Vertrauensbereich anzusehen? Läßt man die Entlastungsverweigerung als solche, d.h. ohne die Berücksichtigung weiterer Fallumstände bzw. ohne das Vorliegen einer Begründung als Kündigungsgrund zu, hätte dies zur Folge, daß sich der Kündigende den Kündigungsgrund unabhängig vom Verhalten des Betroffenen selbst schaffen könnte, weil die Entlastung abgesehen von den besprochenen Anfechtungs- und Nichtigkeitsgründen ein richterlich nicht überprüfbares Werturteil über die Geschäftsführungstätigkeit beinhaltet.[48] Daß diese, ausschließlich durch den Kündigenden geschaffene Situation eine Vertragsbeendigung aus wichtigem Grund niemals rechtfertigen kann, liegt auf der Hand.[49] Anknüpfungspunkt einer außerordentlichen Kündigung wegen Vertrauensbruchs nach verweigerter Entlastung hat daher, wie auch sonst bei diesen Konstellationen, nicht das Verhalten des Kündigenden, sondern das des Gekündigten zu sein.[50] Liegen beispielsweise wiederholte schwerwiegende Pflichtverletzungen vor, ist eine außerordentliche Kündigung rechtmäßig, wenn die notwendige Interessenabwägung zu Lasten des Geschäftsführers ausfällt. Die Entlastungsverweigerung kann hier höchstens Indizwirkung haben. Eine Kündigung wäre auch ohne sie zulässig.

C. Reaktionsmöglichkeiten des Betroffenen

I. Amtsniederlegung und Kündigung

Die Niederlegung der organschaftlichen Stellung ist in den untersuchten Rechtsordnungen gesetzlich nicht geregelt. Im französischem sowie im schweizerischem Recht geht man davon aus, daß sie an keine materiellen Wirksamkeitsvoraussetzungen geknüpft ist, also jederzeit und ohne Angabe von Gründen erfolgen kann.[51] In der Schweiz leitet man diesen Befund aus einer Analogie zur auftragsrechtlichen Vorschrift des Art.404 Abs. I OR ab, wonach beide Parteien den Auftrag jederzeit widerrufen bzw. kündigen können, ohne daß es einer Erklärung der Gesellschaft bedarf.[52] Das französische Recht sieht das jederzeitig ausübbare Recht zur Amtsniederlegung als Gegenpart zum Recht der Versammlung, den Geschäftsführer jederzeit abzuberufen.[53] Ob die Demission aus wichtigem Grund oder ob sie zur Unzeit erfolgte bzw. rechtsmißbräuchlich gewesen ist, spielt sowohl in der Schweiz als auch in Frankreich nur für die Frage eine Rolle, ob der Gesellschaft ein Schadenersatzanspruch gegen den Geschäftsführer zusteht, nicht dagegen für die Wirksamkeit der Erklärung.[54]

Diese Sichtweise entspricht mittlerweile auch der im deutschen Recht herrschenden Ansicht im Hinblick auf die Amtsstellung des Geschäftsführers, hier allerdings mit der Be-

---

[48] S.o. S. 177, 182.
[49] Vgl. auch BGH, WM 1978, 109, 110; 1981, 759; i.E. ebs. *Hüffer*, AktG, § 84 Rn.40.
[50] Vgl. nur BAG, AP Nr.53, 65 zu § 626 BGB; LAG Düsseldorf, DB 1953, 24; 1958, 595f.
[51] *Berdah*, Fonction et responsabilité, Rn.469; *Böckli*, AktienR., Rn.1470a.
[52] BGE 111 II 480; *Böckli*, AktienR., Rn.1470a; *Bürgi*, in Zürcher Komm., OR, Art.708 Rn.19; *Wernli*, in Basler Komm., OR, Art.711 Rn.5.
[53] *Souleau*, RTD.com. 1972, 21, 27f, 29, 31, 33 m.w.N.
[54] *Berdah*, Fonction et responsabilité, Rn.473 m.w.N.; *Bürgi*, in Zürcher Komm., OR, Art.708 Rn.19; *Ripert / Roblot / Germain*, Dr.Com., Rn.962.

gründung, daß dem Rechtsverkehr die Unsicherheit über die Vertretungsverhältnisse bis zu einer endgültigen Klärung im Rechtsstreit nicht zumutbar ist.[55]

1. Sofortige Amtsniederlegung

Kann der Geschäftsführer danach sein Amt ohnehin jederzeit mit sofortiger Wirksamkeit niederlegen, ist er natürlich auch berechtigt die Entlastungsverweigerung zum Anlaß zu nehmen, seine Position zur Verfügung zu stellen. Ob dem Betreffenden zu diesem Vorgehen zu raten ist, hängt davon ab, ob diese Handlung eine Schadenersatzpflicht gegenüber der Gesellschaft zur Folge hat.[56] Dies ist zu verneinen, wenn die Amtsniederlegung nicht zur Unzeit erfolgt oder wenn dem Betroffenen ein wichtiger Grund zur Kündigung des Anstellungsverhältnisses zur Seite steht.[57] Damit stellt sich die Frage, ob die Entlastungsverweigerung allein die Amtsniederlegung zur Unzeit ausschließt bzw. die Kündigung aus wichtigem Grund rechtfertigt. Die Literatur bejahte dies bisher meist ohne ein Wort der Begründung.[58]

Nach einer neueren Ansicht ist die sofortige schadenersatzlose Amtsniederlegung danach zu beurteilen, ob die Entlastungsverweigerung berechtigt war oder nicht.[59] Da der Beschluß nach der hier vertretenen Auffassung im Ermessen der hierüber entscheidenden Anteilseigner steht, erübrigt sich die Frage, ob die Verweigerung zu Recht erfolgte oder nicht. Entscheidend muß vielmehr sein, ob die Verweigerung begründet wurde oder nicht. Bei der schlichten, d.h. der unbegründeten Entlastungsverweigerung entsteht für den Betroffenen ein Zustand der Unsicherheit. Will der Geschäftsführer seine Tätigkeit fortführen – eine Pflicht zur Niederlegung besteht nicht –, muß er gegen eine nicht näher definierte Mißbilligung anarbeiten.[60] Etwaige Pflichtwidrigkeiten oder unternehmerische Versäumnisse können in Ermangelung ihrer Beanstandung nicht rückgängig gemacht werden. Ebensowenig ist der Nichtentlastete in der Lage, seine Geschäftspolitik zu überdenken, um sich gegebenenfalls neu zu orientieren. Die unbegründete Entlastungsverweigerung muß daher zum sofortigen schadenersatzlosen Rücktritt berechtigen.[61] Den Grund für die Amtsniederlegung hat die Gesellschaft durch die unbegründete Entlastungsverweigerung selbst gesetzt. Gibt man dem Betroffenen hingegen durch nähere Erläuterungen Gelegenheit, seine Fehler zu revidieren, wird man der Gesellschaft dann einen Schadenersatzanspruch gegen den Geschäftsführer zugestehen kön-

---

[55] BGHZ 121, 257, 261f; LG Frankenthal, GmbHR 1996, 940; Baumbach / Hueck, *Zöllner*, GmbHG, § 38 Rn.38c; Scholz / *Schneider*, GmbHG, § 38 Anm.82f; i.E. zust. *Hüffer*, AktG, § 84 Rn.36; a.A. *Lutter / Hommelhoff*, GmbHG, § 38 Rn.41f.

[56] In Bezug auf das schweizerische Recht ergibt sich der Anspruch aus Art.404 Abs. II OR. Nach deutschem Recht kann eine Verletzung der gesellschafterlichen Treuepflicht zum Schadenersatzanspruch führen, vgl. Baumbach / Hueck, *Zöllner*, GmbHG, § 38 Rn.38c.

[57] Zum deutschen Recht: Baumbach / Hueck, *Zöllner*, GmbHG, § 38 Rn.38c; *Meyer-Landrut*, in Großkomm., AktG, 3.Aufl., § 84 Anm.37; *Stein*, in Recht des Geschäftsführers, § 38 GmbHG Rn.143; zum französischen Recht: *Ripert / Roblot / Germain*, Dr.Com., Rn.962; zum schweizerischen Recht: *Wernli*, in Basler Komm., OR, Art.711 Rn.5.

[58] *Hüffer*, AktG, § 120 Rn.16; *Lutter / Hommelhoff*, GmbHG, § 46 Rn.15; *Neflin*, NJW 1959, 1666, 1667; *Rowedder / Koppensteiner*, GmbHG, § 46 Rn.25; *Obermüller / Werner / Winden*, HV, S.344; *Picenoni*, Entlastungsbeschluß, S.244; Scholz / *Schmidt*, GmbHG, § 46 Anm.100; *Zöllner*, in Kölner Komm., AktG, § 120 Anm.45.

[59] *Obermüller / Werner / Winden*, HV, S.344.

[60] *Barner*, Entlastung, S.130; ähnlich *Mülbert*, in Großkomm., AktG, § 120 Rn.46.

[61] i.E. ebs. *Mülbert*, in Großkomm., AktG, § 120 Rn.46.

nen, wenn er seine Tätigkeit nicht wenigstens vorübergehend fortführt,[62] vorausgesetzt, dies entspricht auch dem aus Sicht des Betroffenen erkennbaren Willen der Gesellschafter.

2. Außerordentliche Kündigung des Anstellungsvertrages

Im deutschen Recht stellt sich zudem die Frage, ob der von der Entlastungsverweigerung Betroffene einen etwaigen Anstellungsvertrag außerordentlich kündigen kann, ohne der Gesellschaft zum Schadenersatz verpflichtet zu sein. Dies setzt nach § 626 Abs. I BGB einen wichtigen Grund voraus. Aus Sicht der Gesellschaft als kündigender Vertragspartei wurde festgestellt, daß die Entlastungsverweigerung als solche keinen wichtigen Grund für eine fristlose Kündigung des Anstellungsvertrages darstellt.[63] Aus Sicht des Geschäftsführers stellt sich diese Situation jedoch anders dar, wenngleich der Anknüpfungspunkt des Kündigungsgrundes auch hier wieder im Vertrauensbruch zu sehen ist. Der Vertrauensbruch liegt hier allerdings nicht im Verhalten des Kündigenden, sondern im Verhalten der Gesellschafter, die durch die Mißbilligung der Unternehmensführung die Vertrauensgrundlage des Anstellungsvertrages zerstören,[64] welche notwendige Basis eines jeden Dauerschuldverhältnisses ist.[65] Fehlt der bisherigen Zusammenarbeit diese Grundlage, liegt ein wichtiger Grund zur Kündigung des Anstellungsvertrages vor. Das bedeutet allerdings noch nicht, daß das Vertragsverhältnis in jedem Fall sofort beendet werden kann. Erst wenn dem Geschäftsführer i.S.d. § 626 Abs. I BGB unter Berücksichtigung aller Umstände und unter Abwägung der Interessen beider Vertragsparteien, d.h. seiner und derjenigen der Gesellschaft, die Fortsetzung des Dienstverhältnisses bis zu einem ordentlichen Ablauf nicht mehr zumutbar ist, liegt ein wichtiger Grund vor.[66] In der Mehrzahl der Fälle gehen der Entlastungsverweigerung Diskussionen um die Geschäftsführung voraus; der Beschluß wird mit einer entsprechenden Begründung versehen, so daß diesbezüglich eine Interessenabwägung stattfinden kann. Eine fristlose Kündigung wird beispielsweise gerechtfertigt sein, wenn der Geschäftsführer sich geweigert hat, rechtswidrige Weisungen der Gesellschafter auszuführen und die anschließende Entlastungsverweigerung hiermit gerechtfertigt wird.[67] Wird die Entlastung dagegen ohne Angabe von Gründen verweigert, ist eine Abwägung insoweit nicht möglich. Ein Vertrauensbruch von seiten des Entlastungsorgans ist m.E. hier nicht nur in der Entlastungsverweigerung, sondern auch in der Weigerung zu sehen, die Motivation des Beschlusses zu erläutern. Dies ist zu Gunsten des Geschäftsführers zu berücksichtigten. Zu beachten ist des weiteren, daß er, wie bei der Amtsniederlegung bereits erwähnt, nicht in der Lage ist, mögliche Mängel zu beseitigen, die mit der Entlastungsverweigerung hätten zum Ausdruck gebracht werden können. Ein Festhalten am Anstellungsvertrag ist dann für den Geschäftsführer nicht mehr zumutbar.

---

[62] *Barner*, Entlastung, S.131.

[63] S.o., S.189f.

[64] Vgl. auch *Mülbert*, in Großkomm., AktG, § 120 Rn.46; *Neflin*, NJW 1959, 1666, 1667; *Schmidt*, ZGR 1978, 425, 439; ebs. aber ohne Begr. *Barner*, Entlastung, S.132.

[65] *Larenz*, SchuldR-AT, § 2 VI, S.32, MüKo.-*Emmerich*, BGB, vor § 275 Rn.240ff, 244.

[66] Baumbach / Hueck, *Zöllner*, GmbHG, § 35 Rn.115a; *Mertens*, in Kölner Komm., AktG, § 84 Anm.129, 161; Scholz / *Schneider*, GmbHG, § 35 Anm.231.

[67] *Barner*, Entlastung, S.131 führt dies als Beispiel für eine berechtigte Amtsniederlegung an. Das Verlangen gesetzwidriger Handlungen rechtfertigt jedoch auch die sofortige Beendigung der vertraglichen Beziehung, vgl. *Stein*, in Recht des Geschäftsführers, § 38 GmbHG Rn.146.

II. Anfechtung der Entlastungsverweigerung

Theoretisch denkbar wäre es, gegen einen negativen Beschluß mit der Anfechtungsklage vorzugehen.[68] Abgesehen davon, daß zumindest im deutschen Recht die Anfechtungsbefugnis des nicht entlasteten GmbH-Geschäftsführers strittig ist,[69] würde dem Betroffenen die Beschlußanfechtung auch nicht helfen. Der Richter könnte, wenn überhaupt, nur den angefochtenen Beschluß kassieren nicht aber reformieren,[70] dem Betroffenen die begehrte Entlastungserklärung daher auch nicht verschaffen. Aus diesem Grunde ist die Anfechtung der Entlastungsverweigerung nicht weiter zu verfolgen.

III. Klage auf Erteilung der Entlastung

1. Leistungsklage

Kann das Geschäftsführungsmitglied über die bloße Beschlußanfechtung nicht zum Ziel der erstrebten Entlastungserteilung gelangen, stellt sich die Frage, ob es die Gesellschaft über eine Leistungsklage hierzu zwingen kann. Die Diskussion hierüber wird seit langem vor allem im schweizerischen und im deutschen Recht geführt, ohne daß man bisher zu einem befriedigenden Ergebnis gelangt ist.

a) Generelle Bedenken

Es fragt sich zunächst, welchen Inhalt ein gerichtlich geltend gemachter Entlastungsanspruch überhaupt haben könnte. Wegen der für den Betroffenen rechtlich vorteilhaften Präklusionswirkung könnte es zunächst um einen Anspruchsverzicht gehen. Schuler macht hierzu folgende bemerkenswerte Ausführung: *„Spricht das Gericht die Entlastung aus, weil es einen nicht entschuldigten Geschäftsführungsverstoß für zu geringfügig erachtet, erstreckt sich die Verzichtswirkung des Urteils auch auf diesen Ersatzanspruch, obwohl der Entlastungsbeschluß diese Wirkung nicht hätte. Der Verlust eines begründeten Anspruchs wird wohl in Kauf genommen werden können und müssen.“*[71] Schuler hat seine Ansicht mit keinem Wort begründet. Eine nachvollziehbare Begründung dürfte auch kaum zu finden sein, weil man die Gesellschaft andernfalls zur Vertiefung des ihr durch das Handeln der Geschäftsführung verursachten Schadens zwingen müßte; Vertiefung insoweit, als daß die Gesellschaft verpflichtet wäre auf einen begründeten Anspruch gegen den Geschäftsführer zu verzichten. Eine solche Pflicht zur Selbstschädigung ist mit logischen Argumenten nicht zu rechtfertigen.[72] Drastisch aber treffend hierzu ist Knoches Ausdruck: *„Absurd“*.[73]

---

[68] Auch ein den Antrag ablehnender Beschluß kann rechtswidrig sein, vgl. BGHZ 88, 320, 328; Scholz / *Schmidt*, GmbHG, § 45 Anm.179.

[69] Dazu Scholz / *Schmidt*, GmbHG, § 45 Anm.134.

[70] Hachenburg / *Raiser*, GmbHG, Anh. § 47 Rn.244ff; Scholz / *Schmidt*, GmbHG, § 45 Anm.179.

[71] *Schuler*, NJW 1960, 601, 604; ähnlich auch *Schuricht*, Klage des GmbH-Geschäftsführers auf Entlastung, S.111, *„Das Entlastungsurteil entfaltet sodann eine Freistellungswirkung in gleichem Umfang wie ein von der Gesellschafterversammlung erteilter Entlastungsbeschluß.“*

[72] Vgl. BGH, GmbHR 1985, 356, 357 im Anschluß an *Schmidt*, ZGR 1978, 425, 441. Dies erkennen im übrigen sowohl im schweizerischen als auch im deutschen Recht diejenigen, die ein Recht auf Entlastung bejahen, vgl.

b) Zur Rechtsgrundlage eines Anspruchs auf Entlastung

Macht man sich ernsthaft Gedanken über einen Anspruch auf Entlastungserteilung, kommt er nur bei rechtlich einwandfreier Geschäftsführungstätigkeit in Betracht. Unter dem vor den Reformgesetzen von 1937 bzw. von 1966 geltenden französischen Recht weigerte sich das Tribunal Commercial Seine dem Klageantrag des betroffenen Verwaltungsmitgliedes zu folgen und den von der Generalversammlung verweigerten Entlastungsbeschluß selbst zu fassen, weil ein Gericht unter keinen Umständen in die der Versammlung zustehende Entlastungskompetenz eingreifen könne.[74] Es stellte jedoch fest, die Kläger, die die Geschäfte anstandslos geführt hatten, könnten eine neue Versammlung mit dem Tagesordnungspunkt „quitus" gerichtlich beantragen. Ferner könne das Gericht, falls der dort gefaßte Beschluß nicht im klägerischen Sinne sei, anstelle der Versammlung entscheiden.[75]

Das Gericht zeigte damit zwar einen Weg auf, wie der Betreffende zur Erteilung der erstrebten Entlastung gelangen könne, das Fehlen von Pflichtwidrigkeiten bedeutet jedoch nicht automatisch die Existenz einer Anspruchsgrundlage. Es bedeutet lediglich, daß Schadenersatzansprüche nicht bestehen. Die im deutschen Recht von Zöllner vertretene Ansicht, die Entlastungsverweigerung sei bei einwandfreier Geschäftsführung ermessensfehlerhaft, es stünde dem Betroffenen daher ein Anspruch auf positive Beschlußfassung zu,[76] ist schon aus diesem Grunde abzulehnen. Das Argument möglicher Ermessenswidrigkeit überzeugt ebenfalls nicht, weil der ermessenfehlerhafte Beschluß, wenn überhaupt, nur zur Rechtswidrigkeit und damit Anfechtung, nicht aber zum Anspruch auf eine positive Entlastungsentscheidung führen kann.[77]

(1) Bisher vertretene Begründungsansätze

Die weitere Rechtsprechung und Literatur hat einige Versuche unternommen, die richtige Anspruchsgrundlage für ein mit der Leistungsklage durchsetzbares Recht auf Entlastung zu finden. Sowohl von schweizerischer als auch von deutscher Seite wurde vorgeschlagen, den Anspruch auf den Gesellschaftsvertrag[78], den Anstellungsvertrag,[79] auf Gewohnheitsrecht[80] oder auf Treu und Glauben[81] zu stützen. Andere sehen in der Entlastung ein Kor-

---

nur RGZ 89, 396; BGHZ 24, 54; *Buchner*, GmbHR 1988, 9, 14; *Dreifuss / Lebrecht*, in Basler Komm., OR, Art.810 Rn.26; *Picenoni*, Entlastungsbeschluß, S.229; *v. Steiger*, SAG 15 (1942), 1, 9.

[73] *Knoche*, Verzichtswirkung der Entlastung, S.45.

[74] Trib.com. Seine, Rev.soc. 1928, 86, 87; ebs. Trib.com. Tulle, Sirey 1932 II 59, 60; *Biggel*, Verantwortlichkeit des Verwaltungsrates, S.74; *Meier-Wehrli*, Verantwortlichkeit der Verwaltung, S.131; *Nocquet*, in JCl.-soc., Fasc.139-2A Rn.56.

[75] Vgl. vorherige Fundstelle.

[76] Baumbach / Hueck, *Zöllner*, GmbHG, § 46 Rn.28f.

[77] Vgl. auch OLG Hamburg, BB 1960, 996. Zum Entlastungsermessen, s.o. S.177ff.

[78] *Picenoni*, Entlastungsbeschluß, S.215; *Schuricht*, Klage des GmbH-Geschäftsführers auf Entlastung, S.82.

[79] *Flechtheim*, JW 1920, 700, 701; *Laband*, Entlastung des Vorstandes, S.73; *Picenoni*, Entlastungsbeschluß, S.215; *Schuricht*, Klage des GmbH-Geschäftsführers auf Entlastung, S.82, 111; *Siegert*, Entlastung in der Aktiengesellschaft, S.118 verweist auf das aktien- bzw. obligationenrechtliche Verhältnis zwischen Verwaltungsrat und Gesellschaft; *Meier-Wehrli*, Verantwortlichkeit der Verwaltung, S.130 spricht zwar von vertraglichem Anspruch, befürwortet dennoch nur die Feststellungsklage.

[80] *Brox*, BB 1960, 1226, 1227; *Gubler*, SAG 23 (1950/51), 68, 70; *Hueck*, GmbHR 1959, 189, 191; *Schuler*, NJW 1960, 601, 602; *Schuricht*, Klage des GmbH-Geschäftsführers auf Entlastung, S.77, 79.

[81] *Dreifuss / Lebrecht*, in Basler Komm., OR, Art.810 Rn. 26.

relat der Rechnungslegung und bejahen bei einwandfreier Rechnungslegung einen Anspruch auf Entlastung, weil die Verwaltungsmitglieder durch die Bilanz, die Gewinn- und Verlustrechnung sowie gegebenenfalls durch weitere zwecks Entlastung vorgelegte Unterlagen eine einwandfreie Geschäftsführung nachgewiesen hätten.[82] Ein Anspruch wird ferner bejaht, soweit die Entlastung die Billigung der Geschäftsführung für die Vergangenheit beinhaltet;[83] eine Begründung dieser Ansicht fehlt jedoch.

Buchner meint, zweifellos könne die Prüfung und die Feststellung der pflichtgemäßen Erfüllung einer geschuldeten Geschäftsführerleistung zum Inhalt einer Rechtspflicht des aus der Geschäftsführung Berechtigten gemacht werden.[84] Für das deutsche GmbH-Recht sollen des weiteren zur Anspruchsbegründung aktienrechtliche Entlastungsregelungen herangezogen werden.[85] Schließlich sollen mögliche Persönlichkeitsverletzungen des von der Entlastungsverweigerung Betroffenen als Grundlage einer Entlastungsklage dienen. Der negative, ohne zureichende Gründe gefaßte Beschluß stelle eine unzulässige Diskriminierung dar, die zu einer Ansehensschmälerung[86] oder einer unzumutbaren seelischen Belastung des Betroffenen wegen der zu erwartenden Schadenersatzklage führen könne.[87]

(2) Stellungnahme

Die vorgenannten Ansichten, die zum Teil ohne ein Wort der Begründung vertreten werden, können nicht überzeugen. Die Annahme einer Leistungsklage begegnet zum einen materiellrechtlichen und prozeßrechtlichen Bedenken. Zum anderen läßt sich diese Klageart mit dem hier vertretenen Entlastungsverständnis nicht in Einklang bringen.

Der oben genannte Verweis auf Gewohnheitsrecht bereitet nach deutschem Recht schon deswegen Schwierigkeiten, weil die Gerichte der Entscheidung des Bundesgerichtshofes vom 20.5.1985, in der der Anspruch auf Entlastung erstmalig abgelehnt wurde,[88] ohne Einschränkung gefolgt sind.[89] Von Gewohnheitsrecht, d.h. einer auf allgemeiner Überzeugung beruhenden Übung,[90] kann daher keine Rede sein.

Die Entlastung kann auch nicht Korrelat der Rechnungslegung im Sinne einer Bescheinigung rechtlich einwandfreien Verhaltens sein. Die Verwaltungsmitglieder weisen durch die Rechnungslegung gerade nicht ihre in jeder Hinsicht pflichtgemäße Geschäftsführung nach.[91] Die Rechnungslegung erklärt sich aufgrund ihrer Zwecksetzungen nicht zur rechtlichen Einwandfreiheit der Verwaltungstätigkeit des zu Entlastenden, sondern nur zu

---

[82] RGZ 89, 396; *Flume*, Bürgerl.R. I / 2, § 10 I 4, S.354; *Isele*, Geschäftsbesorgung, S.133; *v. Steiger*, SAG 15 (1942), 1, 9; *Wagner*, Rechtsnatur der Entlastung im Gesellschaftsrecht, S.46ff; *Neflin*, NJW 1959, 1666, 1667; *Picenoni*, Entlastungsbeschluß, S.228; *Plüss*, Rechtsstellung des Verwaltungsratsmitgliedes, 57f; *Schuler*, NJW 1960, 601, 602. *Biggel*, Verantwortlichkeit des Verwaltungsrates, S.73f sowie *Bürgi*, in Zürcher Komm., OR, Art.698 Rn.86 sehen in der Entlastung zwar ebenfalls das Korrelat der Rechnungslegung, wollen einen daraus resultierenden Entlastungsanspruch aber nur mit der Feststellungsklage durchgesetzt sehen.

[83] *Mülbert*, in Großkomm., AktG, § 120 Rn.49.

[84] *Buchner*, GmbHR 1988, 9, 14.

[85] *Buchner*, GmbHR 1988, 9, 12; *Heuer*, GmbHR 1951, 151, 152.

[86] Hachenburg / *Hüffer*, GmbHG, § 46 Rn.68f.; ähnlich auch *Raiser*, Kap.gften., § 33 Rn.10f.

[87] *Schuler*, NJW 1960, 601, 603.

[88] BGH, GmbHR 1985, 356.

[89] OLG Celle, NJW-RR 1994, 1545; OLG Köln, NJW-RR 1997, 483 jeweils zum Vereinsrecht; OLG Düsseldorf, NJW-RR 1997, 525 zum Verwalter von Wohnungseigentum.

[90] RGZ 75, 41; BGHZ 37, 222.

[91] S.o., S.41ff.

seinem unternehmerischen Erfolg für die betreffende Geschäftsperiode. Korrelat der Rechnungslegung ist die Entlastung demnach nur, soweit es um wirtschaftliche Fragestellungen geht. Die Entlastung ist auch kein Testat der Rechtmäßigkeit der Rechnungslegung selbst, denn diese Feststellung erfolgt durch andere Maßnahmen als durch den Entlastungsbeschluß.[92]

Die im deutschen Recht befürwortete Heranziehung aktienrechtlicher Regelungen trägt zur Begründung eines Anspruchs auf Entlastung in der GmbH nichts bei. Allein die Tatsache, daß § 120 Abs. I S.1 AktG den alljährlichen Entlastungsbeschluß der nach § 119 Abs. I Nr.3 AktG zuständigen Hauptversammlung vorsieht, begründet keinen Anspruch auf ein bestimmtes Beschlußergebnis, sondern höchstens einen Anspruch auf den Beschluß überhaupt. Der Wortlaut dieser Vorschriften gibt für einen bestimmten Ausgang des Entlastungsverfahrens nichts her; es handelt sich um rein organisatorische nicht aber um inhaltliche Regelungen.[93] § 120 Abs. II S.1 AktG regelt zwar den Inhalt der Entlastung, bezieht zu einem entsprechenden Anspruch jedoch nicht Stellung. Schließlich ist zu bedenken, daß die aktienrechtliche Literatur den Entlastungsanspruch seit der Einführung des § 120 Abs. II S.2 AktG zu recht einhellig ablehnt.[94] Wenn die Entlastung keinen Verzicht auf Ersatzansprüche beinhaltet, kann es auch keinen hierauf gerichteten Anspruch geben. Diese Konsequenz war im übrigen auch dem Gesetzgeber des Aktiengesetzes bewußt.[95] Die Bezugnahme auf das Aktienrecht zur Begründung eines Anspruchs auf Entlastung im GmbH-Recht erscheint wenig sinnvoll, da das Aktiengesetz dieses Ergebnis gerade nicht zuläßt.

Bejaht man einen Entlastungsanspruch auf gesellschafts- oder dienstvertraglicher Grundlage oder aufgrund des Prinzips von Treu und Glauben bei einwandfreier Geschäftsführung ungeachtet der zu a) aufgeführten Bedenken, hat man zu fragen, ob die Leistungsklage der richtige Klageweg ist, um den Anspruch durchzusetzen. Die Leistungsklage könnte auf Abgabe einer Willenserklärung gerichtet sein, die sich mit Rechtskraft des Urteils gemäß § 894 ZPO selbst vollstreckt. Für das schweizerische Recht, wo man die Décharge überwiegend als Rechtsgeschäft versteht, mag diese Klageart noch zutreffend sein. Im deutschen Recht ist dies jedoch nicht der Fall. Wie dargestellt ergeben sich die Folgen des Beschlusses kraft Gesetzes, so daß eine Leistungsklage ins Leere ginge. Des weiteren handelt es sich bei der vermeintlichen Leistungsklage eher um eine Leistungsklage im Gewand einer Feststellungsklage, denn begründet kann die Klage nur dann sein, wenn keine Ansprüche bestehen. Für das Nichtbestehen von Ansprüchen ist aber nicht die Leistungsklage, sondern die negative Feststellungsklage die zulässige Klageart.[96]

Schließlich kann es auch nach dem Sinn und Zweck der Entlastung keinen Anspruch auf einen positiven Beschluß geben. Nach der hier vertretenen Auffassung beinhaltet die entlastende Billigung der Geschäftsführung bzw. im Fall ihrer Verweigerung die Mißbilligung einen Wertungsakt der Gesellschafter in Bezug auf die Wirtschaftlichkeit bzw. die unternehmerische Vertretbarkeit des Geschäftsführerhandelns. Diese Erklärung liegt nicht im rechtlichen, sondern im wertend - tatsächlichen Bereich. Es geht demnach entgegen der Ansicht von Hüffer auch nicht im Kern um das Testat eines gesetzes- und satzungsmäßigen,[97] sondern um

---

[92] S.o., S.44f.

[93] S. auch *Hüffer*, AktG, § 120 Rn.5; *Knoche*, Verzichtswirkung der Entlastung, S.46f.

[94] *Mülbert*, in Großkomm., AktG, § 120 Rn.19; *Brox*, BB 1960, 1226, 1228; *Eckardt*, in Geßler / Hefermehl, AktG, § 120 Anm.40; *Flume*, Bürgerl.R. I / 2, § 10 I 4, S.356; *Hüffer*, AktG, § 120 Rn.18f.; *Obermüller / Werner / Winden*, HV, S.345; *Zöllner*, in Kölner Komm., AktG, § 120 Anm.45.

[95] *Kropff*, Begr. RegE. zu § 120 AktG

[96] So auch bereits RGZ 89, 396, 397; vgl. auch *Breit*, JW 1917, 657ff.

[97] Hachenburg / *Hüffer*, GmbHG, § 46 Rn.58.

das Teștat eines unternehmerisch richtigen Verhaltens und insoweit um eine unternehmerische, also gerichtlich nicht nachprüfbare Entscheidung[98] mit der Besonderheit, daß hier nicht wie sonst die Geschäftsführung tätig wird, sondern die Versammlung der Anteilseigner. Daraus folgt: Eine Entlastung im Sinne einer Billigung seiner unternehmerischen Entscheidungen kann der Betroffene durch eine Leistungsklage nicht erreichen. Er könnte sie im übrigen auch nicht erreichen, wenn sein Verhalten rechtlich einwandfrei gewesen sein mag.[99] Es ist durchaus möglich, daß die Entlastung auch in diesem Fall verweigert wird, weil der Betreffende aus Sicht der Entlastenden unternehmerisch nicht vertretbare Entscheidungen getroffen hat.

Im französischen Recht herrscht zur Leistungsklage auf Entlastung Schweigen, seitdem der quitus aufgrund der Reformgesetze 1937 und 1966 die Unzulässigkeit der action sociale nicht mehr herbeiführen kann und der Inhalt des Beschlusses nur noch im tatsächlichen Bereich gesehen wird.[100] Dieses Thema hat sich durch die Reformgesetze von selbst erledigt.

2. Die Entlastungsklage als negative Feststellungsklage

a) Entlastungsverweigerung und Anspruchsberühmung

Im Regelfall wird die Entlastungsverweigerung entweder mit einer mehr oder weniger ausführlichen Begründung der Versammlung bzw. der einzelnen Abstimmenden versehen oder es finden vor dem Beschluß ausführliche Diskussion zum Verhalten des Betroffenen statt.[101] Behauptet die Gesellschaft ihm gegenüber im Zusammenhang mit der Entlastungsverweigerung das Bestehen konkreter Ersatzforderungen, ist eine negative Feststellungsklage schon wegen der „Anspruchsberühmung" nach deutschem und schweizerischem Recht zulässig und bei Nichtbestehen dieser Forderungen auch begründet.[102] Der Betroffene kann sich insoweit ohne weiteres gegen die ungerechtfertigte Entlastungsverweigerung gerichtlich zur Wehr setzen. Dies gilt im übrigen auch für die deutsche Aktiengesellschaft, da § 93 Abs. IV S.3 AktG nur die rechtsvernichtende Wirkung der Entlastung verhindert, nicht aber die Feststellung des Fehlens von Ersatzansprüchen.[103] Eine andere Frage ist allerdings, ob durch die Feststellung des Nichtbestehens von Ansprüchen die Entlastung als erteilt anzusehen ist.

Im französischen Recht hat es insofern ähnliche Feststellungskonstellationen gegeben, als daß die Rechtsprechung sich weigerte, die Verpflichtung der Versammlung zur Entlastungserteilung festzustellen. In einem vom Tribunal Commercial Tulle zu entscheidenden Fall hatte die Generalversammlung einer Société Anonyme die Entlastungsverweigerung sowie die Abberufung u.a. damit begründet, daß die Betroffenen sich rechtswidrig Aktien der Gesellschaft verschafft und veräußert hätten.[104] Das Gericht gab der Entlastungsklage inso-

---

[98] S.o., S.41ff, 177, 178ff, 182.

[99] Ebs. *Barner*, Entlastung, S.137; *Knoche*, Verzichtswirkung der Entlastung, S.47; *Schmidt*, ZGR 1978, 425, 440.

[100] Vgl. auch S.13f.

[101] *Barner*, Entlastung, S.153f; *Siegert*, Entlastung in der Aktiengesellschaft, S.72; vgl. auch die Fallkonstellationen in BGH, GmbHR 1985, 356; OLG Köln, NJW-RR 1997, 483; OLG Celle, NJW-RR 1994, 1545; Trib.com. Tulle, Sirey 1932 II 59, 60; Trib.com. Seine, Rev.soc. 1928, 86f; vgl. auch den Bericht der Neuen Zürcher Zeitung v. 17.4.2001: *„Keine Décharge für den SAir-Verwaltungsrat."*

[102] Vgl. nur *Barner*, Entlastung, S.141; *Kaeslin*, Aktiengesellschaft und Verantwortlichkeit, S.63; *Mülbert*, in Großkomm., AktG, § 120 Rn.51.

[103] *Mülbert*, in Großkomm., AktG, § 120 Rn.51; *Eckardt*, in Geßler / Hefermehl, AktG, § 120 Anm.42.

[104] Trib.com Tulle, Sirey 1932, 59, 60.

weit statt, als daß es feststellte, die in Frage stehende Handlung sei rechtmäßig, Pflichtwidrigkeiten lägen im übrigen nicht vor, die Verweigerung des quitus sei daher rechtswidrig.[105] Zur Entlastungserteilung verurteilte das Gericht die Gesellschaft aufgrund der bereits angesprochenen fehlenden richterlichen Entscheidungskompetenz jedoch nicht.[106]

Mit einer Entlastungsklage, gerichtet auf Feststellung der Billigung der unternehmerischen Entscheidungen der Geschäftsführer hat diese Klage jedoch nichts gemein. Denn dieser im rein Tatsächlichen liegende Aspekt kann nicht Gegenstand einer Feststellungsklage sein. Feststellungsfähig i.S.d. § 256 ZPO sind, abgesehen von der Echtheit einer Urkunde, nur rechtliche, nicht aber tatsächliche oder wirtschaftliche Verhältnisse.[107] Folglich kann es bei einer negativen Feststellungsklage wie bei der Leistungsklage nach verweigerter Entlastung wiederum nur um die Frage der Ersatzpflicht des Nichtentlasteten gegenüber der Gesellschaft gehen.

b) Zulässigkeit der negativen Feststellungsklage bei unbegründeter Nichtentlastung

Beim Vorwurf eines konkreten Ersatzanspruches bereitet diese Klage wie erwähnt keine Schwierigkeiten. Das bei jeder negativen Feststellungsklage besonders zu prüfende Rechtsschutzinteresse ergibt sich aus der Behauptung eines gegen den Nichtentlasteten bestehenden Anspruchs. Die Situation ändert sich jedoch, wenn man, wie in der Schweiz und in Deutschland von den Vertretern der Entlastungsfeststellungsklage befürwortet, die Anspruchsberühmung und damit das Feststellungsinteresse auch bei jeder noch so pauschalen Pflichtwidrigkeitsbehauptung,[108] bei unbegründeter Entlastungsverweigerung[109] oder sogar bei schlichter Verweigerung der Beschlußfassung[110] als erfüllt ansieht.

Es ist schon fraglich, wie eine schlüssige Klage bei unbegründeter Entlastungsverweigerung überhaupt erhoben werden soll. Die Aufbereitung des Streitstoffes ist Sache des nichtentlasteten Klägers. Der Streitgegenstand ist im Fall der negativen Feststellungsklage nach konkret regelungsbedürftiger Sachfrage und gegensätzlicher Parteiauffassung so vorzutragen, daß sich die Äußerung des Richters, zurückgeführt auf ihren inhaltlichen Kern, in der schlichten Feststellung „Ja“ oder „Nein“ erschöpfen kann.[111] Wurde die Entlastung ohne Begründung verweigert oder gar kein Beschluß gefaßt, müßte sich der Kläger zur Begründung des Antrags auf Feststellung des Nichtbestehens von Ansprüchen auf den bloßen Vortrag der Entlastungsverweigerung bzw. des fehlenden Beschlusses beschränken. Daß ein Gericht einen derartigen Sachvortrag nicht mit „Ja“ oder „Nein“ entscheiden kann, versteht sich von selbst. Dagegen kann auch nicht eingewendet werden, die Entlastungsverweigerung beinhalte eine konkrete Drohung mit einer Schadenersatzklage.[112] Hat der Geschäftsführer rechtmäßig ge-

---

[105] Vgl. vorherige Fundstelle.

[106] Vgl. Fn.104 sowie S.194.

[107] *Baltzer*, neg. Feststellungsklage, S.137; *Rosenberg / Schwab / Gottwald*, ZivilprozR., § 93 II 1b; Stein / Jonas, *Schumann*, ZPO, § 256 Rn.71; zum Problem des Ehrenschutzes wegen unwahrer Tatsachenbehauptungen sogleich.

[108] OLG Köln, NJW-RR 1997, 483, 484; *Lutter / Hommelhoff*, GmbHG, § 46 Rn.15.

[109] *Boeters*, JW 1920, 699, 700; *Meier-Wehrli*, Verantwortlichkeit der Verwaltung, S.130; *Rowedder / Koppensteiner*, GmbHG, § 46 Rn.25; Scholz / *Schmidt*, GmbHG, § 46 Anm.102; *Tellis*, Rechtsnatur der gesellschaftsrechtlichen Entlastung, S.135ff; offengelassen in BGH, GmbHR 1985, 356, 357.

[110] So *Kaeslin*, Aktiengesellschaft und Verantwortlichkeit, S.63.

[111] *Baltzer*, neg. Feststellungsklage, S.87.

[112] *Meier-Wehrli*, Verantwortlichkeit der Verwaltung, S.130; *Schuler*, NJW 1960, 601, 603.

handelt aber unternehmerisch „versagt", kann von einer drohenden Schadenersatzklage bei Mißbilligung seiner Amtsführung keine Rede sein. Im übrigen handelt es sich bei der Geltendmachung von Ansprüchen gegen einen Geschäftsführer und der Entlastung wie einleitend bereits erwähnt um zwei unterschiedliche Beschlüsse. Folglich kann bei unbegründeter Nichtentlastung vom Beschluß zur Klageerhebung gegen den Geschäftsführer noch keine Rede sein.[113] Die Weigerung, über die Entlastung Beschluß zu fassen bzw. die Entlastungsverweigerung ist keine Anspruchsberühmung.

(1) Herabsetzung der Anforderungen an das Rechtsschutzinteresse bei Entlastungsverweigerung

Im deutschen Recht wurde daher erwogen, die Anforderungen an die Anspruchsberühmung bei der Entlastungsverweigerung herabzusetzen, so daß schon die schlichte Nichtentlastung das Feststellungsinteresse herbeiführen könne.[114] Boeters meint, eine Bezugnahme auf konkrete Ansprüche sei nicht notwendig. Zur Begründung stellt er die Frage, ob nicht der ruhige Fortgang der Geschäfte zwingende Klarheit wegen der Vergangenheit fordere.[115] Schmidt sieht in einer Sonderrechtsbeziehung zwischen Entlastendem und Entlastetem den Grund dafür, daß sich die Gesellschaft schon unter geringeren Voraussetzungen – als der Berufung auf einen konkreten Anspruch – auf eine negative Feststellungsklage einlassen müsse.[116] Ahrens schließlich begründet das Feststellungsinteresse mit einen materiell-rechtlichen Gebot, den Geschäftsführer bei Entlastungsverweigerung nach Rechenschaftslegung nicht über etwaige Ansprüche im Unklaren zu lassen.[117]

Nähere Begründungen der vorgenannten Meinungen fehlen. Woraus Boeters das Interesse am ruhigen Fortgang der Geschäfte herleitet, bleibt in seinen Ausführungen offen. Selbst wenn man dieses Interesse nicht als tatsächliches, sondern als rechtliches Interesse anerkennt, wäre darauf hinzuweisen, daß das Gebrauchmachen des Geschäftsführers von der negativen Feststellungsklage gegen die Gesellschaft eher das Gegenteil bewirkt als den ruhigen Fortgang der Geschäfte. Ahrens und Schmidt sprechen von einem materiell-rechtlichen Gebot bzw. von einer Sonderrechtsverbindung, lassen aber ebenso wie Boeters offen, woher das Gebot oder die Verbindung stammen soll.

Zu beachten ist, daß es eines ausdrücklichen Angriffs im Sinne einer Behauptung eines konkreten Anspruchs zur Begründung des Feststellungsinteresses nur grundsätzlich, nicht jedoch ausnahmslos bedarf. In bestimmten Fällen kann es geboten sein, das berechtigte Interesse an einer gerichtlichen Feststellung schon dann zu bejahen, wenn zwar keine konkrete Anspruchsberühmung vorliegt, jedoch eine nähere diesbezügliche Erklärung nach Treu und Glauben erwartet werden konnte.[118] Verallgemeinerungen in Bezug auf die Entlastungsverweigerung sind aber schon deswegen fehl am Platze, weil der Beschluß gerade keinen gene-

---

113 Vgl. auch *Breit*, JW 1917, 657, 658; *Dreifuss / Lebrecht*, in Basler Komm., OR, Art.810 Rn.22; *Schmidt*, ZGR 1978, 425, 438

114 OLG Köln, NJW-RR 1997, 483; *Ahrens*, ZGR 1987, 129, 141f; *Boeters*, JW 1920, 699, 700; *Schmidt*, ZGR 1978, 425, 443; *Tellis*, Rechtsnatur der gesellschaftsrechtlichen Entlastung, S.135ff; ablehnend H.R., Anm. zu Trib.com. Tulle, Sirey 1932 II 59, 60 zum französischen Recht.

115 *Boeters*, JW 1920, 699, 700.

116 *Schmidt*, ZGR 1978, 425, 443.

117 *Ahrens*, ZGR 1987, 129, 141f.

118 RG, JW 1909, 75f; OLG Hamburg, Seuff.Arch. 60 (1905), 297; *Baltzer*, neg. Feststellungsklage, S.138; Stein / Jonas, *Schumann*, ZPO, § 256 Rn.65.

rellen Bezug zur Geltendmachung von Ansprüchen aufweist, also in der Nichtentlastung nicht die Behauptung eines Anspruchs gesehen werden kann. Grundvoraussetzung muß vielmehr ein neben den Beschluß tretendes, bestimmtes Verhalten sein, welches wenigstens einen Bezug zu einer Rechtsbehauptung erkennen läßt. Die bloße Behauptung von Tatsachen genügt hierfür aber ebensowenig wie die Bezugnahme auf Aspekte, die lediglich Einzelelemente eines Anspruches darstellen, wie z.B. die Pflichtwidrigkeit.[119] Die Rechtsprechung, die die Anforderungen an die Anspruchsberühmung unter dem Aspekt von Treu und Glauben herabsetzt, belegt dies. Das Reichsgericht nahm an, daß derjenige, welcher Geschäfte für einen anderen führt, darüber Rechenschaft abgelegt und zur entsprechenden Prüfung hinreichende Zeit gelassen hat, nicht fortgesetzt darüber im Unklaren gelassen werden dürfe, ob der andere das Geschäft als gehörig gelten lasse.[120] Das Gericht gelangte aber nicht schon wegen der Eigenart des Rechtsverhältnisses zur Annahme eines Feststellungsinteresses. Vielmehr bejahte es das Rechtsschutzbedürfnis erst aufgrund der Besonderheiten des Falles. Der Kläger hatte in seiner Eigenschaft als Testamentsvollstrecker vorprozessual einen Anteil des Erblassers an einer offenen Handelsgesellschaft veräußert und die Erben hierzu um ihre Zustimmung ersucht, die jedoch verweigert wurde. Die Erben erklärten, der Kläger müsse das Geschäft auf eigene Gefahr vornehmen. Darüber hinaus behielt es sich der Vormund eines Erben vor, gegen den Kläger Ersatzansprüche wegen der Veräußerung geltend zu machen.[121] Das Reichsgericht kam zu dem Schluß, daß sich aus den Erklärungen der Erben zur Unternehmensveräußerung sowie aufgrund des Vorbehalts möglicher Ersatzansprüche bereits eine Gefährdung der Rechtsposition des Klägers ergeben würde und daher die Voraussetzungen des § 256 ZPO erfüllt seien.[122]

Einer neueren Entscheidung des OLG Köln zum Vereinsrecht, in der das Feststellungsinteresse des Nichtentlasteten schon deswegen bejaht wurde, weil ihm die Entlastung mit der Begründung verweigert wurde, er habe eine „leere Kasse“ hinterlassen und von der öffentlichen Hand gezahlte Gelder zweckwidrig verwandt, ist nicht zu folgen.[123] Der Fall läßt lediglich die Pflichtwidrigkeit, also eine Bezugnahme auf ein Einzelelement eines möglichen Ersatzanspruchs erkennen, nicht jedoch die Bezugnahme auf den Anspruch selbst, was wie gezeigt aber notwendig ist, um auf der Grundlage von Treu und Glauben das Feststellungsinteresse zu bejahen. Es bleibt also dabei, daß die fehlende oder unzureichende Begründung zur Bejahung des Feststellungsinteresses nicht genügt, sondern im jeweiligen Fall eine Bezugnahme auf Ansprüche vorliegen muß.

(2) Pflicht zur Begründung der Entlastungsverweigerung

Den Versuch, das Recht auf Entlastung im Sinne eines Rechts auf Information über das „Warum“ der Verweigerung zu erklären, hat erstmalig Tellis unternommen.[124] Er beschreibt die Verbindung zwischen Geschäftsführer und Gesellschaft wie Schmidt als eine

---

[119] MüKo-*Lüke*, ZPO, § 256 Rn.26; *Rosenberg / Schwab / Gottwald*, ZivilprozR., § 93 II 1.

[120] RG, JW 1909, 75, 76.

[121] Vgl. vorherige Fundstelle.

[122] Vgl. Fn.120.

[123] OLG Köln, NJW-RR 1997, 483, 484, welches sich zur Begründung des Feststellungsinteresse allerdings nicht auf den Grundsatz von Treu und Glauben, sondern offenbar auf die von *Schmidt*, ZGR 1978, 425, 443 vertretene, nicht begründete Sonderverbindung stützt.

[124] *Tellis*, Rechtsnatur der gesellschaftsrechtlichen Entlastung, S.135ff; ihm folgend *Ahrens*, ZGR 1987, 129, 142f.

Sonderbeziehung, der um der Interessen sowohl des Geschäftsherrn als auch des Geschäftsführers willen begriffsnotwendig ein unerschüttertes Vertrauensverhältnis zugrunde liegen müsse, da die Entlastung nur auf diese Weise als Kontrollinstrument die völlige Entfaltung von Rückwirkung der Gesellschaftermehrheit auf die Konzipierung und Ausführung der Verbandspolitik gewährleisten und zugleich den Interessen der Verbandswalter Rechnung tragen könne; die Kenntnisnahme nicht nur des „Ob", sondern auch des „Warum" versetze die Geschäftsführer in die Lage, in bestimmten Bereichen Neuorientierungen vorzunehmen oder zu versuchen, die Vorwürfe aus der Welt zu schaffen.[125]

Die Begründung einer Sonderrechtsbeziehung mit dem Inhalt, den Betroffenen im Fall eines negativen Beschlusses über die Gründe der ablehnenden Haltung aufzuklären, wurde bereits im französischen Recht kritisiert: *„L'incertitude dans laquelle se trouvent les administrateurs auxquels le quitus a été refusé, si fâcheuse soit-elle, ne l'est pas plus que celle de tout auteur d'un dommage qui ne sait pas si sa victime se décidera ou non à le poursuivre"*.[126] Im deutschen Recht werden ebensolche Argumente vorgebracht. So meinen Barner und Knoche das Verhältnis Gesellschaft – Geschäftsführer unterscheide sich in nichts von jedem anderen „normalen" Schuldverhältnis, in welchem der Gläubiger den Schuldner über die Geltendmachung des Anspruchs im Unklaren lasse, eine besondere Aufklärungspflicht sei daher abzulehnen.[127]

Zuzustimmen ist der von Tellis vertretenen Ansicht insoweit, als daß sich durchaus einige Argumente für eine gegenüber dem normalen Gläubiger-Schuldnerverhältnis „besondere" Beziehung zwischen Entlastendem und Entlastetem finden lassen. Bei den Rechtsverhältnissen, in denen Entlastung erteilt wird, handelt es sich nicht um Beziehungen, die sich in einem einmaligen Leistungsaustausch erschöpfen, sondern um dauerhafte Rechtsbeziehungen.[128] Dauerschuldverhältnisse erfordern zu ihrer Durchführung eines vertrauensvollen Zusammenwirkens oder zumindest einer besonderen Rücksicht bei der Wahrnehmung der eigenen Interessen.[129] Insoweit könnte man unter der Voraussetzung, daß die Zusammenarbeit zwischen Entlastendem und Entlastetem auch nach der Entscheidung fortgesetzt werden soll, die Entlastung also keinen Endpunkt der gemeinsamen Rechtsverbindung bedeutet, annehmen, daß eine Information im Interesse der Fortführung der Zusammenarbeit geboten erscheint. Rechnungslegung und Entlastungsbegründung wären dann als eine Art Gegenseitigkeitsbeziehung anzusehen; die Informationspflicht auf seiten des zu Entlastenden hätte die Informationspflicht auf seiten des Entlastung Erteilenden zur Folge.

Dennoch bestehen gegen die Annahme einer Auskunftspflicht über die Gründe der Entlastungsverweigerung erhebliche Bedenken. Eine umfassende Pflicht kann schon deswegen nicht angenommen werden, weil die Auskunft sich ohnehin nur auf gerichtlich nachprüfbare Tatsachen beziehen könnte.[130] Die unternehmerischen Aspekte, die zur Nichtentlastung führen, könnten demnach nicht Gegenstand der begehrten Information sein.

Weiter ist zu beachten, daß die Gesellschafter nicht verpflichtet sind, die Gesellschaft durch aktives Tun vor Schäden zu bewahren.[131] Sie müssen daher auch nicht die zwecks Entlastung vorgelegten Unterlagen auf Ansprüche der Gesellschaft gegen die Geschäftsführer

---

[125] *Tellis*, Rechtsnatur der gesellschaftsrechtlichen Entlastung, S.136.
[126] H.R., Anm. zu Trib.com. Tulle, Sirey 1932 II, 59, 60.
[127] *Barner*, Entlastung, S.146; *Knoche*, Verzichtswirkung der Entlastung, S.48.
[128] S.o., S.2.
[129] S.o., S.192.
[130] Soergel-*Wolf*, BGB, § 260 Rn.1.
[131] Eine Prüfungspflicht besteht wie bereits festgestellt nicht, vgl. S.21f, 114. Zum Fehlen der Pflicht, die Gesellschaft aktiv vor Schäden zur bewahren vgl. insbes. *Schmidt*, ZIP 1988, 1497, 1506.

untersuchen. Vielmehr handelt es sich um ein Gebot, um eine nicht klagbare Obliegenheit i.S.v. Treu und Glauben, welche im Interesse der Gesellschaft zu beachten ist.[132] Gänzlich konträr dazu liefe die Begründung eines Auskunftsrechtes der Geschäftsführer, welches die Gesellschafter letztlich dazu verpflichten würde, sich über Ansprüche erklären zu müssen. Im Ergebnis würde man über den Umweg einer Auskunftspflicht zumindest mittelbar wieder zu einer Untersuchungspflicht gelangen, weil die Gesellschafter dann zur Stellungnahme in Bezug auf mögliche Ansprüche gezwungen wären und bei Vorlage der Unterlagen und Berichte eine Prüfung zur Frage möglicher Ansprüche unternehmen müßten. Damit würde man den Blick von der unternehmerischen wertenden Entlastung wieder hin zur hergebrachten, rein an Rechtmäßigkeitsgesichtspunkten orientierten Entlastung lenken. Daß diese Auffassung jedenfalls für die GmbH und die Aktiengesellschaft nicht mehr vertretbar ist, wurde an anderer Stelle bereits dargelegt.[133]

(3) Zum Auskunftsrecht aus Treu und Glauben bei verweigerter Entlastung

Anerkanntermaßen besteht aber ein aus Treu und Glauben abzuleitendes, mittlerweile gewohnheitsrechtlich anerkanntes Auskunftsrecht, wenn es sich aus dem Wesen des Rechtsverhältnisses ergibt, daß der Berechtigte in entschuldbarer Weise über das Bestehen oder über den Umfang seines Rechts oder seiner Pflicht im Ungewissen, der Verpflichtete aber unschwer in der Lage ist, Auskünfte zu geben, die zur Beseitigung der Ungewißheit geeignet sind.[134] Auf den ersten Blick scheint dies auf den Fall der Entlastungsverweigerung zu passen. Unterstellt man die Existenz einer Sonderverbindung Entlasteter – Entlastender, welche Voraussetzung eines Auskunftsrechts aus Treu und Glauben ist, wäre gleichwohl zu fragen, ob ein solches Recht in der konkreten Fallgestaltung besteht. Dies allein entspricht der individualisierenden Funktion von § 242 BGB, weil der Gesetzgeber die typischen Rechtsverhältnisse bereits normiert hat.[135] D.h. allein die Rechtsverbindung Gesellschaft – Geschäftsführer würde für die Rechtfertigung eines Auskunftsanspruchs noch nicht genügen.

Die Tatsache, daß der Betroffene im jeweiligen Fall Informationen zur Erhebung einer negativen Feststellungsklage benötigt, ist für das Vorliegen einer Informationspflicht nicht ausreichend. Einen allgemeinen Ausforschungsanspruch des Schuldners in Bezug auf die Frage, ob und wie der Gläubiger prozessual vorzugehen gedenkt, ob er klagen oder untätig bleiben will, gibt es nicht. Die Gesellschaft kann also grundsätzlich wie jeder andere Anspruchsinhaber auch, das „Ob“ und das „Wie“ des gerichtlichen Vorgehens gegen den geschäftsführenden Schuldner selbst bestimmen.[136] Für das Auskunftsrecht nach § 242 BGB wird daher gefordert, daß der Schuldner durch das Verhalten der Gegenseite in seiner bestehenden Rechtsposition bereits so betroffen sein muß, daß nachteilige Folgen für ihn ohne die Auskunftserteilung eintreten können.[137] Die in der Entlastung liegende Mißbilligung mag den Geschäftsführer zwar in seiner Person empfindlich treffen und sein soziales Ansehen innerhalb und außerhalb der Gesellschaft beeinträchtigen, Konsequenzen ergeben sich im Hinblick auf eine spätere Klageerhebung gegen den Geschäftsführer allein deswegen aber noch nicht.

---

[132] S.o., S.109f, 134 a.E.
[133] S.o., S.41ff, 105f.
[134] Vgl. nur MüKo.-*Krüger*, BGB, § 260 Rn.12; Soergel-*Wolf*, BGB, § 260 Rn.4, 23f.
[135] *Lüderitz*, Ausforschungsverbot, S.34.
[136] Vgl. auch *Barner*, Entlastung, S.143.
[137] BGH, JR 1990, 16, 17; MüKo.-*Krüger*, BGB, § 260 Rn.15.

Der von der Nichtentlastung Betroffene ist auch nicht im Sinne der oben genannten Anforderungen über das Bestehen eines gegen ihn gerichteten Anspruchs in entschuldbarer Weise im unklaren und deswegen auf die Information angewiesen. Angewiesen wäre er hierauf nur, wenn er bezüglich des Anspruches die Beweislast tragen würde.[138] Zur Schlüssigkeit einer negativen Feststellungsklage genügt es aber, wenn der Kläger die anspruchsbegründenden Tatsachen bestreitet. Die Beweislast, die sich nach materiellem Recht richtet, trägt derjenige, der den Anspruch behauptet; dies ist bei der negativen Feststellungsklage aber nicht der klagende Geschäftsführer, sondern die verklagte Gesellschaft. Ein auf der rechtlichen Beziehung Geschäftsführer – Gesellschaft oder allgemein auf Treu und Glauben beruhendes Auskunftsrecht kommt somit nicht in Betracht.

Vergleicht man den Sinn und Zweck des Feststellungsinteresses mit der angeblichen Auskunftspflicht der Entlastenden, fällt im übrigen auf, daß beide unterschiedliche Ziele verfolgen. Die Auskunftspflicht des Entlastung Verweigernden soll der Aufklärung des Betroffenen dienen, weil er über das weitere Vorgehen im Unklaren ist. Diese Pflicht könnte also, wenn überhaupt, nur präparatorischen Charakter haben. Die negative Feststellungsklage ist jedoch keine präparatorische Klage, sie soll nicht wie z.B. das Beweissicherungsverfahren zukünftige Umstände ermitteln. Vielmehr ist sie die Fortführung einer vorprozessual bereits bestehenden konkreten Sachauseinandersetzung zwischen den Parteien.[139] Die Notwendigkeit dieses Streits kehrt im Feststellungsinteresse wieder. Klagen darf nur derjenige, der bereits in eine konkrete Auseinandersetzung verwickelt ist, so daß sich der Feststellungsprozeß lediglich als eine Fortführung des bestehenden Streits darstellt.[140] Zur Erfüllung dieses Erfordernisses genügt das Bestehen eines Auskunftsrechts jedoch nicht, weil mit Hilfe der Auskunft gerade erst ermittelt werden soll, ob überhaupt gestritten werden kann oder nicht. Ein berechtigtes Feststellungsinteresse könnte sich also nur dann ergeben, wenn der Verpflichtete dem Auskunftsersuchen nachgekommen ist und in Erfüllung seiner Pflicht das Bestehen eines Anspruchs behauptet hat, jedoch nicht schon durch das Bestehen der Auskunftspflicht als solcher. Das bedeutet, der nicht Entlastete müßte vor Erhebung einer negativen Feststellungsklage zunächst seinen Anspruch auf Auskunft geltend machen, um überhaupt zu erfahren, ob sich die Gesellschaft eines Anspruchs berühmen will oder nicht.

Schließlich wäre auch in praktischer Hinsicht mit einer Auskunftspflicht nicht viel gewonnen. Die in Erfüllung der Informationspflicht im Fall der Entlastungsverweigerung gegebene Antwort könnte z.B. lauten, der Geschäftsführer habe die zu Beginn des Jahres versprochene Gewinnsteigerung bei weitem nicht einhalten können oder, man halte die im Lagebericht beschriebene weitere Unternehmenspolitik für verfehlt. Daß sich ein Feststellungsinteresse aufgrund einer solchen Erklärung nicht ergibt, versteht sich von selbst. Die genannten Erklärungen könnten im übrigen auch aus taktischen Erwägungen vorgeschoben werden, um sich nicht eines Anspruchs berühmen zu müssen, wie Barner zutreffend bemerkt.[141] Auf ihren Wahrheitsgehalt hin wären sie schon deswegen nicht überprüfbar, weil es sich um rein unternehmerische Ermessensfragen, nicht aber um Tatsachen handelt.

---

[138] Soergel-*Wolf*, BGB, § 260 Rn.29.
[139] *Baltzer*, neg. Feststellungsklage, S.134.
[140] *Baltzer*, neg. Feststellungsklage, S.134f.
[141] *Barner*, Entlastung, S.153.

c) Entlastungsverweigerung als Angriff auf nichtvermögensrechtliche Rechtsgüter

Zu erwägen wäre schließlich noch, ob die Entlastungsverweigerung nicht einen Angriff auf andere nicht vermögensrechtliche aber gleichwohl rechtlich geschützte Positionen enthält. Wie bereits angedeutet kann die Reputation des Betroffenen durchaus durch einen Negativbeschluß in Frage gestellt sein. Es ist gerade bei einem nicht oder nur mit pauschalen Behauptungen begründeten Beschluß denkbar, daß nicht nur gesellschaftsintern, sondern auch öffentlich Gerüchte und Spekulationen aufkommen, ob der Betreffende überhaupt in der Lage ist, unternehmensleitende Funktionen wahrzunehmen.[142]

Für das schweizerische Recht führt Meier-Wehrli hierzu aus, die Entlastungsverweigerung setze den Betroffenen dem Verdacht einer unsoliden, unredlichen Geschäftsführung aus. Deswegen müsse er die Möglichkeit haben, Irrtümer und falsche Unterschiebungen zu widerlegen.[143] Im deutschen Recht findet sich bei Tellis eine ähnliche Stellungnahme. Er meint, eine ungenaue Berufung auf Ersatzansprüche gegen die Geschäftsführer vermag sie – wenn nicht in ihrem Vermögen – zumindest in ihrer „wirtschaftlichen Persönlichkeit" zu schädigen.[144] Zuzustimmen ist Tellis insoweit, als daß neben der Anspruchsberühmung auch Angriffe auf nichtvermögensrechtliche Rechtsgüter grundsätzlich zum Bestehen des Feststellungsinteresses führen können.[145] In der Tat hat auch der Bundesgerichtshof in einer von Tellis genannten Entscheidung die berufliche Stellung eines Rechtsanwaltes als ein berechtigtes Interesse i.S.v. § 256 Abs. I ZPO anerkannt.[146] Der Fall ist jedoch, dies übersieht Tellis, mit der Entlastungsverweigerung in keiner Weise vergleichbar. Der Mandant eines Rechtsanwaltes hatte über mehrere Jahre auch gegenüber Gerichten behauptet, ihm seien infolge falscher Prozeßvertretung Schäden in Höhe von mehr als 100.000 DM entstanden. Die Pflichtverletzungen wurden dabei konkret benannt. Nachdem die Zahlungsklage des Mandanten bis auf einen Betrag von 5.000 DM abgewiesen wurde,[147] beantragte sein ehemaliger Prozeßvertreter die Feststellung, daß weitere Forderungen gegen ihn nicht bestünden. Der Bundesgerichtshof sah das Feststellungsinteresse darin, daß die berufliche Stellung des Anwaltes durch die jahrelangen Behauptungen des Mandanten fühlbar beeinträchtigt werde.[148] Diese Entscheidung paßt auf die unbegründete Entlastungsverweigerung schon deswegen nicht, weil die Pflichtverletzungen sowie die Entstehung eines Schadens in dem vom Bundesgerichtshof entschiedenen Fall ja behauptet wurden. Des weiteren erschöpften sich die Handlungen des Mandanten nicht in einem einmaligen Vorwurf, sondern sie hatten, über Jahre hinweg aufrechterhalten, eine gewisse Intensität erreicht. Hiervon kann bei einer einmaligen, nicht näher begründeten Pflichtverletzungsbehauptung im Zusammenhang mit der Entlastungsverweigerung aber keine Rede sein.

Das bedeutet jedoch nicht, daß der Betroffene tatenlos zusehen müsse, wie sein Recht auf Persönlichkeit oder sein weiteres berufliches Fortkommen durch unter Umständen auch in der Öffentlichkeit vorgetragene Äußerungen im Zusammenhang mit dem Entlastungsbeschluß ruiniert werden. Verletzen beispielsweise zur Beschlußbegründung vorgebrachte Behauptungen das Recht auf Achtung und Entfaltung der Persönlichkeit des Betroffenen, kann er ge-

---

[142] Vgl. auch *Zöllner*, in Kölner Komm., AktG, § 120 Anm.25.
[143] *Meier-Wehrli*, Verantwortlichkeit der Verwaltung, S.130.
[144] *Tellis*, Rechtsnatur der gesellschaftsrechtlichen Entlastung, S.140f. unter Bezugnahme auf BGH, VersR 1985, 39.
[145] MüKo-*Lüke*, ZPO, § 256 Rn.37; Stein / Jonas, *Schumann*, ZPO, § 256 Rn.72.
[146] BGH, VersR 1985, 39.
[147] BGH, VersR 1985, 39, li. Sp.
[148] BGH, VersR 1985, 39, re. Sp.

stützt auf § 823 Abs. I BGB Widerruf, Unterlassung, gegebenenfalls auch den Ersatz seines immateriellen Schadens verlangen.[149] Ein entsprechender Hinweis zum Deliktsrecht findet sich auch in einer französischen Stellungnahme, in der man den Entlastungsvorgang als ein richterlich nicht überprüfbares Gesellschaftsinternum ansah und statt dessen auf die Möglichkeit eines Anspruchs aus Art.1382 C.Civ. hinwies, falls die negativen Beschlußgründe veröffentlicht und dem Betroffenen einen Schaden zufügen würden.[150] Mit einer Entlastungsklage, gerichtet auf eine positive Bewertung der Geschäftsführung, hat eine solche Klage jedoch nichts gemein.

Aus Sicht des Geschäftsführers, dem die Billigung seiner Leitungstätigkeit versagt wurde, ist es durchaus verständlich, wenn er erfahren will, woran er ist. Rechtlich betroffen ist er bei einer unbegründeten Stellungnahme jedoch nicht. Er befindet sich, soweit sein pflichtwidriges Handeln die Gesellschaft geschädigt hat, in derselben Ungewißheit, in der sich jeder andere Schuldner auch befindet, der nicht weiß, ob der Gläubiger gegen ihn vorgehen wird oder nicht.[151] Die Billigung der unternehmerischen Richtigkeit der getroffenen Entscheidungen ist durch eine negative Feststellungsklage nicht zu erreichen.

Will man auf seiten der Gesellschaft die weitere gemeinsame Zusammenarbeit nicht mit Ungewißheiten belasten und erreichen, daß sie trotz der Vorkommnisse fortgesetzt wird, wird man dem Betroffenen schon im eigenen Interesse die Hintergründe der Entlastungsentscheidung offenlegen und erklären. Nur dann kann im Einzelfall, zum Beispiel wegen der Bezugnahme auf Ersatzansprüche ein Feststellungsinteresse anzunehmen sein. Eine Entlastungsklage kann hierin aber nicht gesehen werden, denn auch mit der Feststellung des Nichtbestehens von Ansprüchen könnte der Kläger das, worauf es beim Entlastungsbeschluß inhaltlich ankommt, nämlich die wirtschaftliche Billigung seiner Handlungen, nicht erreichen.

D. Zusammenfassung

Entlastungsverweigerung bedeutet in den untersuchten Rechtsordnungen zunächst nur eine unmittelbar folgenlose Mißbilligung der Geschäftsführung. Konsequenzen wie die Geltendmachung von Schadenersatzansprüchen, die Abberufung des Geschäftsführers oder die außerordentliche Kündigung eines Anstellungsvertrages ergeben sich erst durch weitere Beschlüsse bzw. Erklärungen der zuständigen Gesellschaftsorgane.

Die Abberufung ist zwar eine denkbare mittelbare Folge der Entlastungsverweigerung, zwingend ist diese Reaktion jedoch nicht; dies zum Teil schon deswegen nicht, wenn Geschäftsführer ohnehin ohne Angabe von Gründen abberufbar sind. Ist ein wichtiger Grund erforderlich oder steht dem Abberufenen beim Fehlen des wichtigen Grundes ein Schadenersatzanspruch zu, so in der französischen S.A.R.L. sowie der S.A. mit Direktorium und Aufsichtsrat, bildet die Entlastungsverweigerung allein keinen Grund für die Abberufung oder das Entstehen eines Anspruchs auf Schadenersatz. Das schweizerische Recht beschäftigt sich mit dieser Frage aufgrund des in Kapitel V dargestellten engeren Entlastungsverständnisses nicht. Die Kündigung des Anstellungsvertrages infolge der Entlastungsverweigerung ist nach französischem Recht nicht möglich, da sich der quitus auf die anstellungsvertragliche Tätigkeit nicht bezieht. Nach deutschem Recht kommt die Entlastungsverweigerung als alleiniger Grund einer außerordentlichen Kündigung nicht in Betracht, weil sich der Entlastende andern-

---

[149] Dazu Palandt-*Thomas*, BGB, § 823 Rn.175ff, 198ff.

[150] H.R., Anm. zu Trib.com. Tulle, Sirey 1932 II 59, 60.

[151] Vgl. auch *H.R.*, Anm. zu Trib.com. Tulle, Sirey 1932 II 59, 60.

falls allein aufgrund seines Verhaltens, d.h. aufgrund der – richterlich nicht nachprüfbaren – Entlastungsverweigerung einen Kündigungsgrund schaffen könnte.

Was den Zusammenhang Versagung der Entlastung und Reaktionen des Geschäftsführers betrifft, so kann dieser zunächst sein Amt mit sofortiger Wirkung zur Verfügung stellen. Mit dem negativen Beschluß muß dies jedoch nicht unbedingt zusammenhängen, da die sofort wirksame Amtsniederlegung in den untersuchten Rechtsordnungen ohnehin jederzeit zulässig ist. Einen Schadenersatzanspruch der Gesellschaft hat der Geschäftsführer jedenfalls bei unbegründeter Entlastungsverweigerung nicht zu befürchten. Das gleiche gilt nach deutschem Recht für die außerordentliche Kündigung des Anstellungsvertrages.

Ein mit der Leistungsklage durchsetzbares Entlastungsrecht des Geschäftsführers ist nicht anzuerkennen. Aus prozessualen Gründen scheitert dieser Weg daran, daß die Klage nur begründet ist, wenn keine Ansprüche der Gesellschaft bestehen. Die Feststellung des Nichtbestehens von Ansprüchen ist jedoch mit der Feststellungsklage zu verfolgen. Die materiellrechtliche Suche nach der richtigen Anspruchsgrundlage ist vergeblich, weil die Entlastung einen richterlich nicht nachprüfbaren Wertungsakt der Gesellschafter beinhaltet. Es überrascht daher auch nicht, daß im französischen Recht Gerichtsentscheidungen zur Entlastungsklage fehlen, seitdem der Inhalt des quitus nur noch im tatsächlichen Bereich und nicht mehr im Klageverzicht liegt. Schließlich kann der Entlastungsverweigerung grundsätzlich nicht mit einer negativen Feststellungsklage begegnet werden. Eine Ausnahme hiervon ist nur möglich, falls die Entlastung unter Berühmung konkreter Ansprüche versagt wird. Die im deutschen und im schweizerischen Recht vertretene Ansicht, bereits die unbegründete Verweigerung der Décharge berechtige zur Klageerhebung überzeugt schon deswegen nicht, weil es sich bei der Negativbewertung der Geschäftsführung lediglich um eine Tatsachenmitteilung nicht aber um eine Anspruchsberühmung handelt.

Es besteht auch weder eine Pflicht zur Begründung, ob die Entlastung wegen etwaiger Ansprüche verweigert wurde noch ein entsprechendes Auskunftsrecht des Nichtentlasteten, weil man andernfalls wieder die nichtbestehende Prüfungspflicht im Hinblick auf Ansprüche der Gesellschaft gegen den Entlasteten bejahen würde. Der Geschäftsführer ist auch durch die Entlastungsverweigerung als solche nicht bereits so betroffen, daß er allein deswegen Nachteile zu befürchten hätte, ein Auskunftsrecht aus Treu und Glauben also zu bejahen wäre. Weder die Geltendmachung von Ansprüchen noch andere Konsequenzen sind unmittelbare Folge der Negativwertung. Ebensowenig beinhaltet sie Angriffe auf nichtvermögensrechtliche Rechtsgüter, die das Bestehen eines Feststellungsinteresses begründen würden. Der Nichtentlastete steht also, wie im französischen Recht bereits in den dreißiger Jahren treffend festgestellt, gegenüber der Gesellschaft nicht anders als ein Schuldner, der sich nicht im Klaren darüber ist, ob der Gläubiger Ansprüche gegen ihn geltend machen will oder nicht. Amtsniederlegung und Kündigung von seiten des Geschäftsführers können angemessene Reaktionen auf die Entlastungsverweigerung bilden, nicht jedoch eine wie auch immer geartete Entlastungsklage.

Schlußbetrachtung und Ausblick

Die Entlastung tritt in Deutschland, Frankreich und der Schweiz in sämtlichen Geschäftsbesorgungsverhältnissen auf. Entlastung bzw. die schweizerische sowie die französische Begriffsentsprechung Décharge und quitus deuten von ihrem Wortlaut her auf eine Entlastungsfunktion im Sinne einer Befreiung hin. In Bezug auf die Entlastung des Geschäftsführers einer Kapitalgesellschaft jedoch hat bereits die Untersuchung zur Entwicklung von Gesetzgebung, Lehre und Rechtsprechung gezeigt, daß diese Annahme, wenn überhaupt, nur noch für das schweizerische Recht sowie für das deutsche GmbH-Recht haltbar sein kann.

Die sich damit stellende Frage, ob die untersuchten Rechtsordnungen im Hinblick auf die Funktion der Entlastung dennoch eine gemeinsame Basis aufweisen, konnte positiv beantwortet werden. Der Inhalt und der Zweck der Informationen, die die Geschäftsführung zwecks Entlastungserteilung nach Abschluß eines Geschäftjahres regelmäßig in Form des Jahresabschlusses, gegebenenfalls des Berichts des Abschlußprüfers und / oder des Aufsichtsorgans liefert, dient in Deutschland, Frankreich und der Schweiz nicht der Aufklärung über Ansprüche gegen die Geschäftsführung, sondern der Auskunft über wirtschaftliche Aspekte des Unternehmens und über den wirtschaftlichen Erfolg der Geschäftsführung. Die Funktion der sich an diese Informationen anschließenden Entlastung liegt daher auch nicht in einer Aussage über die Rechtmäßigkeit, sondern in einer umfassenden Bewertung der unternehmerischen Vertretbarkeit, d.h. der Zweckmäßigkeit der Geschäftsführung.

Daß diese Bewertung weitgehend unter Ausschluß der Geschäftsführung erfolgen soll, hat die Untersuchung der gesetzlichen Stimmverbote im deutschen und im schweizerischen Recht gezeigt, da hiernach nicht nur der zu Entlastende bei dem ihn selbst oder ausschließlich andere Geschäftsführer betreffenden Beschluß von der Stimmabgabe ausgeschlossen ist, sondern auch dann vom Stimmverbot erfaßt wird, wenn er sich für Dritte an der eigenen Entlastung beteiligt oder wenn Dritte für den Geschäftsführer an der ihn betreffenden Entlastung teilnehmen. Sind sämtliche zur Entlastungserteilung zuständigen Gesellschafter gleichzeitig Geschäftsführer, ist ein Entlastungsbeschluß infolge der Identität des Wertenden und des Bewerteten sinnlos. Im französischen Recht ist der quitus auch Angelegenheit der Geschäftsführer, die in ihrer Eigenschaft als Gesellschafter an dem sie selbst betreffenden Beschluß teilnehmen dürfen. Die Gefahr, durch die Entlastung einen gegen sich selbst gerichteten Anspruch zum Erlöschen zu bringen, hat der französische Gesetzgeber zwar erkannt, jedoch sah er dieses Problem durch die Beschneidung der Rechtsfolgen des quitus als gelöst an.

Das im schweizerischen und im deutschen Recht, zumindest die GmbH betreffend, noch vorherrschende Verständnis interpretiert die Rechtsnatur der Entlastung in verschiedener Weise im Sinne eines ein- oder zweiseitigen Anspruchsverzichtes. Die Untersuchung hierzu hat jedoch ergeben, daß das Rechtsgeschäft Entlastungsbeschluß insbesondere aufgrund der beschriebenen Entlastungsfunktion keinen Bezug zu Ersatzansprüchen aufweist, sondern sich in einer positiven oder negativen Bewertung der Tätigkeit des Geschäftsführers erschöpft.

Das Erlöschen von Rechten kann sich damit, zumindest im deutschen Recht, erst als Folge der abschließenden positiven Entlastungswertung ergeben. Grundlage hierfür bildet das auf Treu und Glauben beruhende Verbot widersprüchlichen Verhaltens. Der Geschäftsführer darf jedoch grundsätzlich nur dann darauf vertrauen, nach erteilter Entlastung nicht mehr in Anspruch genommen zu werden, wenn er die Entlastenden zuvor dergestalt informiert hat, daß etwaige Ansprüche auch für einen Laien erkennbar sind. Die aus dem schweizerischen Recht stammende Erkennbarkeit für einen „ordentlichen Hausvater" hat insoweit auch für das deutsche Recht zu gelten. Ausnahmen hiervon können sich aufgrund der Besonderheiten des Einzelfalles ergeben. Kenntnisse Dritter werden den Entlastenden nur zugerechnet, wenn sämtliche der für die Entlastungserteilung zuständigen Gesellschafter über diese Kenntnisse verfügen.

Die Entlastung kann Rechtsfolgen entfalten, soweit dem gesetzliche Vorschriften nicht entgegenstehen. Für das deutsche Aktienrecht sowie für das französische Recht ist zumindest eine anspruchsvernichtende bzw. eine die Zulässigkeit einer Verantwortlichkeitsklage vernichtende Entlastungswirkung infolge der gesetzlichen Anordnungen nicht mehr möglich. Soweit die Entlastung in den untersuchten Rechtsordnungen Rechtswirkungen entfaltet, bleiben Ansprüche einzelner Gesellschafter unberührt. Unberührt bleibt auch die Rechtsposition der Gesellschaftsgläubiger. Anders als im deutschen Recht kann der einzelne Gesellschafter im schweizerischen Recht gemäß Art. 758 OR trotz erteilter Décharge eine Verantwortlichkeitsklage gegen den Entlasteten erheben. Im deutschen Recht dagegen ist die Minderheit grundsätzlich an den mehrheitlich gefaßten Beschluß gebunden. Aufgrund der in der Entlastung liegenden umfassenden Bewertung der Geschäftsführung werden nach deutschem Recht nicht nur Ansprüche, sondern sämtliche Rechte ausgeschlossen, die zum Zeitpunkt der Entlastungserteilung bestehen. Im schweizerischen Recht bezieht sich die Décharge infolge des engeren Entlastungsverständnisses nur auf die Verantwortlichkeitsklage.

Die Darstellung zur Rechtswidrigkeit der Entlastung hat ergeben, daß der Beschluß im Gegensatz zu der im deutschen Recht vertretenen Ansicht nicht schon wegen seiner anspruchsvernichtenden Wirkung rechtswidrig ist. Die Entlastung entzieht sich der richterlichen Überprüfung, soweit die in ihr liegende Bewertung der Geschäftsführung betroffen ist. Sie bedarf insoweit auch keiner besonderen Rechtfertigung. Rechtwidrig wird der Beschluß erst aufgrund weiterer Umstände, die zur rechtsvernichtenden Wirkung hinzutreten.

Die Entlastungsverweigerung schließlich hat für die Rechtsstellung des Geschäftsführers in den untersuchten Rechtsordnungen keine unmittelbaren Konsequenzen, was im Hinblick auf seine etwaige, sich anschließende Abberufung schon daran liegt, daß sie teilweise ohnehin jederzeit ausgesprochen werden kann. Ist die Abberufung nur aus wichtigem Grund möglich, stellt die Entlastungsverweigerung allein keinen solchen Grund dar. Ferner ist im deutschen Recht die außerordentliche Kündigung des Anstellungsvertrages des Geschäftsführers mit der Gesellschaft allein aufgrund der Entlastungsverweigerung rechtswidrig. In den übrigen Rechtsordnungen bezieht sich die Entlastung nicht auf das Recht zur Kündigung, so daß sich die Frage nach dem rechtlichen Zusammenhang Entlastungsverweigerung und Kündigung auch nicht stellt. Da der Geschäftsführer sein Amt jederzeit mit sofortiger Wirkung niederlegen kann, kann er auch die Entlastungsverweigerung hierfür zum Anlaß nehmen. Einen Anspruch auf Schadenersatz hat er jedenfalls bei unbegründeter Entlastungsverweigerung nicht zu befürchten. Im deutschen Recht steht dem Nichtentlasteten in diesem Fall auch das Recht zur außerordentlichen Kündigung des Anstellungsvertrages zu. Ein Recht auf Entlastung, das sich bei der Entlastungsverweigerung mit Hilfe einer Leistungs- oder einer negativen Feststellungsklage durchsetzen ließe, existiert nicht. Die bislang vertretenen Ansätze aus dem schweizerischen und dem deutschen Recht können nicht überzeugen. Der Betroffene kann die Gesellschaft auch nicht zur Offenlegung der Gründe zwingen, die die Gesellschafter zu Verweigerung der Entlastung bewogen haben. Es überrascht daher nicht, daß das französische Recht zur Entlastungsklage schweigt, seit der Inhalt des quitus nur noch im außerrechtlichen Bereich gesehen wird.

In Bezug auf die weitere Entwicklung des Entlastungsrechts ist abschließend auf zwei Aspekte einzugehen; zum einen ist dies die Verordnung über die Europäische Gesellschaft, richtigerweise Europäische Aktiengesellschaft, zum anderen ist dies die Rechnungslegung nach den International Accounting Standarts (IAS), die börsennotierte Unternehmen in Deutschland ab dem Jahre 2005 anzuwenden haben.

Am 8. Oktober 2001 hat der Rat der Europäischen Gemeinschaft nach langjähriger Diskussion die Verordnung Nr.2157/2001 über das Statut der Europäischen Gesellschaft erlassen.[1] Gemäß Art.70 dieser Verordnung treten ihre Vorschriften zum 8. Oktober 2004 in Kraft. Art. 77 des Verordnungsvorschlages vom 16. Oktober 1989 sah noch eine eigenständige Haftungsregelung sowohl im monistischen als auch im dualistischen System vor.[2] Eine Haftungsklage gegen Vorstands- bzw. Verwaltungsratsmitglieder konnte gemäß Art.79 Abs. I des Verordnungsvorschlages nur aufgrund eines ausdrücklichen Verzichtsbeschlusses, der in Kenntnis des schuldhaften Verhaltens gefaßt werden mußte, verhindert werden. Hier wäre die Frage zu stellen gewesen, ob auch die Entlastung einen solchen ausdrücklichen Verzichtsbeschluß darstellen könnte. Die Frage hat sich durch die Verordnung vom 8. Oktober 2001 erledigt. In Artikel 51 heißt es nunmehr: *„Die Mitglieder des Leitungs-, Aufsichts- oder Verwaltungsorgans haften gemäß den im Sitzstaat der SE (Societas Europaea) für Aktiengesellschaften maßgeblichen Rechtsvorschriften für den Schaden, welcher der SE durch eine Verletzung der ihnen bei der Ausübung ihres Amtes obliegenden gesetzlichen, satzungsmäßigen oder sonstigen Pflichten entsteht."* Im Rahmen einer Europäischen Aktiengesellschaft wird sich an der dargestellten länderspezifischen Entlastungsproblematik also auch künftig nichts ändern.

Ab dem Jahre 2005 können bei börsennotierten Unternehmen innerhalb der Europäischen Union die IAS für die Rechnungslegung maßgeblich und dadurch Grundlage der Entlastung werden.[3] Daß sich an dem wertenden Gehalt des Beschlusses aufgrund der Zielsetzungen der IAS etwas ändern wird, darf bezweifelt werden. Denn auch die IAS verfolgen ebenso wie die Rechnungslegung in den untersuchten Rechtsordnungen weder die Hervorhebung jedes einzelnen Geschäftes noch die Darstellung von Ersatzansprüchen gegen Mitglieder der Geschäftsführung.[4] Ziel der IAS ist es, die Finanz-, Vermögens- und Ertragslage des Unternehmens aufzuzeigen und dem Adressaten dadurch eine Grundlage für seine weiteren wirtschaftlichen Entscheidungen zu bieten.[5] Eine Andeutung dahingehend, daß mit diesen Entscheidungen auch die Entlastung im Sinne einer Bewertung der Geschäftsführung gemeint sein könnte, findet sich in dem Rahmenkonzept (framework) zu den IAS. Dessen Nr.14 lautet: *„Financial statements also show the results of the stewardship of management or the accountability of management for the resources entrusted to it. Those users who wish to assess the stewardship or accountability of management do so in order that they may make economic decisions; these decisions may include, for example, whether to hold or to sell their investment in the enterprise or whether to reappoint or replace the management."* Die damit angesprochene Bewertung der Verantwortlichkeit des Managements sollte jedoch nicht im Sinne einer Stellungnahme zum Vorliegen oder Nichtvorliegen von Schadenersatzansprüchen gegen die Geschäftsführer verstanden werden. Darauf, daß eher die Bewertung der wirtschaftlichen Verantwortung des Managements gemeint ist, deutet eine Stellungnahme zu den Financial Accounting Concepts hin: *„Financial reporting should provide information about how management of an enterprise has discharged its stewardship responsibility to owners (stockholders) for the use of enterprise resources entrusted to it. Management of an enterprise is periodical accountable .... also for their efficient and profitable use and for protecting them to the*

---

[1] ABl. EG Nr. L 294 v. 10.11.2001.
[2] ABl. EG Nr. C 263 v. 16.10.1989, S.41ff.
[3] Vgl. dazu auch ZIP 2002, A 24.
[4] In diese Richtung tendierend auch *Coenenberg*, Jahresabschluß, S.877.
[5] *Coenenberg*, Jahresabschluß, S.875.

extent possible from unfavorable economic impacts of factors in the economy such as inflation or deflation and technological and social changes."[6]

---

[6] *FASB*, Accounting Standarts, CON 1, Rn.50, S.1017.

Literaturverzeichnis

Adler / Düring / Schmaltz: Rechnungslegung und Prüfung der Unternehmen – Kommentar zum HGB, AktG, GmbHG, PublG nach den Vorschriften des Bilanzrichtlinien-Gesetzes, zit. *A / D / S.*,
- Teilband 2, 6. Aufl., Stuttgart 1995, §§ 284 – 289 HGB,
- Teilband 4, 6. Aufl., Stuttgart 1997, AktG, GmbHG, PublG,
- Teilband 7, 6. Aufl., Stuttgart 2000, §§ 316 – 330 HGB.

Ahrens, Hans-Jürgen: Vom Ende der Entlastungsklage des GmbH-Geschäftsführers und einem Neubeginn des BGH, Zugleich ein Beitrag zur negativen Feststellungsklage; Bespr. BGH, GmbHR 1985, S.356, ZGR 1987, S.129.

Alfandari, Elie / Jeantin, Michel: Sociétés Civiles associations et autres groupements, RTD.com. 1988, S.77, 245.

Armborst, Heinrich: Die Organisation der französischen Aktiengesellschaft - Der Stand der französischen Aktienrechtsreform am Ende des Jahres 1963, Diss., Würzburg 1966, zit. *Armborst*, Organisation.

Back, Alfred: Der Entlastungsbeschluß der Generalversammlung an die Verwaltung und die Kontrollstelle der Aktiengesellschaft, Diss., Basel 1943, zit. *Back*, Entlastungsbeschluß.

Bättig, Kurt: Die Verantwortlichkeit der Kontrollstelle im Aktienrecht, Diss., St. Gallen 1976, zit. *Bättig*, Verantwortlichkeit der Kontrollstelle.

Baillod, Raymonde: Le «juste motif» de révocation des dirigeants sociaux, RTD.com. 1983, S.395.

Balensi, Yvan: Les Conventions entre les sociétés commerciales et leurs dirigeants, Diss., Paris 1973, zit. *Balensi*, Conventions.

Baltzer, Johannes: Die negative Feststellungsklage aus § 256 I ZPO, Habil., Marburg 1980, zit. *Baltzer*, neg. Feststellungsklage.

Baltzer, Johannes: Der Beschluß als rechtstechnisches Mittel organschaftlicher Funktion im Privatrecht, Köln / Berlin 1965, zit. *Baltzer*, Beschluß.

Barbey, André E.: La décharge en droit suisse. Etude de certains problèmes en relation avec la décharge des membres des organes de la société anonyme en droit suisse, Diss., Genf 1949, zit. *Barbey*, Décharge.

Barner, Friedrich: Die Entlastung als Institut des Verbandsrechts, Diss., Berlin 1990, zit. *Barner*, Entlastung.

Bartl, Harald / Fichtelmann, Helmar / Schlarb, Eberhard / Schulze, Hans-Jürgen: Heidelberger Kommentar zum GmbH-Recht, 4. Aufl., Heidelberg 1998, zit. *Bearb.*, in Heidelberger Komm., GmbHG.

Bastian, Daniel: La réforme du droit des Sociétés commerciales, J.C.P. 1967, Edition générale, doctr. No. 2121.

Baumbach, Adolf / Hueck, Alfred: GmbH-Gesetz, 17. Aufl., München 2000, zit. Baumbach / Hueck, *Bearb.*, GmbHG.

Baumbach, Adolf / Duden, Konrad / Hopt, Klaus J.: Handelsgesetzbuch, 30. Aufl., München 2000, zit. *Baumbach / Duden / Hopt*, HGB.

Baums, Theodor: Der Geschäftsleitervertrag, Habil., Köln 1987, zit. *Baums*, Geschäftsleitervertrag.

Baums, Theodor: Vollmachtsstimmrecht der Banken - Ja oder Nein, AG 1996, S.11.

Beck'scher Bilanzkommentar, Handels- und Steuerrecht (§§ 238 - 339 HGB): bearb. v. Wolfgang Dieter Budde, Hermann Clemm, Helmut Ellrott, Gerhart Förschle, Martin Hoyos, 4. Aufl., München 1999, zit. *Bearb.*, in Beck'scher Bilanzkomm.

Beck'sches Handbuch der Rechnungslegung (Band I): Castan, Edgar / Heymann, Gerd / Müller, Eberhard / Ordelheide, Dieter / Scheffler, Eberhard (Hrsg.), München 1999, zit. *Bearb.*, in Beck'sches HdB. Rechnungslegung.

Bellardi, Werner: Die staatsrechtliche Entlastung nach preußischem und Reichsstaatsrecht, Diss., Bonn 1910, zit. *Bellardi*, Staatsrechtliche Entlastung.

Berdah, Jean Pierre: Fonction et responsabilité des dirigeants des sociétés par actions, Diss., Paris 1974, zit. *Berdah*, Fonction et responsabilité.

Bernard, Marie-Christine: Vergleich der Ansprüche der Gesellschafter gegen die Geschäftsführer bei der Aktiengesellschaft und der Gesellschaft mit beschränkter Haftung im deutschen und französischen Recht, insbes. im Hinblick auf die „action individuelle" und die „action sociale exercée ut singuli", Diss., Köln 1977, zit. *Bernard*, Ansprüche.

Berner Kommentar zum Schweizerischen Zivilgesetzbuch, zit. *Bearb.*, in Berner Komm.
- Schweizerisches Zivilgesetzbuch, Band I, Einleitung und Personenrecht, Art.1 – 10 ZGB, Bern 1966,
- Obligationenrecht, Band VII, 3.Abteilung, Die Gesellschaft mit beschränkter Haftung, St. Gallen 1939.

Biggel, Hans: Die Verantwortlichkeit des Verwaltungsrates gemäß Art.673ff. OR / 754ff. rev. OR unter Berücksichtigung des geltenden und kommenden deutschen, französischen und italienischen Rechts, Diss., Zürich 1940, zit. *Biggel*, Verantwortlichkeit des Verwaltungsrates.

Bing, Fritz: Anmerkungen zum Urteil des Reichsgerichts vom 21.9.1926, JW 1926, S.2904.

Böckli, Peter / Forstmoser, Peter / Rapp, Jean-Marc: Reform des GmbH-Rechts – Expertenentwurf vom 29. November 1996 für eine Reform des Rechts der Gesellschaft mit beschränkter Haftung, Zürich 1997, zit. *Böckli / Forstmoser / Rapp*, Reform des GmbH-Rechts.

Böckli, Peter: Schweizer Aktienrecht - Darstellung für den Praktiker, Die Aktiengesellschaft in der Fassung des Bundesgesetzes vom 4. Oktober 1991 über die Revision des 26. Titels des schweizerischen Obligationenrechts unter Berücksichtigung der neu gefaßten Handelsregisterverordnung, der Revisoren-Verordnung und des Börsengesetzes, 2. Aufl., Zürich 1996, Nachdruck 1997, zit. *Böckli*, AktienR.

Böckli, Peter: Das Aktienstimmrecht und seine Ausübung durch Stellvertreter, Diss., Basel 1961, zit. *Böckli*, Aktienstimmrecht.

Boemle, Max: Der Jahresabschluß: Bilanz, Erfolgsrechnung, Anhang, 3. Aufl., Zürich 1996, zit. *Boemle*, Jahresabschluß.

Boesebeck, Ernst: Die „Entlastung" der Organe einer A.G., G.m.b.H. oder Genossenschaft in neuer rechtlicher Betrachtung, ZAkDR 1935, S.675.

Boesebeck, Ernst: Anm. zu Urteil des RG v. 2.10.1934, JW 1935, S.921.

Boesebeck, Ernst: Stimmenthaltung bei der Entlastung von Vorstand und Aufsichtsrat, NJW 1955, S.1657.

Boeters, Karl: Die Klage auf Erteilung der Entlastung, JW 1920, S.699.

Borsche, Christian: Die Entlastung im Recht der Personengesellschaften, Diss., Berlin 1988, zit. *Borsche*, Entlastung im Recht der Personengesellschaften.

Bousquet: Anm. zu Cass.com. v. 28.2.1977, D.S., I.R., 1977, S.312.

Breit, James: Anmerkungen zum Urteil des Reichsgerichts vom 6.2.1917, JW 1917, S.657.

Brox, Hans: Allgemeiner Teil des BGB, 24. Aufl., Köln / Berlin / Bonn / München 2000, zit. *Brox*, BGB-AT.

Brox, Hans: Probleme der Entlastung im Gesellschaftsrecht, BB 1960, S.1226.

Bucher, Eugen: Schweizerisches Obligationenrecht / Allgemeiner Teil ohne Deliktsrecht, 2. Aufl., Zürich 1988, zit. *Bucher*, OR.

Buchner, Herbert: Die Entlastung des Geschäftsführers in der GmbH - Wenig Klarheit über ein altes gesellschaftsrechtliches Institut, GmbHR 1988, S.9.

Bulle, Jean-François.: Le statut du dirigeant de société, Paris 1989, zit. *Bulle*, Statut du dirigeant.

Büren, Roland von: Erfahrungen schweizerischer Publikumsgesellschaften mit dem neuen Aktienrecht, ZBJV 1995, S.57.

Canaris, Claus-Wilhelm: Die Vertrauenshaftung im deutschen Privatrecht, München 1971, zit. *Canaris*, Vertrauenshaftung.

Canaris, Claus-Wilhelm: Schweigen im Rechtsverkehr als Verpflichtungsgrund, in Festschrift für Walter Wilburg zum 70. Geburtstag, Graz 1975, S.77, zit. *Canaris*, in FS-Wilburg.

Le Cannu, Paul: Anm. zu Cass.com. v. 11.10.1988, Bull. Joly – sociétés 1988, S.925.

Carolsfeld, Ludwig Schnorr von: Anmerkungen zum Urteil des Bundesarbeitsgerichts vom 27.9.1956, ZfG 1957, S.218.

Coenenberg, Adolf Gerhard: Jahresabschluß und Jahresabschlußanalyse: Betriebswirtschaftliche, handelsrechtliche und steuerrechtliche und internationale Grundsätze, 17. Aufl., Landsberg / Lech 2000, zit. *Coenenberg*, Jahresabschluß.

Copper Royer, Edouard: Traité des Sociétés Anonymes,
- Band 1, 4. Aufl., Paris 1931, zit. *Copper Royer*, Bd.1,
- Band 4, 4. Aufl., Paris 1931, zit. *Copper Royer*, Bd.4.

Dalloz, Encyclopédie Juridique – Répertoire de Droit Civil: zit. *Bearb.*, in Dalloz, Rép.Civ.,
- Abus de Droit, 1992,
- Renonciation, 1989.

Dalloz, Encyclopédie Juridique – Répertoire de Droit Commercial: zit. *Bearb.*, in Dalloz – Com.,
- Inventaire et comptes annuels, 1985.

Dalloz, Encyclopédie Juridique – Répertoire des Sociétés: zit. *Bearb.*, in Dalloz, Rép.Soc.,
- Assemblée d'actionnaires, 1984,
- Société à responsabilité limitée, 1985.

David, François: Natura e portata del quitus nel diritto francese della società per azioni, RDC 1940, S.244.

David, René: La protection des minorités dans les sociétés par actions, Diss., Paris 1928, zit. *David*, Protection.

Dellmann, Klaus: Die handelsrechtliche Jahresrechnung nach neuem schweizerischen Recht, 2. Aufl., Bern 1990, zit. *Dellmann*, Jahresrechnung.

Dessertine, L.: Anm. zu CA Paris v. 26.11.1999, Bull. Joly – Soc. 2001, S.342.

Dietel, Peter: Der Widerruf der Bestellung zum Vorstandsmitglied bei Vertrauensentzug der Hauptversammlung, Diss., Köln 1965, zit. *Dietel*, Widerruf.

Dietrich, Hugo: Anmerkungen zum Urteil des Reichsgerichts vom 23.10.1940, DR 1941, S.510.

Dörner, Dietrich: Ändert das KonTraG die Anforderungen an den Abschlußprüfer?, DB 1998, S.1.

Druey, Jean Nicolas: Information als Gegenstand des Rechts – Entwurf einer Grundlegung, Zürich 1995, zit. *Druey*, Information.

Ebenroth, Carsten / Müller, Andreas: Das Doppelmandat des Geschäftsführers im GmbH-Konzern und seine Auswirkungen auf das Stimmverbot des § 47 Abs. IV GmbHG, GmbHR 1991, S.237.

Eccius, Max Ernst: Preußisches Privatrecht, Zweiter Band, Das Recht der Schuldverhältnisse. Auf der Grundlage des Werkes von Franz Förster, bearb. von Max Ernst Eccius, 7. Aufl., Berlin 1896, zit. *Eccius*, preuß. PrivatR.

Eigenmann, Ernst J.: Einige Fragen zur Décharge, SAG 25 (1952/53), S.189.

Eigenmann, Ernst J.: Wie wird Décharge erteilt?, SAG 27 (1954/55), S.145.

Emmerich, Volker / Sonnenschein, Jürgen: Konzernrecht – Das Recht der verbundenen Unternehmen bei Aktiengesellschaft, GmbH, Personengesellschaften, Genossenschaft, Verein und Stiftung, 6. Aufl., München 1997, zit. *Emmerich / Sonnenschein*, KonzernR.

Eppenberger, Matthias: Information durch Mitteilung oder durch Auskunft am Beispiel der Information des Aktionärs, Diss., St. Gallen, Bern, 1990, zit. *Eppenberger*, Information durch Mitteilung oder Auskunft.

Erman: Bürgerliches Gesetzbuch, Handkommentar, 10. Aufl., Münster 2000 (Hrsg. Harm Peter Westermann.), zit. Erman / *Bearb.*, BGB.

Escarra Jean: Cours de Droit Commercial, 2. Aufl., Paris 1952, zit. *Escarra*, Dr.Com.

Escarra Jean / Escarra, Edouard / Rault, Jean: Traité théorique et pratique de droit commercial - les sociétés commerciales, Band IV: Sociétés par actions - L'administration des Sociétés anonymes, Paris 1959, zit. *Escarra / Rault*, Bd. IV.

Escher-Weingart, Christina: Die gewandelte Rolle des Wirtschaftsprüfers als Partner des Aufsichtsrates nach den Vorschriften des KonTraG, NZG 1999, S.909.

Fehr, Konrad: Die zivilrechtliche Verantwortlichkeit der Verwaltungsorgane im schweizerischen Aktienrecht, in schweizerische Beiträge zum vierten internationalen Kongreß für Rechtsvergleichung, Genf 1954, S.147, zit. *Fehr*, Zivilrechtliche Verantwortlichkeit.

Ferid, Murad: Das Französische Zivilrecht, Erster Band, Allgemeine Lehren, Recht der Schuldverhältnisse, Frankfurt a.M., Berlin 1971, zit. *Ferid*, frz. ZivilR., Bd. 1.

Ferid, Murad / Sonnenberger Hans Jürgen: Das Französische Zivilrecht, Band 1 / 1, Erster Teil: Allgemeine Lehren des französischen Zivilrechts: Einführung und Allgemeiner Teil des Zivilrechts, 2. Aufl., Heidelberg 1994, zit. *Ferid / Sonnenberger*, frz. ZivilR., Bd. 1 / 1.

Feuth, Ernst: Kann über die Entlastung des Aufsichtsrates nach § 104 AktG getrennt nach Vertretergruppen abgestimmt werden?, NJW 1958, S.11.

Fikentscher, Wolfgang: Schuldrecht, 9. Aufl., Berlin 1997, zit. *Fikentscher*, SchuldR.

Financial Accounting Standarts Board: Accounting Standarts as of June 1, 2001, Original Pronouncements, New York, 2002, zit. *FASB*, Accounting Standarts.

Fischer, Frank: Entlastung von Vorständen bei Personenidentität in Konzerngesellschaften – Auswirkungen des Urteils des LG Köln vom 12.12.1997, NZG 1999, S.192.

Flechtheim: Anmerkungen zu Boeters, JW 1920, 699, JW 1920, S.700.

Fleck, Hans-Joachim: Zur Haftung des GmbH-Geschäftsführers, GmbHR 1974, S.224.

Flume, Werner: Allgemeiner Teil des Bürgerlichen Rechts, Erster Band, Zweiter Teil, Die juristische Person, Berlin / Heidelberg / New York / Tokyo 1983, zit. *Flume*, Bürgerl.R. I / 2.

Forstmoser, Peter / Meier-Hayoz, Arthur: Einführung in das Schweizerische Aktienrecht, 8. Aufl., Bern 1998, zit. *Forstmoser / Meier-Hayoz*, Einf. AktienR.

Forstmoser, Peter / Meier-Hayoz, Arthur / Nobel, Peter: Schweizerisches Aktienrecht, Bern 1996, zit. *Forstmoser / Meier-Hayoz / Nobel*, AktienR.

Forstmoser, Peter: Die aktienrechtliche Verantwortlichkeit, 2. Aufl., Zürich 1987, zit. *Forstmoser*, Verantwortlichkeit.

Forszpaniak, Jean-Marie / Scholtissek, Wolfgang: Rechnungslegung in Frankreich, RIW 1985, Beilage 1.

Funk, Fritz: Kommentar des Obligationenrechts, 2. Band, Das Recht der Gesellschaften, Aarau 1951, zit. *Funk*, OR.

Gauch, Peter / Schluep, Walter R.: Schweizerisches Obligationenrecht, Allgemeiner Teil ohne außervertragliches Haftpflichtrecht, Band II, 5. Aufl., Zürich 1991, zit. *Gauch / Schluep*, OR, Bd. II.

Gehrlein, Markus: Die Gesellschafterklage und § 46 Nr.8 GmbHG – ein ungelöstes Problem?, ZIP 1993, S.1525.

Gernhuber, Joachim: Handbuch des Schuldrechts in Einzeldarstellungen, Band 3: Die Erfüllung und ihre Surrogate sowie das Erlöschen der Schuldverhältnisse aus anderen Gründen, 2. Aufl., Tübingen 1994, zit. *Gernhuber*, Erfüllung.

Geßler, Ernst / Hefermehl, Wolfgang / Eckardt, Ulrich / Kropff, Bruno: Aktiengesetz, Kommentar, Band 2, §§ 76 – 147, 1. Aufl., München 1974, zit. *Bearb.*, in Geßler / Hefermehl, AktG.

Gibirila, Deen: Le dirigeant de société, statut juridique, social et fiscal, Paris 1995, zit. *Gibirila*, Dirigeant de société.

Goré, François / Dupouy, Claude: Comptabilité générale de l'entreprise, Paris 1975, zit. *Goré / Dupouy*.

Gross, Kurt Jean: Analyse der haftpflichtrechtlichen Situation des Verwaltungsrates, Diss., Zürich 1990, zit. *Gross*, Haftpflichtrechtliche Situation des Verwaltungsrates.

Groß, Wolfgang: Stimmrecht und Stimmrechtsausschluß bei der Testamentsvollstreckung am GmbH-Anteil, GmbHR 1994, S.596.

Großfeld, Bernhard: Bilanzrecht: Jahresabschluß, Konzernabschluß, internationale Standards, 3. Aufl., Heidelberg 1998, zit. *Großfeld*, BilanzR.

Großkommentar zum Aktiengesetz, zit. *Bearb.*, in Großkomm., AktG.,
- Erster Band, §§ 1- 144, 2. Aufl., Berlin 1961, zit. *Bearb.*, in Großkomm., AktG, 2.Aufl.,
- Erster Band, 2.Halbband, §§ 76 – 144, 3. Aufl., Berlin 1973, zit. *Bearb.*, in Großkomm., AktG, 3.Aufl.,
- 11. Lieferung: §§ 92 – 94, 4. Aufl., Berlin / New York 1999,
- 14. Lieferung: §§ 118 – 120, 4. Aufl., Berlin / New York 1999,
- 16. Lieferung, §§ 131, 132, 4. Aufl., Berlin / New York 2001.

Grunewald, Barbara: Die Gesellschafterklage in der Personengesellschaft und der GmbH, Tübingen 1990, zit. *Grunewald*, Gesellschafterklage.

Gubler, Ed.: Zum Anspruch auf Erteilung der Décharge, SAG 23 (1950/51), S.68.

Guhl, Theo / Merz, Hans / Kummer, Max / Koller, Alfred / Druey, Jean Nicolas: Das schweizerische Obligationenrecht mit Einschluß des Handels- und Wertpapierrechts, 8. Aufl., Zürich 1995, zit. *Guhl / Merz / Kummer / Koller / Druey*, OR.

Guyon, Yves: Droit des affaires, Band 1, Droit commercial général et Sociétés, 10. Aufl., Paris 1999, zit. *Guyon*, Bd. 1.

Hachenburg, Max: Gesetz betreffend die Gesellschaften mit beschränkter Haftung, Großkommentar, Zweiter Band, §§ 35 – 52, 8. Aufl., Berlin, New York 1997, zit. Hachenburg / *Bearb.*, GmbHG.

Haefliger, Peter: Die Durchführung der Generalversammlung einer Aktiengesellschaft, Diss., Bern 1978, zit. *Haefliger*, Generalversammlung.

Hamel, Joseph / Lagarde, Gaston / Jauffret, Alfred: Droit Commercial, Band 2, 2. Aufl., Paris 1980, zit. *Hamel / Lagarde / Jauffret*, Dr.Com., Bd.2.

Hamiaut, Marcel: La réforme des sociétés commerciales, Loi n° 66-537 du 24 juillet 1966, Paris 1966,
- Band 1, Sociétés en nom collectif - Sociétés en commandite simple - Sociétés a responsabilité limitée - Sociétés en participation, zit. *Hamiaut*, Bd.1,
- Band 2, 1966, Les sociétés par actions, zit. *Hamiaut*, Bd.2.

Hampel, Kurt: Die Entlastung des Vorstandes einer AG, Diss., Leipzig 1911, zit. *Hampel*, Entlastung.

Hanloser, Stefan: Proxy-Voting und Online-HV: § 134 III 3 AktG nach dem NaStraG, NZG 2001, S.355.

Heckenberger, Richard: Die Entlastung bei den Aktien-Gesellschaften, Genossenschaften und Gesellschaften mit beschränkter Haftung nach Voraussetzungen, Wirkungen und Anfechtbarkeit, Diss., Heidelberg 1909, zit. *Heckenberger*, Entlastung.

Hémard, Jean / Terré, François / Mabilat Pierre: Sociétés commerciales,
- Band 1: Sociétés commerciales, 1. Introduction. Généralités. Sociétés de personnes. Société à responsabilité limitée. Société anonyme: constitution, direction et administration, Paris 1972, zit. *Hémard / Terré / Mabilat*, Soc.Com., Bd.1
- Band 2: Sociétés commerciales. 2. Société anonyme: assemblées d'actionnaires, modifications du capital social, contrôle, transformation et dissolution, responsabilité. Société en commandite par actions, Paris 1974, zit. *Hémard / Terré / Mabilat*, Soc.Com., Bd.2.

Henze, Hartwig: Leitungsverantwortung des Vorstandes – Überwachungspflicht des Aufsichtsrates, BB 2000, S.209.

Herrmann, Rüdiger: Funktion, Kontrolle und Haftung von Leitungsorganen von Aktiengesellschaften in Deutschland, der Schweiz, Australien und den USA, Diss., Hagen 1995, zit. *Herrmann*, Funktion.

Heuer, Gerhard: Die Entlastung des Geschäftsführers, GmbHR 1951, S.151.

Himmelsbach, Kurt: Die Anwendbarkeit der rechtsgeschäftlichen Vorschriften auf die Stimmabgabe in den Personen- und Kapitalgesellschaften, Diss., Heidelberg 1972, zit. *Himmelsbach*, Anwendbarkeit der rechtsgeschäftlichen Vorschriften.

Hoeniger: Die Entlastung, DJZ 1922, S.143.

Hoffmann-Becking, Michael: Vorstands-Doppelmandate im Konzern, ZHR 150 (1986), S.570.

Horber, Felix: Die Informationsrechte des Aktionärs – Eine systematische Darstellung, Zürich 1995, zit. *Horber*, Informationsrechte.

Houpin, C. / Bosvieux, H.: Traité général théorique et pratique des sociétés civiles et commerciales et des associations, Band II, 7. Aufl., Paris 1935, zit. *Houpin / Bosvieux*, Bd. II.

Hübner, Ulrich / Constantinesco, Vlad: Einführung in das französische Recht, 4. Aufl., München 2001, zit. *Hübner / Constantinesco*, Einf. frz. R.

Hueck, Alfred: Die Entlastung im Recht der GmbH, GmbHR 1959, S.189.

Hüffer, Uwe: Aktiengesetz, 4. Aufl., München 1999, zit. *Hüffer*, AktG.

Immenga, Ulrich / Werner, Horst: Stimmrechtsausschluß eines GmbH-Gesellschafters, GmbHR 1976, S.53.

Isele, Hellmut Georg: Geschäftsbesorgung. Umrisse eines Systems, Marburg 1935, zit. *Isele*, Geschäftsbesorgung.

Jäger, Axel: Anm. zu LG Köln (91 O 131/97), NZG 1998, S.271.

Jäßing, Horst: Der Begriff der privatrechtlichen Entlastung, Diss., Greifswald 1933, zit. *Jäßing*, Privatrechtliche Entlastung.

Juris-Classeurs: Civil Code, Art.469 – 475, Fasc.50: Tutelle, Comptes et responsabilité, 1994, zit. *Bearb.*, in JCl.-civ.

Juris-Classeurs: Traité des Sociétés, éd. Techniques, zit. *Bearb.*, in JCl.-soc.
- Fasc. 74-2: Sociétés à responsabilité limitée, Gérance (suite) – Pouvoirs, Responsabilité, 1991,
- Fasc. 74-10: Sociétés à responsabilité limitée, Gérance – Organisation, Pouvoirs, 1998,
- Fasc. 132: Administration, Responsabilité des administrateurs, 1990,
- Fasc. 132: Administration, Responsabilité civile des administrateurs, 1996, zit. *Bearb.*, in JCl.-soc., 1996,
- Fasc. 139 - 1: Assemblées d'actionnaires, Assemblée générale, Nullité, délibération, abus de droit de vote, 1994,
- Fasc. 139-2[A]: Assemblées d'actionnaires, Assemblées générales ordinaires, Tenue et pouvoirs de l'assemblées, 1980,
- Fasc. 150: Actions judiciaires, Régime, Procédure, Compétence, 1973.

Kaeslin, Theodor: Die Aktiengesellschaft und die Verantwortlichkeit nach revidiertem Obligationenrecht, Diss., Bern. 1941, zit. *Kaeslin*, Aktiengesellschaft und Verantwortlichkeit.

Kindler, Peter: Der Aktionär in der Informationsgesellschaft / Das Gesetz zur Namensaktie und zur Erleichterung der Stimmrechtsausübung, NJW 2001, S.1678.

Kistler, Peter: Das Stimmverbot, SAG 30 (1957/58), S.277.

Kleindiek, Detlef: Geschäftsleitertätigkeit und Geschäftsleitungskontrolle: Treuhänderische Verwaltung und Rechnungslegung, ZGR 1998, S.466.

Knoche, Dietrich: Die sog. 'Verzichtswirkung' der Entlastung im privaten und im öffentlichen Recht, Diss., Mainz 1993, zit. *Knoche*, Verzichtswirkung der Entlastung.

Koch, Eberhard: Fragen zur Entlastung nach § 120 AktG, AG 1969, S.1.

Kölner Kommentar zum Aktiengesetz, zit. *Bearb.*, in Kölner-Komm., AktG,

- Band 1, §§ 1 - 147, 1. Aufl., Köln u.a. 1985,
- Band 2, §§ 76 - 117 AktG und Mitbestimmung im Aufsichtsrat, 2. Aufl., Köln u.a. 1996.

Kommentar zum schweizerischen Privatrecht (Basler Kommentar): Heinrich Honsell (Hrsg.), zit. *Bearb.*, in Basler Komm.,

- Obligationenrecht: Art. 1 - 529 OR., 2. Aufl. unter Einbezug von PrHG, KKG und PRG, 1996,
- Obligationenrecht: Art. 530 - 1186 OR, 1994.

Kommentar zum schweizerischen Zivilgesetzbuch (Zürcher Kommentar), zit. *Bearb.*, in Zürcher Kommentar, OR.

- Obligationenrecht, Band V, Teilband 1a, Vorbemerkungen Art.1, Art.1 – 17, Zürich 1973,
- Obligationenrecht, Band V, Teilband 1h, Das Erlöschen der Obligationen / Erste Lieferung, Art.114 – 126 OR, Zürich 1991,
- Obligationenrecht, Band V, Teilband 5: Die Aktiengesellschaft, b/1: Rechte und Pflichten der Aktionäre (Art. 660 – 697), Zürich 1957,
- Obligationenrecht, Band V, Teilband 5: Die Aktiengesellschaft, b/2: Art. 698 - 738, Zürich 1969,
- Obligationenrecht, Band V, Teilband 5: Die Aktiengesellschaft und die Kommanditaktiengesellschaft, b/3: Art. 739 – 771, Zürich 1979,
- Obligationenrecht, Teilband 5 e: Die Gesellschaft mit beschränkter Haftung, Zürich 1965.

Kropff, Bruno: Aktiengesetz, Textausgabe des Aktiengesetzes vom 6.9.1965 und des Einführungsgesetzes zum Aktiengesetz mit Begründung des Regierungsentwurfes, Bericht des Rechtsausschusses des deutschen Bundestages, Verweisungen und Sachverzeichnis, Düsseldorf 1965, zit. *Kropff*, Begr. RegE.

Kummer, Max: Die Rechtsprechung des Bundesgerichts im Jahre 1969, 6. Aktiengesellschaft, a) Décharge - Beschluß, ZBJV 107 (1971), S.217.

Kunz, Peter V.: Rechtsnatur und Einredenordnung der aktienrechtlichen Verantwortlichkeitsklage, Darstellung der Rechtslage unter bisherigem und revidiertem Aktienrecht, Diss., Bern 1993, zit. *Kunz*, Rechtsnatur und Einredenordnung.

Laband, Alfred: Die Entlastung des Vorstandes der Aktiengesellschaft, Diss., Berlin 1913, zit. *Laband*, Entlastung des Vorstandes.

Larenz, Karl: Lehrbuch des Schuldrechts, Band I, Allgemeiner Teil, 14. Aufl., München 1987, zit. *Larenz*, SchuldR-AT.

Larenz, Karl / Wolf, Manfred: Allgemeiner Teil des Bürgerlichen Rechts, 8. Aufl., München 1997, zit. *Larenz / Wolf*, Bürgerl.R.-AT.

Larenz, Karl / Canaris, Claus-Wilhelm: Methodenlehre der Rechtswissenschaft, 3. Aufl., Berlin 1995, zit. *Larenz / Canaris*, Methodenlehre.

Larroumet, Christian: Droit Civil, Les Obligations, Le Contrat, Band III, 2. Aufl., Paris 1990, zit. *Larroumet*, Dr.Civ., Bd. III.

Lüderitz, Alexander: Ausforschungsverbot und Auskunftsanspruch bei Verfolgung privater Rechte, in Recht und Staat in Geschichte und Gegenwart: eine Sammlung von Vorträgen und Schriften aus dem Gebiet der gesamten Staatswissenschaften, Tübingen 1966, zit. *Lüderitz*, Ausforschungsverbot.

Lutter, Marcus / Hommelhoff, Peter: GmbH-Gesetz, Kommentar, 15. Aufl., Köln 2000, zit. *Lutter / Hommelhoff*, GmbHG.

Lyon / Caen / Renault: Manuel de Droit Commercial, 15. Aufl. 1928 - Traité de droit commercial, 5. Aufl., Band II, 2.Teil - Des Sociétés, Paris 1929, zit. *Lyon / Caen / Renault*, Bd. II / 2, Sociétés.

Malaurie, Philippe / Aynès, Laurent: Cour de Droit Civil, Les Obligations, 10. Aufl., Paris 1999, zit. *Malaurie / Aynès*, Dr.Civ. – Obligations.

Mazeaud, Henri / Mazeaud, Léon / Mazeaud, Jean / Chabas, François: Leçons de Droit Civil, Band II, 1. Teilband: Obligations – théorie générale, 9. Aufl., Paris 1998, zit. *Mazeaud / Chabas*, Dr.Civ., Bd. II / 1.

Medicus, Dieter: Schuldrecht I / Allgemeiner Teil, 12. Aufl., München 2000, zit. *Medicus*, SchuldR-AT.

Meier, Robert: Die Schweizerische Aktiengesellschaft, 2. Aufl., Zürich 1994, zit. *Meier*, Aktiengesellschaft.

Meier-Hayoz, Arthur / Forstmoser, Peter: Schweizerisches Gesellschaftsrecht, 8. Aufl., Bern 1998, zit. *Meier-Hayoz / Forstmoser*, GftsR.

Meier-Wehrli, Jörg: Die Verantwortlichkeit der Verwaltung einer Aktiengesellschaft bzw. einer Bank gemäß Art. 754ff, OR / 41ff. BkG, Diss., Zürich 1968, zit. *Meier-Wehrli*, Verantwortlichkeit der Verwaltung.

Mercadal / Janin, Philippe: Mémento pratique Francis Lefebvre, Sociétés Commerciales, Levallois 2000, zit. Lefebvre, Soc.Com.

Merle, Philippe / Fauchon, Anne: Droit commercial, sociétés commerciales, 8. Aufl., Paris 2001, zit. *Merle*, Dr.com.

Merle, Philippe: Anm. zu Cass.com. v. 26.1.1983, Rev.soc. 1984, S.361.

Merle, Philippe / Chevalier-Merle, Edith: L'application jurisprudentielle de la loi du 24 juillet 1966 sur les sociétés commerciales - Recueil exhaustif et méthodique des décisions publiées au 1er novembre 1975, Paris 1976, zit. *Merle / Chevalier-Merle*, Application jurisprudentielle.

Mertens, Hans-Joachim / Stein, Ursula: Das Recht des Geschäftsführers der GmbH, Sonderausgabe der Kommentierung der §§ 35 bis 44 GmbHG aus: Hachenburg, Gesetz betreffend die Gesellschaften mit beschränkter Haftung, 2. Aufl., Berlin / New York 1997, zit. *Bearb.*, in Recht des Geschäftsführers.

Merz, Peter / Sticher, Walter: Die Haftung einer Aktiengesellschaft als faktisches Organ, zugl. Bespr. des Urteils des St. Gallischen Handelsgerichts vom 25. März 1983, SAG 58 (1986), S.38.

Müller, Roland / Lipp Lorenz / Plüss, Adrian: Der Verwaltungsrat, Ein Handbuch für die Praxis, 2. Aufl., Zürich 1999, zit. *Müller / Lipp / Plüss*, Verwaltungsrat.

Münchener Handbuch des Gesellschaftsrechts, zit. *Bearb.*, in Münch.HdB. GftsR.,
- Band 3: Gesellschaft mit beschränkter Haftung, München 1996,
- Band 4: Aktiengesellschaft, 2. Aufl., München 1999.

Münchener Kommentar zum Aktiengesetz, Band 8, §§ 278 – 328, 2. Aufl., München 2000, zit. MüKo.-*Bearb.*, AktG.

Münchener Kommentar zum Bürgerlichen Gesetzbuch, zit. MüKo.-*Bearb.*, BGB,
- Band 1, Allgemeiner Teil (§§ 1 – 240), AGB-Gesetz, 4. Aufl., München 2001,
- Band 2, Schuldrecht Allgemeiner Teil (§§ 241 – 432, FernAbsG), 4. Aufl., München 2001,
- Band 4, Schuldrecht Besonderer Teil (§§ 607 – 704), 3. Aufl., München 1997.

Münchener Kommentar zur Zivilprozeßordnung, Band 1, §§ 1 – 354, 2. Aufl., München 2000, zit. MüKo.-*Bearb.*, ZPO.

Nägele, Stefan / Nestel, Fred: Entlastung des GmbH-Geschäftsführers und des AG-Vorstands – Chancen und Risiken in der Praxis, BB 2000, S.1253.

Neflin, Hermann: Die Verweigerung der Entlastung von Vorstand und Aufsichtsrat einer AG und deren Rechtsfolgen, NJW 1959, S.1666.

Niggli, Adrian: Die Aufsicht über die Verwaltung der Aktiengesellschaft im schweizerischen Recht, Diss., Bern 1981, zit. *Niggli*, Aufsicht über die Verwaltung der Aktiengesellschaft.

Nitschke / Bartsch: Über Bedeutung und Umfang des Auskunftsrechts, insbesondere im Zusammenhang mit Entlastungsbeschlüssen, AG 1969, S.95.

Obermüller, Walter / Werner, Winfried / Winden, Kurt: Die Hauptversammlung der Aktiengesellschaft, 4. Aufl., bearb. v .Volker Butzke, Stuttgart 2001, zit. *Obermüller / Werner / Winden*, HV.

Ommeslaghe, Pierre van: Le régime des sociétés par actions et leur administration en droit comparé, Diss., Brüssel 1960, zit. *van Ommeslaghe*, Régime des sociétés par actions.

Palandt, Otto: Bürgerliches Gesetzbuch, 62. Aufl., München 2003, zit. Palandt-*Bearb*, BGB.

Picenoni, Reno: Der Entlastungsbeschluß (Décharge) im Rechte der Handelsgesellschaften und der Korporationen auf Grund des deutschen, französischen, italienischen und besonders des schweizerischen Rechts, Diss., Zürich 1945, zit. *Picenoni*, Entlastungsbeschluß.

Piédelièvre, Bernard: Situation juridique et responsabilité des dirigeants des sociétés anonymes après la loi du 24 juillet 1966, Paris 1967, zit. *Piédelièvre*, Situation juridique et responsabilité des dirigeants.

Plüss, Adrian: Die Rechtsstellung des Verwaltungsratsmitgliedes, Diss., Zürich 1990, zit. *Plüss*, Rechtsstellung des Verwaltungsratsmitgliedes.

Priester, Hans-Joachim: Stimmverbot des GmbH-Gesellschafters bei Entlastungsbeschlüssen – Reichweite und satzungsmäßige Abdingbarkeit, in Festschrift für Heinz Rowedder zum 75. Geburtstag, München 1994, S.369, zit. *Priester*, in FS-Rowedder.

Raiser, Thomas: Recht der Kapitalgesellschaften, 3. Aufl., München 2001, zit. *Raiser*, Kap.gften.

Rasier, Thomas: Das Recht der Gesellschafterklagen, ZHR 153 (1989), S.1.

Remme, Werner / Theile, Carsten: Die Auswirkungen von KonTraG und KapAEG auf die GmbH, GmbHR 1998, S.909.

RGRK: Das Bürgerliche Gesetzbuch mit besonderer Berücksichtigung der Rechtsprechung des Reichsgerichts und des Bundesgerichtshofes, Kommentar, Band II, 1.Teil, §§ 241 – 413, 12. Aufl., Berlin / New York 1976, zit. RGRK-*Bearb.*, BGB.

Ripert, Georges: Traité élémentaire de droit commercial, Paris 1948, zit. *Ripert*, Dr.Com.

Ripert, Georges / Roblot, René / Germain, Michel: Traité de droit commercial, 16. Aufl., Paris 1996, zit. *Ripert / Roblot / Germain*, Dr. Com.

Rosenberg, Leo / Schwab, Karl Heinz / Gottwald, Peter: Zivilprozeßrecht, 15. Aufl., München 1993, zit. *Rosenberg / Schwab / Gottwald*, ZivilprozR.

Roth, Günther H.: Kurzkommentar zum Urteil des BGH vom 21.4.1986, EWiR § 46 GmbHG, 1986, S.997.

Rousseau, Henri: Anm. zu Cass.crim., Sirey 1939 I, S.49.

Rousseau, Jean: Traité des Sociétés à Responsabilité Limitée – Régime juridique et fiscal, Paris 1952, zit. *Rousseau*, S.A.R.L.

Rowedder, Heinz: Gesetz betreffend die Gesellschaften mit beschränkter Haftung (GmbHG): Kommentar, 3. Aufl., München 1997, zit. Rowedder / *Bearb.*, GmbHG.

Ruhnke, Klaus / Deters, Eric: Die Erwartungslücke bei der Abschlußprüfung, ZfB 1997, S.923.

Rüttimann, Felix Matthias: Rechtsmißbrauch im Aktienrecht, Diss., Zürich 1994, zit. *Rüttimann*, Rechtsmißbrauch.

Ruoff, Christian: Stimmrechtsvertretung, Stimmrechtsermächtigung und Proxy-System, Stimmrechtsausübung durch Intermediäre in Aktionärsversammlungen – Deutschland, Schweiz und USA im Rechtsvergleich, Diss., München 1998, zit. *Ruoff*, Stimmrechtsvertretung.

Sauber, Thomas: Zur aktienrechtlichen Verantwortlichkeit stiller und verdeckter Verwaltungsräte, Diss., Zürich 1987, zit. *Sauber*, Aktienrechtliche Verantwortlichkeit.

Schaaf, Andreas: Die Praxis der Hauptversammlung: Erfolgreiche Vorbereitung und Durchführung bei der Publikums-AG, Köln 1996, zit. *Schaaf*, Hauptversammlung.

Schett, Alfred: Stellung und Aufgabe der Verwaltung einer Aktiengesellschaft bei der Durchführung der ordentlichen Generalversammlung, Diss., Zürich, 1977, zit. *Schett*, Verwaltung einer Aktiengesellschaft.

Schifferer, Fritz: Die Entlastung der Organe einer Aktiengesellschaft: Unter besonderer Berücksichtigung des Stimmrechts der Organsmitglieder bei Entlastungsbeschlüssen der Generalversammlung, Diss., Jena 1924, zit. *Schifferer*, Entlastung der Organe einer Aktiengesellschaft.

Schippert, Richard: Die Entlastung des Vorstandes und des Aufsichtsrates einer Aktiengesellschaft, BB 1958, S.1191.

Schleiffer, Patrick: Der gesetzliche Stimmrechtsausschluß im schweizerischen Aktienrecht, Diss., Zürich 1993, zit. *Schleiffer*, Stimmrechtsausschluß.

Schluep, Walter René / Isler, Peter R. (Hrsg.): Neues zum Gesellschafts- und Wirtschaftsrecht: Zum 50. Geburtstag von Peter Forstmoser, Zürich 1993, zit. *Bearb.*, in FS-Forstmoser.

Schluep, Walter: Die wohlerworbenen Rechte des Aktionärs und ihr Schutz nach schweizerischem Recht, Diss., St. Gallen 1955, zit. *Schluep*, Wohlerworbene Rechte.

Schmidt, Karsten: Gesellschaftsrecht, 3. Aufl., Köln / Berlin / Bonn / München 1997, zit. *Schmidt*, GftsR.

Schmidt, Karsten: Handelsrecht, 5. Aufl., Köln / Berlin / Bonn / München 1999, zit. *Schmidt*, HandelsR.

Schmidt, Karsten: Konkursverschleppungshaftung und Konkursverursachungshaftung, ZIP 1988, S.1497.

Schmidt, Karsten: Entlastung, Entlastungsrecht und Entlastungsklage des Geschäftsführers einer GmbH – Versuch einer Neuorientierung –, ZGR 1978, S.425.

Schmitt, Petra: Das Verhältnis zwischen Generalversammlung und Verwaltung in der Aktiengesellschaft, Diss., Zürich 1991, zit. *Schmitt*, Verhältnis zwischen Generalversammlung und Verwaltung.

Schneider, Uwe H.: Stimmverbote im GmbH-Konzern, ZHR 150 (1986), S.609.

Scholz, Franz: Kommentar zum GmbH-Gesetz mit Nebengesetzen und den Anhängen Konzernrecht sowie Umwandlung und Verschmelzung, zit. Scholz / *Bearb.*, GmbHG,
- I. Band, §§ 1 – 44, Anhang Konzernrecht, 9. Aufl., Köln 2000,
- II. Band, §§ 45 - 85, 8. Aufl., Köln 1995.

Schönle, Herbert: Der Entlastungsbeschluß im deutschen Gesellschaftsrecht, ZHR 126 (1964), S.199.

Schönle, Herbert: Die Einmann- und Strohmanngesellschaft unter Berücksichtigung der Fiducia, Diss., Fribourg 1957, zit. *Schönle*, Einmanngesellschaft.

Schubarth, Andreas: Die Regulierung der Rechnungslegung in der Schweiz und in Deutschland – Eine institutionenvergleichende Analyse –, Diss., Zürich 1997, zit. *Schubarth*, Regulierung der Rechnungslegung.

Schubert, Werner (Hrsg.): Akademie für Deutsches Recht, 1933 – 1945, Protokolle der Ausschüsse, Bd. 1. Ausschuß für Aktienrecht, Berlin 1986, zit. *Schubert*, Protokolle.

Schubert, Werner (Hrsg.): Anlagen: Entwürfe eines Bürgerlichen Gesetzbuches (Kommissions-Entwurf von 1885 – 1887 und Erster BGB-Entwurf von 1887), Entwurf eines Einführungsgesetzes zum Bürgerlichen Gesetzbuch von 1888, Berlin / New York 1986, zit. *Schubert*, Anlagen.

Schubert, Werner / Hommelhoff, Peter: Die Aktienrechtsreform am Ende der Weimarer Republik – Die Protokolle der Verhandlungen im Aktienrechtsausschuß des Vorläufigen Reichswirtschaftsrats unter dem Vorsitz von Max Hachenburg, Berlin 1987, zit. *Schubert / Hommelhoff.*

Schucany, Emil: Kommentar zum schweizerischen Aktienrecht: Schweizerisches Obligationenrecht, 26. u. 27. Titel, 2. Aufl., Zürich 1960, zit. *Schucany*, OR.

Schucany, Emil: Stimmrechtsfragen, SAG 30 (1957/58), S.259.

Schuler, Hans: Die Klage auf Entlastung im Aktienrecht, NJW 1960, S.601.

Schuler, Hans: Die Entlastung des Vorstandes und des Aufsichtsrates, AG 1960, S.1.

Schuler, P.: L'assemblée générale des actionnaires dans les sociétés anonymes d'après la Loi fédérale du 18 Novembre 1936 révisant les titres XXIV à XXXIII du Code des Obligations, Diss., Neuchâtel 1937, zit. *Schuler*, Assemblée Générale.

Schuricht, Uwe: Die Klage des GmbH-Geschäftsführers auf Entlastung, Diss., Freiburg (Breisgau) 1988, zit. *Schuricht*, Klage des GmbH-Geschäftsführers auf Entlastung.

Schwenzer, Ingeborg: Schweizerisches Obligationenrecht, Allgemeiner Teil, Bern 1998, zit. *Schwenzer*, OR.

Semler, Johannes: Doppelmandats-Verbund im Konzern - Sachgerechte Organisationsform oder rechtlich unzulässige Verflechtung?, in Festschrift für Ernst C. Stiefel zum 80. Geburtstag (Hrsg. Marcus Lutter), München 1987, S.719, zit. *Semler*, in FS-Stiefel.

Sethe, Rolf: Die aktienrechtliche Zulässigkeit der sogenannten „Teilentlastung", ZIP 1996, S.1321.

Siegert, Harald: Die Entlastung in der Aktiengesellschaft nach deutschem, Recht im Vergleich mit dem französischen und schweizerischen Recht, Diss., Genf 1966, zit. *Siegert*, Entlastung in der Aktiengesellschaft.

Siegmund, Iris: Stimmverbote im GmbH-Recht, BB 1981, S.1674.

Sigle, Axel: Die Entlastung und ihre rechtliche Bedeutung, DStR 1992, S.469.

Singer, Reinhard: Das Verbot widersprüchlichen Verhaltens, Diss., München 1993, zit. *Singer*, Verbot widersprüchlichen Verhaltens.

Soergel, Hans Theodor (Begr.): Bürgerliches Gesetzbuch: mit Einführungsgesetz und Nebengesetzen, Stuttgart u.a., zit. Soergel – *Bearb.*, BGB,
- Band 1. Allgemeiner Teil 1 (§§ 1 – 103), 13. Aufl., 2000,
- Band 2 / 1, Schuldrecht 1 (§§ 241 – 432), 12. Aufl., 1990,
- Band 4, Schuldrecht III / 1 (§§ 561 – 651), 12. Aufl., 1998,
- Band 4 / 2, Schuldrecht III / 2 (§§ 651a – 704), 13. Aufl., 1999.

Solus, Henri: La reforme du Droit des Sociétés par les décrets-lois de 1935 et 1937, Constitution. Nullités. Administration et Contrôle. Bilans et Comptes. Actionnaires. Obligataires, Paris 1938, zit. *Solus*, Reforme du Droit des Sociétés.

Souleau, Henri: La démission des dirigeants des sociétés commerciales, RTD.com. 1972, S.21.

Sonnenberger, Hans-Jürgen / Dammann, Reinhard: französisches Handels- und Wirtschaftsrecht, 2. Aufl., Heidelberg 1991, zit. *Sonnenberger / Dammann*, frz. Handels- u. WirtschaftsR.

Staudinger, Julius von: Kommentar zum Bürgerlichen Gesetzbuch mit Einführungsgesetz und Nebengesetzen, zit.: Staud.-*Bearb.*, BGB,
- Einleitung zum Bürgerlichen Gesetzbuch, Erstes Buch, Allgemeiner Teil - §§ 1 - 12, Verschollenheitsgesetz, 13. Aufl., 1995,
- Erstes Buch, Allgemeiner Teil - §§ 134 – 163, 13. Bearb., 1996,
- Zweites Buch, Recht der Schuldverhältnisse - §§ 362 - 396, 13. Bearb., 1995,
- Zweites Buch, Recht der Schuldverhältnisse - §§ 397 - 432, 13. Bearb., 1999,
- Zweites Buch, Recht der Schuldverhältnisse - §§ 652 - 704, 13. Bearb., 1995.

Steiger, Fritz von: Entlastungsbeschluß, wenn alle Aktionäre Verwaltungsräte sind?, SAG 14 (1941), S.168.

Steiger, Fritz von: Der Entlastungsbeschluß der Generalversammlung der Aktiengesellschaft, SAG 15 (1942), S.1.

Steiger, Fritz von: Entlastungsbeschluß, Stimmrecht von Direktoren und Subdirektoren, SAG 25 (1952/53), S.119.

Stein / Jonas: Kommentar zur Zivilprozeßordnung, Band 3, §§ 253 – 299a, 21. Aufl., Tübingen 1997, zit. Stein / Jonas, *Bearb.*, ZPO.

Steiner, E.: Zum Entlastungsbeschluß der Generalversammlung einer Aktiengesellschaft, SAG 15 (1942/43), S.83.

Steiner, Klaus: Die Hauptversammlung der Aktiengesellschaft, München 1995, zit. *Steiner*, HV.

Stützle Rudolf / Walgenbach, Joachim: Leitung der Hauptversammlung und Mitspracherechte der Aktionäre in Fragen der Versammlungsleitung, ZHR 155 (1991), S.516.

Sudhoff, Heinrich / Sudhoff, Martin: Der Gesellschaftsvertrag der GmbH, 8. Aufl., München 1992, zit. *Sudhoff*, Gesellschaftsvertrag.

Tchernoff, J.: Le décret du 31 août 1937 et la responsabilité des administrateurs des sociétés anonymes, D.H. 1938 chronique, S.5.

Teichmann, Arndt: Venire contra factum proprium – Ein Teilaspekt rechtsmißbräuchlichen Handelns, JA 1985, S.497.

Tellis, Nikolaos: Die Rechtsnatur der gesellschaftsrechtlichen Entlastung und die Entlastungsklage: Ein Beitrag zur rechtsformübergreifenden Betrachtung des Entlastungsinstituts, Diss., Hamburg, 1988, zit. *Tellis*, Rechtsnatur der gesellschaftsrechtlichen Entlastung.

Thaller, Edmond-Eugène: Traité élémentaire de droit commercial, à l'exclusion du droit maritime, revue et mise à jour avec le concours de J. Percerou, 8. Aufl., Paris 1931, zit. *Thaller*, Dr.Com.

Tunc, André: La responsabilité civile des organes de sociétés et les règles générales de la responsabilité en droit français, in Travaux de l'association Henri Capitant, XV. Band, 1967, S.26, zit. *Tunc*, Responsabilité.

Vatinet, Raymonde: Les conventions réglementées, Rev.soc. 2001, S.561.

Vincent, Jean / Guinchard, Serge: Procédure Civile, 25. Aufl., Paris 1999, zit *Vincent / Guinchard*, Proc.Civ.

Vischer, Frank / Rapp, Fritz: Zur Neugestaltung des schweizerischen Aktienrechts, Bern 1968, zit. *Vischer / Rapp*, Neugestaltung des schweizerischen Aktienrechts.

Vogel, Wolfgang: Gesellschafterbeschlüsse und Gesellschafterversammlung, 2. Aufl., Köln 1986, zit. *Vogel*, Gesellschafterbeschlüsse.

Vuillermet, G.: Droit des Sociétés commerciales, 3. Aufl., Paris 1969, zit. *Vuillermet*, Soc.Com.

Wagner, Josef: Die Rechtsnatur der Entlastung im Gesellschaftsrecht, Diss., Bonn 1938, zit. *Wagner*, Rechtsnatur der Entlastung im Gesellschaftsrecht.

Wiedemann, Herbert: Gesellschaftsrecht, 5. Aufl., München 1988, zit. *Wiedemann*, GftsR.

Wieland, Alfred: Die Bedeutung des obligatorischen schriftlichen Geschäftsberichts der Aktiengesellschaft für die Entlastung der Verwaltung, das Auskunftsrecht des Aktionärs und die Aufdekkung stiller Reserven, SJZ 38 (1941/42), S.373.

Wieling, Hans Josef: Venire contra factum proprium und Verschulden gegen sich selbst, AcP 1976 (176), S.334.

Wilhelm, Jan: Stimmrechtsausschluß und Verbot des Insichgeschäftes, JZ 1976, S.674.

Winnefeld, Robert: Bilanzhandbuch, Handels- Steuerbilanz, Rechtsformspezifisches Bilanzrecht, Bilanzielle Sonderfragen, Sonderbilanzen, München 1997, zit. *Winnefeld*, Bilanz-HdB.

Winter, Martin: Mitgliedschaftliche Treuebindungen im GmbH-Recht, Diss., Köln 1988, zit. *Winter*, Mitgliedschaftliche Treuebindungen.

Wirtschaftsprüferhandbuch: Handbuch für Rechnungslegung, Prüfung und Beratung, Band I, 12. Aufl., Düsseldorf 2000, zit. WP-HdB., Bd. I.

Wohlmann, Herbert: GmbH-Recht, Basel 1997, zit. *Wohlmann*, GmbH-Recht.

Wohlmann, Herbert: Zur Organvertretung im neuen schweizerischen Aktienrecht, SJZ 90 (1994), S.116.

Wolfers, Arnold: Die Verwaltungsorgane der Aktiengesellschaft nach schweizerischem Recht, unter besonderer Berücksichtigung der Verhältnisse von Verwaltungsrat und Direktion, Diss., Zürich 1917, zit. *Wolfers*, Verwaltungsorgane.

Zöllner, Wolfgang: Die Schranken mitgliedschaftlicher Stimmrechtsmacht bei den privatrechtlichen Personenverbänden, Habil., München / Berlin 1963, zit. *Zöllner*, Schranken.

Saarbrücker Studien zum Privat- und Wirtschaftsrecht

Herausgeber:
Johann Paul Bauer, Michael Martinek und Helmut Rüßmann

Band 1 Susanne Jaschinski: Die Haftung von Schwestergesellschaften im GmbH-Unterordnungskonzern. Ein Beitrag zum Konzernverfassungsrecht. 1997.

Band 2 Roman Sascha Ahnert: Die *actio individualis*. Ein Beitrag zur verfassungsrechtlichen Fundierung der Aktionärsklage bei sogenannten Aktien-Interessenverbänden. 1997.

Band 3 Torsten Peters: Der Cateringvertrag. Rechtstatsachen, Rechtsnatur und Rechtsprobleme eines modernen Dienstleistungsvertrags. 1998.

Band 4 Michael Meissner: Persönlichkeitsschutz juristischer Personen im deutschen und US-amerikanischen Recht. Eine rechtsvergleichende Untersuchung des allgemeinen Persönlichkeitsrechts juristischer Personen. 1998.

Band 5 Thomas Tegen: Joint Venture-Vertrag und Projektträgergesellschaft im amerikanischen und deutschen Recht. 1998.

Band 6 Gerhard Wolter: Treuhandrecht im Umbruch? Ein Blick nach Frankreich, Luxemburg, in die Schweiz und in den Libanon sowie auf das Haager Trust-Übereinkommen. 1999.

Band 7 Thomas Dehlfing: Das Recht der irreführenden Werbung in Deutschland, Großbritannien und Frankreich. 1999.

Band 8 Hanno Dornseifer: Börsentermingeschäfte und Börsentermingeschäftsfähigkeit. Zur börsengesetzlichen Behandlung von finanzwirtschaftlichen Festgeschäften, Options- und Optionsscheingeschäften. 1999.

Band 9 Patrick Lenz: Absatzförderung durch *zinssubventionierte* Darlehen. Eine wettbewerbs- und kartellrechtliche Studie zur Zulässigkeit von Niedrigzins-Kreditangeboten unter besonderer Berücksichtigung des Automobilmarktes. 1999.

Band 10 Mansur Pour Rafsendjani: Der Goodwill-Ausgleichsanspruch des Franchisenehmers. Ein Vergleich des deutschen, französischen und US-amerikanischen Franchiserechts. 1999.

Band 11 Jörg Hartmann: Juristische und ökonomische Regelungsprobleme des Insiderhandels. Eine rechtsvergleichende Darstellung USA – Deutschland. 1999.

Band 12 David Altmeier: Rückstellungsbilanzierung in Deutschland und Frankreich. Eine vergleichende Untersuchung der französischen Rückstellungsbilanzierung aus der Perspektive des deutschen Bilanzrechts. 1999.

Band 13 Barbara Günther: Aktivische Bilanzierungshilfen im deutschen und französischen Bilanzrecht. 1999.

Band 14 Bernhard Glasow: Vertikale Preisbindung, Wettbewerbstheorie und Wettbewerbsrecht in den USA, Deutschland und Europa. Bestandsaufnahmen, Kritik und Zukunftsperspektiven. 2000.

Band 15 Dorota Nowak-James: Der Börsenzugang für Anleger in Deutschland und Polen. Eine rechtsvergleichende Untersuchung zum deutschen Finanzkommissionsgeschäft und zum polnischen Brokerauftragsvertrag. 2000.

Band 16 Mathias Queck: Der Nießbrauch am Anteil einer offenen Handelsgesellschaft. Eine Form der (un-)mittelbaren Unternehmensbeteiligung. 2000.

Band 17 Ina Roth: Umweltbezogene Unternehmenskommunikation im deutschen und europäischen Wettbewerbsrecht. 2000.

Band 18 Jörg Preiss: Die Anwendung des markenrechtlichen Erschöpfungsgrundsatzes auf Dienstleistungsmarken. 2000.

Band 19 Kevin M. McDonald: Der Begriff der Dienstleistung im europäischen Binnemarkt und WTO-System (GATS). 2001.

Band 20 Carolin Opgenhoff: Die europäische Fusionskontrolle zwischen Wettbewerbsrecht und Industriepolitik. 2001.

Band 21 Susanne Schäfer: Die Deliktsfähigkeit juristischer Personen. Eine rechtsvergleichende Untersuchung zur Übertragbarkeit des englischen Modells. 2001.

Band 22 Kay Diedrich: Die Interventionswirkung – Ausprägung eines einheitlichen Konzepts zivilprozessualer Bindungswirkung. 2001.

Band 23 Michael Fröhlich: Zentrale Institutionen des deutschen Urheberrechts und des französischen Droit d'auteur auf dem Prüfstand der elektronischen Netzwerke. 2001.

Band 24 Joël Benjamin Münch: Abtretungsverbote im deutschen und französischen Recht. Rechtsvergleichende Untersuchung der Übertragungshindernisse im deutschen und französischen Forderungsverkehr als Beitrag zu einer weiteren Schuldrechtsvereinheitlichung in Europa. 2001.

Band 25 Monika Prieß: Der Begriff des Sachmangels im deutschen und englischen Kaufrecht. Reformbedarf aufgrund der Verbrauchsgüterkauf-Richtlinie 1999/44/EG. 2001.

Band 26 Katharina Siegel: Produkthaftung im polnischen, tschechischen und slowenischen Recht. 2001.

Band 27 Carolin Kühne: Die gesetzliche Form der Rechtsgeschäfte im deutschen und italienischen Recht. Eine rechtsvergleichende Untersuchung. 2002.

Band 28 Nina Scherf: Die Nachschußpflicht im Gesellschaftsrecht. Eine rechtsformübergreifende Bestandsaufnahme, Analyse und Kritik. 2002.

Band 29 Marc Laukemann: Fernsehwerbung im Programm. Die zunehmende Kommerzialisierung des Fernsehprogramms im Zeitalter einer Ökonomisierung der Aufmerksamkeit als verfassungs-, wettbewerbs- und rundfunkrechtliches Problem. 2002.

Band 30 Michael Bo Jaspers: Nachträgliche Rechtswahl im internationalen Schuldvertragsrecht. Unter besonderer Berücksichtigung der Rechtspraxis in England, Frankreich, Dänemark und Deutschland. 2002.

Band 31 Christina Pernice: Die Insolvenzverschleppung durch das Geschäftsführungsorgan der kleinen Kapitalgesellschaft im deutschen, französischen und englischen Recht. Eine rechtsvergleichende Untersuchung zur Entwicklung eines europäischen Lösungsansatzes. 2002.

Band 32 Anne Christine Janert: Der sachliche und persönliche Anwendgunsbereich des deutschen Verbraucherkeditrechts und des britischen Consumer Credit Act 1974. Ein Beitrag zu den Möglichkeiten und Grenzen verbraucherrechtlicher Harmonisierung in Europa. 2002.

Band 33 Annette Trost: Faktische Sitzverlegung unter Sitz- und Gründungstheorie im Vergleich. Unter besonderer Berücksichtigung ihrer gesellschafts- und zivilrechtlichen Folgewirkungen. 2003.

Band 34 Esther Cordula Hilpert: Die Gründerhaftung in der Gesellschaft mit beschränkter Haftung in Deutschland, Frankreich und England. 2003.

Band 35 Wei-ming Liao: Die Schiedsgerichtsbarkeit in Taiwan. Unter besonderer Berücksichtigung der internationalen Handelsschiedsgerichtsbarkeit und mit Hinweisen zu der Entwicklung in Deutschland. 2003.

Band 36 Stefan Stork: Sitzverlegung von Kapitalgesellschaften in der Europäischen Union. Zur Reichweite der Niederlassungsfreiheit unter Berücksichtigung der positiven und der negativen Integration. 2003.

Band 37 Marc Pfeffer: Interbrand-Kartellverbot und Intrabrand-Vereinbarungen. Die Ablösung horizontaler und vertikaler Eingriffsmerkmale im GWB zu Gunsten einer Betrachtung produktexterner und -interner Wettbewerbsfaktoren. 2003.

Band 38 Nicole Burkardt: Der arbeitsrechtliche Aufhebungsvertrag. Einvernehmliche Beendigung von Arbeitsverhältnissen unter Berücksichtigung der Rechtslage nach der Schuldrechtsreform. 2004.

Band 39 Christian Schmeling: Die Entlastung von Mitgliedern geschäftsführender Organe im Recht der Kapitalgesellschaften. Eine rechtsvergleichende Studie zum deutschen, schweizerischen und französischen Recht. 2004.

Peter Lang · Europäischer Verlag der Wissenschaften

Andreas Müller-Driver

Grenzüberschreitende Restrukturierungen von Kapitalgesellschaften zwischen Deutschland und England

Frankfurt am Main, Berlin, Bern, Bruxelles, New York, Oxford, Wien, 2002.
XX, 240 S.
Europäische Hochschulschriften: Reihe 2, Rechtswissenschaft. Bd. 3456
ISBN 3-631-38653-2 · br. € 40.40*

Die Untersuchung geht der Frage nach, ob Kapitalgesellschaften ihren Verwaltungs- oder Satzungssitz verlegen oder sich anders grenzüberschreitend zwischen Deutschland und England restrukturieren können. Neben der Darstellung der einschlägigen nationalen Vorschriften und deren Zusammenwirken bei grenzüberschreitender Sitzverlegung, Formwechsel, Verschmelzung und Spaltung wird auf die neuere Rechtsprechung des EuGH zu der Niederlassungsfreiheit von Gesellschaften in der EU sowie auf europäische Gesetzesvorhaben eingegangen.

Aus dem Inhalt: Internationales Gesellschaftsrecht in Deutschland und England · Vereinbarkeit von Realsitz- und Gründungstheorie mit der Niederlassungsfreiheit gem. Art. 43, 48 EGV · Vertikale und horizontale Restrukturierungen in der EU · Verlegung von Verwaltungs- und/ oder Satzungssitz zwischen Deutschland und England · Grenzüberschreitende(r) Formwechsel/ Verschmelzung/ Spaltung zwischen Deutschland und England

FSC
www.fsc.org
MIX
Papier | Fördert
gute Waldnutzung
FSC® C083411

Kolibri 360 GmbH
Ferdinand-Jühlke-Straße 7
99095 Erfurt, Deutschland
produktsicherheit@kolibri360.de

Druck:
CPI Druckdienstleistungen GmbH
im Auftrag der
Kolibri 360 GmbH
Ferdinand-Jühlke-Str. 7
99095 Erfurt